幼兒園美感領域 創新教材

幼兒聽覺藝術教材教法

玩出關鍵素養

用聽覺藝術整合美感領域

Fostering young children's key competencies
through playing music

廖美瑩 著

目次

專家推薦序

林玫君 教授

- 國立台南大學藝術學院 院長
- 幼兒園美感領域課綱主持人

幼兒園美感領域包含視覺藝術、聽覺藝術與戲劇扮演。然而，在實務現場中，聽覺藝術方面的案例是比較少的。非常樂見美瑩教授特別為我們教保服務人員研發此套教材，不但新創了許多好聽的音樂，更設計了實用的教案。同時，它也符合美感領域的特色與課程統整的原則，巧妙的將音樂、戲劇扮演或鬆散素材融合並應用於主題發展或學習區中。對於想要提升美感教學品質的園所，肯定是一個相當棒的工具。

伍鴻沂 教授

- 國立屏東大學前人文社會學院 院長 / 音樂系 退休教授
- 知名音樂教育專家

聽覺是每個人生命中最珍貴的天賦，是生命個體發展最早的先期感覺能力，也是陪伴生命個體最長的終極能力，聽覺藝術之價值不言可喻！

美瑩教授多年來鑽研幼兒音樂領域，教學與著作卓越顯著，今再創作《幼兒聽覺藝術教材教法》，包含理論與實務，讀後讚嘆誠屬為不可多得之典範教材。

劉淑英 博士

- 國立清華大學幼兒教育學系 專任副教授
- 知名舞蹈教育專家

幼兒的世界總是充滿感知之美，他們常有的「看到音樂也聽見舞蹈」是一種屬於律動的本能與天賦！我身為創造性舞蹈的研究與實踐者，也長期參與達克羅士聞樂起舞的編創，和謝鴻鳴教授合作之作品在瑞士日內瓦總院百年慶與世界各地演出，在國際的互動中強烈感受到音樂律動的魅力，參與者的嘴角上揚顯示出內心自由舞動的喜悅，分享著這種跨國界與跨領域的身心交流，真美好！

廖美瑩教授兼具學理認知與教育實務的經驗，長年關注著幼兒音樂的本質性與教學性發展，所創作與出版的音樂作品書籍都受到好評！歡喜迎接廖教授的新作。本書中清楚的解析音樂性的綜合感知體驗並將其轉化為教學實務的案例，尤其提供學習區的發想新意，豐富精彩。當我反覆閱覽書中圖文並茂的教案與詮釋，彷彿也望見幼兒欣喜投入的創意律動身影，十分期待在幼兒園的實踐與展現，我個人高度推薦廖美瑩教授此專業結晶的出版！

陳麗媜 博士

- 亞洲大學幼兒教育學系 專任副教授
- 幼兒視覺藝術教育專家

美瑩教授是一個極具創新、創意的老師，與她共事十年間，她時常找我討論視覺藝術融入於聽覺藝術教學的方法，她的創新行動力很是令我感動。她在美感領域的教學求新求變，並且透過實務研究驗證可行性，設計出來的每一個教學方案正如同一件作品，嚴謹但不失趣味，既符合美感教育目標，又貼近幼兒的興趣及能力。這本聽覺藝術教材教法的書搭配已出版的影音版（為一套聽覺藝術影音教材），融合了視覺藝術的應用，包含鬆散素材的鋪排及推疊、蓋印畫、音畫、手作及其他多元藝術媒材的應用，均讓我耳目一新，會是幼兒園實踐美感教育相當值得參考的教材。

作者簡介

廖美瑩 Melody Liao

現任
明新科技大學幼兒保育系 專任教授

學歷
英國 Sheffield 大學音樂系 音樂教育博士
英國 Reading 大學音樂教育系 音樂教育碩士

經歷
教育部幼兒園美感教育扎根計畫 輔導教授
明新科技大學服務產業學院 院長
明新科技大學服務產業暨管理研究所 所長
科技部人文社會科學中心 國內訪問學者
中原大學特殊教育學系 兼任教授
明新科技大學幼兒保育系 系主任
新竹縣托育人員資源中心 主任
美國華盛頓大學 (U. of Washington) 音樂教育系 訪問學者
澳洲雪梨音樂院 (Conservatorium of Sydney) 音樂教育系 訪問學者
明新科技大學兒童福利委訓班 主任
國立台中師院音樂教育系 / 幼兒教育系 兼任助理教授

近年來常受邀至日本、中國大陸、馬來西亞、澳洲等地演講及主講音樂工作坊

近年來在國內常受邀至各大學、幼兒園、親子館、托育資源中心及居家托育
　　服務中心演講

學術研究發表將近 60 篇，請參考個人網頁：
https://sites.google.com/view/melodyliao/

出版品

廖美瑩（2021）。幼兒聽覺藝術教材教法：玩出關鍵素養（影音版）。方涓
科技有限公司。

廖美瑩、蕭利倩（2020）。親子音樂律動變變變1。音樂向上股份有限公司。

廖美瑩、蕭利倩（2020）。親子音樂律動變變變2。音樂向上股份有限公司。

廖美瑩（主編）（2019）。健康促進。華格那出版有限公司。

廖美瑩（譯）（2004）。音樂：從嬰兒開始。載於黃秋玉校閱，幼兒創造力
與藝術（頁 159-186）。洪葉文化事業有限公司。

作者序

　　我在幼兒教育領域努力耕耘將近二十年，在這美麗的旅程中，很慶幸結識許多令人敬佩的幼教專家及現場工作者，他們總是為台灣幼教盡很多的心力，讓台灣的幼教從正常化邁向優質，他們是我學習的對象。近年來參與教育部幼兒園美感教育扎根計畫，無論是擔任輔導教授或參與各項會議，總是能激發我很多的靈感。我常在想，我能為台灣幼教奉獻些什麼？

　　學生在我的課堂上總是很開心，他們樂於玩各種音樂遊戲。但是，到實習場域或回到幼教現場，卻鮮少有人會帶領聽覺藝術活動，我常常在思考這之間的落差。這幾年來，透過教育部教學實踐的研究，我漸漸理解「範例」對於音樂教學知能信心不足的教保人員或新手教保人員之重要性。在幼兒園輔導及協同教學研究中，我深切了解他們在進行聽覺藝術教學時的困境。也許透過模仿，先求「有」再求「變」，最後再求「創新」。依此，資料庫的概念似乎是必行的。

　　透過 107 年及 108 年科技部專題實務的計畫，我為幼兒園研發了一套以聽覺藝術為主、整合幼兒美感領域的教材。在計畫中，有十一位教保人員進行為期一學期的教學實驗，看到他們的成長，我相當欣慰，也覺得辛苦有價值。因為透過這個教材，讓害怕聽覺藝術教學的老師接受聽覺藝術，甚至參考這份教材後，竟然喜歡上聽覺藝術教學。此外，在教材使用結束後的分享與座談中，老師們紛紛一致認為這套教材與坊間的音樂不同，一首歌竟然可以有那麼多元且豐富的活動設計，這使他們樂在聽覺藝術教學。

　　目前這份影音教材已經出版，的確幫助很多的教保人員恢復音樂教學信心，但是，他們對於課綱美感領域的聽覺藝術媒介內涵及指標仍是陌生的，為了讓教保人員能夠深入了解聽覺藝術在課綱的內涵，落實美感在課綱的任務，我著手規劃這本書。書本分為兩個部分，前半段是基礎理論篇，最主要是指引教保人員理解聽覺藝術在課綱的內涵及指標意涵；後半段則是教保活動範例篇，最主要搭配已經出版的影音版，提供多元的教案及音樂學習區範例。以下做簡短的說明。

基礎理論篇

　　第一章　最主要在探討美感領域中的聽覺藝術，有了基本概念後，以音樂活動的實例來詮釋美感領域的目標及認識「探索與覺察」、「表現與創作」及「回應與賞析」三項能力培養的意涵，也讓教保人員能了解聽覺藝術的學習面向、領域目標及學習指標。

　　第二章　介紹聽覺藝術之各項工具。以音樂教育的理論來帶領老師重新認識「聽」，也介紹表演及視覺呈現的工具，讓教保人員打開視野，了解聽覺藝術有許多工具可運用。其中，也加入近年來幼教熱門的議題——鬆散素材，以專欄方式介紹鬆散素材在聽覺藝術的應用。

　　第三章　介紹聽覺藝術之教材與教法。最主要幫助教保人員能選擇好的音樂教材、設計好的教案、運用良好教學策略及掌握有效的資源，讓教保人員了解音樂活動設計的多元性及豐富性。

　　第四章到第六章　分別探討「探索與覺察」、「表現與創作」及「回應與賞析」的指標意涵、學習環境設計、活動設計及引導，透過實例及照片引導教保人員理解指標，並能夠根據指標設計適合幼兒的各項活動。最後也提供教學評量及學習評量的建議，讓教保人員更具體了解針對聽覺藝術如何做各項評量。

　　第七章　最主要是探討幼兒園音樂區建置與實施。除了探討其重要性之外，也針對目前台灣實施音樂區的困境及問題進行分析，提出可行的解決方案。同時，也提供具體的實例，帶領教保人員能夠循序漸進的來建置及實施音樂區教學。

教保活動範例篇

　　教保活動範例篇分為三部曲：特別的我、神奇自然及豐富生活，每一部曲規劃了二到四個主題，每個主題有相對應的歌曲及教案，這些音樂及教保活動範例（搭配影片），都是針對幼兒園課綱之美感領域目標及指標所設計。音樂的部分有 80% 都是我的創作，每一首歌都有特別的設計，能配合主題教學或適合設計多元的活動（聽覺藝術、律動、舞蹈、視覺藝術、鬆散素材及戲劇扮演）。除了教案之外，也提供音樂區的範例。

　　除了以教案方式來呈現教保活動之外，教保活動範例篇也提供了音樂學習區的範例，包含室內及室外，一共有六個範例。從規劃、布置到實施都有照片及影音可對照，期許提供教保人員新的學習區方式，讓幼兒能夠有充足的時間在學習區中探索音樂及體驗音樂的美，慢慢的累積「做」與「受」的美感經驗。

　　這本書歷經四年的研發及整理，希望能提供給現場教學老師豐富的資源，讓教保人員們能輕鬆的帶領聽覺藝術活動。過程中很感謝好朋友們（玫君院長、召雅、麗娟、靜文、佩玉及秀勤老師）常常給予幼教專業的諮詢及建議；也感謝我的研發團隊（康誠、利倩、郁智、書彥、仲豪及巧樂）、科技部、明新科技大學、中原大學、私立小太陽幼兒園、桃園市楊光非營利幼兒園，以及參與研究的所有人之大力支持及協助，讓這本書能夠順利完成。

　　期許這本書及影音教材能拋轉引玉，幫助更多的教保人員不再害怕接觸音樂。自己先能感受到音樂的美，進而願意帶領聽覺藝術活動，將音樂的美麗種子帶入幼兒園，使幼兒有機會接觸更多元的美感活動，師生一起創意玩音樂，玩出幼兒們的關鍵素養。

基礎理論篇

1 美感領域中的聽覺藝術

　　教育部於 2005 年投注許多的人力及物力資源，延聘國內幼兒教育專家，研擬「幼兒園教保活動課程大綱」（以下簡稱課綱），於 2012 年 10 月以暫行大綱的形式公布，於 2017 年正式頒訂及實施。其內涵與舊課綱有別，舊課程標準以「學科」的方式來劃分課程，分為健康、遊戲、音樂、工作、語文、常識（自然、社會、數的概念）六類（教育部，1987）；新的課綱乃是以「幼兒發展」所需的六大領域為課程標準（幸曼玲、簡淑真，2005；教育部，2017），其六大領域分別為：身體動作與健康、認知、語文、社會、情緒、美感（圖 1-1）。美感領域則包含三大媒介：視覺藝術、聽覺藝術（音樂）、戲劇扮演，以培養幼兒「探索與覺察」、「表現與創作」及「回應與賞析」的能力為主要教學目標（林玫君，2021；教育部，2017）。

　　隨著全球化的變革，無論教與學都需與時俱進。順應世界趨勢的改變，近年來，各國開始重新定義公民該具備的「關鍵素養」（key competencies）。素養為核心的未來課程受到國際組織的重視（蔡清田 2011），OECD（2016）認為 「素養」乃是一個人整合了某些知識、技能與態度，而得以在非特定的複雜情境中加以活用的能力。因此，素養不是只有知識或技能，也包含個人獲取和應用知識、認知與技能的能力，以及態度、情緒、價值與動機等（蔡清田，2011）。

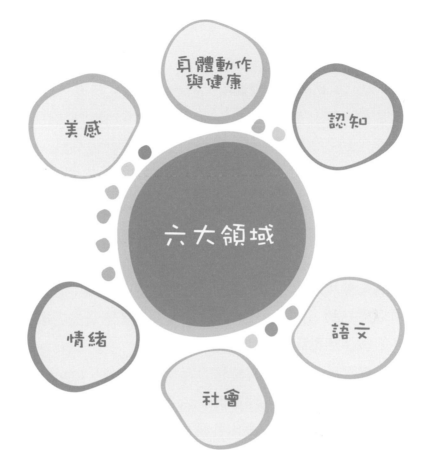

視覺藝術
🎵 聽覺藝術
戲劇扮演

身體動作與健康

美感

認知

六大領域

情緒

語文

社會

🔘 圖 1-1 「幼兒園教保活動課程大綱」之六大領域

　　基於素養受到教育界的重視，課綱所強調的也是幼兒素養的培養，而不是知識性的灌輸；課程的實施是以統整的方式來進行，而不是分科教學（幸曼玲等人，2017）。由此觀點看來，傳統教學委外音樂教師入園進行教學，已經無法滿足課綱的需求。因此，每位教保服務人員（以下簡稱教保人員）必須重拾「音樂」教學的信心及樂趣，配合課綱的目標，將音樂活動融入課程中。本章將著重於美感領域的內涵之描述，以聽覺藝術的角度來詮釋美感能力、學習面向及課程目標。

第一節　幼兒園教保活動課程內涵與美感領域

　　2017 年頒訂的課綱中，強調培養幼兒具備「仁」的教育觀，成為未來健康的社會公民（教育部，2017）。課程中強調以個體與生活環境互動為基礎，規劃了幼兒學習的領域及素養。課綱中將課程分為「身體動作與健康」、「認知」、「語文」、「社會」、「情緒」與「美感」六大領域。雖然分為六大領域，但美感領域可以獨立進行，也可以跟其他的領域結合一起進行（廖美瑩，2021），例如：聽覺藝術中的創造性肢體活動常與「身體動作」相結合；很多的兒歌歌詞都和「認知」及「語文」相關聯；在聽覺藝術活動中，無論是合奏或舞蹈都與「社會」的合作及溝通有關；而許多的兒歌或古典樂，都可以連結到「情緒」領域，與幼兒探討音樂及生活中的喜怒哀樂。這部分在本書教保活動範例篇將有範例說明。

　　課程最主要是培養幼兒的六大關鍵素養：(1) 覺知辨識；(2) 表達溝通；(3) 關懷合作；(4) 推理賞析；(5) 想像創造；(6) 自主管理（教育部，2017）。幸曼玲等人（2017）提出各領域能力與課綱六大素養的關係（表 1-1），其中的覺知辨識、表達溝通、推理賞析與想像創造在美感領域是較為明顯的。

▌表 1-1　美感領域能力與課綱六大素養的關係

六大素養／領域能力	覺知辨識	表達溝通	關懷合作	推理賞析	想像創造	自主管理
探索與覺察	♪					
表現與創作		♪			♪	
回應與賞析				♪	♪	

資料來源：幸曼玲等人（2017，頁 43）

以下將課綱中專家們認為跟美感領域有較大關聯的部分，利用音樂活動的實例來做説明。

🎵 覺知辨識

　　幼兒聽到四分音符（1 拍）的音樂，就學著小熊走路；音樂轉換成二分音符（2 拍），幼兒必須要張開雙手，模仿蝴蝶飛舞的樣子。在此活動中，幼兒必須要能覺察到音樂的節奏不同了，就要做出相對應的動作。

🎵 表達溝通

　　一個 ABA 曲式的音樂活動設計中，A 段是兩位幼兒手拉手一起走動（移位律動）；B 段則是兩位停下來做互動（定點律動），例如：相互拍手拍三下、各自轉圈圈、再相互拍手拍三下。活動中可以鼓勵幼兒倆倆討論，B 段除了老師示範的動作，還可以怎麼表現。在這活動中，幼兒試著表達自己的想法，若意見不同時，也試著與對方溝通。最後用肢體律動表現出自己的想法。

🎵 推理賞析

　　樂曲改編自聖桑（Saint-Saëns）「動物狂歡節」的「林中杜鵑」（詳見本書 p. 347），其節奏型態為短（4 拍）短（4 拍）長（10 拍）的樂句，透過音樂賞析的活動，幼兒聽到音樂隨著音樂擺動，句尾出現「布穀」的聲音時，幼兒輕輕敲打著鈴鼓唱「布穀」。透過反覆的練習，幼兒能夠分析出曲子是短短長樂句的結構，並能推論整首曲子的句尾會有「布穀」的聲音出現。

🎵 想像創造

　　幼兒根據音樂的特性，想像自己是葉子，如何隨風飄動。可以透過想像，自己創造一齣簡單的音樂律動劇，例如：我是一個愛跳舞的葉子（身體舞動），有風吹來了（判斷何種風，肢體做出相對應的律動），風越吹越大了（肢體表現出音樂的力度），後來我被吹下來在地上了（想像葉子如何被風吹到地上）。

　　雖然制定課綱的專家學者們，並未把「關懷合作」及「自主管理」的能力列入，或認為關聯性較弱，但以音樂教育的觀點來看，在許多的音樂遊戲或活動中，是可以培養關懷合作及自主管理的能力。舉一個實例：在節奏的訓練中，幼兒聽到音樂便有節奏感的走 8 拍（移位律動），接著需要找到

一位幼兒，然後停下來依照老師指令來做動作，例如：兩位幼兒要微笑注視對方，揮揮手跟對方說 hello（或兩個定點拍出一個節奏型）。這在音樂律動中是很典型的活動，走完 8 拍，幼兒必須要找到一位幼兒，這並不是一件容易的事，需要練習時間管理，如何在第七拍時就鎖定一個人，第八拍確定這個人，接下來才進行下一個循環。透過反覆練習，幼兒能培養時間自主管理的能力。另外，在活動中，兩個幼兒必須合作完成一件事，這在許多音樂活動中十分常見，可以培養幼兒合作的能力。此外，也可以設計兩個人握握手，擁抱或揮手，這些都是關懷力的培養。因此，透過聽覺藝術的活動，是可以滿足課綱所要培養的六大關鍵素養。

第二節　幼兒美感教育

「美」是什麼？美的概念是來自於希臘語 "bellus"，即是「漂亮」的意思。西方哲學家阿奎那（St. Thomas Aquinas）說：「凡是一眼見到就使人愉悅的東西才叫做美。」（吳天岳、徐向東主編，2011）美似乎是事物的一種特質，會使人感覺快樂和愉悅。幼兒跟大人對美的感覺有時是相當一致的，看到漂亮的東西，總會有種讚嘆、開心，甚至內心也會莫名的感動。

美可以是一個具體的物品，當大小孩看到桌上這個小蛋糕（圖 1-2），應該都會異口同聲的讚嘆：「哇！」產生一種愉悅的感覺，接下來食指大動，開始分泌唾液，想要嚐一口；美可以是一首好聽的音樂，聽到好聽的音樂，幼兒馬上沉醉在旋律中，拿起手指 LED 燈玩起想像遊戲（圖 1-3）；美也可以是一種氛圍，從圖 1-4 中可以看得出，每位幼兒在這種美的氛圍下都是相當愉悅的，這種美的氛圍有可能是來自於整個樹林、飄落的油桐花、戴上花圈、漂亮的桌巾或美食，更重要的美感來自於「大家同在一起」。美存在於自然界，美更存在於生活中（蔣勳，1997）。

◯ 圖 1-2　美可以是一個具體的物品　　◯ 圖 1-3　美可以是一首音樂

◯ 圖 1-4　美可以是一種氛圍

法國藝術大師羅丹（Auguste Rodin）說：

美隨處可見！這世界上並不缺少美，但缺乏發現美的眼睛。

Beauty is found everywhere.
Our eyes do not show a lack of sense of beauty,
but a lack of observation.

這句話導出教育的重要性，身為一個教保人員，應該陪伴幼兒一起發現美的事物，讓他們啟動五感來感受美的事物。

「美」可以透過各種感官來體驗，最主要是視覺和聽覺，因此美是一種主觀的感受，因人而異；有些時候因時代而異；有些時候因為文化差異而有所不同。舉例來說，在唐代，豐滿的女子就是美女的代言；反之在現代，苗條的女生才是美女。國內有很多人不喜歡自己單眼皮，但單眼皮及鳳眼在外國人看來卻是最美的。因此在幼兒園中，教保人員應該尊重幼兒個人觀感，培養他們靈敏的感官，接觸更多美的事物。

阿奎那指出美有三個要素：(1)一種完整或完美；(2)適當的比例或和諧；(3)鮮明（吳天岳、徐向東主編，2011）。美學專家Santayan認為美感的效果來自三個部分：素材（material）、形式（form）與表現（expression）。「素材」是構成美感來源的材料，例如：聲音及色彩等，必須經由感官體驗形成美感，引發感官上的愉悅或崇高感；「形式」是美感諸多元素中最優先的，所謂形式是指美感素材的組合方式；「表現」是創作的層次，是創作者的融合技巧與情感的表現物，目的在引發美感經驗（Lowry, 1967/1976, pp. 117-127）。當我們看到一個美麗的景物（圖1-5），馬上會產生莫名的感動，在我們腦海中會產生「湖水好美」、「霧感覺好夢幻」、「光投射在湖面很詩意」、「尖塔好有意境」的想法，這些元素都存在於我們的美感經驗中，把湖、水、霧、光線及尖塔組合起來，就成為一個世人所追逐、世上最美的童話小鎮之一——Hallstatt。

● 圖1-5　充滿美的元素（奧地利，Hallstatt）

在聽覺藝術中，「聲音」是重要的素材，怎樣才會覺得這首歌聽起來很美？這首音樂感覺好好聽？其實這些美都是由音樂元素所組成，例如：音的強弱及長短堆積成不同的節奏，由於排列方式不同，呈現的方式不同（AB曲式、ABA曲式或迴旋曲曲式），透過不同的表演者詮釋，就呈現不同的美感了。

在課綱中，美感的定義如下（教育部，2017，頁107）：

「美感」指的是由個體內心深處主動建構的一種感知美好事物的體驗。這種感知美的能力，一般是透過個人的想像或經驗與敏銳的感官對外在訊息解讀的連結，所引發出內在心靈的感知和歡欣愉悅的感受。

從美感的定義可以了解，在聽覺藝術活動中：

1. 幼兒必須是主動參與的。
2. 幼兒必須透過做中學，從做與受中去體驗音樂的美好。
3. 對音樂美感的感知可以透過想像及音樂體驗而來。
4. 在體驗的過程中，必須開發幼兒的感官，才能將外界的聲音跟內在的感受做連結。
5. 真正感受到音樂的美是出自於內心深處的感動。
6. 從事任何音樂活動都必須是愉快的。

鄭方靖（2002）指出：近代的音樂教育觀念的改變，從「藝的傳授」到「術與審美的教育」，最主要是受到瑞士教育家斐斯塔洛齊（J. H. Pestalozzi）及杜威（J. Dewey）的全人教育與經驗理論的影響，著重做中學。美國著名的音樂教育哲學家 Elliott 認為一般音樂教育目的在於建立人們音樂審美的敏銳感應力，以及音樂性的知覺與感應能力（鄭方靖，2002，頁14）。音樂的知識不是最主要的，「做樂」的過程才是最重要的。因此，在從事聽覺藝術活動時，教學者必須觀察幼兒在參與活動的過程中，是否享受其中的樂趣、是否產生對學習的熱忱及興趣。

蘇珊（2017，頁 31）引用斐斯塔洛齊的三 H 理論：Head（認知、思考、反省、再創造）、Heart（探索、感受、表達、抒發、情緒）、Hand（技術、操作、練習）一定要有所交集，幼兒才能成為全人（holistic）（圖 1-6）。在美感的經驗中，這三個 H 都很重要，如果只有手部做動作，心裡無法感受，腦部無法思考，這樣的律動是不具美感的。因此，在從事聽覺藝術活動時，教學者不全然是旁觀者或觀察者，還必須要縝密的規劃課程及設計活動，在活動中也需要有引導技巧，始能讓幼兒發揮潛能，讓他們真正能感受音樂的美，也能表達出音樂性的音樂美感，達到美感領域的目標。

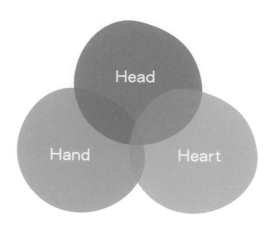

◯ **圖 1-6　斐斯塔洛齊的三 H 理論**

第三節　美感領域目標與能力培養

　　林玫君（2021）表示美感經驗是幼兒美感發展的重要基礎，是幼兒學習經驗重要的一環，因此美感被列為課綱的六大領域之一。美感的經驗存在於幼兒生活的周遭及每一天，例如：幼兒跟著家人一起到餐廳用餐，隨著餐廳不同的風格，會聆聽到不同的背景音樂（輕音樂、流行樂或爵士樂等）。幼兒每天在不同時間或地點，或多或少都會哼著歌曲，這些都是他們展現美感及經驗美感的方式。

　　然而，Kostelnik 等人（2004）將幼兒早期的美感經驗分為兩種形式：「回應式」（responsive）與「生產式」（productive）。回應式的美感經驗包含探索、欣賞與評估等活動；生產式的美感經驗則和幼兒自發性的創作活動相關（林玫君，2021）。林玫君（2021）認為，這種美感經驗的形式跟杜威提出「做」與「受」的體驗是相似的。其中，「做」相當於「生產式」的「表現與創作」經驗；而「受」是屬於「回應式」的「回應與賞析」經驗，兩者之間必須互相交融、連續循環，如此才算是「完整的美感經驗」（林玫君，

2017，頁 400）。美感領域能力的培養即奠基在這兩種經驗的循環來實踐。由於課綱特別強調這些經驗必須來自於幼兒對於周遭環境的好奇與覺察，於是又增加了「探索與覺察」。林玫君（2021）根據這些概念，提出美感經驗與核心能力的對照圖（如圖 1-7）。

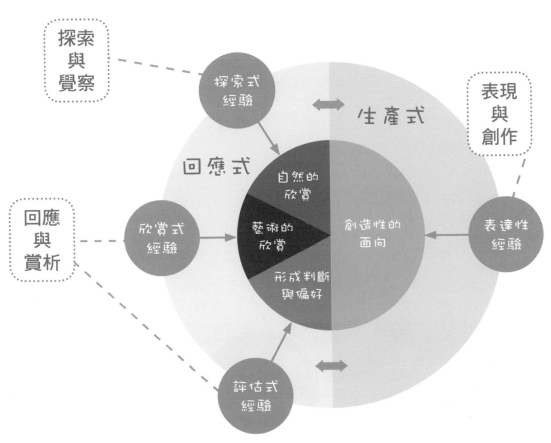

● 圖 1-7　美感經驗與核心能力對照圖
資料來源：林玫君（2017，頁 401）

　　由圖 1-7 可了解，美感領域最主要在陶冶幼兒對於他們生活周遭環境事物敏銳的美感能力，喚起豐富的想像與創作潛能，以形成個人的美感偏好與素養（教育部，2017）。這強調幼兒接觸美感的場域不能侷限於教室內，還必須包含校園的每個角落及社區，甚至整個社會。凡是幼兒能接觸到的環境都是美感經驗的體驗。如果幼兒樂於接觸美的事物，他對於美感的欣賞能力就會越來越強烈，自然而然這種能力會增加他們的想像力及引發創意，最後會形成一種偏好，例如：幼兒聽到各種不同形式的音樂（流行樂、古典樂或兒

歌等）會感覺好奇，肢體會隨之舞動或以揮動絲巾的方式來想像或表達音樂，久而久之，他的肢體變得相當靈敏，這種姿態也會反映到日後的音樂律動創作中，並能對某些音樂形式較為偏好，像是有的幼兒喜歡節奏感較強烈的歌曲，有的則喜歡古典樂。

具體而言，美感領域的目標（圖 1-8）包含（教育部，2017，頁 107）：

♪ 喜歡探索事物的美。

♪ 享受美感經驗與藝術創作。

♪ 展現豐富的想像力。

♪ 回應對藝術創作的感受與喜好。

◯ 圖 1-8 美感領域之目標

由以上的目標得知，教保人員在環境規劃、素材提供及活動設計上必須要能引發幼兒的興趣，讓幼兒喜歡探索，享受在美感的經驗中，之後能發揮想像力在獨特的創作上，對於各種形式的藝術作品形成一種喜好，並且能回應內心的感受。由這個目標來看，幼兒園中只有播放音樂或做模仿性的律動，似乎很難達到這樣的目標，而且這種聽覺藝術的美感經驗是有限制的。必須要能提供多元的音樂種類、不同的樂器、各種鬆散素材（loose parts）及音樂教具，透過多元的活動設計及聽覺藝術經驗，並且提供充足的探索及操作機會，以達到美感領域的目標（廖美瑩，2021）。

　　在美感領域中，最主要的目標即在培養幼兒的三項能力，包括「探索與覺察」、「表現與創作」及「回應與賞析」，其內涵如下（教育部，2017）。

🎵 探索與覺察

　　主要是指幼兒用敏銳的五官和知覺探索生活周遭事物的美，並覺察其間的變化。舉例來說，幼兒會透過操作樂器，察覺木魚跟手搖鈴的音色是不一樣的，在樂器探索過程中，搖一搖，敲一敲，來伴奏自己的歌唱。

🎵 表現與創作

　　指幼兒嘗試以各種形式的藝術媒介來發揮想像，進行獨特的表現與創作。在音樂當中，所謂的表現就是一種表演，無論是用唱的、用跳的或用演奏的都是一種表現方式。創作不一定是要編出一首曲子，有時候一個頑固伴奏、一個聲音的描述都可以是創作的形式之一。如上例，幼兒透過樂器的探索，將木魚跟手搖鈴組合，搭配成一個頑固伴奏，來伴奏自己的歌唱，這都是很棒的創作表現。

🎵 回應與賞析

　　指幼兒對生活環境中多元的藝術創作或表現，表達出個人或群體的感受與偏好。如上例，老師準備一個 AB 段對比的曲子（例如：圈圈舞曲，見本書 p. 295），請幼兒聆聽音樂，並選擇 A、B 兩段各使用木魚或手搖鈴。幼兒示範 A 段敲木魚，B 段搖手搖鈴。教保人員可以請幼兒針對這個創作做回應：「為什麼 A 段要敲木魚？B 段要搖手搖鈴？你覺得好不好？」幼兒也許可以回應：「我覺得很好，因為 A 段比較有精神所以用木魚；B 段好像會跳舞所以用手搖鈴會比較漂亮。」接下來，教保人員將幼兒分為兩組，

A 組拿木魚，B 組拿手搖鈴。播放圈圈舞曲，如果幼兒都能知道 A 段敲木魚，B 段搖手搖鈴，這便達到賞析的目的，因為他們不但了解樂曲風格，也了解音樂的結構。在聽覺藝術中，回應不要侷限於口語回應，有些時候用唱的、跳的或演奏的，都可以形成一種回應方式。

利用本書第十一章「神奇的塑膠袋」音樂活動（表 1-2）（圖 1-9）來說明各個活動對應何種能力，也許能幫助教保人員們更具體的了解各種意涵。此活動可參考本書 p. 284。

■ 表 1-2 「神奇的塑膠袋」音樂活動步驟與領域能力對應

活動順序	活動步驟	培養之能力
引起動機	❶ 動機引導：全班圍成圓圈坐下，閉上眼睛，仔細聆聽老師手上塑膠袋的聲音。 「大家覺得剛剛的聲音像什麼？」（下雨的聲音、踩樹葉的聲音）	覺察 回應
發展活動	❷ 塑膠袋聲音探索：探索塑膠袋能發出什麼聲音，並請幼兒分享。	探索
	❸ 塑膠袋合奏：每人選擇一種聲音及演奏方式。之後閉起眼睛，聽到左邊的人演奏，自己就要開始演奏，聽到左邊的人停了，自己就必須要停。	表現、創作、賞析
	❹ 回應演奏內容：請幼兒分享剛剛聽到的場景，並說出聽到什麼特色。請幼兒將這個特色演奏出來。	回應、表現
	❺ 演奏塑膠袋變變變（頑固伴奏：單一動作）：請幼兒想看看怎麼用塑膠袋來進行伴奏。之後請幼兒發表，採用其中一個方式，全班一起演奏。	創作、表現
	❻ 演奏塑膠袋變變變（頑固伴奏：兩個動作組合）：請幼兒想看看怎麼用兩個動作組合來伴奏。之後請幼兒發表，採用其中一個方式，全班一起演奏。	創作、表現
	❼ 音色分類：請幼兒選擇另一種演奏方式。站起來，尋找跟自己一樣音色的人走在一起，全班大約分為三組。	覺察、表現
	❽ 呼拉圈即興指揮：地上放著三個呼拉圈，各代表每一組。踏進哪一組的呼拉圈哪一組才能演奏。	表現
綜合活動	❾ 呼拉圈指揮歌曲：同步驟 8，但播放或唱神奇的塑膠袋的音樂，幼兒看呼拉圈指揮來演奏。也可以唱幼兒熟悉的歌曲。	表現

教案設計者：廖美瑩

◯ 圖 1-9　塑膠袋探索活動

　　幼兒在從事音樂創作前，必須經歷探索的階段，累積音樂元素的探索，之後才會把音樂的長短音組合成一個節奏型（例如：上例塑膠袋音樂活動，透過塑膠袋演奏方式的探索，幼兒把各種演奏方式組合起來，形成一個頑固伴奏，透過塑膠袋演奏表現出音樂）；幼兒針對一個音樂現象做回應或分析，都需要覺察的能力（例如：上例塑膠袋音樂活動，幼兒透過察覺音色的異同進行分析，最後做合奏及賞析）。因此有些時候，這三項能力的發展似乎有些順序性，「探索與覺察」的能力發展似乎在「表現與創作」及「回應與賞析」能力之前。然而，這三項能力也有可能出現循環的關係，例如：有可能透過對打擊樂器的探索與覺察，幼兒能透過樂器去表現樂曲，表現之後發現不如期待，因此又探索其他的方式（如絲巾）去表現樂曲，等絲巾的舞動能回應樂曲特色時，幼兒又會根據樂曲的特性（如不同樂段），創作不同的表現方式。因此，這三項能力之間有著循環的關係（圖 1-10），常常重疊交錯、互相牽連並沒有固定的順序。

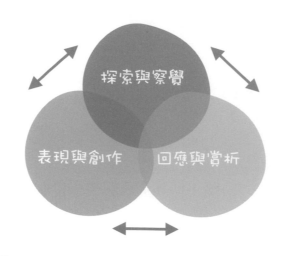

● 圖 1-10　美感領域三大能力之循環關係

　　根據廖美瑩（2015）的研究，教保人員們認為帶領「探索與覺察」及欣賞類型的活動較為簡單，雖然「探索與覺察」被認為是較容易帶領的，但是如何透過「探索與覺察」，引導到「表現與創作」及「回應與賞析」，教保人員是較缺乏自信的。幼兒園常見的賞析活動方式是融入到主題教學或一天的日常生活中，例如：背景音樂、轉銜音樂，這種音樂賞析的方式乃屬於較低層次的欣賞（之後章節將會示範賞析的層次），必須要把欣賞提高到較高層次才能發揮賞「析」的能力。觀察及訪談中，教保人員所謂的「表現」的方式比較傾向於模仿律動或帶動唱，而教保人員們比較懼怕的是帶領創作活動。陳佩綾（2016）訪談教保人員所得到的結果為：教保人員們對於課綱的實施正值摸索期，對於音樂活動的帶領是挫敗的。因此，為了落實課綱的精神，教保人員必須要了解聽覺藝術的意涵及應用，才能將美好的音樂經驗融入在課程中。以下將帶領教保人員們理解聽覺藝術在美感領域中的各種面向及意涵。

第四節　美感領域學習面向與課程目標

　　美感領域的學習面向分為「情意」和「藝術媒介」兩部分（圖 1-11）。「情意」是指幼兒在不同的美感經驗中，能連結正面的情意與產生愉悅的感受，以及樂於從事美感有關的活動（教育部，2017）。換言之，幼兒在從事與聽覺藝術有關的活動時，著重的是幼兒享受過程中的樂趣。

　　「藝術媒介」包括在探索與覺察的過程中，所運用到的視覺、聽覺、味覺、嗅覺及觸覺等各種感官知覺，以及在進行創作表現或回應賞析時，常用的視覺藝術、聽覺藝術及戲劇扮演等藝術媒介（教育部，2017，頁 108），此外律動及舞蹈也是聽覺藝術中的重要一環。在聽覺藝術的活動進行中，「聽覺」是主要的，需要最早被開發。由於多元感官的教學對幼兒的學習成效是最佳的模式（林朱彥、 張美雲，2010；Langness, 1997），在聽覺藝術活動中除了聽覺，還會運用到視覺（例如：運用音畫讓幼兒理解音樂結構、看著手部向上知道音的行進是上行音）及觸覺（例如：觸摸鼓面，演奏不同的聲音）。此外，許多的音樂教學法（例如：達克羅士、柯大宜或奧福）都主張透過律動來感受音樂，運用肢體成為一種「動覺」，這些多元感官的學習方式都是重要的，教保人員須視幼兒發展及活動需求加以靈活運用。

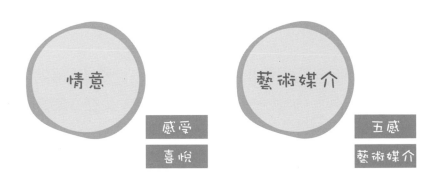

◯ 圖 1-11　美感領域的學習面向

藝術媒介包含視覺藝術、聽覺藝術及戲劇扮演。「視覺藝術」是指以美術或工藝造型來展現個人情感與想像創意的藝術表現。「聽覺藝術」是指透過想像和創作以聲音所組成的藝術表現，通常是由歌唱、樂器演奏及肢體動作等方式來傳達。聽覺藝術也可以稱為音樂。「戲劇扮演」是指以角色行動、口語對話和服裝道具來表現故事和情境（教育部，2017，頁 108）。其課程目標如表 1-3。

■ 表 1-3 美感領域的課程目標

		情意		藝術媒介
探索與察覺	美-1-1	體驗生活環境中愉悅的美感經驗	美-1-2	運用五官感受生活環境中各種形式的美
表現與創作	美-2-1	發揮想像並進行個人獨特的創作	美-2-2	運用各種形式的藝術媒介進行創作
回應與賞析	美-3-1	樂於接觸多元的藝術創作，回應個人的感受	美-3-2	欣賞藝術創作或展演活動，回應個人的看法

資料來源：教育部（2017，頁 109）

表格中美-1-1，其中美代表美感領域；第一個數字代表三項領域能力，其中 1 代表探索與覺察、2 代表表現與創作、3 代表回應與賞析；第二個數字代表兩個學習面向，1 代表情意、2 代表藝術媒介。以下透過簡單的聽覺藝術實例來了解課程目標的意涵，也藉此幫助教保人員理解各項指標。

 情意

美-1-1 幼兒平常聽到不同的聲音會感覺新奇有趣，例如：兩隻狗的叫聲不一樣。如果吃飯的時候播放音樂，幼兒能享受在音樂的氛圍中快樂用餐。

美-2-1 聽到狗叫的聲音，幼兒會模仿，並透過音樂元素的變化，例如：長短音及大小聲的組合，即興演唱出自創的小狗圓舞曲。

美-3-1 當老師在放蕭邦的「小狗圓舞曲」時，幼兒能享受音樂，並表達對音樂的感覺，例如：前面好像小狗跑來跑去的感覺。

藝術媒介

美-1-2　幼兒能透過自己的聲音、肢體、樂器及其他音樂教具去探索各種音樂元素，察覺其中之異同，例如：狗生氣跟撒嬌的聲音是不同的。

美-2-2　幼兒能透過自己的聲音、肢體、樂器及其他音樂教具去表現音樂及創作音樂。舉例來說，幼兒會利用肢體、樂器或其他素材（如絲巾、球）來表現「哈巴狗」這首曲子。也許也會吹口哨去表現「哈巴狗」的旋律。會把「哈巴狗」樂句末「汪汪」叫聲，創作山不同的玩法及形式來表現，例如：邊唱歌邊輕輕晃動氣球傘，當「汪汪」時把氣球傘拉高。也或許改變「汪汪」的節奏成為「汪汪汪」。

美-3-2　當在唱「哈巴狗」時，幼兒能夠說出「哈巴狗」的結構是由四個樂句組成的，而且每個句尾都以「汪汪」的方式來表現。當幼兒分享他們的表現時，他能夠回應自己所感受的哈巴狗：「我覺得他的『汪汪』超級有精神。」「我覺得他們的小狗好凶，好像有人欺負他，他想要去咬他們。」

　　由教育部所頒布的課綱來看，三種藝術媒介有其共通之處，只是表現的媒材不同。在許多文獻中（陳惠齡，2003；楊艾琳等人，1998；廖美瑩、戴美鎔，2012）都相當贊同將多元藝術整合，以拓展幼兒的藝術視野，例如：在音樂活動中，可以透過肢體與律動的表現方式，來扮演音樂劇，也可以延伸到繪本的製作（廖美瑩、戴美鎔，2012）。之後的章節將對多元藝術整合的活動範例做詳細的說明。

第五節　美感領域的學習指標

　　在課綱中，有了課程目標後，又根據年齡層延伸出學習指標。年齡層分為幼、小、中及大班。在教育部（2017）的課綱指標中會用➡來含括兩個或甚至到三個或四個年齡層，意思即是該目標從小班到大班都持續進行中。但是幼兒有發展的個別差異，幼兒的音樂經驗也都不同，教保人員不要被指標的年齡所限制住，可視情況調整，往前或往後，都是可行的。

　　在表 1-4 中，編號的含意如圖 1-12。

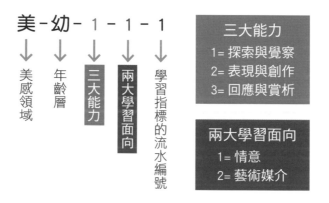

◯ **圖 1-12　美感領域的指標編號之意思**

　　表 1-4 所呈現的是美感領域的學習指標，粉色的底表（例如：以高低強弱快慢等音樂元素表達感受）是聽覺藝術的主要範疇。每一項指標都會在第四到六章詳述。

表 1-4 美感領域的學習指標

領域能力	學習面向	課程目標	編號	2-3歲學習指標	3-4歲學習指標	4-5歲學習指標	5-6歲學習指標
探索與覺察	情意	美-1-1 體驗生活環境中愉悅的美感經驗	1-1-1	探索生活環境中事物的美，體驗各種美感經驗			
	藝術媒介	美-1-2 運用五官感受生活環境中各種形式的美	1-2-1	探索生活環境中事物的色彩、形體、質地的美			探索生活環境中事物的色彩、形體、質地的美，感受其中的差異
			1-2-2	探索生活環境中各種聲音		探索生活環境中各種聲音，感受其中的差異	
			1-2-3	探索日常生活中各種感官經驗與情緒經驗	覺察並回應日常生活中各種感官經驗與情緒經驗		
表現與創作	情意	美-2-1 發揮想像並進行個人獨特的創作	2-1-1	享受玩索各種藝術媒介的樂趣		玩索各種藝術媒介，發揮想像並享受自我表現的樂趣	
	藝術媒介	美-2-2 運用各種形式的藝術媒介進行創作	2-2-1		把玩各種視覺藝術素材與工具，進行創作	運用各種視覺藝術素材與工具，進行創作	運用各種視覺藝術素材與工具的特性，進行創作
			2-2-2		運用線條、形狀或色彩表現想法，並命名或賦予意義	運用線條、形狀或色彩，進行創作	
			2-2-3		以哼唱、打擊樂器或身體動作模仿聽到的旋律或節奏	以哼唱、打擊樂器或身體動作反應聽到的旋律或節奏	運用哼唱、打擊樂器或身體動作進行創作

領域能力	學習面向	課程目標	編號	2-3歲學習指標	3-4歲學習指標	4-5歲學習指標	5-6歲學習指標
			2-2-4		以高低強弱快慢等音樂元素表達感受		
			2-2-5	運用簡單的動作或玩物，進行生活片段經驗的扮演		運用動作、玩物或口語，進行扮演	
			2-2-6			進行兩人以上的互動扮演	
回應與賞析	情意	美-3-1 樂於接觸多元的藝術創作，回應個人的感受	3-1-1	樂於接觸視覺藝術、音樂或戲劇等創作表現		樂於接觸視覺藝術、音樂或戲劇等創作表現，回應個人的感受	
			3-1-2			樂於參與在地藝術創作或展演活動	
	藝術媒介	美-3-2 欣賞藝術創作或展演活動，回應個人的看法	3-2-1		欣賞視覺藝術創作，描述作品的內容	欣賞視覺藝術創作，描述個人體驗到的特色	欣賞視覺藝術創作，依個人偏好說明作品的內容與特色
			3-2-2		欣賞音樂創作，描述個人體驗到的特色		
			3-2-3		欣賞戲劇表現，描述個人體驗到的特色		欣賞戲劇表現，依個人偏好說明其內容與特色

Children love music

美
感
領
域
中
的
聽
覺
藝
術

2 聽覺藝術之工具

　　廖美瑩（2015）針對美感領域之議題，對幼兒園園長及主任進行訪談發現：相對於其他藝術媒介，教保人員對聽覺藝術教學的信心較為不足，對課綱學習指標的認識及理解也較不清楚，因此幼兒園在推動聽覺藝術上是有困難的。導致這些的可能原因，最主要是教保人員對於可以運用的工具及媒材概念不清或有誤解。因此，在進入各項指標的說明之前，先介紹聽覺藝術相關之概念，之後介紹各項指標時就能迎刃而解。

　　在美-中-2-2-3 的指標（以哼唱、打擊樂器或身體動作反應聽到的旋律或節奏）中，聽覺藝術最主要可以透過聲音、樂器及肢體來表現，因此人聲、樂器及肢體都是重要的工具。此外，仍可利用視覺呈現的方式來表現音樂（陳惠齡，2003；廖美瑩，2021；謝鴻鳴，2006）。然而，在聽覺藝術中，所有工具最重要的是「聽」。因此，本章將聽覺藝術的工具分為三大部分來介紹：聽、表演、視覺呈現（如圖 2-1）。這些工具在「探索與覺察」、「表現與創作」及「回應與賞析」三大能力的培養上占著舉足輕重的地位，教保人員應熟悉各種工具始能發揮教學效果，以達美感領域目標。

1. 人聲（説白、口技、歌唱）
2. 樂器（真實樂器、鬆散素材當樂器、自製樂器、肢體當樂器）
3. 肢體（律動、舞蹈、戲劇）

聽覺藝術之工具

1. 藝術媒材與工具（繪畫、蓋印、滴流、其他）
2. 鬆散素材（排列、堆疊、綜合）

◯ **圖 2-1　聽覺藝術中之重要工具**

第一節　聽

　　音樂是聽覺的藝術，「聽覺」是人類感官中最早發展的。嬰兒一出生就對所有的聲音感到新奇，對周邊的任何聲響都感到興趣。當他們被聲音刺激吸引時，便會開始「注意力集中」，臉部朝著聲源方向凝望（楊艾琳等人，1998；Isbell & Raines, 2003）。幼兒在日常生活或校園裡常常被一些聲響所吸引，有的幼兒聽覺感官很靈敏，輕微聲響便能引起他的注意，通常他接收到這個刺激，接下來馬上停止任何動作，引領而望，呈現相當專注的狀態，接下來即在心裡產生許多的疑問，例如：「這是什麼聲音？」「聲音在哪裡？」當好奇心激發時，他便有探知的慾望：「這到底是什麼？」如果能有好的引導，幼兒便能有行動力——去探究（圖 2-2、圖 2-3），這是主動學習的開始。

如果教保人員能觀察到幼兒對聲音的興趣並能加以協助，幼兒便能透過聲音進行更深的探究行動（圖 2-4）。無論如何，「聽覺」的開發是首要之事，如果沒有靈敏的聽覺，可能錯過許多美好的聲音，並且無法引發更多探究的動機及行動，此外，如果教保人員的觀察力不夠或無法支持或協助幼兒繼續探究，幼兒的聽覺藝術行動將停留在粗淺的覺察或探索階段。

小女孩聽到滴滴答答的聲音。

「我聽到一個聲音，滴滴答答的。」（邊說邊比動作）

「好像是水的聲音。」（循著音源尋找，一探究竟）

「有水從牆壁滴下來，但是沒有聲音。」

「水龍頭沒關好，水掉在桶子的聲音，好大聲！」

幼兒常被周遭所有的事物所吸引，引起想要探究的心理。

◯ **圖 2-2 幼兒常被周圍的聲音所吸引**

女孩拿著樹枝在玩，突然停住了，抬起頭看樹上。

「我聽到一個好好聽的聲音！」

「在樹上？」

「是小鳥？」

「他的聲音很奇妙！」

就這樣引發幼兒的好奇心，想要一探究竟，這是什麼樣的鳥類，為什麼沒聽過？這麼特殊。

◯ **圖 2-3 周圍特殊的聲音常引發幼兒探究的動機**

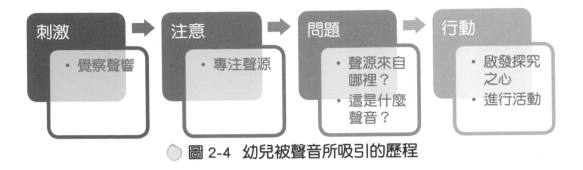

◯ 圖 2-4　幼兒被聲音所吸引的歷程

　　音樂教育家達克羅士（Emile Jacques-Dalcroze, 1865-1950）強調：幼兒在音樂學習中最需要學會的，便是要會運用自己的所有感官。他也表示一個人生理聽覺好，不見得音樂的聽覺也良好。他認為真正音樂的聽覺是：聽到的聲音必須在心裡激發出意識和情感（Jacques-Dalcroze, 1921/2009）。由這個觀點來看，一雙音樂的耳朵是需要訓練的。

　　所有的音樂行為都始於「聽音」，所有的聽覺藝術活動也都包含著「聆聽」（林朱彥，2009；楊艾琳等人，1998；廖美瑩、戴美鎔，2012；Campbell & Scott-Kassner, 2009），唯有能聽到及感受到音樂的各種元素，才有下一步的反應。幼兒聽力的發展順序為力度、音色、速度、節奏、曲調和聲及曲式（林朱彥，2009；楊艾琳等人，1998；Greenberg, 1979; Moog, 1976），這對應於聽覺藝術的指標為美-小-2-2-4（以高低強弱快慢等音樂元素表達感受），音樂元素的引導在聆聽的發展上占有重要地位。林朱彥（2009）強調音樂能力之發展與聽覺能力之發展有密切的關係。無論是歌唱、律動、樂器演奏或即興創作，甚至是對樂曲的喜好，基本的條件便是要聽到音樂，並且能感受到音樂（林朱彥、張美雲，2010；Campbell & Scott-Kassner, 2009; Isbell & Raines, 2003）。

　　在造就美之前，開發「聽覺」的感官是首要之事，尤其 3-6 歲是幼兒聽覺最為敏感的時期（陳惠齡，2003）。其次是音樂概念的養成，音樂概念的學習在美感經驗中是重要的，是了解及體驗音樂之美的工具，也是任何音樂學習或活動的基礎（林朱彥、張美雲，2010；楊艾琳等人，1998；Reimer, 2003）。如果聽覺未被開發，音樂概念也未養成，幼兒在欣賞音樂時只會停留在感性階段，無法用理性的角度去欣賞，因此無法達到美感領域的賞「析」，探索活動只會停留在探索，無法將探索中的聲音元素組合或整理，往更高層次的即興及創作發展，此外，表現也會停留在粗淺的表現（例如：聽音樂，「比畫」

動作），這樣的表現無法動人，自己也無法樂在其中。雖然人天生具有一定的音樂潛能，但是透過學習及體驗，會激發更多的創意（陳惠齡，2003；鄭方靖，2002）。

美國音樂教育家 Gordon（1997）特別強調早期音樂引導的重要性，他從腦神經發展的觀點提出：幼兒早期是神經突觸生長最快速的時候，若在學齡前未接受音樂方面的引導，幼兒未來的音樂賞析能力將會受到限制。同時他也認為，小孩在出生前及出生後的關鍵期中，自然擁有非常多樣的細胞來構築相互的連接，但除非這些細胞在關鍵時期能用來做相互的連接，不然這些細胞將失去作用並且無法再重新運用（Gordon, 1997/2000, p. 4）。換句話說，幼兒如果沒有在出生後的前五年發展音樂聽覺的能力與字彙，爾後與聽覺有關的細胞，就會轉而發展別種感官系統，有可能是發展視覺，而這樣的視覺加強則是使用了原本聽覺的細胞（Gordon, 1997/2000, p. 4）。因此，幼兒在家中或幼兒園，有建構或無建構的非正式音樂引導就都顯得相當重要了。

聽覺神經是所有感官中最早發育的，而所有的音樂行為也都始於「聽音」。幼兒常因為聽到音樂的高低、強弱或快慢，繼而會隨著音樂的特性搖擺起舞，甚至會跟著哼唱。有了對音樂的認識及感受，幼兒會開始即興創作，也會判斷喜不喜歡這首音樂，這些音樂行為的共同基本條件就是幼兒必須要能聽到音樂，並做出反應。Gordon（1997）強調：必須要提供幼兒像語言學習一樣的環境，鼓勵他們喃喃發聲（曲調及節奏的發聲期），幼兒越早開始音樂的喃喃發聲，他們將來就越有可能有音樂感。幼兒若沒有發展聽、唱和音樂唸唱的能力，他們將無法理解音樂，也無法與他們的音樂環境做連結。

許多音樂教育家都強調「積極聆聽」的重要性，這種積極的聆聽是需要學習的（Campbell & Scott-Kassner, 2009; Haines & Gerber, 2000; Isbell & Raines, 2003）。他們認為積極聆聽包含三個層面的技能：

1. 聽知覺（auditory awareness）：幼兒必須要注意到聲音的存在，聆聽各種不同的聲音。這與「覺察」是相同的。
2. 聽辨（auditory discrimination）：幼兒能分辨聲音的特色、高低、強弱、快慢和長短，並能加以分類。這與「探索與覺察」和「回應」是

相同的。幼兒透過探索階段，察覺聲響之差異性，再融入即興階段。

3. 聽覺連續與記憶（auditory sequencing）：幼兒必須把察覺到的聲音加以理解及統整，儲存於短期記憶之中，再透過不斷的精練，始成為長期記憶，並能利用各種表現方式傳達自己所體會到的音樂美感，並產生愉快的感覺。這與「表達與創作」及「回應與賞析」是相同的。

楊艾琳等人（1998）特別強調，若要成功的引導幼兒養成積極聆聽及建立音樂的概念，必須要讓幼兒能夠專心的聆聽。因此，聆聽活動需要經過設計，讓幼兒能專心於聽的活動。在幼兒園中，播放音樂作為背景音樂的方式較常見，但無法養成積極聆聽的習慣。廖美瑩（2021）發現，許多的古典樂曲或有特殊設計的兒歌，經過巧妙的活動設計，可以幫助幼兒養成積極聆聽的習慣，此外，也可以建立幼兒對於音樂的概念。

達克羅士音樂教學法（Dalcroze Approach）的聽音訓練（solfège）強調「內在聽音」（inner hearing）在音樂學習或感受音樂的重要性，所謂的內在聽音即是在沒有透過聲音或樂器下，心裡也能具體呈現出所想像出來的聲音影像的能力（Juntunen, 2016）；換句話說，當看到譜的時候即能了解音樂的全貌，包含節奏、旋律等的架構。在學前階段，可以代表，若幼兒發展出內在聽音的能力，他在敲打樂器之前，心中會有一些雛形，我想要敲什麼節奏或模仿什麼音型，而非一昧的隨意敲打。總之，聽想是一種對音樂的思想能力，達克羅士認為音樂內耳（inner-ear）的訓練可以提升音樂創作與詮釋能力（謝鴻鳴，2006）。

受到達克羅士內在聽音的影響，Gordon（1997）提出，「音樂聽想」是發展音樂性向的基礎。「聽想」（audiation）所代表的是當音樂已經沒有或是並沒有發出真正的聲音時，我們依舊能靜默的聽到並且能「理解」音樂（Gordon, 1997/2000, p. 21）。一旦這種聽想的能力養成，在實踐聽覺藝術教學時，會有良好的成效。然而，聽想有別於分辨及模仿，其類型及階段如表 2-1 所示，這些階段都處於幼兒園階段，因此建議教學者必須把握住聽覺發展的關鍵期。在幼兒園中，幼兒常被多元的打擊樂器所吸引，盡情的敲打，但沒有幾分鐘便失去興趣而離開，最主要就是「聽想」的能力未養成，對於音樂概念也未養成所致，因此無法進入到更高層次的音樂學習或美感體驗。

表 2-1　預備聽想的類型與階段

類型	階段
1. 接收同化型 出生至 2-4 歲 對外在環境有一些自我意識	1. **吸收**：以聽覺來蒐集環境中的各種音樂的聲音。 2. **隨意反應**：隨意的動與喃喃發聲，但與外在音樂環境無關。 3. **有目的反應**：試著應和著音樂環境而有所動作或是喃喃發聲。
2. 模仿型 2-4 歲至 3-5 歲 有意識的參與且專注於環境	1. **意識自我**：意識到自己的律動與發音和外在的音樂不合。 2. **離開自我**：正確模仿外在的音樂，尤其是音高型與節奏型。
3. 融合推衍型 3-5 歲至 4-6 歲 有意識的參與且專注於自我	1. **內省**：發現自己的唱、唸、呼吸、律動缺乏協調。 2. **協調**：將自己的唱、唸、呼吸、律動相互協調。

資料來源：Gordon（1997/2000, p. 58）

　　由以上的探討可以了解，無論國內外的學者都認為：聽的發展對音樂學習是重要的，幼兒音樂發展始於聽覺，積極聆聽的引導將會是學習音樂的關鍵，教保人員應該重視。

第二節　表演的工具

　　聽覺藝術中的探索、覺察、表現、創作、回應與賞析活動，都可以利用下列各種表演的工具來進行。

人聲

VOCAL

　　幼兒可以運用「人聲」來表現，有時候是說白、彈舌、口技或歌唱都是音樂表現的重要工具。奧福音樂教學法（Orff Approach）中強調「音樂」與「語言」連結的重要性，發展出「說白節奏」。在幼兒園中，這種說白節奏對於教保人員及幼兒是較簡單的表現及即興創作方式。所謂「說白節奏」是指節奏式的說話，也就是有節拍的概念，有長有短，類似唸童謠（廖美瑩，2006，頁23）。有押韻的說白對幼兒就更容易學習了，如下例由施福珍作詞作曲的「點仔膠」（台語），押的韻是「ㄚ」：

> 點仔膠黏著腳　　叫阿爸買豬腳
> 豬腳箍滾爛爛　　飲鬼囝仔流嘴瀾

　　在唸說白節奏時，通常會伴隨肢體伴奏（後節說明），透過重複唸，可以增加幼兒的節奏感，也累積他們的節奏字彙，因為語言中本來就含有豐富的節奏（陳惠齡，2003），例如：我們講「冰淇淋一」，似乎會把「淋」拉長，因此幼兒會學習到1拍（♩）及2拍（♩）的組合。說白節奏更多的教學實例可參考教保活動範例篇第一部曲的「剪刀石頭布」和「五色糯米飯」；第二部曲的「小老鼠與大花貓的遊戲」；第三部曲的「飛機飛到哪裡去」、「腳踏車」、「捉迷藏」和「挖土機」。

　　彈舌與口技在各音樂教學法中也是重要的一環（陳惠齡，2003；鄭方靖，2002），可以透過唇舌在口腔的變化，產生不同的音色，例如：教保活動範例篇第二部曲的「野生動物園」中（譜例2-1），就利用口技來表現出火車的聲音。通常利用彈舌與口技可以做很多節奏的變化，像現代流行的饒舌（Rap）或無伴奏合唱（A cappella）都是利用口技來當成伴奏，有非常令人驚訝的表現及效果。

詞曲：廖美瑩

Du du　du du！ Chi cha chi cha　bon chi chi chi bon chi chi bon chi chi chi bon chi chi

🎵 **譜例 2-1 「野生動物園」前奏**

　　以實務面來看，由於教保人員普遍對音樂帶領較缺乏信心，在教學者缺乏引導技巧下，幼兒在幼兒園中，要透過歌聲來創作的難度可能比較高（通常只到即興階段）。但是幼兒非常喜歡唱歌，透過歌聲可以培養他們的「表現」能力。如果幼兒能夠充分運用自己與生俱來的天賦——歌聲，去探索美妙的聲音、用歌唱回應或表現音樂，進而利用歌唱從事即興或創作，將會幫助他們感受美好的美感經驗（林玫君，2008，2017；陳伯璋、盧美貴，2009；廖美瑩，2014）。歌唱是一項重要的工具，幼兒必須要能健康的歌唱，用自然美妙的歌唱來表現，才能夠體驗聲音的「美感」（Liao & Campbell, 2014, 2016; Rutkowski & Runfola, 1997）。

　　在成長過程中，幼兒的聲帶也迅速、持續的成長，到 6 歲時，幼兒的聲音較為穩定也較容易控制。因為幼兒的聲帶是非常細嫩、脆弱的，所以在幼兒階段不宜做太激烈或超分量負荷的磨練，例如：唱太高或太低的音，或大聲歌唱。那些厚重、悶濁似成人聲音的粗糙音色，雖然聽來擁有較大音量，但是相對的，也會給發育未完全的幼兒聲帶，帶來莫大的傷害（吳榮桂，2002； 林福裕，1985；孫清吉，1994；廖美瑩，2014；Liao & Campbell, 2014, 2016; Miller, 2000; Phillips, 1996; Rutkowski & Runfola, 1997; Titze, 1992）。Cave（1998）強調，幼兒歌唱的聲音應該是輕薄的聲音但不大聲，Lindeman 與 Hackett（2010）描述小孩的歌唱聲音應該是乾淨、開放及輕亮的。身為教保人員應該自覺，不宜鼓勵幼兒大聲唱歌（切勿鼓勵以唱大聲表示有精神）（廖美瑩、魏麗卿，2012；Greata, 2006）。

　　「唱」是幼兒音樂行為中最為自然簡單的方式，但引導者必須要注意選擇適當音域的歌曲。最適合幼兒聲音發展的音域是 D 到 A（　　　）（Buckton, 1977; Flowers & Dunne-Sousa, 1990; Liao, 2008; Liao & Campbell, 2014, 2016; Lyon, 1993;

Moore, 1991），音域會隨著年齡增長而變寬，良好歌唱習慣及適性訓練將可以幫助幼兒擴展其歌唱的音域，因此在大班可以選擇 8 度（ 🎼 ）的歌曲。Liao 與 Campbell（2014）發現，一般幼兒園老師的起音普遍偏低，習慣用胸聲來唱歌，這樣對幼兒的聲音發展是有阻礙的（Campbell & Scott-Kassner, 2009; Greata, 2006; Liao, 2008; Liao & Davidson, 2007; Liao & Campbell, 2014, 2016; Rutkowski & Runfola, 1997）。若教學者對於提供適當的起音沒信心，可以請歌唱能力較好的幼兒幫忙起音，或利用旋律樂器起音。對大人來說舒適的音域，對幼兒會是不舒服的，因此教保人員要切記，提供幼兒舒服的音域。

許多研究指出：幼兒的歌唱發展與語言發展有極密切的相關（Chen-Hafteck, 1998; Rutkowski & Chen-Hafteck, 2001; Trollinger, 2003, 2004; Welch, 1986）。語言學家認為學會說話要先會聽人家說話，強調「聽」的重要性，同時也是學會說話的第一步驟，歌唱亦然。一般而言，歌唱的發展步驟如下（Wolf, 1992）：

🎵 聽（listening）。

🎵 跟唱（tagging on）。

🎵 參與（joining-in）。

🎵 獨立歌唱（independent singing）。

按此發展步驟可了解，照顧者唱歌給出生至 3 歲嬰幼兒聽是很重要的，3 歲之後等幼兒語言發展較為進展，父母或教學者可以請幼兒跟著一起唱歌，最後他們便能獨立唱完一首歌。Rutkowski 與 Trollinger（2005）也提出相似的發展理論，他們認為幼兒在 1 歲半時已具備旋律及節奏的能力，幼兒能夠自創簡短的旋律及節奏。2 歲大的幼兒已會用旋律的音型，但對於音高及音量（例如：高音會唱大聲）尚未準確或不易掌握。到 3 歲時已會模仿短歌及旋律，但始終不是很正確。4 歲的學習遵循著一定的步驟：歌詞、節奏、樂句及旋律音型。直到 5、6 歲對調性才較穩定，也就是說可從頭到尾唱同一個調。

研究指出：許多教保人員很少對著幼兒唱歌，幾乎都是播放 CD，也缺乏引導，只讓幼兒跟著 CD 重複唱跳，動作只反應歌詞，這樣要發展「表現

與創作」能力是有阻礙的（Gharavi, 1993; Greata, 1999; Kelly, 1998）。教保人員的態度是重要的（李萍娜、顏端儀，2008），教保人員喜歡唱歌，幼兒才會更喜歡唱歌。Greata（2006）認為教學者的態度是營造音樂學習環境的重要因素，即使設備再好，樂器種類再多，教學者態度若不積極，也無法營造一個好的學習環境。Greata 表示教保人員唱歌給幼兒聽是重要的，只要有信心及充滿情感的唱出來，對幼兒的經驗都具有相當的意義。只要面帶微笑「輕輕」歌唱，美很自然就會存在，而幼兒就會沉浸在這種氛圍，也跟著一起輕聲歌唱，這樣才能實踐「美感」教育。

　　教保人員在引導歌唱時的技巧也很重要，根據 Liao 與 Campbell（2014）的研究，成功的領唱兒歌需要遵循以下的步驟（圖 2-5）：

1. 注意（focus）：也即引起動機，確定幼兒有慾望參與歌唱活動。

2. 給音／速度（pitch/meter）：教學者應該提供起始音及速度，如果是 4 拍子，教學者可以唱起始音，然後唸「預　備　開始唱」（H₄ ♩ ♩ ♫ ♩）或「１２３ 唱」（有節奏的唸，同時提供唱歌的速度。請注意，4 拍的預備拍不能說１２３，這樣只有 3 拍，這是筆者在實務現場常遇見的教保人員給預備拍的錯誤實例）。

3. 進拍（signal）：唸完預備拍之後，教學者必須提供一個訊號，讓幼兒知道要開始唱歌，通常就是點頭、用手指揮，或拿一個棒子指揮。如此幼兒才能夠一起歌唱，養成良好的歌唱習慣，因此指揮技巧很重

● 圖 2-5　歌唱引導的循環步驟

要。

4. 歌唱（singing）：在歌唱的過程中，教學者要視教學活動設計之需求加入歌聲或故意不唱只給口型。在歌唱進行中，教學者的表情及肢體律動都須跟著旋律搖擺，這種美的律動將會影響幼兒。

5. 回饋（feedback）：回饋分為一般回饋跟特殊回饋，一般回饋就是稱讚「你們唱的好棒」、「好好聽的聲音喔」，但是針對幼兒的歌唱表現給予特殊回饋是重要的，如此幼兒才知道下一次如何修正，例如：「剛才你們好認真唱，但是越唱越快，我們可不可以輕輕的唱、打拍子，不要快。」「這首歌是溫柔的歌，是不是？我們剛才有沒有溫柔的唱歌？我們可不可以像抱著小寶貝一樣唱歌？」

樂　器

INSTRUMENTS

幼兒可以透過樂器演奏的方式來進行聽覺藝術。楊艾琳等人（1998）表示，操作或玩索樂器可以幫助幼兒建立許多的音樂概念，也能激發幼兒的創作潛能。在幼兒園中比較常見的樂器分為**有調樂器**及**無調樂器**。有調樂器是指可以敲出旋律或彈奏出音高的樂器，例如：音磚、鐵琴、木琴、鐘琴、律音管、鍵盤等；無調樂器是指一般的打擊樂器，例如：手鼓、響棒、手搖鈴、三角鐵等。除了真實樂器之外，也可**自製樂器**。運用**鬆散素材當樂器**來演奏也值得推薦，而**身體**本身就是一個樂器，也可以當樂器來演奏呢！

一、有調樂器

也許預算不足之因素，許多幼兒園並未採購有調樂器，但有調樂器在幼兒的音樂發展及表現上占著重要地位。陳惠齡（2003）根據奧福音樂教學法將有調樂器分為：(1) 直笛；(2) 定音鼓；(3) 音樂鐘；(4) 奧福片樂器：鐘琴、木琴、鐵琴、音磚；(5) 其他樂器：如吉他、提琴等；(6) 自製樂器：如

玻璃杯組合音高等。在幼兒園中運用比較廣的是奧福片樂器，在此做詳細的介紹。

 音磚

　　大家比較熟悉的有調樂器可能是木琴及鐵琴，但是廖美瑩（2014，2021）發現，「**音磚**」（圖 2-6）在幼兒聽覺藝術表現與創作中占著極重要的地位，只是不為多數人所知及運用。在奧福音樂教學法中，強調木琴的重要性，因為木琴溫暖的音色，適合幼兒聆聽，通常會讓幼兒的情緒較為穩定。音磚是將木琴拆解成一個個單獨的音，像磚頭一樣的外型，上面呈現 CDEFGABC 的英文字即代表音高，比較長的音比較低，比較短的反而比較高，在使用時，教學者必須注意這個順序（圖 2-7）。音磚有大、中及小的尺寸，大代表低音、中代表中音、小則代表高音。同樣的也有銅製的音磚，琴鍵看起來像鐵琴一樣，因為聲音比較明亮，不適合當穩定的節奏伴奏（會很吵），因此不建議一開始就先讓幼兒敲奏銅或鐵製的音磚。也有彩虹顏色的鐵製音磚，等幼兒養成聽的習慣，較容易掌握敲擊的技巧，可以提供鐵製音磚一起搭配，音色就會較為豐富。

◯ **圖 2-6　音磚**

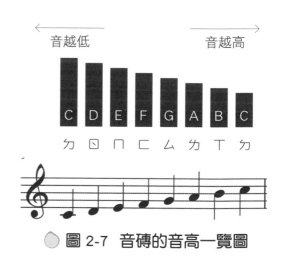

◯ **圖 2-7　音磚的音高一覽圖**

　　在本書的教保活動範例設計中，常會看到木製音磚，而且常常僅用了 D 及 A 音磚，因為 DA 是最適合幼兒的音域（D 大調），而且是和諧音。Liao 等人（2017）發現 DA 音磚在音樂區有相當良好的效果，除了能提供正確的音高之外，還可以在音樂區製造和諧，因為無論怎麼敲打都是和諧的。此外，使用音磚還可以訓練幼兒敲擊的穩定度及節奏感。要注意的是，並不是所有

的歌曲都適合用 DA 這兩個音，因為 DA 是代表一級和弦，如果歌曲是大調且重拍都落在一級和弦，就可以用這兩個音（例如：圖2-8「啄木鳥之歌」）；如果有明顯非一級和弦，則需要加入其他的音，例如：圖2-9「布穀」。音磚譜沒有一定的記載方式，也可以請幼兒自創符號，只要讓打擊者知道如何敲擊，就是一個好的音磚譜，透過視覺的輔助，對於打擊樂器更容易掌握（廖美瑩，2021）。歌曲敲奏的運用可以參考以下曲目：第一部曲的「我想要長大」和「五色糯米飯」；第二部曲的「啄木鳥之歌」和「Kaeru No Uta」；第三部曲的「溜滑梯」和「盪鞦韆」。

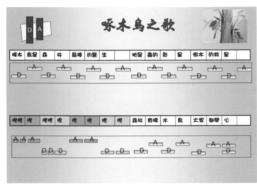

◯ 圖 2-8 「啄木鳥之歌」的音磚譜

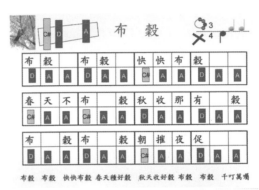

◯ 圖 2-9 「布穀」的音磚譜

音磚除了敲打節奏當伴奏之外，也可以讓幼兒每個人持一個音磚及一個棒子，合力敲出一首兒歌，建議有一個指揮，成功機率會較高，例如：利用 CDEFGA 可以敲出「小星星」；CDEFG 敲出「蜜蜂做工」。

a小調或五聲音階則使用 E A，請參考教保活動範例篇第三部曲的「挖土機」。d小調則使用 D A，請參考教保活動範例篇第二部曲的「蒲公英去旅行」及第三部曲的「大怪物 go away」。

考量幼兒的肢體發展，敲打音磚可以從：(1) 雙手齊奏；(2) 左右手交替敲打；再到 (3) 左右手交叉（圖2-10），這三種敲奏方式在影音版的第二部曲「Kaeru No Uta」中有提供示範。沒有固定要用什麼鼓棒，提供各式的鼓棒讓幼兒探索是重要的。教保人員要記得低音（D）在左，高音（A）在右。幼兒熟悉敲擊方式後，通常可以伴奏歌唱，是一個很棒的表現方式，雖然這是一種挑戰，但是幼兒躍躍欲試，一旦成功會相當有成就感。若可能，在學

習區中，提供音磚、各式鼓棒及樂譜，像是上述之「啄木鳥之歌」以圖像的方式去呈現敲奏的方式，有相當良好的效果。幼兒透過反覆練習，會有不錯的表現，之後他們也可以利用這兩個或三個音去做組合，形成另外一種伴奏方式，這將於之後「創作」章節中詳述。

A A A A D D D D	D A D A	D A D A
右　右　右　右 左　左　左　左	左　右　左　右	左　右　左　右 交叉

◯ 圖 2-10　音磚練習的步驟（由簡入繁）

正確使用音磚很重要，若缺乏樂器保護的知識，提著琴鍵移動，琴鍵下面的螺絲容易脫落，造成損壞，因此需要用雙手捧著音箱移動。另外一個方式，也可以將所需要的琴鍵放在巧拼上（如圖 2-11），如此只要移動巧拼就可以。幼兒在盡情享受音樂之時，適當的提醒他們要保護樂器是需要的。

◯ 2-11　音磚放在巧拼上

🎵 片樂器

在華德福教育中，非常注重保護幼兒的感官，木地板、木製教具及樂器會是理想的質地及聲音。這也跟奧福（Carl Orff, 1895-1982）的理念相同，奧福認為幼兒接觸樂器最好從音色較為溫和的木琴開始。雖然有立奏的木琴或鐵琴，但是幼兒園以箱型的木琴或鐵琴居多。這些都是由奧福設計的片樂器，於 1930 年由凱特曼（Gunild Keetman）製造。箱型的木琴或鐵琴在幼兒園相當普遍，無論音色或共鳴都非常好。如同音磚，其尺寸也有大中小，看起來體型較大較高的是低音木琴或鐵琴；體型中型是中音木琴或鐵琴；體型較小較低的則是高音木琴或鐵琴（圖 2-12）。

低音

中音

高音

🔘 圖 2-12 各式箱型木琴與鐵琴

木琴與鐵琴還有一個特色即是，琴鍵可以移動，因此視曲子或教學活動設計的需求，可以將部分琴鍵先移走，如此可以增加幼兒的敲打信心，也可促進手眼協調度。如圖 2-13，若想要幼兒敲 D 及 A，就可以把兩旁的 C 音及 B 音拿掉，如此幼兒就可以專心敲打 DA 琴鍵，甚至只留下 D 與 A 也是可行的（如圖 2-14）。視曲子的需求，有些時候安排兩種音色，也可以像圖 2-14 一樣，只擺上需要的琴鍵，例如：以 D A 敲打固定節奏伴奏；到特殊的音階上行或下行 就可以敲打鐵琴（D E #F G A）。也可以滿足兩位幼兒一起合奏的需求，在音樂區中，有相當良好的效果（Liao et al., 2017）。

移除 C 音及 B 音

幼兒可專心敲奏最低（D）及最高音（A）

◯ 圖 2-13　琴鍵可移除

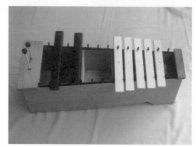

◯ 圖 2-14　同時擺放木琴與鐵琴琴鍵演奏「鷸鳥」（Sandpiper）

　　廖美瑩（2017）發現在音樂區中，把彩虹鐵琴立起來（圖 2-15），由於外型顯眼，音色明亮，深受幼兒的喜愛，幼兒常常在鐵琴處進行表現與創作。但是廖美瑩、魏麗卿（2012）發現，在音樂區中放木琴或鐵琴，有時會產生較大的噪音，反而有反效果。這最主要是幼兒對於力度及打擊的控制還不純熟，最重要的是聆聽「美妙」聲音的習慣尚未養成，因此容易在探索階段造成噪音。解決這個的方法：(1) 先擺木琴，擺 D 與 A 鍵就好，先養成聆聽及敲擊的好習慣；(2) 鐵琴只擺放配合曲子的兩個音（圖 2-16），例如：第二部曲的「林中杜鵑」，只放 #G 及 C 鍵，代表「布穀」的聲音；(3) 把鐵琴搬到室外音樂學習區，在空曠的地方，只要幼兒放鬆的敲打，會產生非常美妙的聲音（見「音樂學習區範例三大自然（室外）」的「環境設計及布置」）。

◯ 圖 2-15　架起來的超人氣彩虹鐵琴

◯ 圖 2-16　演奏「林中杜鵑」只擺放 #G 及 C 鍵

🎵 其他的旋律樂器

能敲出旋律的樂器，幼兒都相當有興趣，因此建議幼兒園編列預算，購買一些旋律樂器，以下的樂器很好用卻不貴，例如：律音鐘、胖鼠鐘、律音管等，敲擊方式詳見教保活動範例篇第三部曲的「挖土機」、「溜滑梯」、「盪鞦韆」及「音樂學習區範例五溜滑梯（室外）」。

直笛與吉他在奧福音樂教學法都是重要的工具，但是也許對教保人員較為困難。近年來流行的烏克麗麗，不但便宜且造型討喜，也容易收納，尤其學會幾個簡單和弦就可以伴奏兒歌（圖2-17），也可以跟幼兒互動，相當值得一試。

◯ 圖 2-17　**教學者利用彈奏烏克麗麗與幼兒進行音樂互動**

二、無調樂器

參考 Campbell 與 Scott-Kassner（2009）的無調樂器分類，筆者按配器法的原則及樂器的音色將其分為四大類：鼓類、木質、鐵器及搖鈴（圖2-18）。所謂「**配器**」顧名思義就是分配樂器，也就是在合奏中，安排各種樂器的呈現方式。如果教保人員對於樂器不夠敏感，只要記住一個原則，在伴奏的時候，不要全部選擇同樣類別的樂器，例如：不要選沙鈴跟手搖鈴一起演奏，整個伴奏聽起來會變得有點吵；不要選響板跟響棒同時演奏，可能會覺得沒有個性。總而言之，不論那一首歌需要幾種樂器，只要提供不同類別的樂器，演奏起來就很好聽。另外，鼓類及木質適合當重拍，搖鈴及鐵器適合當弱拍。雖然配器法中的確有些特定樂器搭配起來音色較美，但基於課綱精神，需要幼兒透過探索來發現美的聲音，因此若教學目的在於探索，請教保人員耐住性子，允許大人耳中也許不完美的過程。

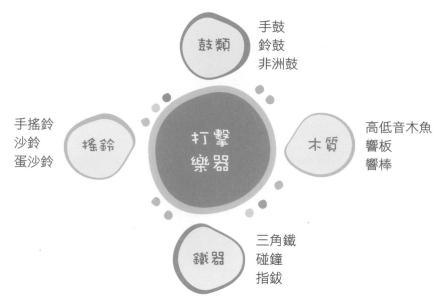

鼓類　　手鼓　鈴鼓　非洲鼓

手搖鈴　沙鈴　蛋沙鈴　搖鈴

打擊樂器

木質　　高低音木魚　響板　響棒

鐵器　　三角鐵　碰鐘　指鈸

◯ **圖 2-18　打擊樂器的分類（依音色）**

🎵 鼓類

　　鼓類一般以皮革為主，但也有塑膠及其他材質的鼓面，例如：手鼓（旁邊沒有鐵片）、鈴鼓、非洲鼓、sound shape（塑膠材質但有各種形狀）（圖 2-19）。這一類的樂器聲音比較厚實，很適合當合奏中的 bass（低音），也很適合教學者運用這類樂器來引導幼兒走路的節奏。在許多的音樂遊戲或創造性肢體活動中也常用鼓來引導，尤其鈴鼓

◯ **圖 2-19　鼓類**
（上：手鼓／下：sound shape ／
左：棒棒糖鼓／右：鈴鼓）

同時有皮革跟鐵片，能夠變化豐富的音色。所有鼓類都可以用手或鼓棒敲擊，因此可以請幼兒探索用手可以怎麼演奏，例如：拍打、搓、彈，可以發現各種音色的表現都不同。

🎵 木質

　　幼兒園較常見的木質打擊樂器包含高低音木魚、響板、木魚、響棒等（圖 2-20）。所有木質類的樂器音色較為溫暖，但是透過不同的手法也可以發出豐富的音色，例如：**高低音木魚**有長（低音）有短（高音），常敲出高跟低

的聲音，很適合伴奏（左右敲）；有螺旋狀的地方也可以做音色變化；也可以把鼓棒放進木桶中搖晃。**青蛙造型木魚**，可當木魚敲，也可以刷過中間刮胡的地方，會感覺像青蛙的聲音。**響板**的音色變化較少，要靠手部放鬆去敲打，敲打時不要固定在一個地方，音色會很硬不好聽，要隨著音樂舞動。**響棒**或**螺旋狀節奏棒**看似兩根棒子交叉打，但是還可以有很多的變化，可以丁字或十字敲，

○ 圖 2-20　木質
（左上：高低音木魚 / 右上：青蛙造型木魚 / 中：螺旋狀節奏棒 / 左下：響板 / 右下：響棒）

也可以兩根棒子垂直碰，聲音會變的很響亮。木質類樂器沒有固定的打擊方式，可以讓幼兒探索，讓他們決定自己要表現什麼，所以要這樣敲。

🎵 鐵器

　　鐵製品包含三角鐵、碰鐘及指鈸等（圖 2-21）。這類樂器在幼兒園較容易造成危險，因為幼兒容易拿樂器晃來晃去，不小心會打到腳。由於幼兒手部力量的控制發展不佳，這一類的樂器容易造成較大的聲響，一般會歸類為噪音，因此廖美瑩、魏麗卿（2013）建議這類的樂器在室內數量不要多。要養成聆聽的經驗，輕輕的就能敲出美妙的聲響，

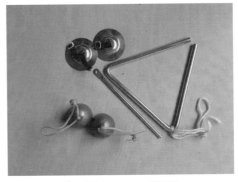

○ 圖 2-21　鐵器
（左上：指鈸 / 右：三角鐵 / 左下：碰鐘）

若幼兒在探索階段敲出較大的聲響，教保人員千萬不要制止他或甚至請他敲小聲點。幼兒不容易控制音量的原因有二：聆聽美妙聲音的習慣未建立，以及手部發展尚未能控制好音量。建議教保人員對幼兒說：「這是秋精靈的聲音嗎？你覺得秋精靈是很大聲或很小聲？你可以敲出秋精靈溫柔的聲音嗎？」（引導可以參考影音教材第二部曲的「愛跳舞的葉子精靈」）。**三角鐵**除了用棒子敲邊邊，還可以在轉角處急促敲打。**碰鐘**的敲法，是把碰鐘像拿花朵一般拿著，輕輕碰一下往外劃開，共鳴的聲音會很好聽。**指鈸**則是一個不動、另一個去碰它，之後畫一個大圈圈，聲音就會很美妙。儘管建議這

些能演奏出較好聽音色的方式，但仍容許幼兒天馬行空的探索，教保人員加以一些引導，相信幼兒會找到最佳音色。

搖鈴

搖鈴最主要是利用搖晃樂器產生聲響，常見的有手搖鈴、沙鈴、蛋沙鈴等（圖 2-22）。所有搖鈴類都是一對的，除非數量不足，否則建議一對，不然跟其他樂器相較之下，搖鈴的聲音會較小，容易造成音量不平衡。**手搖鈴**由鈴鐺組成，避免固定不動機械式搖晃，演奏手搖鈴時，手部要隨著音樂舞動，不要固定在一個位置，音色聽起來會很死板。

○ **圖 2-22　搖鈴**
（左上：沙鈴 / 右：手搖鈴 /
左下：蛋沙鈴）

沙鈴有各種不同的材質，有皮革、塑膠或木質，搖出來的音色皆不同，會是相當討喜的樂器。**蛋沙鈴**的音色非常溫和但又活潑，很適合幼小班，較能保護幼兒的感官。

其他

雖然未歸成以上四類，但它的功能可以跨越兩個材質，例如：刮胡、木棒搖鈴。刮胡的外型是木製的螺旋狀，但裡面有放置鋼珠，因此同時有刮胡及搖鈴的功能。木棒搖鈴（圖 2-23），是由木棒及搖鈴所組成，因此同時具有響棒及搖鈴的功能，聲響較小，因此非常適合幼小班。

○ **圖 2-23　木棒搖鈴**

還有許多特殊小樂器都可以讓幼兒進行探索及演奏（圖 2-24），例如：祈雨棒（教保活動範例篇第一部曲的「Si ma ma ka」當下雨的聲音）、辣齒（教保活動範例篇第三部曲的「有趣的火車」當火車移動的聲音）等，在合奏中都有良好的效果；此外在說故事中，有些樂器可以製造音效，例如：海浪鼓可以製造海浪的聲音，這都會引發幼兒對聲音產生極大的興趣。

祈雨棒帶領聲音覺察

利用辣齒帶領火車活動

海浪鼓製作海浪的聲音

圖 2-24　其他打擊樂器

三、自製樂器

在奧福樂器中，自製樂器也被歸為樂器種類之一。只要對照真實樂器，模仿其音色就可以做出各式的樂器。

🎵 有調自製樂器

如果要自製木琴與鐵琴，就需要找到竹子或鐵片，竹子的長度及寬度會決定音高，較容易製作；通常鐵片需要裁切機器，在幼兒園實踐難度是較高的。竹子可以截成長短不同的聲音，可以讓幼兒探索音高（圖2-25）。圖2-25左邊立奏的方式，可以用各種鼓棒敲打，也可以在竹筒的上方快速撞擊，非專業的自製樂器，也許不能製造出實際音高，但高高低低的聲音可以讓幼兒探索並且組合。圖 2-25 右邊將竹筒吊起來，也可以用各種鼓棒探索音高，如果在竹心能夠加些小珠子，就可以搖出不同的音色，也值得一試。此外，也可以請幼兒彩繪，也是聽覺與視覺藝術結合的一個實例，讓竹子添加美感（圖 2-26），最後把作品陳列在教室或幼兒園角落，不僅是一項藝術作品也是一個相當棒的旋律樂器。

立起來的竹筒

掛起來的竹筒

● 圖 2-25　自製木質音高樂器

幼兒正在彩繪

擺在校園角落

● 圖 2-26　彩繪木質音高樂器

　　另外結合科學區實驗的玻璃音階樂器（圖 2-27）也非常盛行，在玻璃瓶或杯子裡放不同高度的水，產生的音高都不同，可以讓幼兒探索水與音高的關係（水比較高則聲音比較低，水比較低聲音反而比較高）。甚至也可以調色，把調出來的音階變成彩虹的顏色。手沾濕順著杯緣滑動，也會產生音高，這些都值得幼兒探索。這些實驗可參考「音樂學習區範例五溜滑梯（室外）」的作法。玻璃音階樂器可以用瓶罐來裝水，用吹奏的方式產生聲音；也可以用水杯自行調音高；或把水瓶吊起來也是可行的。

　無調自製樂器

　　依照真實打擊樂器的音色，也可以製造出相對應的樂器。在幼兒園中最熱門的自製樂器之一應該是「沙鈴」（圖 2-28），它相當容易製作且效果良好，深受師生的喜歡。最主要要有裝東西的容器，在瓶瓶罐罐中，裝著同樣的東西（例如：米、綠豆），或同樣的寶特瓶裝不一樣的東西（例如：石

瓶罐（Do Re Mi Fa Sol）：用吹的

玻璃杯（So Mi Do）：用敲擊

玻璃音階樂器用吊起來的方式呈現

◯ 圖 2-27 玻璃音階

頭跟紅豆），其音色都不同，非常適合幼兒探索各種音色，聲音的效果也很棒。這也是蒙特梭利教學法中的感官教具之一，也是重要的活動之一。同理，**手搖鈴**也是非常簡單的，效果也非常好，可以透過各種創意把鈴鐺附著在該物品上就可以，如果可以在圓圈上加上彩帶，就是絕佳的舞蹈工具。

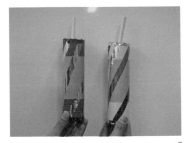
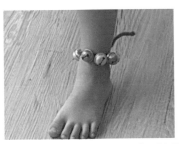

◯ 圖 2-28 自製沙鈴或手搖鈴

「**鈴鼓**」也很便於製作，圓盤及鈴鐺是主要的素材，圓盤上面還可以畫圖畫貼畫（圖 2-29），但是通常這種鈴鐺的聲音比較大聲，由於圓盤不夠厚實，常常打出來的聲音不夠像能擔大任的鼓聲。一般而言，若要當**鼓**，可

能找牛奶瓶或厚的紙箱都是很類似鼓聲的。也可以透過裝飾，變成一個很有特色的鼓（圖 2-29）。

◯ 圖 2-29　自製鈴鼓及鼓

　　教保人員若多參考創意網站，會有更多的靈感。透過不同的節日，也可製造能代表該節日的樂器，可參考教保活動範例篇第三部曲的「萬聖節 party」裡的自製樂器（p. 535），這些樂器放在學習區中，也可以增添節慶的歡樂感。更多自製樂器的製作與設計可參考吳幸如、蘇孟苹（2013）所出版的《樂動音符創意小點子》。

四、鬆散素材當樂器

　　鬆散素材也可以當成樂器，只要是能敲出聲音、非樂器的物品都可以當成鬆散素材的樂器。首先要先對鬆散素材有所了解，因此請先參閱「音樂知能補給站：鬆散素材」（pp. 50-54）。奧福強調所有的素材都可以用來當成樂器，也稱為克難樂器（陳惠齡，2003；黃麗卿，2009），像上述之自製樂器即是利用鬆散素材組合的方式而成，但鬆散素材也可以不需要組合或製作即可直接運用。廖美瑩（2021）發現塑膠袋是一個極佳的鬆散素材樂器，有多種音色的表現（參考 pp. 14-15）。不同材質的塑膠袋發出的聲音都不同，例如：比較粗硬材質的塑膠袋拍打起來很有鼓的感覺；也可以充氣抓出一個圓形像氣球一樣的塑膠袋，拍打的聲音也很像鼓，如果用手指去彈圓形面，音色就會較亮；搓揉塑膠袋的聲音會很像搖鈴，輕輕的搓聽起來會有點像火燒起來的聲音，大力的搓揉可能很像下大雨聲。總之，鬆散素材的聲音魅力在於，同一種材質透過手或其他物品的碰觸，會產生不同的聲音；而不同材

質的同樣物品（例如：粗硬及柔軟的塑膠袋），也會發出不同的音色。塑膠袋這個隨手可得的物品，無論在團體教學或學習區活動都是寶藏。利用同樣的原理，就可以了解報紙、石頭、鍋碗瓢盆可以怎麼運用了。

　　對照各種真實樂器的聲音，不難找出相對應的鬆散素材樂器，雖然因為材質不同，無法完全模仿，但其音色的響度或飽滿度是相近的。圖 2-30 只是提出一些方向，幼兒在探索階段什麼天馬行空的創意都可能出現的。至於在探索後如何引導到創作，這些有關教保員的引導技巧將在後面章節詳述。

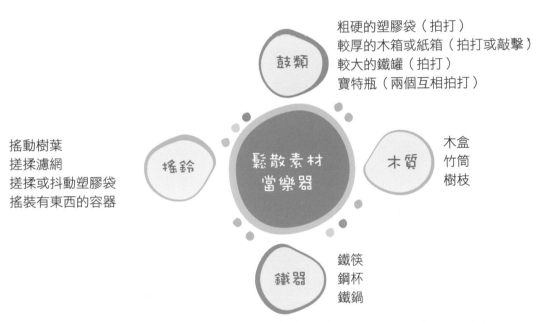

鼓類
粗硬的塑膠袋（拍打）
較厚的木箱或紙箱（拍打或敲擊）
較大的鐵罐（拍打）
寶特瓶（兩個互相拍打）

搖鈴
搖動樹葉
搓揉濾網
搓揉或抖動塑膠袋
搖裝有東西的容器

鬆散素材當樂器

木質
木盒
竹筒
樹枝

鐵器
鐵筷
鋼杯
鐵鍋

◯ 圖 2-30　鬆散素材樂器模仿打擊樂器的分類（依音色）

　　除了上述物品，大家常用的是鍋碗瓢盆，尤其洗衣板能營造出刮胡的音色，無論是塑膠或木頭材質，都值得探索。但必須要注意的是：所有的鬆散素材需要經過篩選，切勿將蒐集到的所有物品全部拿出來，猶如垃圾回收場。必須回到活動設計，思考提供這些素材是要達到什麼目標。

　　根據筆者觀察幼兒的操作情形，提供過多的鬆散素材（尤其能製造巨大、緊迫聲響的鍋碗瓢盆），會導致幼兒無法聚焦於聲響的比較及對照，幼兒容易呈現盡情敲打製造噪音、亂敲一通，接下來的結局便是被禁止再敲打，這樣的結果是令人遺憾的。以下提供一些避免這類情況的建議：

1. 聆聽習慣的養成：幼兒要先養成聆聽美好聲響的習慣，一旦養成，在操作樂器時，他靈敏的耳朵會提醒他製造出優美的聲響，同儕也會相互提醒（Liao et al., 2017）。

2. 鬆散素材探索的經驗：幼兒一旦有了探索的經驗，較容易聚焦在某些特定的行為目標。建議可以從較柔和又富有多元音色表現的物品開始，例如：塑膠袋，其音量是可被接受的，且有相當豐富的音色。

3. 循序漸進提供素材：素材需要經過分類，可以從相同的素材同樣材質到不同材質，漸漸加入響度較大的素材。之後，漸漸加入其他不同的物品，進行組合。

4. 考量鬆散素材的質與量：學習區的鬆散素材樂器提供種類不要多，以4到6種為主，室內數量不要超過6個，室外則不要超過12個（廖美瑩，2021）。

音樂知能補給站
鬆散素材

1971年英國建築師 Simon Nicholson 觀察幼兒遊戲與對話，提出鬆散素材（loose parts）的理論。他認為每個幼兒都具有相當的創造力，環境的素材中也都具有高度的創意（Dillon, 2018）。Nicholson（1971）強調環境與素材的重要性，只要我們提供足夠的空間及開放性的素材，就能夠啟發幼兒無限的創造力。

Daly 與 Beloglovsky（2014, 2016, 2018, 2019）極力推崇鬆散素材，出版了四本以鬆散素材為主題的書籍，他們也堅信以鬆散素材讓幼兒自由遊戲及體驗，能發揮想像力，創造出高創意、高可能性及高價值的遊戲。鬆散素材係指能自由移動、設計、多元創造實踐的自然或人造素材（Daly & Beloglovsky, 2014）。因為其結構性低且生活中易取得，又容易啟發幼兒的創造力，與課綱的理念相符，因此受到幼教界極度的關注。

什麼是**鬆散素材**？凡是幼兒在遊戲時所使用能夠被再利用、可移動、操作、控制跟改變的物品或材料，例如：寶特瓶、紙箱子、塑膠袋。它們具有

以下的特質：可以攜帶、組合、重新設計、排列、單獨使用、跟其他素材混和或整合使用，以任何創意的方式呈現（Daly & Beloglovsky, 2016）。

自然素材：油桐花

可攜帶

組合成花圈

堆疊出音樂元素力度
（小中大）

單獨使用：排列出速度
（裡面快；外面慢）

重新設計與其他素材組合
（葉子、樹枝）（裡面：
我愛媽媽情境；外框：力
度強弱弱組合）

鬆散素材通常可以分為人造素材及自然素材。

人造素材

自然素材

國內近年來由林佩蓉教授發起鬆散素材的運用，在「幼兒園專業發展輔導」網站中提供了範例，後續許多幼兒園跟進。「幼兒園美感教育扎根計畫」也於 2018 年開始成立鬆散素材群組，但是運用的層面比較偏向於視覺藝術的應用。鬆散素材在聽覺藝術的運用，無論國內外文章或演講內容，都偏於「聲響」的呈現。根據廖美瑩（2021）的《幼兒聽覺藝術教材教法》影音版，鬆散素材在聽覺藝術應用層面相當廣，大致分為五大類：

1. 音樂元素：利用鬆散素材的特性呈現出力度（dynamics）、音色（timbre）、速度（tempo）、音值（duration）、音高（pitch）、節奏、樂句、曲式等，利用排列或堆疊的方式來呈現。細節將於音樂元素呈現的章節詳述。

力度（大小聲：強弱弱）

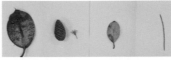

節奏（一拍與半拍組合）

音值（長與短結合）

樂句（短短長）：人造素材

樂句（短短長）：天然素材

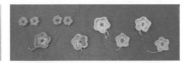

音高與節奏

2. 樂器：利用同一種素材或不同素材的組合產生聲響或自製樂器。

⬤ 鬆散素材製成樂器來演奏

3. 教具或道具：利用不同的素材來輔助律動表現。

布條當成風

呼拉圈當水族館

葉子的想像遊戲

4. 意境：運用素材表現出樂曲的情境。

⬤ 「小小演奏家」歌曲之意境圖（小鼓手、喇叭手、提琴手）

5. 圖像：運用素材排出或做出的音樂圖像。

櫻花堆疊出大小提琴

做成音樂家肖像

做成各式樂器

五、身體當樂器

人的身體就是一個音色極為豐富的打擊樂器，尤其在奧福音樂教學法

◯ 圖 2-31　幼兒常在不自覺中探索自己的肢體表現

中，拍打身上的部位產生的聲響，常被當成頑固伴奏來伴奏歌唱或樂曲（陳惠齡，2003；鄭方靖，2002），坊間流行的無伴奏合唱常結合這種肢體的頑固伴奏來進行，總有令人驚訝的表現，其他的音樂教學法也常用肢體打擊來表現或創作。幼兒在很小的時候便會透過拍手來產生聲響，在任何情境之下，他們很容易用拍手來表達開心之意。幼兒對肢體的探索或表現常常是以拍手為始，常會在不經意之下，對自己的肢體會產生各種聲響而產生興趣，繼而進行探索（如圖 2-31）。

人體是一部相當豐富的打擊樂，身體部位的共鳴不同，所產生的聲響響度及音色也不同，例如：拍肚子、拍手及拍胸部，聲音都不同，這些都是各種音樂教學法在發展音樂概念及表現的重要工具。尤其肢體節奏在奧福音樂教學法中極度被重視，常用到的肢體節奏包含踏腳、拍膝、拍大腿、拍胸、拍手、彈指。肢體的組合可以形成相當豐富的即興創作（詳見本書第五章「表現與創作」）。

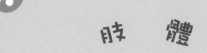

肢　　體

BODY MOVEMENT

Pica（2012）以及 Weikart（1987）強調幼兒透過身體動作與遊戲來學習，因此嬰幼兒早期動作技巧的發展相當重要，嬰幼兒最主要是靠著感官及身體動作來探索周遭環境及了解這個世界。適性的動作發展課程可以增進動作技巧及擴展動作語彙（Pica, 2012）。課綱六大領域的「身體動作與健康」中，身體動作的發展是重要的一環，領域中的基本動作發展（例如：走路、跑步、跳躍、抓握、協調、平衡等）也會與聽覺藝術中的律動息息相關。因此，教保人員在帶領聽覺藝術的律動時，也需了解幼兒的動作發展，才能設計出適性的活動。

肢體在聽覺藝術中是一個極為重要的工具，可以透過肢體律動、舞動肢體（舞蹈）或演戲的方式來進行。

一、肢體律動

聽覺藝術中的律動與身體動作的律動是有所分別的，聽覺藝術中的律動是一種感受性的律動，利用肢體去探索、感覺及表現音樂（Mead, 1994）。有的教保人員無法區分其中之差異性，認為幼兒只要聽著音樂會做動作就是「聽覺藝術」的範疇，其實不然，這中間要清楚**動作**及**音樂**的角色與對應關係，在「身體動作」中，所做的動作都以動作發展為目標，加入音樂（這邊的音樂指的是播放音樂）最主要是讓幼兒感覺節奏，伴奏幼兒的動作練習，增加其練習動機及趣味性，但是這種律動方式無法達到美感領域的目標，一般會比較定位為「體能律動」。然而，在聽覺藝術中，主體是音樂，身體動作只是工具，除了肢體的融入外，也要透過聽覺的覺知、身體動作來表現出音樂的各種特質，這是聽覺藝術中所謂的「律動」（圖 2-32）。無論如何，肢體在表現音樂上是一個相當重要的工具。

教學者讓幼兒聆聽輕柔的音樂。

教學者：「這個旋律讓你感覺重重的或輕輕的？」

幼兒：「很輕、很舒服。」

教學者：「很自由還是不自由？」

幼兒：「很自由。」

教學者：「你覺得這個音樂要把氣球帶去哪裡？」

幼兒：「到很遠的天空。」「可是它很自由，所以有時候也可以飛得很低。」

教學者引導之後，幼兒透過肢體與音樂連結，想像自己身體是氣球輕輕、自由的在天空飛翔。

◯ **圖 2-32　透過肢體表達音樂**

　　瑞士音樂教育家達克羅士的音樂節奏教學法（Eurhythmics）認為，**身體是學習音樂最重要的工具**，**律動**（movement）是整個教學法的主軸。他發現：一個人懂音樂但不見得他能體驗到音樂，例如：一個人知道這是 1 拍這是 2 拍，知道這個比較快或比較慢，但不見得他的身體能夠體驗 1 拍與 2 拍或速度的差異性。想想美感領域目標，這個領域不是「認知」領域，因此認知不是最重要，雖然最後他會知道節奏或速度，但我們希望透過律動體驗的方式深切體驗音樂，最後能夠欣賞及表現音樂，甚至創作音樂。因此達克羅士的教學法是一種體驗式的教學法，符合課綱美感領域的期待。他主張身體體驗必須先於認知及理論，他希望他的學生在課程結束後說的是「**我已經經驗到這種感覺了**」（I have experienced）而不是「**我知道了**」（I know it）（Jacques-Dalcroz, 1921/2009）。因此，達克羅士音樂教學法中的律動，能夠幫助幼兒透過身體去理解及感受音樂，在律動中可以培養幼兒身體、心靈與大腦的連結，表現出富有音樂性的律動（謝鴻鳴，2006；Mead, 1994），可以達到

美感領域對美感受及表達的目標，如果這種連結沒有被建立，幼兒無法深刻感受或表達音樂，他們所表現出來的律動會淪為「比動作」或「帶動唱」形式。

　　第一節已經說明聽覺的重要性，而記憶又在聽覺中占著重要的角色。達克羅士的律動注重透過肌肉動覺（kinesthesia）來記憶音樂感受，他認為真正對音樂的理解是從不斷的比較和觀察獲得（Jacques-Dalcroz, 1921/2009）。Liao（2002）的研究發現，透過律動方式將肢體與歌唱做連結，這種感覺會透過肌肉動覺儲存在記憶中，經過不斷的練習，會內化成一種基模（schema），例如：唱高音時候的肌肉動覺是需要比較多的支持及空間，以後遇到唱高音時，這個基模就會出現，也就是遇高音時腦中會有唱高音的身體感覺，大腦就會快速下命令到記憶中找到唱高音的基模，因此這種肌肉動覺有助於歌唱技巧。無論在達克羅士、柯大宜或奧福音樂教學法中都贊同透過手勢或律動有助於歌唱或音樂的理解（圖 2-33）（鄭方靖，2002；Liao, 2008; Liao & Campbell, 2014）。

　　同樣的，幼兒如果受達克羅士的律動訓練，他們會體驗短的音符是輕輕的，空間是小的；反之長的音符是需要比較多精力的支持，同時也需要運用比較大的空間，例如：圖 2-34，推球是達克羅士音樂教學法中體驗**時間（time）－空間（space）－精力（energy）**的例子（廖美瑩，2021）（參考教學活動範例篇第三部曲的「我愛媽媽」）。如果在律動中，幼兒能夠體驗這些律動元素並掌握好這些元素（**時間－空間－精力**），就能舞出美感，舞出音樂性，更能沉浸在音樂的表達中（Davies, 2003/2009; Jaques-Dalcroz, 1921/2009）。在教保活動範例篇當中，有很多曲子是筆者根據達克羅士律動

● 圖 2-33　肌肉動覺幫助歌唱

● 圖 2-34　滾球體驗「時間－空間－精力」

方式來寫的，可參考第一部曲的「影子與我」和「小綿羊與大野狼的遊戲」；第二部曲的「黃色小鴨」、「愛游泳的魚」和「彩色石頭真神氣」；第三部曲的「遇上亂流的飛機」和「有趣的火車」。

奧福受到達克羅士的影響，他的音樂教學法中也相當注重「**律動**」。他強調音樂必須與律動、舞蹈及語言結合才能產生意義（陳惠齡，2003；黃麗卿，2009）。與達克羅士相同之處是，他認為幼兒的音樂學習，感覺應重於理論，音樂的學習歷程應注重多感官的刺激（例如：聽覺、肢體、觸覺），不須去要求幼兒理解艱深的樂理及抽象符號（黃麗卿，2009）。奧福的律動方式常融入到遊戲中，運用律動曲子的巧妙設計，透過肢體律動遊戲來體驗及學習各種音樂概念。奧福跟達克羅士的律動目的都是為了感受音樂，表達音樂的特質，只是其律動的形式或遊戲的方式不盡相同而已。

二、舞蹈

舞蹈在聽覺藝術中常常會是表現整首樂曲的良好工具。達克羅士形容「舞蹈是用身體律動表達情感的一種藝術」（Jaques-Dalcroz, 1921/2009, p. 110）。在聽覺藝術中之舞蹈與藝術舞蹈，視覺呈現看來相似，但其內涵有所不同。藝術性舞蹈，會著重在肢體美的展現，例如：姿態、隊形等。在聽覺藝術中的舞蹈仍是在表達音樂，或是透過舞步來理解音樂或學習音樂概念的主要表現方式及工具。在聽覺藝術的舞蹈形式中，最主要有下列的目的及形式。

🎵 透過舞蹈來體驗感受到的氛圍及曲式

通常可以大家手牽手圍成圓圈，聽到音樂時便開始向右舞動（A段），音樂樂段改變時（B段）便向中間靠近或遠離。也可以兩兩一組手牽手跳舞，這些都是在聽覺藝術活動中美好的舞蹈經驗。

🎵 透過舞蹈來體驗音樂

音樂與歌曲的特性不同，掌握住各種特性，例如：連音與跳音、節奏性強或柔和等，都可以透過舞蹈來訓練幼兒對於音樂的敏感性。

🎵 透過舞蹈來表達音樂

達克羅士的聞樂起舞（Plastique Animée）意指音樂用可塑性的肢體動

作栩栩如生的表達出來，其與舞蹈不同之處為聞樂起舞在對樂曲進行分析，將音樂實質內容視覺化（謝鴻鳴，2006，頁7）。

在舞蹈中，無論任何形式，如果有些裝扮（例如：花圈、舞衣）及舞蹈道具（例如：絲巾、布條、彩帶），會增加幼兒舞蹈的興趣及表現的豐富性（圖2-35）。

◯ 圖 2-35　舞出音樂的豐富感

三、戲劇

在聽覺藝術中，很多兒歌或音樂都是可以利用戲劇的方式來呈現。黃麗卿（2009）推崇音樂與其他藝術型態結合，她認為利用戲劇可以整合音樂與律動，以遊戲的方式來發展，也可利用創造性戲劇的方式來進行（林玫君，2005），幼兒可以在遊戲中表達自己，發揮想像及自主學習，發展幼兒多方面的能力。廖美瑩、戴美鎔（2012）強調音樂賞析戲劇化，透過律動劇的表演可以把音樂的張力發揮到極致，培養幼兒更豐富的想像力。

（一）用人來演

在第六章「回應與賞析」中將會談到音樂聆賞的原則：主題化、動作化、故事化、戲劇化及多元藝術化。無論是兒歌、律動音樂或古典樂曲，教保人員都可以跟幼兒探討如何透過故事，以戲劇的方式來表現。

🎵 兒歌

許多兒歌的設計就是以故事的形式寫成的，例如：「西北雨直直落」（葉民龍作詞，黃敏作曲）這首歌中的角色包含鯽仔魚、鮎鮐、土虱及火金姑，幼兒可以分配角色，利用戲劇的方式來表演出這首兒歌。

西北雨直直落　鯽仔魚卜娶某
鮕鮘兄拍鑼鼓　媒人婆仔土虱嫂
日頭暗揣無路　趕緊來火金姑
做好心來照路　西北雨直直落

律動音樂

　　坊間出版的一些律動音樂，有一些會由一些樂段所組成，這些都可以根據音樂整體特色去擬定主題，並根據各種樂段去想像劇情，最後透過律動劇的方式來進行戲劇扮演，例如：教保活動範例篇第二部曲的「啄木鳥律動劇」，就將整個音樂分為五個段落：(1) 和平的森林；(2) 樹漸漸枯萎；(3) 啄木鳥啄木頭救樹木；(4) 樹漸漸長出茂密的樹葉；(5) 大家歡欣的慶祝（圖 2-36）。在這個律動劇中，幼兒分成兩組，有一組扮演樹木，一組扮演啄木鳥，隨著音樂，幼兒們進行音樂律動劇表演（詳見 pp. 328-329）。

A：樹葉及鳥類隨風舞動

B：樹葉漸漸枯萎

C：啄木鳥啄木頭

D：樹變綠了

E：大家開心的跳舞

◯ 2-36　啄木鳥律動劇

在教保活動範例篇第一部曲的「小星星的喜怒哀樂」樂曲中，教學者跟幼兒探討各種情緒如何表現，幼兒搭配音樂演出各種情緒，這都是音樂律動劇的表現，幼兒不須有對白，但他們樂在角色扮演及戲劇表現。

🎵 古典樂曲

大部分古典樂曲都是非標題音樂，即使是標題音樂（例如：「驚愕交響曲」），因為沒有歌詞，都可以天馬行空的想像劇情。最主要要選擇有對比樂段，比較容易表現的，例如：教保活動範例篇第二部曲的「驚愕交響曲第二樂章」，雖然整個樂章長度很長，但是可以僅擷取一次的 A 與 B 段即可。譜例見 p. 412，A 段是跳躍的感覺；B 段是圓滑的感覺。圖 2-37 即是幼兒們的集體創作，A 段為袋鼠在草地上跳舞著；B 段為無尾熊寶寶抱著無尾熊媽媽。這是古典樂曲中可以進行戲劇扮演的典型範例。建議從兩個樂段到三個樂段，容易讓幼兒辨別，都可以試著進行戲劇扮演。

| A：袋鼠跳 | B：無尾熊抱抱 |

🔘 **圖 2-37　澳洲動物園律動劇**

（二）用偶來演

在聽覺藝術活動中，也常常透過偶劇的方式來呈現。無論是套偶、手偶或線偶，隨著音樂的特性，可以演出音樂性的戲劇（圖 2-38）。利用手指 LED 燈當成各種角色，在音樂中的表現也相當出色，值得一試。在教保活動範例篇中有相當多的範例，例如：第一部曲的「青蛙變變變」和「毛毛蟲的信」；

🔘 **圖 2-38　利用套偶演出音樂律動劇**

第二部曲的「小魚找媽媽」和「林中杜鵑」；第三部曲的「月亮的味道」和「萬聖節 party」等。

第三節　視覺呈現的工具

　　視覺藝術與聽覺藝術結合的最佳應用是「音畫」。在音樂賞析中，音畫能夠解釋音樂的內容，對於培養賞析的能力是有幫助的（陳淑文，1992；廖美瑩，2017；廖美瑩、戴美鎔，2012），此外還可以利用鬆散素材的鋪排來表現創意及呈現對樂曲的理解（廖美瑩，2021）。通常可以利用**藝術媒材與工具**，以及**鬆散素材**來進行音畫呈現或創作。

一、藝術媒材與工具

 繪畫

　　利用各種繪畫工具，畫出音樂的元素（例如：大小聲的組合）或音樂情境（例如：依蝴蝶歌的歌曲情境，畫出一個有蝴蝶在飛舞的花園）。

 蓋印

　　利用手指或各種蓋印媒材（例如：海綿、蔬果、布丁蓋子）沾顏料蓋印章（圖 2-39）。蓋印章的方式在聽覺藝術的應用效果相當好，尤其針對較小的幼兒是可行的。蓋印畫的活動設計及引導可以參考教保活動範例篇第一部曲的「圈圈舞曲」和「Si ma ma ka」；第二部曲的「林中杜鵑」和「驚愕交響曲第二樂章」；第三部曲的「Taxi Tango」。

 滴流

　　滴流的方式在聽覺藝術的應用效果也非常良好（圖 2-40），但是需要力道的控制，因此適合較大的幼兒。常用的方式如下。

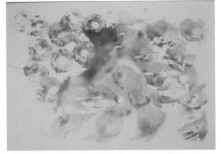

| 蓋印畫工具 | 蓋印畫方式蓋出音樂元素（力度） |

🔵 **圖 2-39 蓋印畫工具及作品**

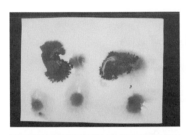

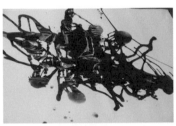

| 滴畫（林中杜鵑） | 舞動墨水（小步舞曲） | 滾動／晃動彈珠（圈圈舞曲） |

🔵 **圖 2-40 滴流或滾動的方式呈現音樂特色**

1. 用滴的

顏料放在滴管內，滴出音樂元素或特性，例如：在「林中杜鵑」中，聽到「布穀」的音樂訊號時就用滴管將顏料滴在畫紙上。

2. 讓顏料流動或滾動

將水墨或水彩置於畫紙上，聽著音樂，透過手拉著畫紙舞動形成各種音畫。也可利用彈珠在大量顏料上晃動或滾動（例如：圖 2-40 右圖，第一部曲「圈圈舞曲」中，A 段上下晃動，B 段來來回回滾動）而形成音畫。

🎵 其他

拿畫筆沾滿顏料，用手甩動或拍打，這種方式也常常能反應出音樂的曲式特色（圖 2-41），例如：拿著沾顏料的水彩筆，聽到音樂訊號就甩一下。像是在「林中杜鵑」中，聽到「布穀」就用畫筆甩一下。此外，也可以將蓋印畫及拍打畫筆做結合，例如：圖 2-41 的右圖，利用檸檬蓋出「圈圈舞曲」的 A 段（節奏感較強）；利用食指刷動牙刷代表 B 段（較為優美的旋律）。

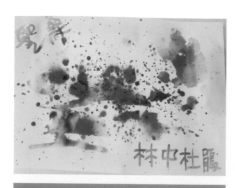

| 甩動畫筆（林中杜鵑） | 結合蓋畫及刷牙刷（圈圈舞曲） |

◯ **圖 2-41　其他各種藝術媒材表現**

只要依照音樂的特性，任何結合都可以有創意的表現。

　　無論用蓋印、滴流或其他方式，畫紙上如果刷濕，會有暈開的效果，會帶來更多驚奇，值得嘗試。無論是利用**藝術媒材與工具**或**鬆散素材**與視覺藝術結合，這些視覺效果都相當好，但唯獨需注意的是：如果以聽覺藝術為主要目標，利用視覺藝術的媒材及工具來表現時，「音樂」是主角，過程中掌握音樂的速度是重點，常常需要「聽」著音樂來作畫。在接觸媒材前，需要有足夠的音樂活動引導，讓幼兒對歌曲或樂曲足夠熟悉之後，再進行視覺藝術創作。

二、鬆散素材

　　視覺藝術的鬆散素材在聽覺藝術的應用，比較會是藉著鬆散素材的特性與音樂元素做對應來進行，例如：石頭及樹葉有大有小，這可以對照音樂元素的力度（大小聲）。也可以把同樣的素材（如圖 2-42 下圖圓形木頭或同大小的葉子）當成拍子。此外，也可以利用鬆散素材鋪排出樂曲的主要樂器或歌曲情境。根據廖美瑩（2021）的分類，鬆散素材在聽覺藝術的呈現可以分為以下三種方式。

♪ 排列

利用排列組合的方式可排出音樂的結構或音樂元素（圖 2-42）。

自然素材排出力度（大、小聲）及音值（長、短音）

人造素材排出力度（漸強）

天然與人造素材排出節奏

◯ 圖 2-42　鬆散素材以排列方式排出音樂元素

♪ 堆疊

用堆疊的方式，堆成音樂元素、圖像或音畫（圖 2-43）。

飄落的花瓣排出小提琴　　用櫻花堆出「Taxi Tango」的音畫

◯ 圖 2-43　鬆散素材以堆疊方式排出音樂元素及圖像

♪ 結合排列與堆疊

也可以同時運用排列與堆疊的方式，排出各種音樂元素組合或意境。如圖 2-44（左圖）即利用天然素材排列及堆疊的方式排出華爾滋「強弱弱」的力度組合；圖 2-44（中及右圖）即利用排列及堆疊的方式排出歌曲的音畫，

中圖呈現「Taxi Tango」的歌詞情境（車子）及力度（強強強，小中強），右圖呈現「我愛媽媽」的歌詞情境（中間的我、愛、媽媽三個圖像）以及華爾滋強弱弱的力度呈現當成外框。

| 鋪排出強弱弱組合 | 「Taxi Tango」之音畫 | 「我愛媽媽」之音畫 |

◯ 圖 2-44　鬆散素材以排列和堆疊方式排出音樂元素及圖像

　　鬆散素材在教學現場的應用日益普遍，最主要是能啟發幼兒無限的創意。在音樂上的應用詳見「音樂知能補給站：鬆散素材」（pp. 50-54）的介紹。更多範例見教保活動範例篇第一部曲的「圈圈舞曲」和「Si ma ma ka」；第二部曲的「林中杜鵑」和「驚愕交響曲第二樂章」；第三部曲的「Taxi Tango」等。

Creative music teaching

聽覺藝術之工具

③ 聽覺藝術之教材與教法

在幼兒園的教學實踐中，課程與教學是一個緊密的關係，課程（curriculum）是指「該教什麼」，而教學（instruction）則是指「如何教」（簡楚瑛，2009；Oliva, 2005）。課程的決策講求的是計畫性；而教學的決策講求的是方法論（簡楚瑛，2009）。在聽覺藝術教學中，了解了各種聽覺藝術工具後，教學者可能馬上會提出疑問，我要教什麼？怎麼教？在教學之前，需要準備些什麼？本章即在探討這些教學前的準備工作。

第一節　聽覺藝術之教材

通常來說，「教材」（teaching material）即是教學的材料。鄭博真等人（2015）表示教材的範圍很廣泛，不只是書面或物質的材料，還包括師生的經驗、各種社會機構和制度，以及自然環境等。在課綱中規定幼兒園應從幼兒生活經驗及在地生活環境中取材（幸曼玲等人，2018；教育部，2017）。由此可知，幼兒生活經驗、在地生活文化、社會文化是幼兒學習的重要資源。同樣的，張渝役（1998）也建議：幼兒音樂教材的選用必須與日常生活、自然現象、動植物、節慶、故事及遊戲有關。因此，教材的選擇與設計必須要符合幼兒的生活體驗（黃麗卿，2009），凡是在幼兒的環境及生活中所接觸

的都是好的教材，能預備一個讓幼兒能自主學習的環境是課綱所期待的。

　　張渝役（1998）表示，廣義的音樂教材，包括經過審定而出版的書籍及教科書、教學指引或教師手冊、單曲樂譜等。他表示若更廣義來看，教材可以包含教具及樂器。林朱彥、顏筱婷（2008）針對教保人員選用音樂教材的調查發現：教保人員最常自行編選教材，其次是坊間的教材。綜觀國內的幼教實務現場，相較於其他領域，大部分教保人員對帶領音樂活動的信心較為不足（廖美瑩，2017，2021；Gharavi, 1993; Kelly, 1998; Liao & Campbell, 2014, 2016），然而音樂及歌曲似乎是教保人員較有信心使用的教材。

　　一般而言，在幼兒園實施聽覺藝術教學常用的教材如下。

一、環境教材

　　幼兒每天所接觸的人事物都是極佳的教材，例如：每個人的聲音聽起來都不同，林老師的聲音低低的，黃老師的聲音高高的，這會引發幼兒的覺察及好奇；外面在施工，有「咚咚咚」（敲打聲）及「唧唧唧唧」（鑽牆壁急促聲），幼兒馬上被這些奇特的聲音所吸引；生活物品中有很多都可敲出不同的音色，如桌子、寶特瓶、牛奶罐等，鏗鏗鏘鏘很有趣，這都是幼兒學習的好教材。達克羅士更強調，節奏律動是最貼近幼兒生活的元素（謝鴻鳴，2006），例如：水滴的聲音、風的聲音，因此最棒且自然的教材存在於環境中，自然環境中到處都有音樂的元素。下一章「探索與覺察」將針對這個議題做深入的探討。

二、繪本

　　張翠娥（1998）建議在音樂教材的編列上，可以將歌詞編成生動的故事，再畫成故事圖片後說給幼兒聽，可以增加幼兒學習的動機。幼兒文學本來就有豐富的音樂元素，所以繪本的確能引發很多的想像力，能為教保人員帶來很好的動機引導來源及活動設計靈感。許多有關動作的繪本〔例如：艾瑞‧卡爾（Eric Carle）的《從頭到腳》（*From Head to Toe*）或任何與動物相關的書〕，幼兒可以透過繪本進行動作模仿，將有助於教保人員帶領律動的活動。透過動物相關繪本，也可引導各種動物的聲音〔例如：艾瑞‧卡爾的《10 隻橡皮小鴨》（*10 Little Rubber Ducks*）〕。很多繪本的故事情節

簡單,也很適合用來設計為音樂活動或律動劇,例如:本書教保活動範例篇第一部曲的「毛毛蟲的信」以及第三部曲的「月亮的味道」與「大怪物 go away」都是由繪本衍生出的音樂劇。教保人員若能好好運用故事,會發展出多元的音樂活動。但必須注意的是,繪本在音樂教學中並非主要角色,教學者也許只要選擇其中幾個能配合教學目標的頁面即可,無須說完整的故事而導致與音樂脫序。

三、圖片

如同繪本,圖片可以幫助幼兒了解音樂也可以幫助他們記憶歌詞,例如:圖 3-1 即為「氣球的空中華爾滋」圖片,利用這六張圖,幼兒很容易將這首歌曲(譜例 3-1)學會。甚至教學者可以利用這些圖片讓幼兒觀察,引起動機,也方便他們進行律動或扮演。

四、音畫

「音畫」從字面上會覺得是聽音樂作畫,雖然在音樂活動中,聽音樂作畫也是一種活動,但在音樂教材中,音畫是一種有意義的圖形,圖形可以幫助幼兒將抽象的概念具體化(林朱彥、張美雲,2010;陳淑文,1992;廖美瑩、戴美鎔,2012)。視覺融入音樂教學能啟發幼兒想像力及創造力;繪畫與音樂

繪圖者:陳宛宜

◯ 圖 3-1 「氣球的空中華爾滋」歌曲情境圖

譜例 3-1 「氣球的空中華爾滋」歌譜

結合的教學模式,可以引起幼兒學習動機及增加專注力(陳淑文,1992;許鈺佩,2003;Gromko & Russell, 2002; Tan & Kelly, 2004)。林朱彥、張美雲(2010)更認為,透過具體的圖像能傳達音樂意念。陳惠齡(2003)也鼓勵將肢體節奏譜、合奏譜與音樂圖形一起運用,這些都是視覺感官融入音樂學習的方式。

在音樂教學中「音畫」是很好的輔助教材,在本書的教保活動範例篇中多處可見。主要有下列三類。

合奏或樂器譜

為了讓合奏譜具體化,可以用畫的或用鬆散素材排列。圖 3-2 是「小星星」的合奏譜,「圓圈」代表「手鼓」或「響板」,「三角形」代表「三角鐵」。幼兒看到這個合奏譜即清楚知道前面輕輕拍打「鼓」,最後一拍長拍用「三角鐵」演奏(在三角鐵轉角處急促輕輕敲出長音)。

圖 3-2 「小星星」合奏譜

依據皮亞傑（Piaget）的發展階段理論，幼兒正處於前運思期，五線譜及音符抽象概念不適合他們。為了幫助他們能順利進行樂器演奏，可以用具體的圖像來輔助，例如：圖 3-3，幼兒看到這個伴奏譜，即可知道如何敲打音磚，有的音磚是左右敲，有的是一起敲，有的則是利用其他的樂器（幼兒可以更換樂器圖）。這個圖在音樂學習區中有非常好的效果（廖美瑩，2017），幼兒可以養成自主學習的習慣。圖 3-4 是師生共構「我愛甜甜圈」的音畫，可以清楚看出，聲音、節奏及樂器的呈現與表現，在音樂學習區中，可以刺激幼兒創作的靈感。

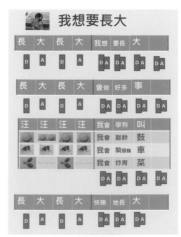

◯ 圖 3-3 「我想要長大」樂器譜

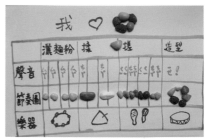

◯ 圖 3-4 「我愛甜甜圈」創作音畫圖

🎵 音樂結構圖

音畫也可以排出音樂的結構，也許是音樂元素、樂句或特殊訊號。圖 3-5 即利用自然素材排成樂曲的強弱弱，任何華爾滋的曲子都可以使用。圖 3-6 為聖桑的「林中杜鵑」音畫，由圖中可以看出樂句為「短（4 拍）短（4 拍）長（10 拍）」的結構，還有特殊訊號「布穀」（花朵）。透過這個音畫，可幫助教保人員引導幼兒音樂賞析，也幫助他們理解音樂結構。

◯ 圖 3-5 華爾滋音畫

◯ 圖 3-6 「林中杜鵑」音畫

🎵 曲式音畫

　　音畫也能呈現樂曲的曲式，也就是樂段的情境及進行順序。圖 3-7 為柴可夫斯基的「進行曲」，海報的曲式風格結構清楚，也知道用什麼樂器演奏，以及各演奏幾次。最後聽著音樂指出各樂段，會了解曲式為 ABACADABA。根據廖美瑩（2017）的研究，透過這個音畫，幼兒很容易記憶整首樂曲，並做出相對應的律動，在畢業典禮表演上有相當好的效果。

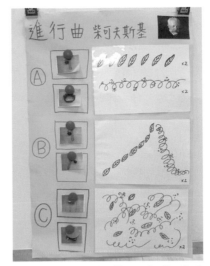

● 圖 3-7　「進行曲」之曲式音畫

五、歌曲

　　所有的音樂教材中，歌曲的來源是最重要的，相較於其他音樂活動，教保人員似乎對於歌曲的選用較為熱衷（伍鴻沂，2001；陳藝苑、伍鴻沂，2000；廖美瑩，2014，2015，2017）；同樣的，廖美瑩（2021）發現，教保人員對於歌曲的掌握度較佳。如果能夠選擇適合的歌曲，必定能夠讓音樂活動更加多元。廖美瑩（2017）的觀察發現，在音樂區中，設計一些能引發幼兒探索及自行創作的兒歌（例如：教保活動範例篇第一部曲的「我想要長大」），可以提升音樂區教學的效能。

　　歌曲選擇的適切性會影響其教學成效。適合幼兒歌唱的歌曲需符合以下原則（教育部，1987；陳惠齡，2003；楊艾琳等人，1998；廖美瑩，2020，2021）：

1. 歌曲的音域要適合幼兒，音域越窄越簡單，幼兒園階段最適合 5 度到 8 度。
2. 曲調及節奏簡單，且重複性高。
3. 歌詞有教育的寓意，正向積極。
4. 歌曲長度不要太長，8 小節到 16 小節為宜。
5. 歌曲的語言豐富。一般會以中文為主，但是因文化特色可加入台語或客家語。若班上有新住民，也可加上該國的兒歌。英文是國際語言，也很重要。偶爾加上日文或韓文，也會增加幼兒對語言的好奇心。
6. 曲風需多元。除了兒歌之外，本國或外國民謠也都是很重要的。

如果歌曲經過特殊的設計，較容易設計多元的活動，引起幼兒的興趣，也容易達成聽覺藝術的各項指標（廖美瑩，2021）。在本書教保活動範例篇中，有許多歌曲都由筆者特別針對聽覺藝術指標而設計，教保人員可以依照教學需求及幼兒興趣參考其活動設計。

六、音樂

積極聆聽、音樂聆賞及多元活動的設計是重要的，但是到底要聽什麼類型的音樂？許多音樂教育者都一致認為：聆聽多元的音樂對幼兒的音樂發展是極為重要的（Campbell & Scott-Kassner, 2009; Isbell & Raines, 2003; Reimer, 2003），範圍可包含兒歌、民謠、古典音樂、爵士樂、世界音樂，或甚至歌詞適合幼兒的流行音樂也都可以，音樂多樣化是被推崇的（Boyd et al., 2003），多元的音樂融入一天作息或教學都是可行的。一般來說，若要設計多元的活動，除了上述的歌曲之外，古典音樂會是相當好的選擇，尤其曲式較為簡單清楚的，將有助於教保人員設計活動。但一首長的樂曲，也可以只選擇一或兩個完整的樂段，例如：海頓「驚愕交響曲」第二樂章，只要擷取前面一個 AB 樂段就可（詳見教保活動範例篇第二部曲）。Mary（1990）認為提供幼兒音樂或成人音樂都可以，但先決條件是教學者也必須喜歡的曲子，因為教學者的心情會直接影響幼兒。

除了讓幼兒接觸多元的樂種外，選擇品質好的音樂也可以提升良好的美感經驗，選用音樂有下列三個注意事項：

1. 錄音品質要良好：良好的錄音品質聽起來聲音是乾淨的，不會有模糊或吵雜的聲音。尊重智慧財產權，買正版播放，品質相對會較佳。

2. 音質要良好：並不是所有音樂的音質都是好的，坊間常有些劣質的音樂缺乏音樂性，也就是音樂聽起來沒有起伏，每個音同樣大小聲（通常會是電子音樂），這樣的音樂會破壞美感。通常來說，如果是有名的樂團、演奏家或演唱家演奏或演唱的，或有名的唱片公司製作，音質都會是比較有保障的。

3. 古典樂曲式簡單且選取樂段：通常古典樂的長度較長，幼兒的注意力無法專注於較長或複雜的音樂，若當背景音樂製造氛圍可以，但如果教學目標是在於音樂元素的認識或表現音樂，只要擷取其中簡單及曲

式清楚的樂段即可，一般來說 30 秒至 2 分半最適宜，重複聆聽及做活動，就可達成目標。

總而言之，悅耳的音樂是令人愉快而且是享受的。

第二節　聽覺藝術之活動設計

達克羅士認為，幼兒的音樂天分有時並不會主動顯露出來，需要一些音樂訓練才能夠發掘，只有動作及節奏的結合讓音樂具有表達力，讓一連串的音變得有生命力（Jacques-Dalcroz, 1921/2009）。在課綱中若要達到美感領域的各項目標，僅有被動式的聽音樂或帶動唱，是無法達成的，因此教學者需要進行活動設計。

在聽覺藝術中，要進行活動設計之前，要先清楚思考是否要使用音樂。對一般教保人員而言，音樂的採用似乎是很重要的，音樂給了教學者一個清楚的方向，只要跟著音樂走就對了，因此在此示範音樂或樂曲的活動設計步驟。

一旦決定使用音樂後，該如何進行呢？通常必須要對自己所選擇的音樂做分析及進行腦力激盪，再根據教學目標或指標去做活動設計，如圖 3-8。

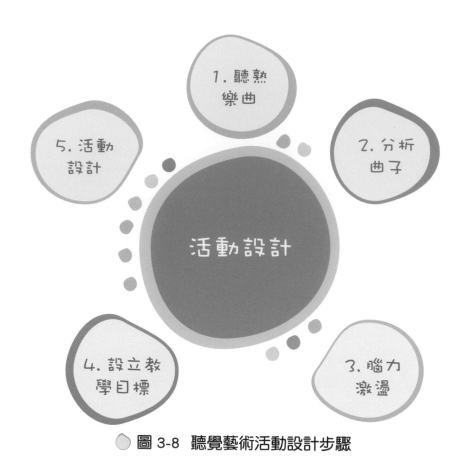

◯ 圖 3-8　聽覺藝術活動設計步驟

1. 聽熟樂曲：先重複播放歌曲或樂曲，把曲子聽熟。如果有歌詞，要會唱；如果是律動音樂或古典樂曲，要先會隨著音樂哼唱。

2. 分析曲子：對於非音樂背景的老師，在分析曲子上可能會比較困難，所以很容易放棄，但只要根據下列步驟（圖 3-9），可較為輕鬆掌握。

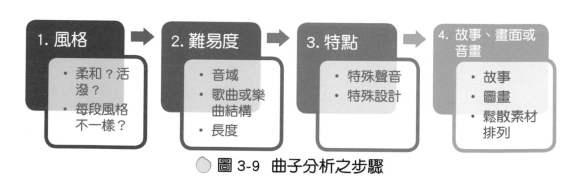

◯ 圖 3-9　曲子分析之步驟

（1）**風格**：通常我們會把一首音樂直覺式先分類，比較柔和？比較活潑？例如：「剪刀石頭布」這首歌就比較活潑；「林中杜鵑」感

覺比較柔和安靜。但也有每個段落不一樣，例如：「黃色小鴨」共三段卻有三個速度，快與慢感覺會不一樣；「圈圈舞曲」有 AB 兩個段落，A 比較有活力，B 比較柔和。了解風格等於決定方向，例如：較為柔和的曲子，比較不會拿石頭來當節奏樂器。

(2) **難易度**：接下來感覺一下這首歌曲難不難？如果比較簡單，當然適合年齡層較小或比較沒有音樂活動經驗的幼兒；如果比較難，則較富有挑戰性，可以給較高年齡層或有較豐富音樂活動經驗的幼兒。通常來説如果是歌曲，音域較窄、節奏不複雜、歌詞重複性或押韻都會是比較簡單的；如果是樂曲，通常曲式風格不同、容易用音畫畫下來的，都會比較容易。整體來説，歌曲及樂曲長度越短，幼兒較容易掌握，因此較長的古典樂曲有時只要擷取其中有特色或較容易分析的樂段就可以，例如：「林中杜鵑」。

(3) **特點**：找特點的時候，還是要重複聆聽樂曲，有聽到什麼特殊之處就可以寫下來，像是聽聽看有聽到什麼特殊的聲音？還是曲子有經過特殊的設計？以下示範「黃色小鴨」（教保活動範例篇第二部曲）的特點（圖 3-10）。聽第一次，應該可以馬上感覺出總共有三種速度（中、快、慢）；再仔細聽，也許聽到鴨子「呱呱呱」的聲音及感覺像水的聲音；還有一個音樂訊號是類似彈舌的聲音；最後歌詞「不見了」也許是一個特色。

(4) **故事、畫面或音畫**：如果是歌曲，可能需要先想像一個畫面，例如：「黃色小鴨」根據歌詞（譜例 3-2）及音樂特性，也許心中會呈現出四個畫面（圖 3-11）。一般的樂曲，也許你會選擇先用筆畫下來，或是用鬆散素材排出來，例如：「林中杜鵑」，你會排出短短長（4-4-10）的樂句（圖 3-6）。無論是故事畫面或音畫，都可以幫助教學者或幼兒了解歌曲或樂曲的結構，這個步驟是不能省略的。

　　有歌詞的活動設計對教保人員來說也許比較容易，因為只要對照歌詞就大致知道如何進行活動。如果是沒有歌詞的律動曲或古典樂曲，就必須要重複聆聽到辨別出樂段，若能找到譜會有助於分析，舉例來説：「氣球的空中

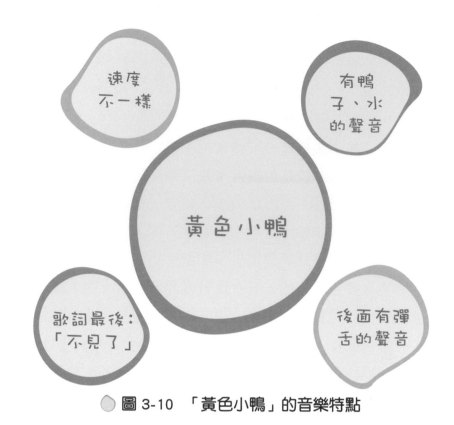

● 圖 3-10 「黃色小鴨」的音樂特點

🎵 譜例 3-2 「黃色小鴨」歌譜

之旅」（譜例 3-3），先聽出曲式的進行方式（ABCADAB 尾音）並寫出音軸的秒數。接下來找出每個段落的特性，之後畫面就容易出現（表 3-1）。沒有歌詞的音樂雖然分析起來會較困難一些，但因為沒有歌詞，可以多了一些想像，也許可以變化主題，例如：將「氣球的空中之旅」變成「風先生的旅行」，這樣又多了可以引導幼兒聆聽音樂，增加對音樂特性的想像。

鴨媽媽跟寶貝去散步

散步到池塘

小鴨子跳到水裡

怎麼不見了？

圖 3-11 「黃色小鴨」故事圖

譜例 3-3 「氣球的空中之旅」律動譜

■ 表 3-1 「氣球的空中之旅」之分析與畫面

樂段	A 段	B 段	C 段	A 段	D 段	A 段	B 段	尾音
起點	0"	06"	24"	38"	45"	54"	1'00"	1'17"
特性	力度越來越大	優雅舞動的旋律	旋轉的旋律後爆炸聲	力度越來越大	三段不一樣的音效	力度越來越大	優雅舞動的旋律	爆音
律動	吹氣球	氣球在空中飄	轉圈圈後氣球破掉	吹氣球	放氣的氣球亂飛	吹氣球	氣球在空中飄	破掉

註：起點在本書指的是音樂起始點。

3. 腦力激盪：如果過去曾經有許多音樂教學經驗，這時候心中就有一些法寶。通常拿到一首曲子的時候，無論是有歌詞的歌或無歌詞的音樂，可以如何著手呢？在分析其特點之後，腦中可能需要出現下面的網絡圖（圖 3-12），了解音樂可以玩什麼。

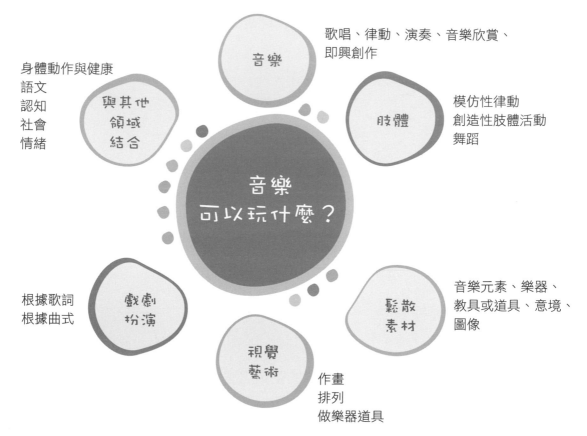

歌唱、律動、演奏、音樂欣賞、即興創作

身體動作與健康
語文
認知
社會
情緒

模仿性律動
創造性肢體活動
舞蹈

根據歌詞
根據曲式

音樂元素、樂器、教具或道具、意境、圖像

作畫
排列
做樂器道具

◯ 圖 3-12 音樂活動設計網絡圖

4. 設立教學目標：腦力激盪可以找出多元的活動方式，但並不是每一個活動都需要進行。教學者必須要清楚的了解幼兒能力、興趣及班級特質，而且要有意識的了解教學目標。因此可以從腦力激盪的活動中，找出容易達成目標的活動來進行。這次沒被採用的活動也許留在下次。

5. 活動設計：有了目標之後，將依照目標來設計活動。教案設計參考下節。

第三節　聽覺藝術之活動與教案設計

　　在師資養成的過程中，教案撰寫是重要的能力之一，因為教案能夠幫助教學者檢視自己的活動設計是否可以達成教學目標，也能在教學前檢視自己該準備的物品及釐清每個教學步驟。

　　教案並沒有固定的格式，大致上包含活動名稱、年齡、時間、設計者、學習指標、活動目標、教學資源、活動步驟與內容，音樂學習區的活動設計見第十六章及教保活動範例篇之音樂學習區範例。以下用「氣球的空中之旅」為範例做說明：

1. 活動名稱：活動名稱要反應出活動的內容，例如：「氣球的空中之旅」，可以清楚了解是氣球到天空去旅行的相關活動。名稱可以有創意，但盡量讓人容易聯想到設計者要設計的主題及活動內容。

2. 年齡：設計者必須對這個年齡層的幼兒發展及班級特質有所了解，較易設計出適性的活動。

3. 時間：也就是教學長度，如此才能掌握每個步驟所分配到的時間。也可以寫上日期及確定的起訖時間。

4. 設計者：寫出設計者的姓名，通常這意味著為自己所撰寫的教案負責。通常也有可能會寫出教學者。

5. **學習指標**：通常要回到整個學期的課程架構再檢視一番，美感領域想要達到的指標有哪些？在這個活動較容易達成哪些指標？

6. **活動目標**：學習指標是固定的，但是活動目標必須視這個活動訂出目標，通常學習指標與活動目標是相對應的，只是比較具體化。

7. **教學資源**：教學資源通常會最後才擬，因為要有活動步驟之後，才知道什麼步驟需要使用什麼教學資源。在寫教學資源時，避免只有寫「音樂」，必須要寫出正確的曲名，以便自己或他人日後使用這個教案時，能夠找到正確的音樂。其他的樂器或鬆散素材也盡量寫出份數，方便準備這些物品。但通常準備的份數要比實際份數多一、兩份，以防萬一。

8. **活動步驟與內容**：這是教案中最重要的部分，設計者必須清楚知道一個課程要怎麼開始、怎麼發展及如何結束。通常有下列三大項：

(1) **起始活動**：通常就是引起動機，建議起始活動盡量短，不要超過5分鐘，以3分鐘或更少為宜，起始活動很重要，但常常被忽略。引起動機必須要與主題相關（常見與主題無關的手指謠雖能讓幼兒安靜下來，但不能當成引起動機之用），並且能順利銜接到發展活動。起始活動的方式有許多種，例如：詢問幼兒的舊經驗、圖片、繪本、故事、偶、歌唱及播放音樂等。選擇何種方式與發展活動有關，例如：氣球的發展活動中，跟氣球的造型及飄動方式相關，因此提供實物會是重要的，幼兒可以看到各種造型甚至氣球的各種狀態。在起始活動中，要相當留意的是，問幼兒的問題必須是有助於引導發展活動的，凡是跟發展活動無關的無須問，例如：無須問幼兒在哪邊可以看到氣球。若是採用繪本，僅挑選幾張與活動相關的圖片來講，不須整個故事說完。總之，直接切入重點，勿耽誤時間。

在這裡說明表 3-2 氣球教案中為何會詢問以下這些問題：①氣球是軟或硬：因為之後的發展活動中需要幼兒展現氣球的造型，透過觸覺，幼兒會較清楚充飽氣的氣球是硬的，等一下的律動才會表現出氣球真實的樣貌；②氣球造型：因為發展活動中要幼兒創作不同的氣球造型。

(2) **發展活動**：發展活動會是整個教案的重心，每個步驟都必須與學習指標及活動目標呼應。此外，還要把握邏輯性、多元性、趣味性及音樂性，必須要循序漸進的發展及充分運用教學資源。以表3-1為例，整個發展活動以「氣球的空中之旅」之律動曲為主（見譜例 3-3），利用肢體展現音樂的內容，因此適合將每個音樂的樂段分段探討及進行體驗，最後再播放全曲。建議先進行比較難的樂段，或較能銜接起始活動的樂段，因為幼兒在前半段的專注力是較為集中的。緊接著的每個活動步驟，都必須再回頭檢視這個活動步驟是否與指標相扣。

(3) **綜合活動**：課程最後會進行經驗統整，這時候必須扣緊主題，勿再衍生新的活動或問題。最常見的活動是請幼兒分享今天的經驗，或用問問題的方式請幼兒回應重點。但在音樂活動中，有時是以高峰活動為統整。也可將表 3-2 發展活動的最後一個步驟作為綜合活動。

　　表 3-2 的教案為詳案，對於新手教學者有很大的助益性。在詳細的教案中可以把自己想問的問題寫下來，或預測幼兒會有的反應，讓自己有心理準備，做好備課工作。但是不需要像寫劇本一樣，寫出所有的對話（避免失焦），只要把提問重點寫下來就可以。資深的教保人員，也許寫出簡案就可以幫助自己備課，較為精簡的教案可參考 pp. 489-490。無論如何，對於音樂教學較缺乏自信者，建議模仿表 3-2，釐清每個步驟重點，將會有助於教學。

■ 表 3-2 「氣球的空中之旅」詳細教案

活動名稱	氣球的空中之旅	年齡	4-6 歲	長度	40 分鐘	設計者	廖美瑩
學習指標	美 - 中 -1-1-1 探索生活環境中事物的美，體驗各種美感經驗 美 - 中 -2-2-3 以哼唱、打擊樂器或身體動作反應聽到的旋律或節奏						
活動目標	1. 探索身體可以如何做出氣球的各種形狀或狀態 2. 幼兒能根據音樂的特色利用肢體展現氣球的各種姿態						
教學資源	音樂（氣球的空中之旅）、充好氣的氣球一個、鈴鼓一個						

活動步驟與內容

一、起始活動

1. **動機引導**：教學者拿一顆充好氣的真實氣球，讓幼兒摸看看，並請幼兒說出氣球有哪些形狀。

   「這是什麼？」（氣球）

   「你們覺得氣球應該是硬的還是軟的？」（讓幼兒輪流摸氣球）

   「有看過什麼形狀的氣球？你們可以用你的身體變出各種氣球嗎？」（引導幼兒做出各種造型的氣球）

二、發展活動

2. **飄（B 段）**：教學者引導幼兒利用肢體做出各種不同的氣球造型，並體驗各種移動的感覺。

   2-1 教學者利用鈴鼓引導幼兒做出各種不同的氣球造型。

   「你們可以做出最特殊的氣球嗎？」（引導創意肢體表現）

   2-2 教學者帶領幼兒討論氣球的移動方式。

   「你們覺得氣球在空中可以怎麼動？」（飄、轉圈圈……）

   「氣球可以直直的飄？可以彎彎的飄？可以在下面飄？可以在上面飄？可以往後飄？」（引導幼兒以各種姿態移動）

   2-3 播放 B 段的音樂，進行氣球在空中飛舞的律動。

3. **吹氣球（A 段）**：聆聽 A 段音樂，請幼兒猜氣球的狀態（吹氣球）。之後請幼兒利用全身做出吹氣球的樣子。

   3-1 聆聽 A 段音樂：播放 A 段音樂，請幼兒猜氣球的狀態。

   「我們來聽看看這個音樂，是吹氣球、消氣，還是破掉？」（吹氣球）

   3-2 體驗吹氣球：教學者搖動鈴鼓或播放 A 段音樂，幼兒利用雙手模仿吹氣球漸漸變大的感覺。

4. **破掉（C 段）**：聆聽 C 段音樂，請幼兒猜氣球的狀態（破掉）。之後請幼兒利用全身做出氣球破掉的樣子。

   4-1 聆聽 C 段音樂：請幼兒聆聽 C 段音樂，並問幼兒氣球的狀態為何。

   「我們來聽看看這個音樂，是吹氣球、消氣，還是破掉？」（破掉）

   4-2 體驗氣球破掉：幼兒用全身做出氣球的樣子。教學者持鈴鼓，在某一位幼兒的面前敲一下（表示戳一下），幼兒的肢體就要表現出氣球破掉的樣子。教學者一一的戳破每個人的氣球。

   4-3 再次聆聽 C 段音樂：討論氣球為何破掉。

   「你覺得氣球做什麼事情最後破掉了？」（例如：轉圈圈）

   4-4 練習 C 段音樂：播放 C 段音樂，練習轉圈圈以後破掉的姿態。

5. 消氣（D 段）：請幼兒利用肢體體驗氣球各種消氣的狀態。

　　5-1 播放 D 段音樂：請幼兒表達氣球的狀態。

　　「我們來聽看看這個音樂，是吹氣球、消氣，還是破掉？」（消氣）

　　5-2 請幼兒表現氣球消氣的樣子。

　　「誰可以表演氣球消氣的樣子？」（請一位或兩位幼兒來表演）

　　5-3 觀察氣球消氣：教學者拿出真實的氣球，讓幼兒觀察氣球放氣到處亂飛狀（有漸漸消氣樣，也有亂飛的消氣樣），請幼兒利用全身模仿氣球消氣的樣子。

6. **完整曲子律動**：播放音樂，幼兒根據各種樂段特性，跳出相對應的氣球狀態。重複幾次到熟悉整個樂段。

三、綜合活動

7. **統整**：統整今日活動經驗。

　　7-1 教學者詢問幼兒今天的氣球各種狀態。

　　「今天的氣球發生什麼事情？」（吹氣球、飛舞、轉圈圈、破掉、消氣）

　　7-2 請幼兒分享今天身體當氣球的心得。

　　「今天你變了多少不同的氣球？怎麼變？」（幼兒邊說邊比動作）

　　「你的氣球在空中飄的感覺，怎麼樣？舒服？還是會害怕？」

第四節　聽覺藝術教學必備教學資源

　　在教學中，器材、設備或素材的多元提供會讓教學更豐富。在第二章已經詳述聽覺藝術的工具，的確有許多樂器及工具在聽覺藝術教學中都非常重要，但每個幼兒園的經費及對聽覺藝術的支持度不同，不過建議每位教學者至少有以下的樂器或素材。

1. 真實樂器：至少要有幾樣的打擊樂器，每種材質的打擊樂器各兩種（例如：鈴鼓、手鼓、高低音木魚、響棒、蛋沙鈴、沙鈴、三角鐵、指鈸）。如果能有木製音磚、木琴及鐵琴會很棒。律音管及律音鐘也都能引發幼兒對音高的興趣。

2. 打擊用鬆散素材：若沒有經費購買真實樂器，仍能玩音樂。可以準備各種材質的鬆散素材，例如：木頭、紙箱（厚跟薄／大與小）、鐵罐或鐵盒、塑膠袋（各種同一種素材或不同素材的組合產生聲響），這些都是很好的鬆散素材樂器。

3. 鋪排用鬆散素材：人工或天然素材都可以。通常需要有些對比，例如：大小及長度對比，如此較能排出音樂元素。一般而言，都是比較小型的鬆散素材，例如：松果、樹葉、新鮮花朵、鈕扣、小石頭等。

4. 律動遊戲用的鬆散素材：常用的有絲巾、布條及呼拉圈（尺寸可以不一樣）。如果有氣球傘及手指 LED 燈等，會很好運用。

以上列出是最基本的，其他更多元的教學資源可以參考教保活動範例篇的教案。另外，許多偶或視覺藝術材料也需視活動設計的需求加入。

為了達到教學目標，有時提供適當的教具是必須的。最常見的教具有：

1. 自製律動舞蹈教具：自製彩帶在律動或舞蹈的表現中常有非常棒的效果，材質可以用皺紋紙、塑膠袋或緞帶，效果不同。若在彩帶處加上鈴鐺，就會同時有搖鈴的效果。

2. 自製樂器：若經費不允許，教學者可以自製樂器。詳見第二章，pp. 45-46。

3. 自製音符：學前的幼兒雖然不鼓勵理解抽象的符號，但最基本的音符如四分音符、八分音符及二分音符（圖3-13），可提供遊戲進行，以引發幼兒對節奏的興趣。

◯ 圖 3-13 自製音符卡

4. 教具：為了讓幼兒理解音樂概念或曲子，提供適當的教具可以增加教學效能及提升幼兒興趣。舉例來說，教保活動範例篇第二部曲的「林中杜鵑」，可運用迷宮教具（圖 3-14），讓幼兒操作，理解樂曲結構；安德森「切分音時鐘」（古典樂），可以設計一個小偶台（圖 3-15）讓幼兒隨著音樂進行操作。

設計製作：廖美瑩

⬤ 圖 3-14　「林中杜鵑」迷宮教具

設計製作：薛鈞毓

⬤ 圖 3-15　安德森「切分音時鐘」偶台

第五節　聽覺藝術教學應具備之能力

要將聽覺藝術的活動帶好，教學者本身的特質與教學技巧都很重要。一個良好的聽覺藝術教學者必須具備以下的條件（陳惠齡，2003；廖美瑩，2021）：

1. 了解課綱美感領域的內涵及各項指標。
2. 幼兒教育教學及引導的專業知能及技巧。
3. 理解幼兒，保持開放的態度。
4. 對於聽覺藝術教學必須要有正向的態度。
5. 舉止談吐盡量保持美感，聽到音樂肢體能表現出音樂感。
6. 簡易指揮能力及基本音樂素養。
7. 多元活動設計及帶領的能力。
8. 喜歡音樂及美的事物。

　一個積極於聽覺藝術教學的教保人員，隨時會提升自己的音樂素養，充實自己的音樂資料庫（例如：歌曲、律動或樂曲）。如果能積極參與各項音樂研習或參加美感社群，都可以增進自己的教學效能。唯有自己喜歡音樂，帶出來的聽覺藝術活動才會有感受力，自己跟幼兒才會享受在這種美感的氛圍中，因此多接觸美的音樂或活動會增加自己對音樂的敏感度。

4　探索與覺察

　　美感領域所要培養的三大能力中，雖然沒有一定的順序，有時會重疊、交錯或循環進行，但「探索與覺察」是一項重要也是最為基礎的能力。幼兒把各種感官打開，用心聆聽，培養「聽」的能力，如此在日後聽覺藝術活動中才會有多元的表現及體驗（林朱彥，2009；楊艾琳等人，1998；廖美瑩、戴美鎔，2012；Campbell & Scott-Kassner, 2009）。「聽」不只是感官的聆聽，還需要有內心的感受及感覺其差微（Jacques-Dalcroz, 1921/2009）。如果從小養成積極聆聽及探索覺察的習慣，會提高幼兒對聲音的敏感性及興趣，對於不同的聲響可以察覺其不同，這些都有助於後續音樂發展及表現。

第一節　情意面向指標意涵

　　聽覺藝術媒介中，「探索與覺察」的「情意」面向，其「課程目標」為**「體驗生活環境中愉悅的美感經驗」**，由課程目標來看，幼兒無論在進行聲響或音樂的探索覺察活動時，教保人員必須提供幼兒有深切「體驗」的機會，並且觀察整個歷程中，幼兒是否有愉悅的感覺（圖4-1）。在指標1-1-1中（表4-1），無論是哪個年齡層指標都同樣是**「探索生活環境中事物的美，體驗各種美感經驗」**，也就是這個指標從幼幼班到大班都是持續進行的，也許探

索覺察的聲音或物品不同，隨著年齡增長會更豐富或複雜，但在情意方面，這種美感體驗都必須是愉悅的（圖 4-1）。從這個課程目標了解到，美的事物存在於幼兒的生活環境中，因此幼兒的學習環境不應該侷限於教室內。在規劃幼兒學習的環境時，必須包含美的元素讓幼兒去探索，同時需要提供足夠的時間讓幼兒去體驗（教育部，2017），這樣的體驗才足夠深刻，如此才能把這種經驗帶到其他「表現與創作」及「回應與賞析」的活動中。

女孩正在鞦韆上盪來盪去享受搖擺的節奏感，並且聆聽大地的聲音。

「有小鳥的聲音呢！」
「吱吱吱，這是什麼聲音？」
「飛機飛過去的聲音，好大聲喔！」

女孩享受這大地所有美的氛圍，輕輕的哼著自己覺得美妙的旋律呢！

◯ **圖 4-1　享受美的事物**

■ **表 4-1　探索與覺察情意面向之課程目標及指標**

領域能力	學習面向	課程目標	編號	2-3 歲學習指標	3-4 歲學習指標	4-5 歲學習指標	5-6 歲學習指標
探索與覺察	情意	美-1-1體驗生活環境中愉悅的美感經驗	1-1-1	探索生活環境中事物的美，體驗各種美感經驗			

第二節　藝術媒介面向指標意涵

「探索與覺察」的「藝術媒介」面向，其「課程目標」為「**運用五官感受生活環境中各種形式的美**」，在聽覺藝術中，主要運用的感官是「聽覺」。音樂除了「聽」之外，「動」也很重要，無論在達克羅士音樂教學法或是奧福音樂教學法中，都強調幼兒透過「律動」來感受音樂，因此「動覺」也不容忽視，達克羅士希望在所有的音樂活動最後，學生能夠說的不是「我知道了」，而是「我已經經驗到這種感覺了」。達克羅士也強調不僅耳朵的覺察重要，全身肌肉也需要能夠感受到音樂的變化（Jacques-Dalcroz, 1921/2009），這些都說明體驗的重要性。達克羅士認為音樂行為是耳朵（ear）、頭腦（brain）與肢體（body）三者並用的活動，肢體動覺是「經驗」音樂最重要的一環；其次，「視覺」的輔助也能幫助幼兒理解或體驗音樂。藝術媒介的部分比較著重於「操作」中探索，也增加對聲音的辨識能力及敏感性，而提升探索與覺察能力（圖 4-2）。

在指標 1-2-2 中（表 4-2），2-4 歲的幼兒先探索生活環境中的各種聲音，到比較大（4-6 歲）之後則可以察覺並感受各種聲音的感受性。由這個指標來看，教保人員提供探索的聲響是最重要的，藉由探索的過程，幼兒會開始覺察聲音的不同，透過反覆的行動，會提升美感感受的能力。然而，需要注意的是個別差異，有的幼兒在幼幼班或小班就已經具備覺察的能力，因此任何指標都是可以依照實際狀況加以調整的。有些幼兒在幼小時候接觸音樂的經驗不足，也許到大班都還沒有發展出探索的能力，因此教保人員需要視幼兒的能力、需求及興趣來調整活動內容。其次，有些時候幼兒不見得先探索後覺察，很多時候是幼兒聽到有趣的聲音，引發他探究的心理，所以才進行探索。總而言之，無論是探索或覺察，常常是相伴出現的，順序不是主要需被關注的，重點是在活動設計中，若能夠養成幼兒主動探究美好聲音的習慣，都是值得被推崇的。

幼兒們正透過聽覺及動覺體驗「小木船」這首歌。

「這邊（音樂）聽起來好像往中間，又出去了。」（他們的舞步先向前集中再往後退）

「這像水的聲音，我們可以轉圈圈？」（幼兒覺察到聲音氛圍不同）

「音樂很好聽，我們可以戴花圈？這樣跳舞比較美。」（探索美的元素，詢問是否可以加花圈）

一首美好的音樂，可以串起幼兒對聲音及肢體的聯想，並提升對美的感受力。

◯ **圖 4-2 善用感官感受音樂**

▨ **表 4-2 探索與覺察藝術媒介面向之課程目標及指標**

領域能力	學習面向	課程目標	編號	2-3 歲學習指標	3-4 歲學習指標	4-5 歲學習指標	5-6 歲學習指標
探索與覺察	藝術媒介	美-1-2 運用五官感受生活環境中各種形式的美	1-2-2		探索生活環境中各種聲音		探索生活環境中各種聲音，感受其中的差異

第三節　探索與覺察之環境設計

在「探索與覺察」指標的活動設計中，最主要是環境的營造及素材的提供。生活環境中到底有哪些聲音可以探索？有哪些聲音可以引發覺察？人類

居住的環境中，有著包羅萬象的各種聲音，其聲音的來源大約可以分為三類（圖 4-3）。

第一類
自然存在的聲音

第二類
機器播放產生的聲音

第三類
操弄物品所產生的聲音

🔵 **圖 4-3 生活環境中聲音來源的分類**

🎵 第一類：自然存在的聲音

所謂自然存在的聲音是：只要耳朵的感官一打開便可以聽到的聲音。這一類的聲音存在於室內或室外，但若要引發幼兒對聲音探索的興趣，最好走出戶外。

1. 大自然的聲音：如風、雨、打雷、海浪等。

2. 動物的聲音：如各種動物、昆蟲等。

3. 各式聲音：如風鈴、走路的聲音、打球的聲音、木作等。

🎵 第二類：機器播放產生的聲音

第二類是透過各種播放器播放的聲音。這一類的聲音大多屬於教學者主動播放的音樂，或是幼兒在學習區當中主動播放的音樂。這也是幼兒對聲音好奇的環境之一。

1. 人聲：唸誦聲音、歌唱聲。

2. 樂器：各式樂器的聲音。

3. 音效：各式音效。

🎵 第三類：操弄物品所產生的聲音

第三類是透過手或身體與物品碰撞製造出的聲音。換句話說，幼兒必須要自己操弄各種物品才能產出聲音。若要幼兒透過操弄進行探索與覺察，教

學者就必須提供足夠的物品。

1. 人聲（唸、誦、唱）：幼兒自己可以唸出來或唱出來。

2. 樂器（旋律樂器、打擊樂器、其他……）：教學者提供各式的旋律或
   打擊樂器。

3. 肢體（敲打身體各部位）：人的肢體是很棒的樂器組合，拍打各種部
   位會產生不同的聲音。

4. 鬆散素材（凡是可以發出聲音的物品）：教保人員可以提供各式可發
   出聲音的鬆散素材，當成各式樂器來演奏，例如：塑膠袋、箱子等。

第四節　探索與覺察之活動設計與引導

　　探索與覺察的活動，主要取決於環境及提供的素材。實踐的方式可以透
過生活日常、例行性活動、多元學習活動或學習區。若要養成幼兒積極聆聽
及探索覺察的機會，生活日常播放音樂是不足的。在例行性活動中，例如：
透過散步去實踐探索與覺察，是相當值得鼓勵的，因為幼兒有很多的突發奇
想都是來自於散步或自由遊戲中（圖 4-4）。

◯ 圖 4-4　幼兒常在散步中被環境聲音所吸引

一、探索與覺察之活動設計

透過多元學習的方式，來進行團體教學的方式也可行，但是由於無法提供幼兒充足的時間來探索，這個方式可能比較適合當成活動示範，最終目的還是希望幼兒到學習區能自主探索及深化。雖然如此，團體教學仍占著重要的地位（廖美瑩、魏麗卿，2012），例如：在團體教學中，教學者提供塑膠袋讓幼兒探索各種音色，也利用塑膠袋的伴奏歌唱（詳見第一章）。幼兒在團體活動中，知道塑膠袋可以發出各種聲音，到音樂區中，他可以繼續探索其他的物品，如報紙或樂器。在團體活動中，教學者提供利用塑膠袋音色組合來伴奏，幼兒也在音樂區中探索其他組合的可能性。幼兒也會覺察到塑膠袋的音色跟鐵罐聲音不同，而引發他們主動想要將兩種不同的音色組合起來。這都是團體教學中所經驗而延伸到學習區的。

真正的覺察不是靠表面的聽覺辨別，而是需要有內心深處的感受。達克羅士認為身體要經過訓練之後才能真正察覺到音樂的變化（Jacques-Dalcroz, 1921/2009），例如：速度、力度或節奏的變化。換句話說，我們並不期待幼兒對音樂的覺察層面只停留在「認知」（我知道這個比較快，這個比較慢），而是「我察覺這個比較快，因為整個身體變得好輕鬆，很想跟著輕輕跳起來。」「我覺得這個比較慢，因為我覺得好像慢動作，好像風吹起來的感覺。」幼兒不只能辨別快慢，他的大腦、心靈及動作必須是有連結的，並有深刻的感受。因此覺察的活動必須除了讓聽覺感官打開之外，還需要設計活動讓幼兒有積極聆聽的機會，並以遊戲的方式進行。

以下針對室內及室外如何進行探索與覺察活動做說明。

 室內

1. 真實樂器：學習區中提供不同音色的樂器（例如：手鼓、木魚、三角鐵、手搖鈴）讓幼兒覺察各種音色的不同，記得數量不要多，避免吵雜聲過大影響幼兒聚焦於某幾種聲音。讓幼兒嘗試各種不同的方式去敲打、搖動及拍打樂器，製造他想要表現的音色。可以提供旋律樂器，如果有木琴會較好，在室內較不容易造成聲音的緊迫性，提供各種材質的鼓棒，讓幼兒探索各種鼓棒敲出來的聲音是不同的（圖 4-5a），例如：用木頭琴槌會敲出清脆的聲音；毛線的琴槌敲出來的聲音比較

溫暖；聚酯彈性體敲出來的音色比較輕柔等。

2. 鬆散素材（樂器）：與真實樂器相同，提供不同音色可敲打的鬆散素材（例如：木箱、鐵罐、寶特瓶、石頭、塑膠袋等）。也可以提供不同的棒子，例如：竹筷、鐵筷、木棒等，讓幼兒探索用不同棒子會敲出什麼不同的音色。引導過程與真實樂器相同，例如：圖 4-5b 中，女孩敲打不同材質的箱子，有的高有的低，把這些聲音組合起來，享受自己的成果。

3. 鬆散素材（鋪排用）：幼兒常會不由自主排出音樂元素的組合，進行聲音即興，例如：圖 4-5c 中，女孩邊指著她排出的鬆散素材序列，邊有節奏感的唸著「這個、這個、切、切」。

4. 鬆散素材（律動用）：提供各種律動用的鬆散素材，例如：絲巾、布條、呼拉圈、手指 LED 燈等。讓幼兒能夠運用這些素材來進行律動，例如：圖 4-5d 中，大家一起探索絲巾可以怎麼模仿雪飄動的感覺？雪可以掉到身體的哪邊？透過布條跟塑膠袋體驗風。

4-5a 提供不同琴槌探索各種音色

4-5b 敲打不同材質的箱子

4-5c 鬆散素材排列進行節奏即興

4-5d 探索絲巾像雪飄下的樣子

◯ 圖 4-5 室內探索與覺察的活動

室外

　　大自然存在很多聲音，例如：蟲叫鳥鳴，或是風的聲音。室外其他的聲音也很豐富，也許可以聽到動物的聲音、車子移動的聲音、人的腳步聲等，這些對幼兒都是很有吸引力的。在室外進行探索與覺察，很重要的一點是：必須給幼兒自由探索的時間，所謂「自由」是不受拘束的。Glover（2000）認為幼兒表現出的這種普遍的音樂遊戲行為及自由感很快就會消失，因此必須要即時把握，例如：出去散步時，幼兒對某一個地方有興趣，容許他在那個地方停留，避免「大家」一起行動，因為每個幼兒對周遭環境有不同的感受及興趣。當然，有時候因為活動設計，教學者仍是可以邀請大家在大樹下圍個圈，閉起眼睛聽看看聽到什麼聲音（圖4-6、圖4-7）。

　　所有的自主學習都來自幼兒「主動」探究開始，因此在室外的活動，對多數幼兒而言是比較放鬆的，能盡情的玩索。可以分為三大類來玩：

1. 探索覺察自然的聲響：只要教學者預備聆聽的環境，幼兒自動就會跟隨。建議在散步或室外探索活動前，給幼兒一些任務，例如：「今天我們要到橄欖樹下，橄欖樹下有好多的聲音。有什麼好聽的聲音？我們一起去聽聽，等一下你們告訴老師，你們聽到什麼好聽的聲音，好嗎？那些聲音是從哪裡來的？是誰發出的聲音？」教學者的引導會使幼兒散步時較聚焦於聽覺活動。

2. 探索覺察操弄的聲響：大自然存在很多物品是能發出聲音的。同樣的，出發前教學者需要做一些引導，甚至示範，例如：幼兒可能會對石頭產生興趣，兩個石頭碰一碰，敲一敲，會產生不同的聲音，可以敲出大大小小的聲音，可以敲出急促或長長的音。通常他們不會只拿兩粒石頭，當探索活動開始，聲音的覺察也伴隨發生，審美能力也漸漸養成（圖4-8），接下來，他可能會拿樹枝或其他東西來敲看看，也許最後仍舊發現原來的聲音比較好聽，但整個探索覺察歷程，幫他建構美的元素及經驗。有了這些經驗，下一次也許他會對木頭或樹枝（圖4-9）有興趣，依循前一次的石頭探索經驗，也一次比一次更精進。

女孩正在感受自然的奧秘。

「風好涼！我有聽到風的聲音。你有聽到嗎？」
「有水的聲音。」
「水的聲音好好聽。」

大自然有豐富的聲音會引發幼兒的好奇心！
在室外有些時候什麼事情都不用做，只要靜靜聽著大地的聲音，美感就自然產生了。

◯ 圖 4-6　享受在美的環境中

幼兒們正在發現許多樹葉。

「這些葉子好美！」
「我們來玩葉子。」（拿起葉子翩翩起舞）
「我們來唱葉子的歌。」（拿起葉子唱起老師教的歌曲）

大自然的鬆散素材具有天生的美感，都是幼兒探索的最佳素材。
有時靜靜看，所有聽覺藝術活動就會自然的發生。

◯ 圖 4-7　探索自然中的美好事物

幼兒在自由遊戲中發現石頭的奧秘。

「這樣敲有聲音，那樣敲也有聲音耶！」

「石頭敲石頭跟敲木頭的聲音不一樣！」

「我發現也可以磨來磨去！」

「石頭輕輕敲很好聽！」

◯ 圖 4-8　探索石頭的聲響

發現樹枝

搖一搖，動一動，
怎樣會有聲音？

可以當指揮棒？
可以跳舞？

◯ 圖 4-9　探索樹枝的聲響及想像

3. 探索覺察天然鬆散素材：大自然存在很多美的元素（圖 4-10），幼
兒對周遭的事物很直覺的探索方式是「摸看看」、「聞看看」。教學
者有時需要靜靜的等待幼兒的探索行動，當成一個支持者或參與者就
行了。舉例來說，圖 4-11 中女孩對冬天的樹葉有興趣，隨手排出一
隻狗，為了延伸聽覺活動，教學者就必須有進一步的引導語：「這是
一隻可愛的狗，是嗎？他會叫？他會怎麼叫？你會唱什麼狗的歌？你
可以用什麼來幫狗伴奏？」（如果她有節奏創作的經驗，也許會去撿
一些石頭或樹枝邊伴奏邊唱歌）。

如何讓樹葉產生聲音？可以用踩的？用搓的？裝在桶子裡搖？

樹葉大與小、樹枝長與短都可以排出音樂元素。

◯ 圖 4-10 大自然存在很多美的元素

◯ 圖 4-11 用葉子排出狗

二、探索與覺察活動中教學者之引導

探索與覺察活動中，並非提供環境及多元素材就足夠，教學者的引導技巧也非常重要。

🎵 提供足夠的時間讓幼兒探索，會增加其對美的敏銳度

課綱的美感教學原則中強調，提供充裕的時間，讓幼兒體驗各種美感經驗與藝術元素，會增加其對美的敏銳度（教育部，2017）。聽覺藝術的體驗不能只有在團體教學中進行，還需要提供充裕的時間讓幼兒沉浸在音樂世界中探索、表現及享受音樂，因此音樂學習區的建置是必要的。提供充裕的時間，幼兒可以從探索中漸漸精煉自己的表現工具，提升聽覺藝術表現的能力，也能增加對音樂的敏銳度。Rogers 與 Saywyers（1988）表示，幼兒天生好動愛玩，並能享受遊戲的樂趣，在遊戲中幼兒會自發性的拓展活動，使遊戲更複雜，並自由的依照自己的步調及方式來吸收新知，因而建立我能感。

🎵 教學者適時的回應及引導可以提升幼兒的創造力

　　除了允許幼兒有充足的時間去發現、操弄及探索外,有些時候也要允許他們自己獨處,讓他們能盡情的探索。在實務現場中常發現,當老師走向前去與幼兒互動時,這些探索的行為馬上消失,因此教學者必須要了解幼兒特質,有時選擇觀察,在適當的時機才介入(李萍娜,2009)。一個優秀的教學者是善於觀察的,若有幼兒主動提出問題,可以回問:「你覺得呢?」有時不需要馬上回答,只要提出一些問題,讓他繼續探索。因此教保人員需要熟知鷹架理論及提問技巧,才能幫助幼兒從探索覺察到創作,發揮更多的想像力。

🎵 教學者放棄主導權,幼兒的探索能力及判斷力會增強

　　課綱強調以幼兒為中心,盡量提供多元樂器讓幼兒自行選擇,而避免教學者自行分配。舉例來說,「剪刀石頭布」的歌曲中,幼兒分為三組演奏時,教學者盡量提供四到六種樂器,請一位幼兒來敲看看,哪一個樂器最適合代表剪刀(圖 4-12),並請那一組幼兒回應是否同意。討論好之後,再決定剪刀組用什麼樂器來演奏。實務現場中發現,教保人員太常為了次序的問題,先把樂器設定好,看起來很有效率,但是無形中幼兒失去參與討論或探索的樂趣。

🔵 圖 4-12　幼兒樂於主動探索樂器的音色

🎵 耐心等待幼兒的探索會發現更多的創意

　　奧福強調「探索」與「經驗」的重要性,透過音樂活動,可以幫助幼兒累積音樂經驗,也可以幫助幼兒發展其潛在的音樂性(黃麗卿,2009;鄭方靖,2002)。所有的過程中,都需要時間的鋪陳,教學者必須耐心等待,包容過程中所有製造的不諧和音或吵雜聲。

🎵 探索覺察過程重於最後的結果,只要幼兒願意嘗試都值得鼓勵

　　在課綱中以統整的概念來進行,培養幼兒各項能力。因此在聽覺藝術中,學習音樂不是最重要的事,音樂只是一個媒介。重點是在探索與覺察過程中,是否引發幼兒主動學習及探究的精神,最後的結果並非教學目標。

🎵 善用課室經營技巧，營造輕鬆有趣的探索環境，幼兒會樂在探索

在帶領探索及覺察中，教保人員常有的一個迷思：要很有秩序下才能進行敲擊，「拿到樂器時放在地上，手放在背後，老師說可以敲才可以敲。」但是幼兒看到新奇的樂器，一定會不由自主的想要敲打探究，教學者過於嚴肅或嚴格，會導致幼兒無法盡情探索或甚至擔心被處罰。幼兒拿到樂器就讓他們盡情敲打吧！只要他不破壞樂器，不用樂器攻擊別人，任何探索行為都是可以接受的，但是教學者必須要有技巧，讓他們該安靜的時候可以馬上安靜。舉例來説，讓小朋友隨意敲，老師也跟著敲（幼兒一定會觀察到老師的動作），老師突然喊「stop」，把樂器放在頭上，幼兒也會模仿，如此就能把幼兒的注意力喚回到教學者的身上（參考教保活動範例篇第一部曲「剪刀石頭布」的範例三影片）。因此，善用教學技巧，切勿過於嚴肅。

5 表現與創作

　　「表現與創作」在美感領域三大能力中是重要的一環，為聽覺藝術的三大能力中指標最多的。的確，「表現與創作」在幼兒園聽覺藝術中有非常豐富的活動可以進行。如果觀察幼兒一天的作息，你會發現他們隨時透過聲音與肢體在表現音樂，例如：幼兒在學習區中邊操作教具常常會不由自主的邊哼著歌；在等待上廁所時也常常會哼著剛剛老師教的歌曲；開心的時候常常不由自主跳起舞來；在扮演區常因角色或故事需求而做出各種音效或歌唱。這些都是幼兒很自然的表現，那麼既然這麼自然，還需要教嗎？

　　所有的音樂教學法中，歌唱、樂器演奏、律動及即興創作都是音樂教學重要的內容（鄭方靖，2002），都屬於美感領域的「表現」與「創作」。當幼兒出現自發性的表現及創作行為時，身為教保人員除了稱讚之外，還可以怎麼引導，才能讓他們從即興表現及創作中，漸漸培養出表達力及更高的創造力？本章將透過理論的描述，說明各個指標的意涵及如何進行活動設計。

第一節　情意面向指標意涵

　　聽覺藝術媒介中，「表現與創作」的「情意」面向，其「課程目標」為**「發揮想像並進行個人獨特的創作」**，由課程目標來看，幼兒透過聽覺藝術

的各種工具來展現自我，幼兒是天生的創造者（林玫君，2017），無論任何表現或創作，都是值得鼓勵的（圖 5-1），尊重幼兒的任何創意發想，千萬不要有負面的批評，或指責把東西弄亂（過程中難免有不被接受的次序感，只要結束時把物品歸位或清理，便能接受），林朱彥、張美雲（2010）強調，教保人員必須以另一種眼光來看待幼兒的喧鬧吵雜與脫序舉動。

在指標 2-1-1 中（表 5-1），2-4 歲的指標為「**享受玩索各種藝術媒介的樂趣**」；4-6 歲的指標為「**玩索各種藝術媒介，發揮想像並享受自我表現的樂趣**」，其中之差異性為：年紀越小對於美好的事物還在摸索及探索階段，

女孩隨手拿了一個大的抱枕放在背後。

「我是一個大烏龜！」（邊移動邊發出聲音）

另一個女孩拿著兩個小抱枕，當成蝴蝶的翅膀。邊揮動翅膀邊開心得意的唱著「蝴蝶蝴蝶生的真美麗！」

幼兒天馬行空的表現，在日常生活中常常發生，這驗證了幼兒是天生的創造者。

◯ **圖 5-1　幼兒是天生的創造者**

▨ **表 5-1　表現與創作情意面向之課程目標及指標**

領域能力	學習面向	課程目標	編號	2-3 歲學習指標	3-4 歲學習指標	4-5 歲學習指標	5-6 歲學習指標
表現與創作	情意	美 -2-1 發揮想像並進行個人獨特的創作	2-1-1	享受玩索各種藝術媒介的樂趣		玩索各種藝術媒介，發揮想像並享受自我表現的樂趣	

「反應」他感受到的音樂，最後甚至進行「創作」，這個指標看起來似乎循序漸進（從模仿、反應到創作），但幼兒在接觸音樂時，這三個階段是不斷的重複，有時候並沒有順序可言，因此教保人員只要提供多元的活動，讓幼兒主動參與，就能夠達成指標的精神。

幼兒如何進行表現與創作？依照指標，可以用哼唱、敲擊樂器或身體動作的方式來進行，第二章的聽覺藝術已經對這些表現方式有詳細的描述，請參閱。指標中所謂的「**旋律或節奏**」，並非一定要針對旋律或節奏做模仿、回應或創作，旋律或節奏可以廣義指所有幼兒有興趣的「**聲響**」-或「**音樂**」。

在指標 2-2-4 中（表 5-3），3-6 歲的指標為「**以高低強弱快慢等音樂元素表達感受**」，所謂的音樂元素包含力度、音色、速度、音值、節奏及音高等。這些音樂元素的體驗都可以透過律動及遊戲來體驗。圖 5-3 是音樂元素圖，簡述如下：

■ 表 5-2　表現與創作藝術媒介面向之課程目標及指標 2-2-3

領域能力	學習面向	課程目標	編號	2-3 歲學習指標	3-4 歲學習指標	4-5 歲學習指標	5-6 歲學習指標
表現與創作	藝術媒介	美-2-2 運用各種形式的藝術媒介進行創作	2-2-3		以哼唱、打擊樂器或身體動作模仿聽到的旋律或節奏	以哼唱、打擊樂器或身體動作反應聽到的旋律或節奏	運用哼唱、打擊樂器或身體動作進行創作

■ 表 5-3 表現與創作藝術媒介面向之課程目標及指標 2-2-4

領域能力	學習面向	課程目標	編號	2-3 歲學習指標	3-4 歲學習指標	4-5 歲學習指標	5-6 歲學習指標
表現與創作	藝術媒介	美-2-2 運用各種形式的藝術媒介進行創作	2-2-4		以高低強弱快慢等音樂元素表達感受		

1. 力度：聲音的強弱。常用的有強（f）、弱（p）、漸強（＜）及漸弱（＞）。力度大小聲的結合就會成為音樂的風格，例如：強弱弱成為華爾滋風格。

2. 音色：聲音的明亮度。人聲、樂器及物品的音色都不同。狗跟貓、鼓跟三角鐵、敲木板跟敲塑膠板的音色都不同。提供不同音色在創作或合奏中都會較有趣，就像交響樂，有多種不同的音色組成。

3. 速度：聲音的快與慢。除了速度的快、中等與慢之外，還有漸快及漸慢。速度會影響到整個音樂的風格，速度快感覺活潑；速度慢感覺優雅。

4. 音值：音的長短。有的音短（例如：半拍）有的長（例如：4 拍），就像語言，比如說「冰淇淋」時，通常「淋」會拉長一點。音有長有短讓音樂的呈現更有變化。

5. 節奏：音值的長短音組合就成為節奏。如圖 5-3 的例子，長短短長，就變成 ♩ ♫ ♩ 。節奏的簡單到複雜，可以讓音樂表現更豐富。

6. 音高：音的高低。有了音高，音樂的聲響變豐富。

7. 旋律：音的高低組合就成為旋律。音往上走就是上行音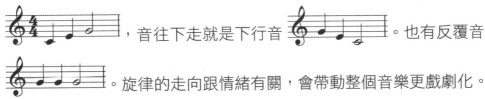，音往下走就是下行音。也有反覆音。旋律的走向跟情緒有關，會帶動整個音樂更戲劇化。

　　根據幼兒音樂發展，**力度**與**音色**是最容易被幼兒理解及感受的，因此在設計音樂元素的活動時，可以以這兩個元素為優先，教保活動範例篇第一部曲的「小小演奏家——小鼓手」及第三部曲的「Taxi Tango」都是力度入門的好曲目；第一部曲的「神奇的塑膠袋」及第二部曲的「林中杜鵑」都是音色入門的好曲目。其他的音樂元素活動設計可參考教保活動範例篇。除了動態的方式來體驗音樂元素，也可以利用鬆散素材的鋪排來表現音樂元素，將於下一節陳述。

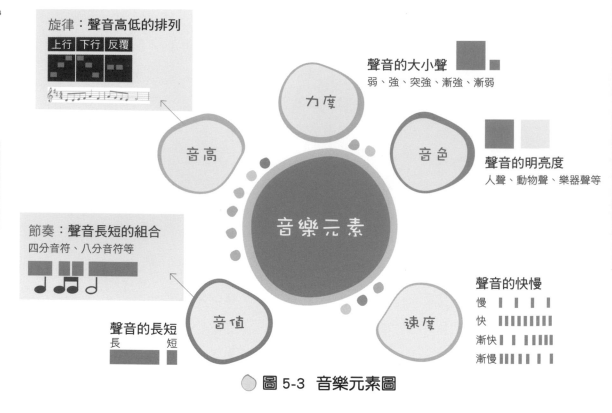

圖 5-3 音樂元素圖

表現與創作之環境設計

多數幼兒對於音樂的敏感度始於探索與覺察，對聲響有興趣了，便會利用各種表現工具來表現音樂；而探索過程中，會把一些有意義的聲響組合成為即興甚至成為創作，因此探索與覺察的環境在引發表現與創作上也是相當重要的。探索與覺察的環境請參考第四章。

表現與創作之環境，最重要的便是提供多元的教學資源，分述如下。

🎵 歌唱的環境

歌唱的環境最主要是提供歌曲、歌譜、音樂、偶、象徵性的麥克風及舞台。這些都能刺激幼兒的歌唱慾望。

🎵 演奏的環境

　　無論是有調或無調樂器都很重要。提供樂器的種類與數量必須視教學目標而定，並非種類和數量越多越好，有時會因放置的種類或數量太多而引起吵雜聲或分散幼兒注意力，反而無法讓幼兒專心於創作。更多樂器的訊息請參考第二章。

🎵 律動的環境

　　幼兒可以透過自己的肢體舞動，但是提供多元的鬆散素材可以增加律動的樂趣，也能引發他們的創作，運用不同的素材來表現音樂，例如：絲巾、呼拉圈、各式布條、彩帶、手指 LED 燈、氣球傘等。

🎵 音樂元素體驗的環境

　　幼兒對於周遭的環境相當敏感，生活環境中無論室內或室外到處都充滿了音樂元素（圖 5-4），幼兒可以透過觀察來理解這些元素（圖 5-5），也可以透過鬆散素材的鋪排來表現音樂（圖 5-6）。這些大自然的環境都是音樂元素的好題材。

音值：長與短

音高：高與低

音高：高與低／旋律

力度：大小／音值：長短／排成節奏

力度：大小／速度：快慢（潮聲）

音色：明亮

⬤ 圖 5-4　環境存在的音樂元素

幼兒發現了這個風車，便被這個會動的風車所吸引而停下腳步。

「它在動了耶！」

「我發現風來了它就會動！」

「風很大轉很快，風很小轉很慢！」

幼兒有了這樣的觀察及體驗，教學者便請幼兒坐在風車的旁邊，請他們雙手做出風車的樣子，自己用嘴巴吹氣，吹大力就要轉很快，反之很慢。幼兒玩這個「**速度**」元素開心極了。

◯ **圖 5-5　風車轉動與速度有關**

植物的主題中，教保人員帶著幼兒到校園裡觀察各種植物。幼兒觀察到各式不同的花朵，有大有小真有趣。在教學者的引導之下，幼兒在校園中帶回許多的樹葉及花瓣。

教學者透過教學引導，讓幼兒體驗力度的大與小，並請幼兒以大小小（強弱弱）排出 3 拍子的華爾滋。

◯ **圖 5-6　探索大自然的大與小並排出力度的組合**

第四節 表現與創作之活動設計與引導

一、表現之活動設計與引導

很多音樂活動都跟**表現**有關，表現的方式包含人聲、樂器、肢體、舞蹈、結合戲劇扮演及視覺藝術。在第二章的工具中，已經詳盡的介紹這幾個工具及其表現方式，請參閱。在教保活動範例篇中，也有多元的教案跟表現有關可供參考。在引導幼兒表現活動時請把握以下原則：

1. 少說多動：幼兒透過模仿而學習，老師的肢體示範有音樂性且清楚，幼兒便知道活動如何進行，如此可避免冗長的說明，影響幼兒躍躍欲試的好奇心。通常說明短，動作示範（若有必要）也分段進行，再把所有段落串起來。

2. 提供多元活動及教學資源：避免呆板的重複性操練。同樣一首歌，可以提供多元的活動形式，以及加入各種樂器或資源，讓活動更活潑有趣。

3. 提供足夠空間進行律動：所有律動的體驗都需要空間，因此有適當的場地相當重要。若真的空間不足，幼兒可以分組做律動，坐著的幼兒給予其他的活動，例如：拍手、演奏樂器等。如果幼兒都集中於一個區域，老師的引導語可為：「我們不要當跟屁蟲，我看誰可以到更多你還沒有探險過的地方？」幼兒如果不動，教學者可以試著在教室內移動（避免固定位置）。

4. 選擇適合的歌曲與樂曲：一首好的歌曲或經過設計的歌曲或古典樂，本身就提供多元表現的活動設計機會，幼兒可以透過不斷的學習，精煉自己的表現技巧，也創造更多元的表現方式。

二、創作之活動設計

創作很難？一般教保人員把創作想的太複雜，似乎要做出一段旋律或曲子才叫做創作，其實不然，也許是一個小小的頑固伴奏也可稱為創作。幼兒

很容易自創歌詞及旋律，常喃喃自語，把生活經驗都唱出來，下一次要他唱可能全忘了，這叫「**即興**」歌唱。但當幼兒有這些創作行為，教學者應該如何引導？

　　圖 5-7 所呈現的是幼兒創作的歷程（李萍娜，2009；林淑芳，2009），所有的音樂行為都始於**模仿**，像在累積音樂字彙一樣；有了基本字彙，透過**探索**與**覺察**會創出更多的字彙，接下來可能會把這些字彙組合起來，**即興**的唱或做出來；等熟練即興方式後，也許將進入**創作**階段；通常會伴隨著**表現**，把自己的創作表現出來，過程中，創作與表現是會重複的，一直到**精煉**。圖 5-7 中的步驟沒有一定的順序及起始點，但常常是一個循環，例如：很多幼兒是從表現當中發現有更多表現的方式，再回到探索，發現更多好玩有趣的方式，再把各種表現方式綜合整理，成為一種自創的表演方式。因此，不要侷限於一個固定模式，需要觀察幼兒的需求做適當的引導。

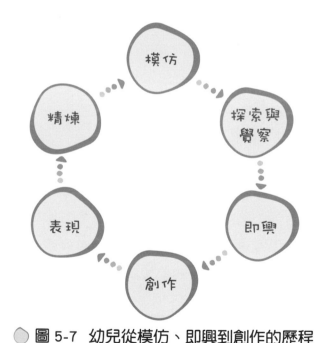

🌑 **圖 5-7　幼兒從模仿、即興到創作的歷程**

　　如何引導創作？以下提供教保人員施行起來較容易的引導方式。

🎵 取代法

　　常用的引導語為：「除了這樣，還可以怎麼做？」在進行取代法的活動前，幼兒必須要有足夠的模仿經驗，例如：會學著做各種聲音或動作。取代

法活動可以分為下列幾種：

1. 取代歌詞：可將熟悉的旋律換上其他歌詞，例如：One little, two little, three little Indians 改成 One little, two little, three little babies，先換簡單的詞。接下來可以找一些比較短的句子創作，例如：第一部曲的「我想要長大」，可以問幼兒長大想做什麼、可以做什麼，來取代原來的歌詞；第一部曲的「魔法小手變變變」，可以跟幼兒探討雙手可以怎麼變成另一個物品或動物，來取代原歌詞。

2. 取代人聲：教學者唱一個節奏型，例如：用 Ba 來唱

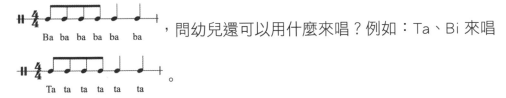

   ，問幼兒還可以用什麼來唱？例如：Ta、Bi 來唱

   。

3. 取代動作：在音樂律動中，教學者做一個動作來伴奏歌唱（例如：拍手、踏腳），問幼兒除了拍手和踏腳還可以怎麼做？例如：拍屁股、兩人面對面拍手。

4. 取代表現方式：聽覺藝術的表現方式有很多種，通常最常用的即是改變身體狀態、人數、樂器或素材，常用的引導語如下：

   「我們除了坐著，還可以站起來嗎？站起來怎麼做？」

   「我們還可以怎麼做？可以移動嗎？」

   「我們除了自己一個人，可以兩個人一組嗎？可以全部小朋友一起手拉手嗎？」

   「我們除了用鈴鼓之外，還可以用什麼樂器來敲？怎麼敲？」

   「除了用氣球傘，我們還可以用什麼來玩？」

🎵 點點樂

這個點點樂的方式也是一種組合的概念，但是多了一種即興的味道，會添增許多的創作樂趣。

1. 人聲肢體點點樂：可以將幼兒分為兩組或三組，各負責一個聲音加一個動作，例如：一組是蹲著抱一個重的東西說「歐」，另一組是手比 V 字型說「耶」，指揮指到哪一組那一組就必須要說出自己的聲音並

加動作，如此就能做出節奏即興。同樣的，也可以變成動物的聲音、拍打身上部位的聲音或樂器的聲音（詳見教保活動範例篇第一部曲的「身體變變變」及「和影子玩遊戲」）。

2. 鬆散素材點點樂：奧福音樂教學法中，語言與節奏是不可分的（陳惠齡，2003）。利用鬆散素材做出音樂元素或情境物品，讓幼兒邊指著該物品邊唸出節奏，例如：圖 5-8 中，可以剛開始只用單個音節的（1 拍：我愛妳），到雙音節的（兩個半拍：媽媽），就可以唸出很有韻味的節奏。圖 5-9 所示範的是剪刀石頭布，只要簡單的音節就可以創造無限的可能性。也可以選擇主題，例如：交通工具的主題，可以分三組（船、飛機、台灣高鐵），不同的音節組合起來也很有趣。

在進行點點樂時最重要的是，手或身體必須要隨著節奏有韻律的舞動。心中要有節拍器的概念，除非是休止符，否則中間不要間斷。

1. 請幼兒用毛根或鬆散素材排出自己（我）、愛心（愛）和媽媽（媽媽）。
2. 邊指著圖像邊唸，就會唸出一個即興創作，例如：

我愛妳，我愛妳，愛妳愛妳 我愛妳！

我愛媽媽，我愛媽媽，媽媽！媽媽！我愛媽媽！

◯ 圖 5-8 鬆散素材點點樂

1. 請幼兒在布條上面，用鬆散素材排出剪刀、石頭、布。
2. 請幼兒唸出來。剪刀跟石頭都是雙八分音符，布是四分音符。
3. 請幼兒用手依序做出剪刀（放在剪刀圖上方）、石頭、布。
4. 隨機邊點邊唸誦，就會點出節奏，例如：

剪刀石頭布，剪刀石頭布，石頭布 石頭布 剪刀石頭布！

剪刀石頭布，布 布 布，剪刀布 剪刀布、剪刀石頭布！

◯ 圖 5-9 剪刀石頭布點點樂

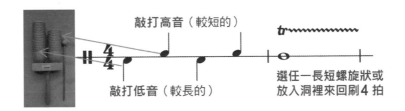

🎵 組合法

常用的引導語為：「把這兩個組合起來可以怎麼做？」取代法最主要是累積各種聲音及動作的量，培養幼兒聯想的能力。接下來就是將兩個或三個人聲、樂器或動作組合起來。這都是奧福音樂教學法頑固伴奏的概念。

1. 人聲組合：幼兒有了一些聲音的字彙之後，可以引導他們將兩個聲響組合起來成為一個頑固伴奏，例如：將 Ya 及 Ba 組合起來成為 Ya ba ya ba ba ba。也可以組合成更複雜的音節，請參考教保活動範例篇第一部曲的「神奇的塑膠袋」和「Si ma ma ka」；第三部曲的「飛機飛到哪裡去」。

2. 樂器組合：無論是真實樂器或鬆散素材當成樂器，都可以將兩種或三種樂器組合成為一個頑固伴奏。

   (1) **旋律樂器**：可以利用 D 與 A 這兩個音去做節奏組合伴奏歌唱，例如：可以用 或 去伴奏「我想要長大」。

   (2) **打擊樂器**：可以利用單樂器兩種敲法的組合，例如：高低音木魚可以用下圖來演奏，也可以利用兩種樂器的組合，例如：手鼓及木魚的結合。常常可以透過這樣的頑固伴奏方式來伴奏歌唱或樂曲。以上組合方式可以一個人完成，也可以透過分組，例如：一半幼兒敲打第一小節節奏，另一半幼兒則負責敲打第二小節螺旋狀的部分來完成。

   敲打高音（較短的）

   敲打低音（較長的）

   選任一長短螺旋狀或放入洞裡來回刷 4 拍

3. 動作組合：如聲響的組合，將兩個動作組合成為一個頑固伴奏或舞蹈動作，例如：拍打肢體結合起來成為頑固伴奏（ 拍手 拍膝蓋 ）來伴奏歌唱（可參考教保活動範例篇第一

   或 拍手 踏腳

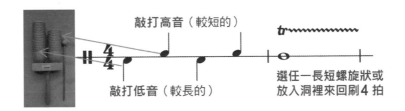

部曲的「Si ma ma ka」及第二部曲的「啄木鳥之歌」）。也可以將
兩個動作組合起來在一首樂曲中（可參考教保活動範例篇第一部曲的
「圈圈舞曲」）。

 想像法

在音樂活動中，很多時候會用肢體律動去詮釋音樂的特性，所以身體的
想像就很重要。做造型的時候，會跟「身體動作與健康」領域相結合。通常
引導語為：「如果你的身體是 ***，你會怎麼做？」在引導肢體的想像中，
鈴鼓是一個相當受歡迎的樂器，因為能夠呈現多種不一樣的音色，例如：拍
打鼓面可以做出固定的強拍，拍打邊鼓可以做出弱拍，這兩個組合起來就可
以變成走路的節奏；利用食指彈或拍鼓面，可做出跳躍或彈跳的聲音，像球
跳起來、下雨的感覺；利用手刷鼓面，可以製造出安靜的聲音，像貓睡著了、
下小雨的感覺；搖動鈴片，可以製造出活潑的動作感，像風吹來了、蝴蝶飛、
樹苗長大了的感覺。

在引導幼兒各種肢體想像時，可以利用陳龍安（2006）所提出的「ATDE
愛的」創造思考之教學步驟：問（asking）、想（thinking）、做（doing）
及評（evaluation）。以創意樹肢體造型為例：

- 問：樹長什麼樣子？風吹來你會怎麼動？
- 想：想看看，身體怎麼做出樹的樣子？
- 做：利用肢體做出樹的造型，並聽樂器做出相對應的律動。
- 評：老師回應幼兒的創作及給予讚美支持的語言，例如：「這個樹
    看起來好健康，這個樹有沒有可能更高？」「這個樹好特殊。」

做及評的帶領可以參考以下步驟：

1. 引導預備拍：教學者輕拍鈴鼓的鼓邊唱：創意的小樹 變變變！最
   後一聲「變」，用力敲打鼓面，然後教學者擺出一個凍住的大動作。
2. 肢體造型：幼兒聽到鈴鼓的重音「變」之後，利用肢體做出創意樹的
   造型。教學者需要走到幼兒旁邊給予回饋。
3. 律動：教學者可以結合各種音樂元素來引導律動，例如：力度的大小
   （強風樹會怎麼動？微風樹怎麼動？）、速度（龍捲風樹怎麼動？微
   風怎麼動？），搖動鈴鼓說：「風來了，樹會怎麼動？」幼兒根據指

令做出造型樹並做出不同強度或速度的搖晃狀。

除了以上的各種引導技巧，幼兒在音樂學習區中的天馬行空創作，都是令人激賞的。對教保人員來説，有一首好的兒歌，也許可較容易引導創作，尤其在音樂區效果良好（廖美瑩，2021），像是教保活動範例篇第一部曲的「身體變變變」、「我想要長大」及第二部曲的「啄木鳥之歌」都是引導創作的入門歌曲。

三、音樂元素之活動設計

音樂元素的體驗有許多的方式，説明如下。

🎵 繪本或圖像

有些繪本跟音樂元素相關，例如：《點點玩聲音》就是大小聲（力度）的繪本，教學者可以透過這個繪本延伸到力度的表現。也可以利用圖像（例如：一個大圈圈跟一個小圈圈）來引導力度。

🎵 律動遊戲

教學者可以利用樂器引導各種音樂元素的遊戲。也可以利用歌曲或古典樂曲來體驗音樂（參考教保活動範例篇）。這些活動通常都是透過遊戲的方式來進行。

🎵 鬆散素材

生活及環境中都存在著音樂元素，從生活中觀察開始，養成對音樂元素的敏感性是重要的。教保人員在引導時可參考圖 5-10 的模式，無論引導什麼樣的音樂元素都是可行的。首先必須要先培養幼兒的觀察力，所有的學習最好都要跟生活經驗相關，也讓他們體驗這個元素，配合鬆散素材排出來後，可以配合歌曲或樂曲來演奏，最後透過多元的藝術活動讓聽覺藝術活動更為活潑及豐富。

生活中的觀察 ➡ 活動體驗 ➡ 結合鬆散素材 ➡ 與歌曲或樂曲結合 ➡ 結合多元藝術活動

● 圖 5-10 鬆散素材運用於音樂元素引導之模式

以下以教保活動範例篇第三部曲的「Taxi Tango」（譜例及歌曲分析見 p. 423）來説明如何運用此模式，詳細步驟如圖 5-11。

觀察生活中的力度 → 力度體驗活動 → 鬆散素材排出大聲 → 鬆散素材排出漸強 → 鬆散素材排出「Taxi Tango」 → 鬆散素材聲音探索 → 演奏 → 律動

◯ 圖 5-11 教保人員引導「Taxi Tango」力度之範例

（一）觀察生活中的力度

為了讓幼兒能了解大與小，可讓幼兒觀察自己衣服上的圖案是否有大有小、教室內任何物品、室外環境等（圖 5-12），再導入聲音的大小，例如：人們説話的聲音、動物的聲音之大小。

◯ 圖 5-12 大自然環境中的力度元素

（二）力度體驗活動

可以玩聲音大小的遊戲，例如：全部幼兒圍成一個圓圈坐下來，選出一個中間幼兒，請其先到旁邊去，再選出一位目標幼兒（此時中間幼兒不知目標幼兒是誰），大家開始拍手。當中間幼兒走近目標幼兒，大家就大聲拍手，遠離就小聲，中間幼兒要靠聲音的大小猜出目標幼兒是誰。

（三）鬆散素材排出大聲

導出「Taxi Tango」的歌曲之後，請幼兒聆聽歌曲中的喇叭聲，並用手按出大聲的喇叭聲。接下來請幼兒運用各種素材，在布條上面排出三個大聲。

（四）鬆散素材排出漸強

引導聆聽力度的變化——小中大（漸強），請幼兒排出來。之後，播放音樂，並依照歌詞，邊唱邊指著鬆散素材。

（五）鬆散素材排出「Taxi Tango」

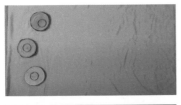

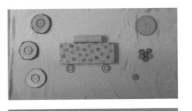

| 排出三個強音 | 排出漸強（小中大） | 排出「Taxi Tango」 |

利用鬆散素材排出「Taxi Tango」的樣子。播放音樂，並依照歌詞，邊唱邊指著鬆散素材。

（六）鬆散素材聲音探索

提供一些可敲打的鬆散素材引導幼兒敲看看，什麼素材適合當「叭叭叭」（大聲），什麼適合當漸強（一個物品或三個物品結合？）（圖 5-13）。

◯ **圖 5-13 鬆散素材聲音與力度的配對**

（七）演奏

可以跟同儕一起用鬆散素材演奏。

（八）律動

用律動方式來表現力度——強音及漸強。

（教學影片示範見第三部曲「Taxi Tango」）

在指導幼兒表現與創作中，常常有許多幼兒創意的舉動在剛發生時就被制止，最主要是教保人員的態度及包容性不夠，若能理解幼兒創作初期會製造較多吵雜聲，給予幼兒更高的包容性及耐心，之後會發現幼兒令人驚訝的創作及表現（參考以下「故事與省思」）。

故事與省思

教師的信念改變
幼兒的創意表現就被發現

透過一個協同教學研究案，筆者進入到中壢郊區的一個國小附幼。由於班上有幾個男孩較頑皮，被老師貼上了標籤。為了讓幼兒認識我，我參加他們 4 月初的慶生會。我帶幼兒利用節奏即興合奏的方式來做生日快樂歌變奏。以下是研究結束後，其中一位教保人員接受訪談的內容：

Melody 老師那一天問，煙火除了「咻」、「碰」，還有什麼聲音？其中班上最皮的小男生就說有「bo bo bo bo」（手還有動作），那時我很緊張，我想他是不是又在搗蛋，因為煙火聲就應該是「咻」、「碰」。Melody 老師竟然稱讚他說：「哇！你怎麼知道煙火有 bobobobo，好有趣喔！」老師還讓他解釋給大家聽，為什麼還有「bo bo bo bo」的聲音，之後 Melody 老師就把他的聲音變成一種節奏。那時我就在想，如果是我們，小男生的舉動及聲音很快就會被我們制止了。所以，我信念的改變是：我們要正

面看小朋友的任何行為，給予正向的回饋。

小 A（一位好動很皮的小男生）有一天在音樂區，拿起鼓棒在亂揮。我們很直覺的就想說，他會不會又敲到誰的頭？如果是我們，這樣的行為早就被制止。可是 Melody 老師看到這個舉動，竟然稱讚他：「好有趣喔！我想不到鼓棒還可以這樣轉來轉去，你教 Melody 老師（老師也跟他玩起來）。」接著 Melody 老師就說：「你身體可以轉圈圈，鼓棒轉一轉再敲鼓嗎？（鼓是立起來的）但是鼓棒不能掉下去也不能打到人。」他就試了好幾下，探索各種方式，超認真的。Melody 老師分享街頭藝人，鼓勵他跟另一位好朋友小 B 組成一個雙人組，結果他們兩個變成默契絕佳的街頭藝人，有各種花式的打鼓方式，我從來沒有想到他跟小 B（通常他們在班上常常一起作怪）可以這麼認真，這麼有創意。我信念的改變是：要欣賞每位小朋友的長處，要多點耐心。

對話摘自廖美瑩（2017）

　　每次到幼兒園，看到有些幼兒被罰站，甚至被強制與其他幼兒隔離，我就很捨不得，心想：為什麼老師們就是看不到幼兒創意的一面？以上的例子，因為 Melody 老師的出現，三位很皮的幼兒馬上變成創作家，他們的正向行為被增強，自信心也大大的提升。如果教學者不夠有耐心，幼兒所有創意的表現都有可能在萌發前就被打斷。因此，教保人員的態度及信念會影響幼兒的表現與創作能量。

6 回應與賞析

　　外文書籍或文章，幾乎都用 "listening" 來表示「**音樂欣賞**」，也有「聆聽」的意思，國內廖美瑩、戴美鎔（2012）翻譯為「**聆賞**」。透過英文很容易理解「聆聽」在音樂聆賞中扮演著重要的角色。Reimer（2003）認為聆賞涵括所有的音樂學習內容，在美感教育中是一個重要的基本素養。「回應與賞析」即來自於幼兒平日對各式創作或音樂的欣賞，而產生的感受與回應能力（林玫君，2017）。因此，幼兒對於音樂欣賞或表演有了感受後，還需要有回應的能力。如何提升幼兒的賞析能力、如何擴展音樂欣賞觸角、如何領導深入的回應都是本章的重點。

第一節　情意面向指標意涵

　　聽覺藝術媒介中，「回應與賞析」的「情意」面向，其「課程目標」為「**樂於接觸多元的藝術創作，回應個人的感受**」，由課程目標來看，幼兒無論是接觸任何的音樂表演或欣賞任何的音樂作品都是重要的。在欣賞這些表演及作品的同時，也必須回應對這個表演或作品的感受，而在這個過程中必須要享受於欣賞及樂於表達自己的感受。在指標 3-1-1 中（表 6-1），2-4 歲的指標是「**樂於接觸視覺藝術、音樂或戲劇等創作表現**」，4-6 歲的指標是「**樂**

於接觸視覺藝術、音樂或戲劇等創作表現，回應個人的感受」，年齡較小時，幼兒只要樂於接觸音樂欣賞活動即可，但隨著年齡增長，表達力及分析能力都變好，則希望提高賞析的能力，能夠透過各種表達方式回應自己的感受。所謂樂於接觸音樂創作表現，並不侷限於音樂家的音樂作品，凡是幼兒喜歡的任何音樂樂種或歌曲、任何歌唱或器樂表演、表演者是專業或非專業，或幼兒的創作及表演，都是回應與賞析重要的觸角。

表 6-1　回應與賞析情意面向之課程目標及指標 3-1-1

領域能力	學習面向	課程目標	編號	2-3 歲學習指標	3-4 歲學習指標	4-5 歲學習指標	5-6 歲學習指標
回應與賞析	情意	美-3-1 樂於接觸多元的藝術創作，回應個人的感受	3-1-1	樂於接觸視覺藝術、音樂或戲劇等創作表現		樂於接觸視覺藝術、音樂或戲劇等創作表現，回應個人的感受	

　　課綱中重視在地文化，幼兒必須認識自己所居住的環境，深入了解在地文化的特色，因此在情意方面增加了指標 3-1-2（表 6-2），指出 4-6 歲的指標是「樂於參與在地藝術創作或展演活動」。幼兒在 2-4 歲時，比較著重於認識自我及校園，中班之後即開始有了校外參訪，幼兒的生活圈擴大了，對社區的文化就更感興趣，因此若社區中有些音樂表演都值得參與（圖6-1）。不但可以拜訪鄰近的音樂表演團體（例如：學校社團），也可以請這些表演團體到學校來表演，讓幼兒養成音樂欣賞的習慣。這些欣賞的經驗都可以提升幼兒的美感經驗，日後更樂於參與各種音樂性活動。

■ 表 6-2　回應與賞析情意面向之課程目標及指標 3-1-2

領域能力	學習面向	課程目標	編號	2-3 歲學習指標	3-4 歲學習指標	4-5 歲學習指標	5-6 歲學習指標
回應與賞析	情意	美 -3-1 樂於接觸多元的藝術創作，回應個人的感受	3-1-2				樂於參與在地藝術創作或展演活動

透過校外參訪讓幼兒有機會接觸真實樂器

校外參訪讓幼兒有更多音樂探索的機會

校外參訪可以開拓幼兒的音樂視野

◯ 圖 6-1　校外參訪開拓幼兒的音樂視野

第二節　藝術媒介面向指標意涵

　　「回應與賞析」的「藝術媒介」面向，其「課程目標」為「**欣賞藝術創作或展演活動，回應個人的看法**」。在聽覺藝術媒介中，音樂聆賞的能力是重要的，但在教學目標中所用的詞為「**賞析**」，而非「欣賞」，不難理解課綱所期待的是透過聆賞的歷程，提升幼兒的分析能力，也即提升音樂聆賞的層次感。鄭方靖（1997）認為，音樂欣賞有兩種層次：**無意識**音樂欣賞與**認知性**音樂欣賞。無意識的欣賞主要是提供孩子接觸音樂的機會，或者學習

| 從音樂的感覺面來聽 | ➡ | 從音樂的情感面來聽 | ➡ | 從音樂的理論面來聽 |

◯ 圖 6-2　Copland 提出音樂賞析的三個層次

安靜專心聆聽的能力；而認知性的音樂欣賞層次是真正的音樂欣賞，是要欣賞者可以體會、感受音樂的美、內涵及結構等。

美國音樂家 Copland（1939）將音樂聆聽（聽音樂）分為三個層面（圖6-2）：(1) **感覺面**：聽到音樂而產生愉悅感；(2) **情感面**：感受到作曲家所傳達的內涵，並產生聯想（喜不喜歡、好不好聽等）；(3) **理論面**：欣賞音樂中的要素概念（音樂結構）。以聖桑的樂曲「林中杜鵑」為例，聆賞的發展步驟如下：

1. 直覺式聆聽：剛開始會很直覺的把音樂當成背景音樂。
2. 仔細聽：幼兒也許回應：「好溫柔喔！」「好安靜喔！」這便開始進入情感層面。
3. 再次聆聽：幼兒也許會有更深層的回應：「好像有一個聲音『布穀』。」「我聽到鋼琴的聲音。」這些已經開始進入理論層面。
4. 產生好奇：若這些聲響引發幼兒的興趣，幼兒或許會提問：「『布穀』是什麼聲音？」
5. 賞析活動：教保人員在活動設計中，提供多元的欣賞活動，那麼幼兒對這首曲子的結構就更了解了。

唯有開發積極聆聽的習慣，有正確的引導才能發展幼兒的音樂理解力及鑑賞力，因此音樂賞析的教學策略就顯得格外重要。郭美女（2000）以及楊艾琳等人（1998）也主張，先從「聆聽」及「辨別」自然界和人為的各種聲音開始，養成幼兒對周遭環境聲響的敏銳度；再選擇適當的樂曲供幼兒「欣賞」，透過各種活動讓幼兒感受樂曲之感覺面、情感面及理論面。因此在音樂欣賞教學中選擇與幼兒生活經驗有關的題材，不但能提高幼兒興趣及學習動機，更能提高音樂欣賞的教學層次。

在指標 3-2-2 中（表 6-3），3-6 歲的指標是「**欣賞音樂創作，描述個人體驗到的特色**」，所謂的音樂「特色」可以從幾個方面來思考：

1. 歌曲或樂曲特色：即為歌曲或樂曲特殊之處，例如：「林中杜鵑」有「布穀」的聲響。

2. 歌曲或樂曲結構：了解其音樂元素的特性，例如：有的歌曲著重在力度，有的則著重在速度。幼兒能夠理解這些音樂元素。

3. 歌曲或樂曲曲式：有的歌曲或幾乎所有的古典樂曲都有其曲式，有可能是 AB 曲式（兩個樂段）、ABA 曲式等。

　　當幼兒進行所有的音樂相關欣賞，無論是靜態或動態的欣賞，都希望透過活動，讓幼兒能深切理解音樂，並能透過口語、動作或各種表達方式描述他所接觸或感受到的音樂特色或內容，也樂於跟大家分享。

■ 表 6-3　回應與賞析藝術媒介面向之課程目標及指標 3-2-2

領域能力	學習面向	課程目標	編號	2-3 歲學習指標	3-4 歲學習指標	4-5 歲學習指標	5-6 歲學習指標
回應與賞析	藝術媒介	美 -3-2 欣賞藝術創作或展演活動，回應個人的看法	3-2-2			欣賞音樂創作，描述個人體驗到的特色	

第三節　回應與賞析之環境設計

　　幼兒是否樂於音樂賞析並勇於表達及回應其經驗，這與環境設計有很大的關係。一個良好的環境設計可分為下列幾個向度來討論。

多元音樂欣賞活動的環境
　　幼兒每天在教室內進行不一樣的課程，若有些不一樣的活動，可以增

加學習動機。如果能讓幼兒多方接觸不同的表演活動，會增加他們對美的品味。這個音樂欣賞環境可以如何營造？

1. 園內：教室內或園內都可以舉辦表演會，由幼兒自己演出，與其他班級交流輪流當觀眾或表演者，都可以互相模仿。如果幼兒園的老師們願意為幼兒表演，會激發幼兒表演的慾望。其次，邀請家長到園內表演，可以激起許多對話。如果能有機會邀請專業或業餘的人士或團體至園內表演，可以拓展幼兒的音樂聆賞經驗。

2. 社區：幼兒參與的音樂活動（例如：音樂會）可以擴展到社區，任何對幼兒而言是新鮮的表演場域，都可提升幼兒的聆賞動機。也可以運用幼兒園周圍社區資源的優勢來舉辦音樂會，例如：在公園、在農田或在活動中心，都可以體驗多元的音樂美感。另外，也可以去拜訪鄰近的高中或大學社團，請大哥哥大姊姊為幼兒表演，這可讓他們對音樂的學習更有熱忱。

🎵 豐富的音樂賞析環境

音樂賞析的環境不能侷限於「聽音樂」，要達成課綱精神及美感目標，音樂賞析的環境需要更精緻：

1. 聽的環境：一般來説，幼兒剛開始並沒有音樂偏好（preference），換句話説，他們可以接受各種風格的音樂（Peery & Peery, 1985），因此各種兒歌、古典樂、水晶音樂、兒童流行樂、爵士樂及世界音樂都是很好的音樂。各種樂種當中也會有多元的聲音，像是童聲、成人聲、男聲或女聲，或是許多樂器的聲音，這些聽的環境都非常重要。幼兒沉浸在聽的環境中，久而久之，才會漸漸形成偏好，例如：有的幼兒偏好古典樂，有的偏好歌曲。雖然拓展樂種相當重要，但是市面上有些流行音樂較不建議，因為歌詞通常不適合幼兒、伴奏過於複雜、不適合幼兒模仿的歌唱風格或音域（Bridges, 1994）。

2. 玩的環境：大家對音樂欣賞的刻板印象——靜態的聽音樂，但在學前階段透過動態的音樂律動或音樂劇方式去表現音樂是重要的。唯有透過動態的方式才滿足幼兒多元感官的學習模式（動覺：律動、戲劇；聽覺：耳聽聲響及音樂；視覺：音畫或肢體動作呈現；觸覺：觸摸各

種樂器及素材），而這些動態的音樂欣賞都需要提供多元的素材（例如：絲巾、呼拉圈、布條等），這會讓幼兒更理解音樂也更享受欣賞音樂的樂趣。有些時候提供一些特殊的素材，幼兒在音樂區的表現就會不一樣（圖 6-3）。

在音樂區中，教學者觀察幼兒喜歡跳舞。配合音樂區華爾滋的主題，教學者自行縫製兩條舞裙及彩帶，就更吸引幼兒進入音樂區中了。他們的姿態也越美，也越容易樂在音樂表演及欣賞中。

◯ 圖 6-3　提供多元素材會讓幼兒更樂在賞析中

3. 看的環境：在音樂欣賞中，看的環境是比較容易被忽略的，參考第三章的教學資源內容，有些視覺環境會幫助幼兒理解音樂（圖 6-4），例如：設置音畫或樂器圖。另外，音樂區中有些音樂欣賞板（有曲名、音樂家肖像、五線譜或樂器圖）會激起幼兒主動學習及探知的慾望（參見「故事與省思」）。如果園內能有許多音樂的圖像或展示，幼兒也會在真實情境中受到音樂的滋養（圖 6-5）。

◯ 圖 6-4　具象的打擊譜讓幼兒在學習區中可自主學習

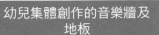
幼兒集體創作的音樂牆及
地板

展示幼兒的音畫作品

窗台展示幼兒的作品

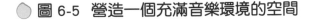
◯ 圖 6-5　營造一個充滿音樂環境的空間

故事與省思

　　筆者有一年在一個幼兒園做音樂學習區的研究，那次的主題與「鳥」有關，於是在音樂區放置了一個音樂欣賞的板子。仔細看這個板子，會發現是試圖當成環境的情境，並沒有要幼兒去看譜或認識更多音樂訊息。

　　在沒有任何引導之下，剛開始幼兒並沒有注意到這個板子，之後漸漸的引起其中一位幼兒的注意。

小 B 走過來問我（他指著那個肖像）：「Melody 老師，這個是誰？」

Melody：「哇！你發現秘密了，你想認識他是不是？我只記得他是一個音樂家，但是忘記他是誰了！你可以幫我問其他的人嗎？」

　　之後班級老師告訴我，小 B 也跑去問她，但是班級老師也沒有告訴他答案，只把影像傳給他媽媽，並告訴她小 B 在音樂區的情形。

　　第二天小 B 很高興的告訴我：「Melody 老師，我知道這個爺爺叫做聖桑！」旁邊的幼兒一起說：「他是法國人喔！」

原來小 B 回家問媽媽，媽媽上網查資料告訴他有關聖桑的故事。結果小 B 回到教室後也把這個故事跟大家分享。之後幼兒對這個板子上面的資訊就越來越有興趣。

小 C：「Melody 老師，這個是鋼琴嗎？怎麼跟我們家的不一樣？」

我提供他有關鋼琴的書本，後來小 C 又告訴我：「這個很漂亮，是放在音樂廳表演的，聲音很大，才聽得清楚。我們家的鋼琴是高高的，跟這個不一樣。」

後來幼兒又開始對單簧管產生興趣，聆聽曲子時開始注意到其中的特殊音色。

像這樣的一個板子竟然可以引發幼兒那麼多的好奇心及探究行動，只要有一個幼兒對某一個物品有興趣，也許就會促成很多積極主動求知的行動力，這也是課綱的期待。因此，有時候不要小看環境設計，也不要忽略圖像的重要性。

🎵 樂於回應的環境

營造一個安全又尊重的環境，可以讓幼兒樂於回應及表達自己的想法。避免在吵雜聲中讓幼兒回答「喜歡」或「不喜歡」，應該要讓所有的幼兒都安靜下來，聆聽 A 幼兒的回應，接下來邀請 B 幼兒回應對 A 幼兒的看法，在回應及討論當中會澄清原來自己的想法。教保人員的支持態度及稱讚，會讓幼兒有安全感而更勇於表達、描述自己的音樂體驗。如果能把燈光調暗、點著蠟燭或播放背景音樂，也許會讓幼兒更樂於分享。

第四節　回應與賞析之活動設計與引導

一、賞析的活動設計與引導

　　幼兒園一天中，播放音樂的機會相當多。音樂可當成背景或訊號（例如：起床、收拾）之外，也可以利用活動方式來進行，以下針對幼兒園較為容易實施的類型來加以探討。

🎵　表演活動設計與引導

　　所有的音樂表現都可以轉換成表演的方式，增加幼兒的自信心，透過表演及觀摩別人，可以精進自己的技巧及增加對音樂的興趣。在平常的課程中，教保人員可以在適當的時機提供幼兒表演的機會，在學習區當中，幼兒也可以表現自我，有的扮演表演者，有的扮演成觀眾（圖6-6）。

◯ 圖 6-6　小班的樂器表演

　　如果有機會邀請家長、學校社團、社區的業餘或甚至專業人士到幼兒園表演，都會拓展幼兒的欣賞經驗，也可以拉近幼兒園、家庭與社區的距離，甚至引發更多的音樂話題，讓幼兒對音樂更有興趣。

　　有時候也可以將**音樂會**融入到主題課程中，音樂會之前可以做準備，例如：幼兒做歡迎海報，以及練習歡迎和謝謝歌。教保人員也可以在音樂會前透過團討了解幼兒對音樂會的期望，也先提供一些樂器的資訊，讓幼兒有初步的了解。音樂會的架構可以參照圖6-7（Liao, 2017）。

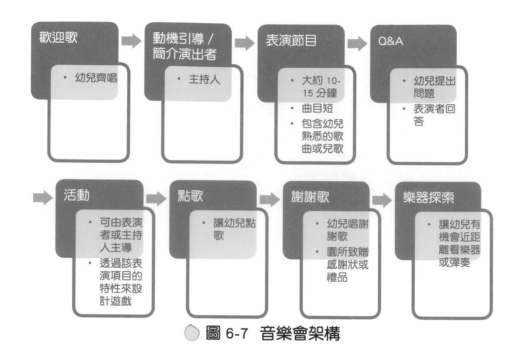

◯ 圖 6-7　音樂會架構

　　音樂會的過程中，主持人占著重要的角色，要能跟演出者合作及當成跟幼兒溝通的橋樑。音樂會中若能設計活動或樂器探索，會讓幼兒的參與感更高，印象也會更深（圖 6-8），若是器樂相關的主題，能讓幼兒近距離看樂器，摸摸樂器或彈奏，這都是美好的經驗，也會提升幼兒對學樂器的熱忱。

　　音樂會結束後，教保人員可以延續幼兒的興趣，播放音樂會的歌曲，或在語文角放樂器相關的繪本，也可以將該樂器的樂曲帶入課程或活動中。在期初若幼兒對該音樂會有深刻的印象，幼兒常有音樂的對話，也許可以依此主題當成方案主題，繼續讓幼兒探究。舉例來說，在一場由家長表演的鋼琴音樂會中，幼兒對鋼琴產生濃厚的興趣，教保人員開始提供鋼琴的資訊，引導幼兒們做更深入的探討，例如：他們知道鋼琴由黑白鍵所組成，總共有88 鍵；古鋼琴跟現在的鋼琴是不一樣的；鋼琴是 2 個 +3 個黑鍵的組合。這引發了他們的探究行動（圖 6-9），也延伸他們對作曲家及音樂的興趣（圖 6-10）。

幼兒：「好大聲喔！」

用按的真有趣

幼兒:「這個黑黑的是什麼？」

好酷的樂器

◯ 6-8 幼兒享受在音樂會的樂器探索中

尋找資料，著手做鋼琴

所有的比例都需要精準

古鋼琴

現代鋼琴

現代鋼琴黑鍵在上面

古鋼琴白鍵在上面

◯ 圖 6-9 鋼琴音樂會之後引發幼兒對鋼琴的探究行動

◯ 圖 6-10　鋼琴音樂會燃起幼兒對音樂的興趣

♫ 音樂賞析活動設計與引導

　　Campbell 與 Scott-Kassner（2009）更提出深層聆賞（deep-listening）的重要性，他們認為無論聆賞何種音樂，都必須了解那首曲目的文化及故事背景。有三個步驟：

1. 引發聽覺注意力（attentive listening）：適當的使用圖片，來增加幼兒對樂曲的認識（無論是曲子結構或音樂故事）。因此一般的繪本、音樂圖片或音畫都顯得重要。

2. 投入在聆賞中（engaged listening）：以音樂活動導入音樂元素。可以以一個音樂動機和樂段來進行音樂元素探究。

3. 更高層次的聆賞（enactive listening）：也即更高層次的聽音，幼兒可以表達出音樂的細節，甚至表演出來或表現出各個音樂風格。這也連結到美感領域的「賞析」，不是只有情感式的喜不喜歡，而是能夠了解樂曲結構或音樂細節，透過歌唱、律動、演奏、創作、視覺藝術和戲劇扮演表達出來。

　　教保人員若選擇了非常有特色的歌曲或樂曲，有時候可以當背景音樂播放，看幼兒是否有反應。一首歌或樂曲「重複」、「仔細」聆聽，會引發幼兒興趣。若幼兒剛開始沒有反應，千萬不要放棄，有可能需要在環境設計多下工夫（參考上節）或採取其他的教學策略。以下介紹二種音樂賞析的進行方式。

1. 靜態賞析

　　靜態賞析可以分為幾種作法（圖 6-11）。

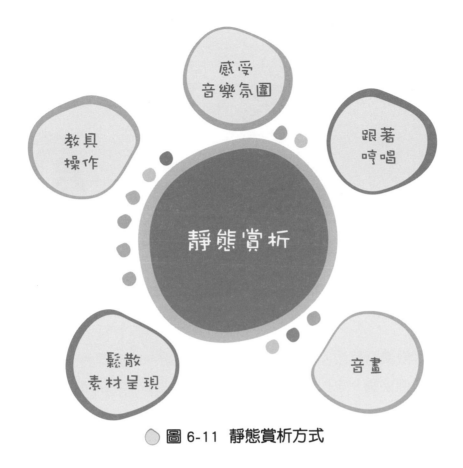

● 圖 6-11 靜態賞析方式

(1) **感受音樂氛圍**：有些時候只要聽到音樂，身體跟著搖擺就可以。因此柔和的歌曲，教學者必須示範身體輕輕搖擺放鬆狀；節奏感較強的歌曲，可以點頭，身體呈現活力感即可。

(2) **跟著哼唱**：無論是有歌詞或無歌詞，都可以結合肢體的搖擺哼唱著歌曲或樂曲曲調。無歌詞的樂曲可以嘴裡唱著：「la」、「du」或其他音節都可以。

(3) **音畫**：可以呈現音畫，讓幼兒聽著音樂指出音樂內容，例如：「溜滑梯」這首歌（譜例見 p. 475），可以呈現其音畫（圖 6-12），總共有三個內容：①三張溜滑梯圖；②人物圖一張；③四張不同高度溜滑梯。讓幼兒排列，並邊聽音樂邊指出來。

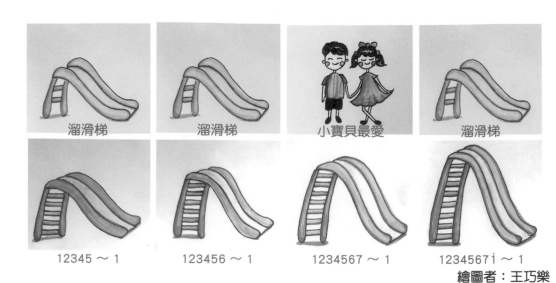

繪圖者：王巧樂

◯ **圖 6-12 「溜滑梯」之音畫**

註：1 → Do、2 → Re、3 → Mi、4 → Fa、5 → Sol、6 → La、7 → Si、i →高音 Do。

(4) **鬆散素材呈現**：小型的鬆散素材相當適合排出歌曲或樂曲的結構。舉例來說，可以利用天然素材排出溜滑梯、人物及高低不同的溜滑梯（石頭排出音階，例如：第一個 5 度溜滑梯，每個小石頭代表 Do Re Mi Fa Sol 的音），透過排列的方式，幼兒可以理解歌詞的順序、音高及音程概念（圖 6-13）。有相當多的古典樂曲也都適合利用音畫的方式來呈現，例如：教保活動範例篇第二部曲的「驚愕交響曲」第二樂章及「林中杜鵑」（詳看教保活動範例中的教案）。

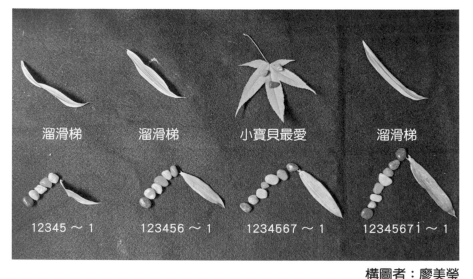

構圖者：廖美瑩

◯ **圖 6-13 利用鬆散素材排出「溜滑梯」的音畫**

(5) **教具操作**：每個幼兒喜歡的學習模式不一樣，有的幼兒不喜歡動，但喜歡操作，透過教具操作的方式，也可以達成賞析的目標（圖 6-14）。

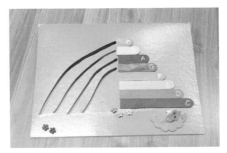

◯ 圖 6-14 「溜滑梯」的教具

2. 動態賞析

　　動態的音樂賞析，可以有以下的三種方式（圖 6-15）：

◯ 圖 6-15 動態的音樂賞析

(1) **演奏**：根據樂曲特色，用真實樂器或鬆散素材樂器來演奏。

(2) **律動**：透過律動方式詮釋作品特色及曲式。有時律動可以利用各種鬆散素材（例如：絲巾、布條、呼拉圈等）做更豐富的呈現。

(3) **戲劇**：很多作品都有故事脈絡，可以討論各個段落的劇情，分配角色。邊聽音樂邊進行音樂律動劇。

　　若要幼兒發展高層次的音樂賞析能力，在教學設計上必須要有策略，許多音樂教育家（李玲玉，2007；林朱彥、張美雲，2010；陳淑文，1992；陳惠齡，2003；陳麗娟等人，2019；廖美瑩，2020；廖美瑩、蕭利倩，2020，2020b；廖美瑩、戴美鎔，2012；廖美瑩等人，2010；鄭方靖，1997；劉秀枝，2003；謝鴻鳴，2006；Andress, 1998; Aronoff, 1979; Blatnik, 1988; Campbell & Scott-Kassner, 2009; Choksy, 1999;

Reimer, 2003）提出以下幼兒音樂聆賞指導須注意之原則。

1. 主題化

若是歌曲，主題是非常清楚的，因為歌詞已經表達該曲子的主題及劇情。若非歌曲，像是律動曲或古典樂曲沒有歌詞，即使是標題音樂，例如：海頓「驚愕交響曲」，也可以依照其曲子特性選定主題。舉例來說，「驚愕交響曲」第二樂章Ａ段斷奏、Ｂ斷圓滑，可以依其特色設計成「風雨」或「澳洲動物」主題（詳見教保活動範例篇第二部曲的「驚愕交響曲第二樂章」）。

2. 圖形化

黃麗卿（2009，頁 12）認為，音樂與繪畫有不可分割的通融性，她形容旋律即線條、快慢與節奏及構圖的律動、和聲及空間、音色及光影與質感、曲式及布局、強弱及色彩。圖形化之前先分析曲子，利用圖形表達音樂元素或結構。舉例來說，「驚愕交響曲」第二樂章中利用雨滴代表Ａ段，風代表Ｂ段（音畫詳見教保活動範例篇第二部曲的「驚愕交響曲第二樂章」）。

3. 動作化

所謂的動作化即透過律動的方式來表達。這些在前一章已經提供相當多的範例及說明。

4. 故事戲劇化

有很多的律動曲或古典樂曲，因為曲式多元，常能透過各種曲式特色編成一個故事，可利用律動劇的方式來表現，也可以把旋律填上歌詞，方便幼兒記憶，並增加對劇情的了解，例如：教保活動範例篇第二部曲的「啄木鳥律動劇」、「林中杜鵑」及「小老鼠與大花貓的遊戲」。

5. 多元藝術化

音樂賞析可以結合文學、舞蹈、戲劇及視覺藝術等媒介來表現，請參考教保活動範例篇的教案。多元藝術化的活動帶領可以參考廖美瑩、戴美鎔（2012）所提出的教學模式（圖 6-16），這類似於黃麗卿（2009）所提出的五個教學階段：(1)提示想像；(2)聽音；(3)感覺：發表感受；(4)再聽音；(5)表現創作。

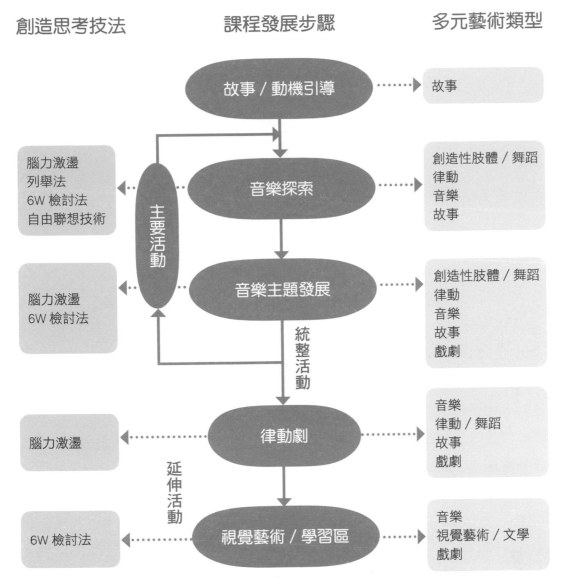

創造思考技法　　　　課程發展步驟　　　　多元藝術類型

故事／動機引導 ┈┈┈▶ 故事

腦力激盪
列舉法
6W 檢討法
自由聯想技術

主要活動

音樂探索 ┈┈┈▶ 創造性肢體／舞蹈
律動
音樂
故事

腦力激盪
6W 檢討法

音樂主題發展 ┈┈┈▶ 創造性肢體／舞蹈
律動
音樂
故事
戲劇

統整活動

腦力激盪

延伸活動

律動劇 ┈┈┈▶ 音樂
律動／舞蹈
故事
戲劇

6W 檢討法

視覺藝術／學習區 ┈┈┈▶ 音樂
視覺藝術／文學
戲劇

● **圖 6-16　音樂賞析之多元藝術課程模式**
資料來源：廖美瑩、戴美鎔（2012，頁 199）

二、回應活動與引導技巧

　　因為音樂賞析有層次，因此回應需要教學者的引導技巧。回應活動的帶領可參考以下技巧。

🎵　回應對歌曲、樂曲或表演的喜好

　　在聆聽音樂之後，可以問幼兒喜不喜歡這首音樂？有聽到什麼特殊之處？若是欣賞一場表演，可以利用三個層次來帶領分享活動：(1) 你看到了什麼？（例如：演唱者表情動作及穿著、樂器、布景等）；(2) 你聽到了什麼？

我喜歡所有的哥哥姊姊
長大我要跟他們一樣

我今天聽到放屁的聲音
長得像蝸牛
他是大哥哥吹的法國號

音樂會可以玩遊戲
我喜歡跟大家一起聽音樂

一個姊姊吹長笛
她很漂亮，頭髮長長的
很像仙女，聲音很好聽

圖 6-17　幼兒在觀賞大學生室內樂表演後的回應

（例如：唱歌或樂器的聲音、語言、樂種等）；(3) 你有什麼感受？（例如：你最喜歡哪一首歌？你最喜歡哪一個樂器？你為什麼特別喜歡？）教保人員在帶領回應活動時應注意，幼兒有時無法用言語表達，但可以鼓勵他們用肢體動作表達出來，例如：當幼兒說：「我覺得很有趣。」教保人員回問：「為什麼有趣？」幼兒會很難用語言說出來，但如果教保人員說：「你覺得很有趣，怎麼樣有趣？你可以表演一下嗎？」這種回應方式也能表達較高層次的回應。這些都可以做探討，例如：圖 6-17 即為幼兒在觀賞大學生室內樂表演之後的回應。

🎵 回應樂曲特色或結構

　　在一連串的活動中，幼兒對樂曲會有更深的印象，可以請幼兒回應，這首歌曲或樂曲有幾個段落？有聽到什麼（音樂元素）？透過團討技巧，都有可能請幼兒回應樂曲的內容及特色，例如：「林中杜鵑」一曲，幼兒可以說出：「這首音樂好好聽。」「我喜歡這個音樂。」「我知道這是聖桑做的。」「聖桑爺爺是音樂家、是法國人。」「這首歌叫林中杜鵑。」「『布穀』是布穀鳥的叫聲，單簧管的聲音。」「有的（樂句）短短的，有的長長的。」

　　除了口語表達之外，也可以用鬆散素材排列出樂曲結構（參考教保活動範例篇第二部曲的「林中杜鵑」教案），當幼兒可以邊聽音樂邊指出鬆散素

材音畫，他便具備賞析能力，也可以利用各種方式來回應他理解的音樂、元素或結構。有的幼兒用口語無法表達樂曲特色或結構，但在遊戲或律動中，是可以觀察到他理解音樂的表現，例如：「林中杜鵑」活動中傳沙包的遊戲，聽到音樂幼兒便開始傳沙包，如果沙包傳到該幼兒剛好樂曲是「布穀」，該幼兒會將沙包放頭上，這就表示他理解這首音樂了。

第五節　教學評量與學習評量

　　本書之第四至六章針對課綱聽覺藝術的內涵及活動設計做了詳盡的介紹及探討。無論在活動設計或教學中，教學評量與學習評量占著重要的角色。因此，本節將探討在聽覺藝術中如何進行教學評量與學習評量。

　　「課程大綱實施通則」第八條指出：「教保服務人員須進行教學評量，檢視自己的教學；同時也須有系統的規劃和實施幼兒學習評量」（教育部，2017，頁 10），並接續說明理想的作法如下：「……教保服務人員也須在平時依據計畫，持續的蒐集每位幼兒的學習表現狀況，定期整理與分析，以了解幼兒的學習是否朝課程目標邁進」（教育部，2017，頁 10）。因此，無論是教學評量或學習評量在教保課程中都是極為重要的。

一、教學評量

　　所有的教保活動都需要經過縝密的規劃來實施，每個活動也根據指標來設定教學目標。教學評量可以從教學活動進行中觀察幼兒的音樂行為及反應，也可以觀察幼兒在音樂學習區中的實作情形。透過觀察及記錄，教保人員再檢視其教學是否達成目標，舉例來說，在教學活動中選定的指標為「1-2-2 探索生活環境中各種聲音，感受其中的差異」，教學目標為「幼兒能利用塑膠袋探索各種聲響，並察覺不同材質或操弄手法所產生不同的聲音」。教學活動中提供不同的塑膠袋讓幼兒探索，教學者在教學歷程中可以觀察到，幼兒拿到塑膠袋時會嘗試用不同的方式讓塑膠袋產生聲音；當教學者詢

問幼兒時，幼兒可以清楚的表達：「這個塑膠袋的聲音聽起來很溫柔。」「這個感覺像爆炸的聲音好大聲。」如此的教學情況顯然是有達到目標的。如果以上情況只有觀察到是少數幼兒的行為，教學者就必須省思「我的引導語不夠清楚或開放？幼兒的先前經驗不夠？我活動設計太難？我的教學策略不對？」教學者唯有透過不斷的省思、觀察、檢討、調整及修正，才能讓教學更為精進，也較易達成目標。

二、幼兒學習評量

課程本位評量應用於幼兒園的方式有二：形成性和總結性評量，前者強調在課程實施的過程裡，透過在各特定課程實踐中，有系統的蒐集及判斷幼兒的表現紀錄，以便調整教學者的教學（廖鳳瑞、張靜文，2019）。教學者平時可以透過下列的重點來蒐集資料。

 探索與覺察

· 幼兒聽到各種聲響時是否有反應？幼兒是否能專注於一個物品的敲打或聆聽？過程中是否產生愉悅感？

· 幼兒是否善用自己的感官去探索音樂？聽到不同的聲響會不會有反應？是否會察覺其中的差異性？

表現與創作

· 幼兒在從事表現與創作時是否是享受的？是否樂於用各種表演工具表現音樂？是否在創作中自我陶醉？

· 幼兒是否充分運用表現工具在表現音樂？是否針對歌曲或樂曲的特色去做反應？是否運用各種聽覺藝術工具及素材從事即興創作？是否能表現其獨特及創新性？

· 幼兒是否能夠理解音樂元素？是否可以利用聽覺藝術工具及素材表現出來？

回應與賞析

· 幼兒在欣賞音樂表演或音樂作品時，是否產生愉悅感？聽到音樂是否會隨著音樂搖擺身體？

· 進行音樂場域的社區或機構參訪時，是否勇於探索？在新的音樂情

境中是否表現其好奇心及滿足感？

· 幼兒在賞析活動中，是否表現出愉悅的表情？無論是靜態或動態賞析活動中，是否能表達歌曲或樂曲的特色或結構？是否能利用各種聽覺藝術工具來從事賞析活動？

· 在賞析的活動中，幼兒是否樂於分享自己所感受到的音樂？是否能表達自己的喜好並回應跟生活經驗的連結？是否能描述樂曲的特色或結構？是否能描述該樂曲的背景及內容？

探索與覺察除了常用的觀察評量及檢核表之外，教學者可以利用資料蒐集軼事紀錄方式呈現（如第四章圖 4-1、圖 4-2），在幼兒音樂探索與覺察行為旁加註對話，作為質性評量。也可以用錄影的方式記錄幼兒的音樂行為。此外，也可以蒐集幼兒觀察生活音樂元素及鬆散素材鋪排的照片，做補充性的質性評量。

幼兒的學習評量可以自創評鑑標準，也可以參閱廖鳳瑞、張靜文（2019）所編寫的幼兒學習評量指標。幼兒學習評量的特色包含：(1) 以幼兒為主體；(2) 真實性；(3) 充裕的蒐集評量資料時間；(4) 多元的資料蒐集來源；(5) 與課程緊密的關聯；(6) 持續性（廖鳳瑞、張靜文，2019）。由這個特色來看，在進行聽覺藝術評量時，應該以幼兒個人的學習進步情況來看，不宜與他人比較。在學習過程中需要持續蒐集幼兒的多元資料，無論是例行性活動、全園性活動、主題課程、音樂學習區，或甚至室外音樂活動都是重要的資料蒐集來源。資料可以透過音樂行為觀察、音樂創作作品及鬆散素材表現來蒐集，也可以用觀察紀錄、檢核表、評定量表、軼事紀錄、事件取樣、短記、影音或照片，進行多元評量，來了解課程實施成效與幼兒的學習表現。

在課綱中所敘述的幼兒學習評量，乃針對幼兒在六大核心素養的學習情形進行總結性評量，以統整的概念來實施，但在六大指標中，聽覺藝術特別能展現**想像創造**（第四項評量指標），因此在此加以探討。廖鳳瑞、張靜文（2019）提到，想像創造強調的是：音樂創作素材的多樣性、獨特性及變通性。在聽覺藝術中無論使用視覺藝術素材、音樂、戲劇扮演、肢體或文本等媒介都是可行的，而其中使用較為頻繁的媒介為**音樂**及**肢體**。所謂**素材多**

樣性即為幼兒不只是用單一的表達方式，除了歌唱，還會用肢體、樂器、鬆散素材排列或音樂劇來表現或創作音樂；此外，幼兒會運用各種素材來進行表現或創作，例如：樂器、絲巾、呼拉圈、鬆散素材等。所謂**獨特性**即創新的表現，無論是做一個頑固伴奏或將樂曲透過另外一種方式來表現，若與教學者的示範或其他幼兒的表現不同，都可以稱為獨特性，換句話說，在想像的音樂情境中，幼兒能夠展現自己的想法，或甚至詮釋對音樂的感受。所謂**變通性**即幼兒在進行創作時會使用多種的方式來進行，例如：可以透過一種樂器或多種樂器的組合；除了樂器也可以探索鬆散素材的聲響來創作頑固伴奏；肢體除了拍手之外，還可以利用其他身體部位的組合產出聲音，這些都是變通性。

在聽覺藝術中，極大部分的活動與音樂的想像相關（想像創造 2 之評量指標），例如：第五章「表現與創作」的描述中，幼兒的表現創作可以有多種樣貌及策略，最基本的以樂器為例，如果幼兒拿高低音木魚，只會單一個敲打一種聲音，等級就較低，如果他能將高低音組合左右敲打，其等級就高些，如果在歌曲中他還能運用刮的方式或將木棒放到木筒裡快速搖晃，等級就更高了。若是拿一個牛奶罐演奏，如果單一敲打一個部位等級較低，若能上下敲打（瓶蓋為塑膠的音色、瓶底為鐵的音色），又能來回搓動旁邊的凹凸紋路，等級就會更高。

在創作中，以肢體頑固伴奏為例，若幼兒只會單一拍手或踏腳，等級就會較低；若他會把兩個動作組合成一個頑固伴奏或甚至三個動作結合，這個等級就會較高。在節奏的創作中，如果幼兒只會敲打一樣的節奏（如四分音符），等級就較低，如果他能將四分音符及八分音符結合，甚至跟十六分音符或二分音符結合，這樣的等級就較高。

在聽覺藝術的肢體展現（律動）中，評量的重點以音樂的特性為主，但是透過肢體的方式來表現。以教保活動範例篇第三部曲的「氣球的空中之旅」（詳細教案見第三章）為例，幼兒利用肢體展現氣球各種樣貌，聽到音樂做出氣球的各種狀態（例如：充氣、飄、轉、滾、破掉）等，所以幼兒除了肢體要展現創意氣球的樣貌外，還要能隨著音樂的起伏做飄動的律動，同時必須覺察音樂特性不同，做出氣球不同的狀態。如果幼兒只是跟著大家做

「動作」這種等級就會是較初級的（通常流暢性很低），如果幼兒能判斷音樂的特性，把自己想像成氣球，隨著音樂的起伏來舞動，這個等級就會是較高的（通常流暢性較高）。除了肢體之外，幼兒也許會運用絲巾或塑膠袋來代替氣球，是幼兒對該素材運用的情感及音樂性表達，也可以判斷其等級。

　　核心素養的評量指標是為了讓現場教學者有一個評斷標準所制定的，確保教學者評分的客觀性及一致性，可以參考廖鳳瑞、張靜文（2019）的核心素養的評量指標之等級、等級描述及規準層級來檢視幼兒的學習成效。教師也可以自訂評量標準。但教學者仍須視自己的活動屬性來做調整，不能以「量」來做唯一評量規準，因為在聽覺藝術中，有許多表現是無法用量來評量的，是否有情感及音樂性的表達，會是較為重要的評量重點，因此幼兒個別質性的描述及聚焦觀察與記錄是需要的，因而多元評量的方式是必行的。評量最終目的不是在給予等第，而是根據這些蒐集到的音樂行為及表現做有系統的判斷，作為以後規劃課程活動的改進依據，如此才能設計出更適合幼兒學習的聽覺藝術活動。

7 幼兒園音樂區建置與實施

遊戲化學習的方法（Play-based Learning Approach）在澳洲幼兒園是相當普遍的，在學習區的學習模式中，環境設計是重要的，無論室內或室外都是學習的場域，他們相信透過「玩」，可以引發幼兒對於學習的興趣，透過與環境及人的互動，幼兒可以自主學習（詳見「澳洲學習區日記」）。近年來，由於幼兒園到高中的課綱都重視自主學習，因此有許多幼兒園常將學習區結合主題課程進行，也有許多的幼兒園為了讓幼兒有更多的自主空間及時間，已經紛紛改為學習區取向的課程模式。既然學習區的模式這麼重要，就有必要了解音樂學習區的建置及實施方式。

澳洲學習區日記

筆者於 2008 年申請科技部的研究案，到澳洲雪梨音樂院擔任訪問學者，旅澳三個月拜訪了好幾個幼兒園及托嬰中心，我被「遊戲化學習的方法」深深吸引。尤其我有幸透過雪梨音樂院 Marsh 博士的介紹，到一個由教會改成幼兒園的 Summer Hill Preschool 做好幾次的觀察。一進到幼兒園觀察到的是每位幼兒分散在各個角落，進行他們有興趣的遊戲，有的一個人，有的兩個人，有的是一個小群體，不曾看過老師進行大班教學，但每個幼兒認真投入於自己有興趣學習區，一一探索。

室內可以看到一個個的區域，巧妙的區隔著，但動向卻相當清楚，幼兒可以自由選擇自己想要玩的區域。室內很明顯的有科學區、語文區、藝術區、角色扮演區、音樂區等。室外有沙堆區、美術創作區、音樂展現區、體能區、露營區、可愛動物區等。

◯ Summer Hill Preschool

◯ Summer Hill Preschool 的室內環境

◯ Summer Hill Preschool 的室外環境

 Summer Hill Preschool 的音樂區

一進教室便看到音樂區這個小小的角落，桌上只擺了三種樂器，相當優雅。可惜的是，我觀察到第三天才看到兩個男孩走過來。他們兩位開心的敲敲鈴鼓，東敲敲西搖搖，不到 30 秒便移動到下一個區域。我心中就在想：音樂區應該是一個吸引幼兒自由探索的地方，為什麼那麼少幼兒選擇這裡？又為什麼這麼快就離開？音樂區的魅力應該不是這樣的。音樂區的建置也許跟別的區域要有些區別，才能發揮它的魅力及功能。

第一節　音樂區的重要性及功能

　　音樂區又稱為音樂學習區（music learning center）或音樂角（music corner）。一般而言，音樂區通常會由一些樂器、各種音樂教具或素材所布置而成，是一個具有聽覺藝術內涵的學習區，提供幼兒個人、師生及同儕互動的環境。李萍娜（2007）表示，幼兒可以在音樂學習區中，主動與音樂媒介互動，並建構音樂知識及技能。Liao 等人（2017）發現，幼兒在學習區中透過同儕的互動，可以增加社會性互動，並且增加幼兒問題解決的能力，透過音樂性互動也提升了幼兒的音樂知能及表現。同樣的，Isbell 與 Raines（2003）也認為，音樂區可以提供幼兒多元的音樂教育資源，幫助幼兒發展、自我學習修正、拓展音樂知識、提升音樂技能，進而培養幼兒獨立解決問題的能力。

　　根據 Curtis 與 Carter（2008）的看法，音樂和聲音學習區可以結合各種領域，例如：音樂、文學、肢體發展、藝術、自我概念、科學、社交技巧、

數學（圖 7-1）。此外，Liao 等人（2017）也發現它同時整合戲劇（角色扮演）及情緒等。因此，音樂區能包含幼兒園課程綱要的六大領域，在幼兒園的教學中，不容忽視。

◯ **圖 7-1　音樂和聲音學習區統整學習的網絡圖**
資料來源：Curtis 與 Carter（2018, p. 94）

第二節　音樂區在台灣的現況、問題及解決之道

　　雖然音樂區在幼兒園扮演重要的角色，但音樂區在台灣的設置情況並不普遍。實施的方式比較常與主題結合，而音樂區最普遍的器材是樂器，其活動內容並不夠多元，並且以敲打樂器為主（李萍娜，2007；廖美瑩、魏麗卿，2012，2013）。有許多音樂專家（Andress, 1998; Kenney, 1999, 2004; Turner, 1999）認為，若音樂區只有擺放樂器是不足的，其功能性不應只有娛樂效果，必須要能夠幫助幼兒發展，並達到更高層次與多元能力的功能。

　　學習區是幼兒學習的重要方式之一，對於幼兒的學習與發展有重要的意義，課綱中特別強調幼兒在遊戲當中，常自發性的探索、操弄及發現。而音樂區為提供幼兒從自由遊戲中建構音樂能力之場域，讓幼兒有音樂操作、比較、對比、創造的機會（Andress, 1998; Isbell & Rains, 2003），因而滿足了幼兒對於音樂學習與發展的需求（李萍娜，2007；廖美瑩、魏麗卿，2012，2013；Andress, 1989; Kenny, 1999, 2004）。尤其由課綱的美感領域中，特別強調探索及給予幼兒足夠創作時間的重要性來看，音樂區的建置及教學若能落實，將會帶給幼兒更多的探索及創作的歡樂和興趣。透過不同的音樂活動設計，不但可以啟發幼兒「探索與覺察」、「表現與創作」及「回應與賞析」之能力，也可幫助幼兒各方面的音樂發展。

　　根據台灣學者們（李萍娜，2007；廖美瑩，2022；廖美瑩、魏麗卿，2012，2013）的分析歸納，幼兒園在設置音樂學習區時，常會受到一些因素的影響（表 7-1），導致音樂區的教學難以落實且效果不佳，其主要影響因素有物理及個人因素（廖美瑩、魏麗卿，2013）。

一、物理因素

 吵雜問題

　　許多研究（李萍娜，2007；Andress, 1998; Smithrim, 1997）發現，導致音樂區無法落實的主要原因之一，是教保人員們無法克服開放音樂區之後，所產生

▎表 7-1 音樂區實施之影響因素

影響因素	問題	說明
物理因素	吵雜問題	音樂區常會製造出高分貝的音量或吵雜聲。
	空間問題	教室內空間有限，不足以設置音樂區。
	樂器問題	樂器數量有限、種類不夠多元。
個人因素	教學技巧問題	教保人員對於音樂區的設置與教學引導較為生疏。
	態度問題	教保人員對於音樂教學並不積極，藝術領域教學較偏重視覺藝術。

資料來源：廖美瑩、魏麗卿（2013，頁 269）

的吵雜聲音。根據廖美瑩、魏麗卿（2012，2013）的研究分析發現：這些吵雜的因素有可能來自於以下四種原因：(1)音樂區設置，缺乏明確教學目標；(2)樂器種類、數量與品質的提供不當；(3)音樂區活動設計內容不夠多元；(4)教保人員在音樂區之教學技巧不足。

🎵 空間問題

教室空間有限，空間不足可能會降低音樂區設置的機會。幼兒園內較常見的五大學習區是美勞區、益智區、扮演區、語文區、積木區，教室內要設置這五個學習區，可能空間已經運用到極限了，因此老師們並不會有特別想要設置音樂區的動機。

🎵 樂器問題

根據廖美瑩、魏麗卿（2013）的研究，有些教保人員表示，園內經費有限，對於樂器的提供較為缺乏，因此導致他們無法進行音樂區的教學。由此可見，老師們認為樂器是音樂區中必備的器材。

二、個人因素

許多研究與專家學者（王昇美、陳淑芳，1999；伍鴻沂，2001；李萍娜、顏瑞儀，2008；Carlton, 1995; Greata, 1999; Madsen et al., 1992; Teachout, 1997; Temmerman, 1998）皆指出，教保人員的音樂信念、態度、音樂素養，會影響其個人帶領音樂活動的意願。

教學技巧問題

研究指出，教保人員對於音樂區的規劃能力不足與音樂帶領信心不足，也會降低其設置音樂區的意願（Greata, 1999; Kelly, 1998; Temmerman, 1998）。有些教保人員表示他們對於音樂區的設置與活動帶領相當生疏，在師資養成中任何課程都未對音樂區有深入的介紹（廖美瑩、魏麗卿，2012），因此並無主動設置音樂區的動機。根據廖美瑩、魏麗卿（2013）歸納分析結果發現，教保人員教學技巧之最大的問題是：他們具有幼教背景，但由於音樂素養不足，因此無法將音樂與幼教結合，設計出適合幼兒探索及體驗的音樂學習環境。

態度問題

如前所述，教保人員之態度問題會影響幼兒園音樂區的落實。教保人員對於音樂區的信念與認知態度，會影響其設置音樂區的意願。其認知態度與老師個人的音樂素養和幼兒園園長態度有相互關係。教保人員的音樂能力不足，會影響到其教學態度，這也是導致音樂區無法推動的主要原因之一（王昇美、陳淑芳，1999；伍鴻沂，2001；李萍娜、顏瑞儀，2008；Andress, 1998; Carlton, 1995; Greata, 1999; Madsen et al., 1992; Teachout, 1997; Temmerman, 1998）。

根據廖美瑩、魏麗卿（2012）對於音樂學習區的研究，他們歸納出解決音樂區設置受阻的方案如下。

一、克服物理因素：最主要需提升教保人員設置音樂區的正確概念和正向態度

即使面對諸多物理及個人因素所致之困境，專家學者們仍相信有許多方法可以改變現況。首先，教保人員必須先有正確的音樂區設置概念，才能克服吵雜及樂器不足的問題，若老師們認為音樂區是重要的，那麼空間因素就不會是個問題。然而，許多專家（廖美瑩，2021；Andress, 1989, 1998; Crowther, 2003; Isbell, 2008; Kenney, 2004; Turner, 1999）認為，音樂區有時可以與其他學習區相互融合，例如：語文區、美術區、角色扮演區等，不同學習區的相互結合，也許可以解決設置音樂區的空間不足之問題。

二、克服個人因素：關鍵在於師資培育課程及範例

　　師資培育過程中，音樂課程應該要能提升學生之音樂興趣及熱忱，而幼兒園應該支持音樂區的實施，並給予老師實質上的資源協助。透過幼兒園輔導，尋求音樂專業之教授現場指導，可以針對教保人員實務上所遭遇的問題做探討及示範，如此可以提升教保人員的教學技巧，以增加理論與實務之間的連結。國內外有關學習區的書籍，對於音樂區的論述相當少，如果能透過影音方式提供室內外的範例，將會提升教保人員實施音樂學習區教學的意願（廖美瑩，2021）。參與音樂研習中，若有音樂學習區的實務分享，也會增加教保人員的專業知能。

第三節　音樂區的建置

　　根據廖美瑩（2022）的建議，音樂區的實施可以參考圖 7-2。無論是配合主題、節慶或幼兒興趣都可以。可參考教保活動範例篇第一部曲的「剪刀石頭布」（室內）及「我想要長大」（室內）；第二部曲「啄木鳥之歌」（室外）；第三部曲「萬聖節 party」（室外）。在「音樂學習區範例」中也有大自然（室內及室外）、森林（室內）、交通工具（室外）、溜滑梯（室外）及母親節（室內）的範例。透過影音及教案的對照，可以清楚的了解教學脈絡，期許能提供範例，讓教保人員們參考，提升音樂區的實施效能。

　　廖美瑩（2022）指出，若教保人員對音樂教學的信心不足，建議可以根據歌曲去設計活動，幼兒在團體音樂遊戲活動有些經驗時，可以依其歌曲作為素材，設計豐富的環境，讓幼兒進行所有的「探索與覺察」、「表現與創作」及「回應與賞析」的活動（參考教保活動範例篇的「音樂學習區範例」）。若能選擇有特色的歌曲，較具有發展性，也較易發展出多元的活動，例如：教保活動範例篇第一部曲的「我想要長大」，雖然是一個相當簡單的歌曲，但有豐富的內涵及音樂設計，可以進行多元的活動。建議教保人員可

以在教保活動範例篇尋找合適的曲目，進行學習區的教學，由一首歌曲延伸其他的曲目或任何幼兒創意的想像活動。歌曲的選用並非要限制幼兒的想像或給予框架，最主要是提供一首歌曲，在音樂區中透過歌曲，可以增加幼兒彼此間的音樂對話。由這個歌曲可以延伸多元活動及自發性遊戲，也可拓展其他的歌曲或音樂。廖美瑩（2021）在拍攝影片的過程中也發現，即使是幼兒未曾聽過的歌曲，若該歌曲具有特色並有發展性（例如：教保活動範例篇第二部曲的「啄木鳥之歌」），幼兒在學習區中可以自主學習，透過同儕合作，也可以玩出多元性的音樂遊戲及創作。

確定方向	搜尋資料	選定角落	空間規劃與布置	音樂區活動規劃	環境規劃與器材提供	擬定引導策略
・搭配主題教學？ ・歌曲當主軸？ ・繪本當主軸？ ・其他？	・主題相關常識 ・教學主題網 ・適合的歌曲或音樂	・室外？ ・室內？ ・原因？	・環境素材？ ・色系？ ・區中區規劃？	・選定歌曲或樂曲 ・分析特色與活動可能性 ・活動設計腦力激盪 ・聚焦	・常設的小區 ・根據活動設計的區域 ・設定教學目標 ・擬定樂器、素材及教具	・支持與陪伴 ・鷹架

圖 7-2　音樂學習區實踐之步驟圖
資料來源：廖美瑩（2022，頁 24）

第四節　音樂區的學習環境設計與活動

　　瑞吉歐教學法（Reggio Emilia Approach）中強調環境是幼兒的第三位老師，只要環境準備好幼兒就有能力自主學習。音樂區的建置無論是室內或室外都是可行的，可以利用零散的小角落，也可以利用區中區的方式來進行。林佩蓉（2021）發展一套「幼兒園課程與教學品質評估表」，提供教保人員一個指引，幫助他們了解一個效能較高的學習區須提供什麼樣的素材，值得參考。然而，在音樂區當中，要注意的是：並非提供越多的樂器就會有越好的效果，提供太多樂器或壓迫性的聲響反而會有反效果，教保人員必須要

有音樂區正確的設置觀念，提供適性的素材。

美感領域的實施原則，在教學方面，最主要是喚起幼兒和教保人員體驗周遭美感經驗的本能，從「做」與「受」的互動歷程中，體會心靈的喜悅與滿足感（教育部，2017）。從此可看出，在課綱中強調幼兒的探索及操弄，教學者必須提供幼兒探索與創作的美感環境，並且規劃多元豐富的空間、材料與情境，同時提供充裕的時間，讓幼兒能夠充分體驗美感的經驗。

根據 Liao 等人（2017）的看法，音樂區的環境設計，可以配合主題進行，同幼兒一起建構他們心中的音樂區環境，例如：森林情境、海洋世界等；郭蓉蓉（2007）也認為，環境的規劃會影響幼兒的音樂行為表現。有時候環境的布置可以依照幼兒興趣及需求慢慢增加，不需要一次到位，開放音樂區時，有時幼兒會有具體的建議，教保人員可以隨時增添，例如：在鳥的情境中，雖然周圍都是森林的氛圍，但是幼兒展翅高飛，他們看到的是天花板，也許就可用藍色布條架在天花板上當成天空。另外，幼兒在音樂區的相關作品也可以當成裝飾或展示。總之，一個有效能的音樂區是經過縝密規劃的，只提供樂器是不足的，必須依據教學目標來布置環境及提供素材。許多專家學者及研究（李萍娜，2007；林玫君，2017；施芸瑾，2017；郭蓉蓉，2007；廖美瑩等人，2018；廖美瑩、魏麗卿，2012，2013；廖美瑩等人，2013；Andress, 1989, 1998; Crowther, 2003; Isbell, 2008; Kenney, 1999, 2004; Liao et al., 2017; Turner, 1999）皆認為，音樂區動靜環境都很重要，理想的音樂區環境如表 7-2。

音樂學習區可以是室內外的一個小角落，也可以以聽覺藝術為主軸結合語文、視覺藝術及戲劇扮演的大區。無論如何，音樂學習區在規劃時，可以嘗試以分區的概念來規劃環境，參考以下圖 7-3 之範例，也許可以先建置樂器及律動區（音樂區的基本區域），再視需求加入其他區域。

一、室內音樂區規劃

室內學習區最大的優勢是，所有的布置可以固定，不須移動，而且學習區集中在教室中，教保人員比較容易照顧到全部的幼兒。但其最大的缺點是干擾因素，音樂區容易製造較大的聲響，因此素材的提供相當重要，必須視教學目標來提供。一般而言，學習區的規劃方向可以多方思

■ 表 7-2　理想音樂區的環境與素材提供

環境種類	素材的提供
音樂聆賞的環境 （listening environment）	耳機、音樂 CD、音樂播放器、音響、音樂相關繪本書
具有符號的環境 （symbol environment）	節奏圖形、音畫、自然素材符號、鬆散素材鋪排
歌唱或表演的環境 （singing or performing environment）	玩偶、譜、繪本、小舞台、各式可裝扮的鬆散素材
樂器操作的環境 （instrument-playing environment）	有調樂器：木琴、鐵琴、鍵盤、鋼琴、音磚等 無調樂器：手鼓、鈴鼓、沙鈴、三角鐵、手搖鈴等小型樂器 自製樂器：師生可以運用天然的素材來製作樂器 鬆散素材：各式可敲打的鬆散素材 其他：譜、譜架、指揮棒、指揮台
律動的環境 （movement environment）	足夠的空間、絲巾、布條、球、呼拉圈、手指 LED 燈等素材

維，有可能是配合正在進行的主題或節日，也有可能是根據幼兒的興趣來規劃。舉例來說，學期初，教保人員在教室放了幾本有關提琴的繪本，同時也播放卡農，若這引起幼兒的興趣，就可以著手規劃有關提琴的音樂區。也可以邀請會拉提琴的素人或專業人士來為幼兒演奏。但因提琴較貴，若提供真實樂器，教保人員會擔心幼兒破壞，因此也許可以把目標設定在「音樂賞析」，可以以音樂聆賞為主，讓幼兒認識提琴構造、音色及重要樂曲等。再延伸其他的探索、覺察、表現、創作及回應等活動。以下以提琴主題為例，說明音樂區可以如何規劃。

首先學習環境可以以音樂廳及提琴的環境氛圍為主，再規劃區域（圖 7-3）。

 靜態音樂欣賞區

音樂區的左半部所呈現的是充滿提琴圖像的環境，也有樂譜（並非要看五線譜，而是當成圖像環境）、提琴相關繪本、羊毛圓球音畫、音樂播放器及耳機，幼兒可以在此區域安靜的聆聽音樂，以及認識提琴音樂。

環境設計者：廖美瑩

● 圖 7-3　提琴主題之音樂區環境布置

可聆聽音樂及閱讀提琴繪本

唸提琴之謠並指出節奏音畫

圖像提供音值節奏，幼兒邊聽音樂邊指出音值符號

靜態鬆散素材區或操作區

　　中間的窗邊擺放椅子，幼兒可以在此操作。可以選擇用鬆散素材鋪排方式來填滿提琴或排出提琴之謠的節奏。因此，右邊的櫃子擺放多元的鋪排用鬆散素材。

用鬆散素材排出提琴之謠的節奏	用推疊方式裝飾提琴	用拼貼方式裝飾提琴

 樂器演奏區

　　櫃子的右側擺放了各式的樂器，數量不多，各種材質一到二樣；同樣的也擺放幾個可以敲打的鬆散素材；提供各式鼓棒可以讓幼兒探索也是重要的。除非必要性，否則旋律的樂器不要加入，會造成不和諧而影響整個氛圍。建議音樂區實踐呈現次序感之後，再加入旋律樂器。初期可以放音磚。

 律動表演區

　　櫃子的右側及白色小架子上有擺放適合律動及舞蹈的素材，例如：絲巾、布條、彩帶等。幼兒可以在中間的空曠地板上盡情舞動及進行音樂律動遊戲。

自發性樂器演奏	自發性舞蹈	自發性律動遊戲

戲劇扮演區

　　有些的歌曲或樂曲可以進行戲劇扮演，因此可以提供偶或許多戲服，例如：下圖中的鼓棒可以當麥克風、絲巾可以做成表演服、頭套花圈可以刺激表演慾望。另外，也可以提供 LED 燈，讓幼兒聆聽音樂時 可以透過 LED 燈來舞動或進行角色扮演。最重要的是，表演區中若有一個象徵性的舞台會增加幼兒表演的慾望。

表演（音樂會）

LED 燈探索與角色扮演

環境中除了提供各式素材，也須提供適合的音樂，例如：提琴的音樂可以提供提琴之謠、提琴之歌及卡農等，此外環境也須兼具美感。一般而言，操作型的素材比較容易被關注，一些圖像是比較容易被忽略的，但許多音樂教育家都認為，圖像在學習區中常能燃起幼兒對音樂的熱忱及探究行動（圖7-4）（廖美瑩，2017；Isbell & Raines, 2003）。

透過圖像，幼兒開始討論各種樂器，也談論他們的生活經驗

這幅提琴照片引起幼兒的好奇，臨機一動，幼兒充當博物館的導遊，介紹提琴

○ 圖 7-4　音樂區的圖像布置

二、室外音樂區規劃

在室外可以設計較為簡單的情境，因為室外有較多的自然素材，因此可以利用自然的優勢去營造各種氣氛及使用天然素材。除了優美的布置，樂器、鬆散素材及律動素材的提供是基本的，但圖像的環境也需著墨（圖7-5）。幼兒可以在大自然中取材，例如：圖 7-6 左圖為幼兒撿起各種不同的自然素材進行聲音探索，右圖為幼兒拿起樹枝吹起口琴。

◐ 圖 7-5　小小音樂家之室外音樂區

◐ 圖 7-6　大自然豐富資源豐富音樂學習區環境

　　針對較小的幼兒，也可以建置一個小帳棚當成秘密基地，會增加幼兒玩音樂的樂趣（如圖 7-7 之左圖和中圖）。也可以如圖 7-7 右圖建置開放性的空間，放置野餐墊及簡單樂器，樹與樹之間可以建置鬆散素材音畫（右圖左側為圖像環境），讓幼兒聆聽音樂指出音畫，達到賞析的目的，在引導及協助之下，幼兒也都極有可能創造類似的圖像音畫；右圖右側的樹與樹之間可以擺放三種不同聲響的鬆散素材供幼兒探索及演奏。室外有許多優勢，可以有足夠的空間進行許多想像遊戲、進行律動或舞蹈。幼兒也可以在室外盡情探索敲打樂器或鬆散素材，不用擔心干擾因素。尤其幼兒年齡較小，對周圍環境充滿好奇心，增加室外音樂學習區，對他們的探索及各項能力都有正向的幫助。

◐ 圖 7-7　適合年齡較小幼兒的音樂區布置

第五節　教保人員在音樂區的角色

　　對於幼兒在音樂區的學習，許多專家學者及研究報告（李萍娜，2007；廖美瑩等人，2013；Kenney, 2004; Smithrim, 1997; Turner, 1999）指出，幼兒可以不需要老師指導，藉著與樂器、同儕的互動，可以做中學。過程中，只需要成人適時的引導、鼓勵與鷹架就可以創作音樂，並能夠自行建構發展出音樂能力。

　　綜合許多學者（Bennett et al., 1997; Jones & Reynolds, 1992）提出成人角色介入的觀點，認為教學者是觀察者、中介者、遊戲者、計畫者、資源提供者、參與者、示範者與鷹架者等。由此得知，在音樂區中教學者的角色是多元的，需要具備敏銳的觀察力、敏捷的反應力，適時提供幼兒所需的素材；有時扮演一位旁觀者的角色欣賞幼兒創作，或觀察他們的學習狀況及做紀錄；又需常鼓勵幼兒從事各種音樂想像表現或創作，並支持幼兒各種天馬行空的想法；最重要的是，適時以鷹架概念引導幼兒學習，會讓幼兒在音樂區中真正實踐自主性的學習（林玫君，2017；廖美瑩等人，2013），教保人員在音樂區的引導策略詳見教保活動範例篇的「音樂學習區範例」。除了教學者的引導，同儕的互動也會提升學習的層次（Liao et al., 2017）。多數幼兒喜歡與他人互動，在合作學習的概念之下，他們常常能夠發現問題、解決問題、一起演奏也一起發明創新的方式，來表現音樂及創造音樂的一百種語言。

教保活動範例篇

第一部曲
特別的我

第二部曲
神奇自然

第三部曲
豐富生活

音樂學習區

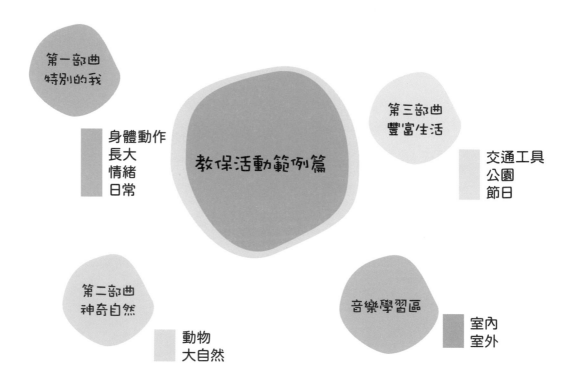

🎵 教保活動範例篇的架構（架構圖如下）

第一部曲
特別的我

身體動作
長大
情緒
日常

教保活動範例篇

第三部曲
豐富生活

交通工具
公園
節日

第二部曲
神奇自然

動物
大自然

音樂學習區

室內
室外

　　本篇分為三部曲及音樂學習區，每部曲由二到四個主題所組成，這些主題都是幼兒園熱門的教學主題，一共有 134 個參考教案；音樂學習區示範室內及室外的實踐方式，一共有五個主題。所有的教保活動範例皆為作者（廖美瑩教授）所編創。雖然教保活動範例的架構分類清楚，但有些歌曲並不侷限在該主題使用，例如：幾乎每個主題都會有與動物相關的活動，因此與動物相關的活動並不侷限於第二部曲的動物主題，教學者可以靈活應用。

每個主題呈現之前會有一個總表，標示各個歌曲之教保活動設計所符應的美感領域的各項能力（探索、覺察、表現、創作、回應與賞析）。每首歌除了呈現樂譜之外，也提供了音樂分析及活動設計的建議，如果有較多表現面向的曲子則會提供活動設計的網絡圖，方便教保人員備課用，透過這個網絡圖，教學者可以清楚的了解，這首歌有可能設計出什麼類型的活動。

教案呈現的部分按照課綱的指標來編寫，學習指標未標出幼小中大的理由為：聽覺藝術活動的帶領除了實際年齡很重要之外，音樂經驗年齡也很重要，例如：「剪刀石頭布」這首歌，在範例三中的建議年齡層為 4-6 歲，但若小班常接觸音樂活動，也許也可嘗試。因此教案所呈現的年齡層只是建議，教學者需視實際班級狀況做調整。此外，這只是參考用的教案，教保人員可以依照幼兒及課程需求做變化及調整，也許一個教案可以分為二到四次來實踐。教案中的步驟下方有一個特殊的字體，乃是根據筆者多年對現場老師的了解，做進一步的提醒或解釋，可供教學省思及教學參考。

為了提升教保人員的備課效率及教學成效，所有的教保活動範例都有相對應的音樂及教學示範影片（廖美瑩，2021），這些收錄在已出版的影音版教材中，以 USB 形式出版，需另購，購買資訊請參考本書封底。教案的學習

步驟中所呈現之照片皆為教學影片之縮影，幫助教學者釐清教學情境。為求拍攝效果，影片中的多數畫面僅出現少數的幼兒，因此教學者在進行教學時，可以先透過小組教學，再進行團體教學，也許較能夠掌握。

♪ 影音教材之音樂特色

1 包含五種語言

包含中文、英文、台語、日語及壯族語。

2 音樂風格多元豐富

包含 50 首歌曲、14 首律動音樂及 4 首古典樂曲。此外，提供了歌曲的純音樂版，讓師生創作歌詞時可以當伴奏，也可以作為其他的想像律動音樂。最後，許多音樂樂段被獨立出來，方便老師們教學，現場不需再拉時間軸抓樂段。共計有135 個音樂檔案。

3 歌曲及音樂配合美感領域目標而設計

多數歌曲及律動音樂皆為美瑩教授的原創。無論歌曲或律動音樂，都搭配幼兒園課綱美感領域目標及指標所設計，協助教保人員能夠設計出多元且符合美感培育能力的活動。

4 收錄多元的歌聲

教材中收錄專業歌手、素人歌手、原住民歌手及童聲。有齊唱及輪唱，也有和聲。

5 編曲風格多元

編曲的風格及音色多元，可以提供幼兒豐富的聽覺經驗。

6 音樂品質良好

邀請專業演奏家現場演奏錄音，並且經過嚴謹的混音技術編排讓幼兒可以聽到真實的樂器音色，享受良好的音樂品質。

7 歌曲的音域及長度適合幼兒歌唱發展

適當的音域對幼兒歌唱發展相當重要，每首歌曲都相當注重適當的音域。曲子的長度也適合幼兒各發展階段。

⑧ 律動音樂曲式清楚適合發展幼兒多元性活動

所有的律動都有清楚的音樂結構，每個樂段風格不同，可以發展豐富的肢體想像及設計多元的活動。尤其所選取的古典樂的曲式都相當簡單，可以變化多種的主題呈現方式。

♪ 教學示範影片之特色

① 教保活動範例之主題豐富多元

範例包含幼兒園常採用的主題，此外也提供節日的範例，適合幼兒園實施教學之參考，也適合例行性活動。總共有 138 個教保活動範例影片，總片長大約 6.5 小時，能作為教保人員豐富的教學資源。

② 教保活動範例的設計符應課綱需求

範例的設計根據課綱美感領域目標及指標來設計，幫助教保人員理解聽覺藝術指標，容易應用於教學上。

③ 影片中示範多元的活動方式

影片中示範一首歌或樂曲可以有多元的表現，包含聽覺藝術、律動與舞蹈、視覺藝術及戲劇扮演，整合美感領域，並實踐身體動作與健康之「創造性肢體活動」。

④ 教學影片多數為美瑩教授親自示範

音樂及教案設計大多數為美瑩教授的原創，由美瑩教授親自示範，可以真實的表達原創精神，做良好的示範。

⑤ 影片可以看見教學脈絡及幼兒反應

影片保留教師的引導歷程，可以供教保人員當參考，也可以透過觀賞影片進行教學省思。影片沒有機械性的練習，因此呈現幼兒真實的反應，可以讓教保人員在備課時，掌握實際教學可能的狀況。

⑥ 提供音樂學習區的範例

國內外的音樂學習區範例相當少，這個教材提供五個音樂區環境規劃與實施的範例，包含室內及室外，可以幫助幼兒園透過聽覺藝術落實幼兒自由探索及自主學習的精神。

⑦ 提供鬆散素材運用於聽覺藝術的範例

範例中示範鬆散素材在聽覺藝術如何運用，步驟清楚，搭配影片，容易上手。

視曲子的特性，有些教案之後會提供延伸活動的建議，教保人員可加以參考。此外，部分主題也提供音樂區的規劃及活動設計，期許有更多教保人員建置音樂區，實踐幼兒自主學習的精神。

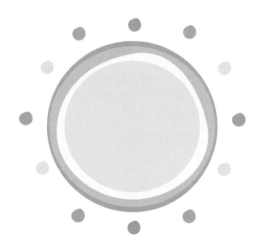

身體動作

長大

情緒

日常

第一部曲

特別的我

8 身體動作

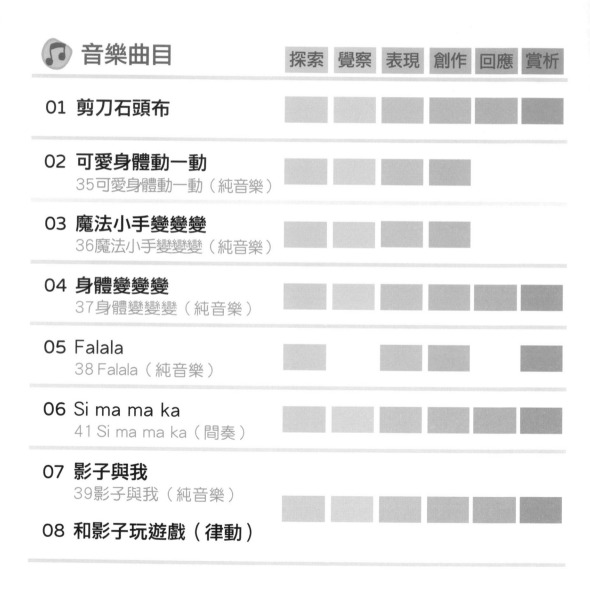

音樂曲目	探索	覺察	表現	創作	回應	賞析
01 剪刀石頭布	■	■	■	■	■	■
02 可愛身體動一動 35可愛身體動一動（純音樂）	■	■	■	■		
03 魔法小手變變變 36魔法小手變變變（純音樂）	■	■	■	■		
04 身體變變變 37身體變變變（純音樂）	■	■	■	■	■	■
05 Falala 38 Falala（純音樂）	■		■	■		■
06 Si ma ma ka 41 Si ma ma ka（間奏）	■	■	■	■	■	■
07 影子與我 39影子與我（純音樂） 08 和影子玩遊戲（律動）	■	■	■	■	■	■

備註：曲目號碼乃對照 USB 影音版之音樂順序編碼。

01
剪刀石頭布

詞曲：廖美瑩

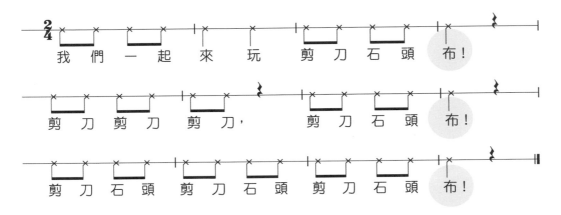

我 們 一 起 來 玩 剪 刀 石 頭 布！

剪 刀 剪 刀 剪 刀， 剪 刀 石 頭 布！

剪 刀 石 頭 剪 刀 石 頭 剪 刀 石 頭 布！

🎵 歌曲分析

調性：無調　**難易度：**易到難
風格：節奏性強，有活力

🎵 歌曲特色與活動設計重點

重複歌詞	押韻
剪刀石頭布	**布**
1. 手部及腳部的剪刀石頭布。 2. 剪刀、石頭、布，也可以各代表一種動作、樂器或鬆散素材。	在「布」設計一個特殊的動作。

♫ 活動設計建議網絡圖

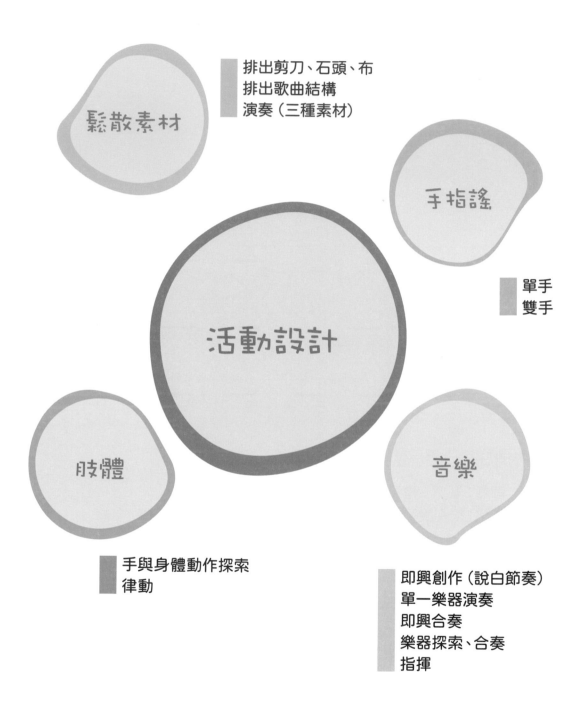

鬆散素材
- 排出剪刀、石頭、布
- 排出歌曲結構
- 演奏（三種素材）

手指謠
- 單手
- 雙手

活動設計

肢體
- 手與身體動作探索
- 律動

音樂
- 即興創作（說白節奏）
- 單一樂器演奏
- 即興合奏
- 樂器探索、合奏
- 指揮

備註：幼小班的動作發展尚未成熟，不建議播放音樂。教保人員需視幼兒的動作成
　　　熟度來變化速度。

教保活動範例一　多變的剪刀石頭布

■ 適用年齡：3-6歲

學習指標	美-2-2-3 以哼唱、打擊樂器或身體動作反應聽到的旋律或節奏
	身-1-1-1 認識身體部位或身體基本動作的名稱
活動目標	1. 能有節奏感的唸出唸謠
	2. 能根據歌詞利用手及腳做出對應的動作
	3. 能覺察句尾「布」做出規定的動作
教學資源	音樂（01 剪刀石頭布）

● ● ●　活動步驟與內容　● ● ●

1 **動機引導**：教學者比出剪刀的樣子，問幼兒這是什麼？（例如：耶、小白兔、剪刀）詢問幼兒是否玩過剪刀石頭布？怎麼玩？
透過動機引導喚起幼兒的舊經驗是重要的。

2 **手指動一動**：手指暖身活動，從單一的動作（例如：單一剪刀、石頭、布）到較難的組合動作（例如：剪刀石頭、剪刀石頭、剪刀石頭布）。
這個暖身運動很重要，把剪刀、石頭、布這三個動作做單一練習，再組合。速度從慢到快，可以訓練反應力及專注力，也可以當成歌曲的前導。

3 **手指謠**：邊一起唸謠邊比動作，從一隻手到雙手。熟悉之後可加快速度。

影1-3

4 **give me five**：兩位幼兒為一組面對面坐著，雙手做剪刀、石頭（跟步驟3一樣）、布（互相擊掌）。

5 **往後跳遊戲**：全班圍成一個圓圈，答數1212……，1號和2號倆倆面對面。當聽到「布」的時候要往後跳跟後面的人give me five（擊掌）。下一個「布」又要跳回來跟原來的伙伴give me five。

影1-5

6 **往右跳遊戲**：步驟5的1號圍成一圈在內圈，2號圍成一圈在外圈。內圈不動，外圈聽到「布」要往右跳，和內圈的人擊掌，下一個「布」繼續往右跳，如此可跟內圈的每個人擊掌。輪完之後交換，2號在內圈，1號在外圈，玩法一樣。讓每個人都有移動的機會。

內圈不動

外圈聽到「布」要往右跳，跟新的人擊掌

7 **唸謠及全身律動**：先練習用腳跳出剪刀、石頭、布。熟悉之後跟著唸謠一起做動作，也可以加快速度。

剪刀	石頭	布

腳打叉	雙腳靠攏	手腳張開

這對幼小班比較難。小班幼兒可以透過此活動慢慢訓練動作協調及平衡感。

影1-7

備註：教案不見得一次做完，要視幼兒年齡及音樂經驗，再做適當的調整。教案分成三到四次進行都是可行的。

教保活動範例二　神秘的剪刀石頭布

■ 適用年齡：2-6歲

學習指標 ■ 美 -2-1-1 享受玩索各種藝術媒介的樂趣

美 -2-2-3 以哼唱、打擊樂器或身體動作反應聽到的旋律或節奏

活動目標 ■ 1. 樂於探索肢體動作

2. 能根據創作的動作組合玩律動遊戲

3. 能覺察句尾「布」要做出規定的動作

教學資源 ■ 音樂（01 剪刀石頭布）、兩人一條絲巾

● ● ● 活動步驟與內容 ● ● ●

1 **複習唸謠**：透過手指運動複習唸謠。

2 **探索身體如何做出剪刀的動作**：引導身體的組合做出剪刀，例如：雙手打叉、雙腳打叉。

3 **探索身體如何做出或代表石頭的動作**：引導身體部位做出石頭，例如：點頭、握拳。

4 **創意剪刀石頭布**：兩位幼兒一組面對面坐著，做以下的動作。

剪刀	石頭	布

雙手打叉	拳頭蓋住眼睛	互相擊掌give me five

影2-4

5 躲貓貓：將前面的動作組合起來，一起唸謠並配合動作。設計建議如下。

剪刀	石頭	布
雙手打叉	兩個拳頭蓋住眼睛	手打開做躲貓貓狀

這是幼小班非常喜歡的活動。

影2-5

6 躲貓貓（絲巾）：兩人一組面對面坐著，一人的頭蓋著絲巾，另一人抓住絲巾的兩個角隨音樂舞動，前兩次的「布」稍掀絲巾，最後一次「布」拉下絲巾。

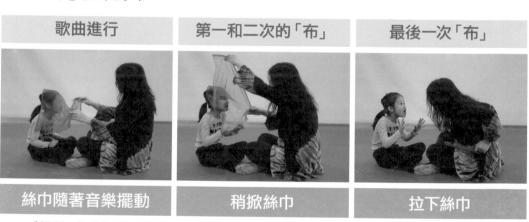

歌曲進行	第一和二次的「布」	最後一次「布」
絲巾隨著音樂擺動	稍掀絲巾	拉下絲巾

躲貓貓的遊戲可以發展幼兒的物體恆存概念。

影2-6

教保活動範例三　一起演奏剪刀石頭布

■ **適用年齡：4-6歲**

學習指標 ┃ 美-1-2-2　探索生活環境中各種聲音，觀察其中的差異

美-2-2-3　運用哼唱、打擊樂器或身體動作進行創作

活動目標 ┃ 1.利用剪刀石頭布做節奏即興

2.探索各種樂器或鬆散素材之聲音

3.利用樂器或鬆散素材做合奏

教學資源 ┃ 音樂（01 剪刀石頭布）、木棒搖鈴、不同材質的樂器、適合敲打出聲音的鬆散素材若干

● ● ●　活動步驟與內容　● ● ●

① **複習唸謠**：複習本單元活動範例二。

② **木棒搖鈴**：每人雙手各持一個木棒搖鈴，分別做以下動作。

剪刀	石頭	布

十字	碰下面木棒	兩側搖動

這個動作比較難，先不要放音樂，等很熟悉之後再放音樂。若沒有木棒搖鈴，利用手搖鈴也可以。

影3-2

3 **肢體創作呈現剪刀石頭布**：幼兒分三組坐成ㄇ字型，分別為剪刀、石頭及布組。可利用手或肢體表現出該組的動作，例如：剪刀組雙手大叉叉、石頭組半蹲、布組做出大字狀跳起來。一人當指揮指到哪一組那一組就要唸出自己的節奏名，例如：剪刀♫，並做出動作。最後可以引導出剪刀石頭布的唸謠。

| 剪刀 | 石頭 | 布 |

隊形很重要，由指揮的左到右依序排列剪刀、石頭、布。這活動對於指揮是一個很棒的節奏即興表現。

影3-3

4 **分組肢體呈現完整唸謠**：同步驟 3，但是加入唸謠（可播放音樂）。

影3-4

5 **探索樂器如何演奏剪刀石頭布**：提供四種不同材質的樂器，讓幼兒探索哪一種樂器要和哪一種動作結合，例如：剪刀（三角鐵）、石頭（響板）、布（鈴鼓）。

探索活動需要多一點時間讓幼兒敲看看，也必須忍耐過程中的吵雜聲。

6 **樂器即興合奏**：將前面所討論的樂器組合起來，三組各持一種樂器。看著指揮，指揮指到哪一組，那一組的幼兒就要演奏。

演奏的隊形很重要，建議排成一個ㄇ字型，指揮在中間。

7 **利用樂器進行合奏**：播放音樂進行樂器合奏。

影3-7

8 **利用鬆散素材進行探索及合奏**：可重複步驟 4 及 5。討論出來的結果，比如可以是剪刀（敲鐵罐）、石頭（敲木箱）、布（搖寶特瓶搖鈴）。

影3-8

7.樂器演奏

8.利用鬆散素材演奏

延伸活動

可以利用鬆散素材排出剪刀、石頭、布。排好之後邊唸謠邊指出來，以達音樂賞析的目的。

音樂學習區之實踐

可以玩什麼？

探索與覺察	表現與創作	回應與賞析
● 肢體探索 ● 聲音探索 ● 音色覺察	● 聲音即興創作 ● 演奏 ● 律動遊戲與創作 ● 音畫創作	● 表演

樂器及素材提供

音樂欣賞：音樂播放器及耳機。

樂器：各種材質的樂器各一到二種（例如：手鼓、響棒、搖鈴、三角鐵）。

打擊用鬆散素材：各種可以敲打出聲音的鬆散素材各一到二種（例如：紙箱、鋼杯、牛奶罐、粗樹枝）。

鋪排用鬆散素材：各種可以排出剪刀、石頭、布象徵圖像的鬆散素材（例如：貝殼、毛根、樹葉、樹枝、花朵、衛生紙、絲巾等）。

律動遊戲之教具：布條或呼拉圈。

學習指標與引導重點

學習指標	引導重點
美 1-2-2 探索生活環境中各種聲音，感受其中的差異	● 敲看看，這些東西聲音有沒有不一樣？什麼聲音像剪刀？什麼像石頭？什麼像布？ ● 身體怎麼敲出剪刀石頭布？
美 2-2-3 運用哼唱、打擊樂器或身體動作進行創作	● 可以用哪些東西排出剪刀、石頭、布？ ● 可以用哪些東西演奏剪刀、石頭、布？ ● 可以邊指你排出來的剪刀、石頭、布，邊唱這首歌？ ● 排出來的剪刀、石頭、布，你可以自己指指看，可以變成一首歌嗎？ ● 有什麼方式可以玩剪刀石頭布？
美 3-1-1 樂於接觸視覺藝術、音樂或戲劇等創作表現，回應個人的感受	● 可以跟好朋友分享你的創作嗎？

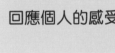

02 可愛身體動一動

詞曲：廖美瑩

G　　　　　　　　　　　　　　　　　　　　C

1.小　手，　　　　　　　　　　　　　　　小　　手，
2.雙　腳，　　　　　　　　　　　　　　　雙　　腳，
Zoom zoom 我 可 愛 的 3.屁 股， zoom zoom 我 可 愛 的 屁 　股，
4.膝　蓋，　　　　　　　　　　　　　　　膝　　蓋，
5.頭　兒，　　　　　　　　　　　　　　　頭　　兒，
6.身　體，　　　　　　　　　　　　　　　身　　體，

G　　　　　　　　　　　　　　　　　D　　　G

小　　手，　甩　呀　甩。
雙　　腳，　跳　呀　跳。
zoom zoom 我 可 愛 的 屁　股，　扭　呀　扭。
膝　　蓋，　轉　呀　轉。
頭　　兒，　點　呀　點。
身　　體，　動　呀　動。

🎵 歌曲分析

調性：G大調　**音域**：6度　　　**難易度**：易
風格：節奏感強、較有精神及活潑感

🎵 歌曲特色與活動設計重點

歌詞	音樂編曲
身體部位及動作 手（甩）、腳（跳）、屁股（扭）、膝蓋（轉）、頭（點）、全身（動）	**最後一段較為熱烈**
依照歌詞做動作即可。	可設計全身會好幾個部位一起動。

備註：音樂另外提供純音樂版，師生可以共譜歌詞，例如：「可愛的肩膀動呀動」。

建議幼小班可以從三段、三個動作開始。

教保活動範例一　可愛身體動一動

■ 適用年齡：2-6歲

學習指標 ■ 美 -2-2-3 以哼唱、打擊樂器或身體動作反應聽到的旋律或節奏

身 -1-1-1 認識身體部位或身體基本動作的名稱

身 -3-1-1 在創意想像的情境展現個人肢體動作的組合與變化

活動目標 ■ 1. 根據歌詞會隨著音樂有節奏性的擺動身體

2. 認識身體的各種部位並做出身體部位的移動方式

3. 能說出歌詞之外的動作或部位，並編在歌曲中

教學資源 ■ 音樂（02 可愛身體動一動、35 可愛身體動一動純音樂）

● ● ●　**活動步驟與內容**　● ● ●

1 **探索身體部位可以怎麼動**：詢問幼兒身體有哪些部位？可以怎麼動？

以艾瑞‧卡爾的《從頭動到腳》繪本為引起動機是一個不錯的選擇，但是只要選書本其中二到三個可引起幼兒興趣的頁面就可以，避免花太多時間在引起動機。多做少說原則。

2 **肢體律動**：根據可愛身體動一動的歌詞，邊討論邊做動作。熟悉之後可以配上音樂，一起舞動。

「你們覺得手可以怎麼動？」（請幼兒發表，例如：拍、甩、揮等）。

透過討論請幼兒發表各種表現方式，建議教學者讓發表者好好表現，切勿在人群吵鬧中發表，一方面建立幼兒們尊重的態度；另一方面，也讓示範幼兒好好表現，讓所有幼兒好好模仿其動作。

影1-2

3 **自編歌詞**：引導將其他的身體部位及移動方式編入歌詞，配上純音樂版，請幼兒邊唱邊跳。

純音樂版有三段（無歌詞），可供師生編創。

備註：這首歌曲也有「可愛的輪子」版，見第十一章「日常」。

03 魔法小手變變變

詞曲：廖美瑩

[F] 魔 法 小 手 變 變 變！ [C]
1.轉 來 轉 去 變變 圓 圈
2.打 開 雙雙 手手 變變 翅 膀
3.握 緊 雙雙 手手 變變 鞦 韆
4.張 開 雙雙 手手 變變 腳 丫
5.握 緊 拳 頭 變變 鼓 棒
6.一 根 手 指 變變 身 體

[F] [Bb] [F] [C] [F]
1.漂 亮 繡 球 花 隨 風 兒 飄 逸。
2.美 麗 花 蝴 蝶 在 空 中 飛 舞。
3.盪 來 又 盪 去 快 樂 散 步 鞦韆。
4.企 鵝 盪 企 咚 隨 在 我 地 上 爬。
5.小 鼓 手 咚 咚 風 空 樂 是 上。
6.毛 毛 蟲 可 愛 爬 在 樹 枝。

🎵 歌曲分析

調性：F大調　**音域**：7度　**難易度**：易到中

風格：爵士風格，較為輕鬆隨興

🎵 歌曲特色與活動設計重點

歌詞	速度
六段歌詞（繡球花、蝴蝶、盪鞦韆、企鵝、小鼓手、毛毛蟲）	其中小鼓手速度較快 盪鞦韆的「盪來又盪去」尾音拉長音 毛毛蟲最後漸慢

| 根據歌詞設計律動。 | 根據歌詞特性不同，做速度的變化。 |

教保活動範例一　魔法小手變變變

▌適用年齡：2-6歲

學習指標 ▌ 美 -2-2-3 以哼唱、打擊樂器或身體動作反應聽到的旋律或節奏

身 -3-1-1 在創意想像的情境展現個人肢體動作的組合與變化

活動目標 ▌ 1. 會隨著音樂有節奏性的擺動身體

2. 會根據歌詞做出手部舞動的動作

3. 會利用手部做出各種創意的動作並改編歌詞

教學資源 ▌ 音樂（03 魔法小手變變變、36 魔法小手變變變純音樂）、小手變變變圖片

● ● ● 活動步驟與內容 ● ● ●

1 **吟唱熟悉的手指謠**：引導幼兒唸誦以前熟悉的有關手指變變變的手指謠，再導入今天的主題。

2 **探索小手如何變變變**：引導幼兒想像小手不同的姿態及組合，可以變成什麼。

3 **猜一猜**：教學者根據歌詞做出手的各種形狀，讓幼兒猜是什麼物品？例如：手變圓圈、兩手張開。

4 **律動**：呈現小手變變變的圖片，依序邊唱邊比動作。熟悉之後可以播放音樂，跟著舞動。

繪圖者：卓邵書彥

影1-4

● 有時候利用圖片，容易增強幼兒的記憶，並且增加教學效能。

● 建議先不要放音樂，分段進行，每次增加一個部位。熟悉之後再播放音樂。

1.漂亮繡球花　2.美麗花蝴蝶　3.快樂盪鞦韆

4.胖胖的企鵝　5.我是小鼓手　6.可愛毛毛蟲

⑤ 改編歌詞：引導其他的創意手部組合，編入歌詞，配上純音樂版，請幼兒邊唱邊舞動。也可延伸至身體其他部位。

備註：音樂另外提供音樂版，師生可透過創意發想共譜歌詞。

04 身體變變變

詞曲：廖美瑩

| C | F | G | C |

我 的 身 體 真 神 奇， 變 來 變 去 變 成 一 個 三 角 形。
兩 個 三 角 形。
三 個 圓 形。

♪ 歌曲分析

調性：C大調　**音域**：6度 　**難易度**：易到中
風格：輕快活潑

♪ 歌曲特色與活動設計重點

曲調	歌詞	主題
重複三次相同的旋律	**開放性歌詞**	**身體動作**
每次可以變化不一樣的身體組合。	變化數量及動作。	模仿毛根人偶之動作。

備註：一剛開始不建議播放音樂。教保人員需視幼兒的動作成熟度來變化速度。

教保活動範例一 身體變變變

■適用年齡：2-6歲

學習指標 ┃ 身 -3-1-1 在創意想像的情境展現個人肢體動作的組合與變化

身 -3-1-1 與他人合作展現各種創意姿勢與動作的組合

美 -2-2-3 以哼唱、打擊樂器或身體動作模仿聽到的旋律或節奏

活動目標 ┃ 1. 利用身體的各個部位變出各種形狀

2. 與他人透過身體組合變出各種形狀

3. 觀察毛根人偶的動作並模仿其動作

教學資源 ┃ 音樂（04 身體變變變、37 身體變變變純音樂）、毛根人偶及

形狀、鈴鼓

● ● ● 活動步驟與內容 ● ● ●

1 **動機引導**：教學者先用身體擺出任何一個形狀，問小朋友這是什麼形狀（例如：愛心、圓形），並拿出用毛根捏塑的形狀。

2 **身體形狀探索（一個人）**：教學者引導幼兒做身體的探索，將身體變成各種形狀。

「兩個三角形？」

「一個圓形？」

「三個圓形？」

● 這種探索活動較為開放，秩序較難掌控，教學者利用鈴鼓節奏的敲打方式會有良好的效果。舉例來說，教學者有節奏感的唸：身體變成一個三角形（唸每個字時輕輕的敲著鈴鼓，最後一聲大聲，幼兒就必須變出教學者說的數量及形狀）。數量可以從 1 到多。

● 當大聲敲鈴鼓，幼兒肢體動作暫停的時候，教學者必須下去與幼兒互動，進行問想做評（創造性引導技巧見第三章），並給予鼓勵及讚美的語言。

影1-2

③ **身體律動**：播放音樂，隨著音樂舞動，聽歌詞做出相對應的形狀。

一個三角形	兩個三角形	三個圓形

影1-3

④ **身體形狀探索（兩個人）**：兩位幼兒一組，教學者透過引導，請幼兒將身體組合成各種形狀。

「想看看兩個人的身體怎麼變出一個三角形？」

「兩個三角形？」「一個圓形？」「三個圓形？」

一個三角形	一個圓形+兩個三角形

透過這個活動，幼兒可以與他人合作，並培養問題解決及溝通能力。

影1-4

⑤ **身體律動**：播放音樂，隨著音樂舞動，聽歌詞做出相對應的形狀。

影1-5

⑥ **毛根變變變**：教學者提供毛根人偶，捏塑出一個動作，請大家模仿。最後請大家一起動。

觀察毛根偶的動作	模仿毛根偶的動作	最後變成一種動物

歌詞也可改成：五根手指真有趣，變來變去變成一個_____（東西或動物等）。

影1-6

延伸活動　可以帶領幼兒創作毛根人偶，並做出各種動作。

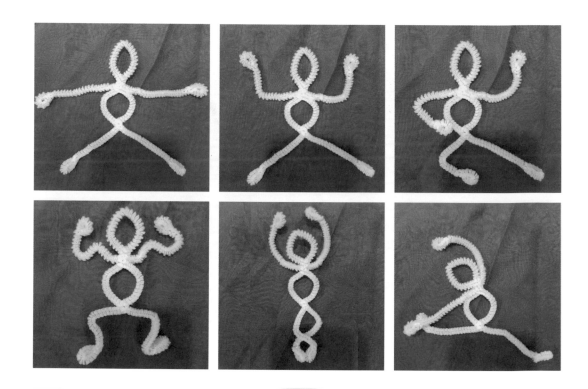

05
Falala

詞曲：廖美瑩

Boun-cing boun-cing shake shake shake, boun-cing boun-cing shake shake shake.

Up down up and down. Up down up and down.

In and out, in and out. Fa la la, fa la la la.

🎵 歌曲分析

調性：E大調　　**音域**：5度 　　**難易度**：易到中

風格：較為輕快

🎵 歌曲特色與活動設計重點

歌詞
bouncing（彈跳）、shake（搖晃）、up（上）、down（下）、in（裡面）、out（外面）

1. 只要跟著歌詞走，就知道可設計什麼動作。

2. 可以透過歌唱學習英文的基本動作及方位，將英文與動作連結。

> 備註：1. Falala 在這邊沒有特殊的意思，只是表達開心之意。
>
> 　　　2. 通常有關肢體動作的音樂都會較重節奏，因此幼兒較雀躍有時會忽略細節。
>
> 　　　所以這首歌的編曲及演唱都刻意溫和些，希望歌唱跟動作都同時具有「美感」。

🎵 活動設計建議網絡圖

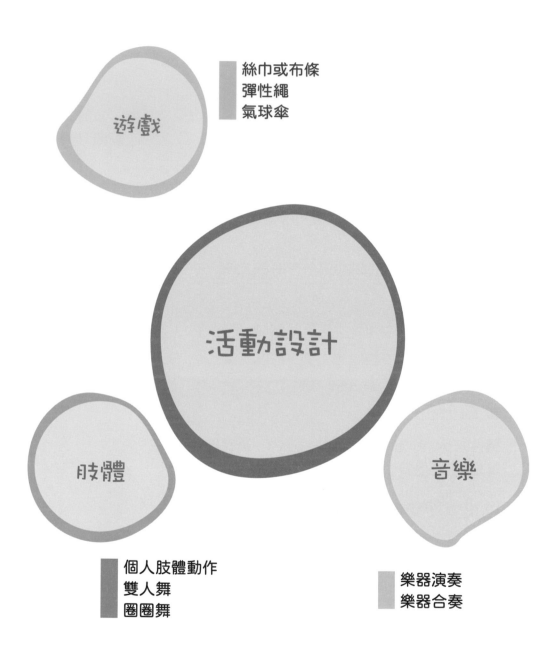

遊戲

絲巾或布條
彈性繩
氣球傘

活動設計

肢體

音樂

個人肢體動作
雙人舞
圈圈舞

樂器演奏
樂器合奏

教保活動範例一　Falala來運動

■ **適用年齡：2-6歲**

學習指標 ■ 美 -2-2-3 以哼唱、打擊樂器或身體動作反應聽到的旋律或節奏

　　　　　　身 -1-1-1 認識身體部位或身體基本動作的名稱

　　　　　　認 -1-1-3 辨識兩個物體位置間上下、前後、裡外的關係

活動目標 ■ 1.能根據歌詞利用身體做出對應的動作及方位

　　　　　　2.能用英文說出歌詞中的動作及方位

教學資源 ■ 音樂（05 Falala）

●　●　●　**活動步驟與內容**　●　●　●

① **動機引導**：複習以前曾經唱過和動作相關的歌曲（例如：「頭耳肩膀膝腳趾」），或問幼兒身體可以怎麼動。

② **英文與動作／方位**：動作及方位一個個的英文教學。

2-1　教學者表演彈跳的動作，詢問幼兒知不知道這是什麼動作。

2-2　教彈跳的英文「bouncing」（邊說邊做動作）。

2-3　接續 2-1 及 2-2 的步驟教「shake」。

2-4　教學者做出上與下（相反詞）的動作，並告知這是上面，並詢問：「這是什麼？」（指下面的動作）。

2-5　教上下的英文「up」和「down」（邊說邊做動作）。

2-6　接續 2-1 及 2-2 的步驟教「in」和「out」。

③ **隨著音樂舞動**：根據歌詞做出相對應之動作。

④ **雙人舞**：兩人一組，面對面手拉手，隨歌詞做動作。

影1-4

⑤ **圈圈舞**：大家圍個圈圈手牽手站著，隨歌詞做動作。

教保活動範例二　Falala來演奏

適用年齡：2-6歲

學習指標　美-2-2-3 以哼唱、打擊樂器或身體動作反應聽到的旋律或節奏

活動目標　1. 能隨著音樂演奏樂器並反應出歌詞的動作

　　　　　　2. 能利用兩個樂器來進行合奏

教學資源　音樂（05 Falala）、手搖鈴或木棒搖鈴、響棒、蛋沙鈴

● ● ●　活動步驟與內容　● ● ●

1 **複習歌曲**：讓幼兒熟悉歌曲。

2 **單一樂器演奏**：每一位幼兒持一對的木棒搖鈴或手搖鈴。演奏方式建議如下。

前奏	bouncing	shake	up	down	in	out	falala
肢體搖擺	十字敲	搖動	往上搖	往下搖	往中間搖	往外搖	轉圈圈

影2-2

3 **分組合奏**：將幼兒分為兩組，各持兩種不同音色的樂器，例如：響棒、蛋沙鈴。教學者指到哪一組哪一組就演奏。也可以請幼兒來指揮。

2.單一樂器演奏

3.分組合奏

可以鼓勵幼兒自創手勢來指揮。

影2-3

教保活動範例三　Falala的遊戲

■ **適用年齡：2-6歲**

學習指標 ■ 美 -2-2-3 以哼唱、打擊樂器或身體動作反應聽到的旋律或節奏
　　　　　 美 -3-1-1 樂於接觸視覺藝術、音樂或戲劇等創作表現

活動目標 ■ 1. 能隨著音樂舞動絲巾並反應出歌詞的動作
　　　　　 2. 能隨著歌詞的動作舞動彈性繩及氣球傘
　　　　　 3. 樂於參與音樂遊戲與表現

教學資源 ■ 音樂（05 Falala）、絲巾或布條、彈性繩、氣球傘

● ● ● **活動步驟與內容** ● ● ●

1 **複習歌曲**：讓幼兒熟悉歌曲。

2 **絲巾**：兩位幼兒面對面各持一條絲巾或布條的兩角，隨著音樂舞動絲巾，但反應歌詞的動作。

影3-2

3 **彈性繩**：圍個圈圈，每一位幼兒握住彈性繩，隨著音樂配合歌詞做動作。

若沒有彈性繩，也可以用童軍繩，或師生共創創意的彈性繩。

影3-3

4 **氣球傘**：作法與彈性繩同。

3.彈性繩　　　　　　4.氣球傘

影3-4

非洲歌謠

🎵 **歌曲分析**

調性：降E大調　**音域**：9度　**難易度**：中到難

風格：節奏感強，有精神

Si ma ma ka	Ruka	Tem be akimbia
A：輕快穩定節奏	B：轉的感覺	C：進行曲，有精神感

歌曲特色與活動設計重點

歌詞	間奏	世界音樂
三個動作 si ma ma（站起來）、ka（坐下）、ruka（跳）、tem be a（走路）、kimbia（跑）	**有節奏感**	**非洲歌曲**
可分三個大動作，去做活動設計。	非洲歌曲有較強的節奏，間奏可以做肢體創作。	可以聯想所有跟非洲相關的活動，例如：舞蹈、肢體動作等。

音樂順序

小前奏—AABA—AABA—CCBA—CCBA—間奏 8 小節—AABA—AABA—CCBA—CCBA—尾奏 8 小節。

備註：這是一首非洲歌謠，通常非洲音樂會讓人想跳舞及打鼓，因此別忘了帶領幼兒體驗這種特殊的語言及音樂。

♫ 活動設計建議網絡圖

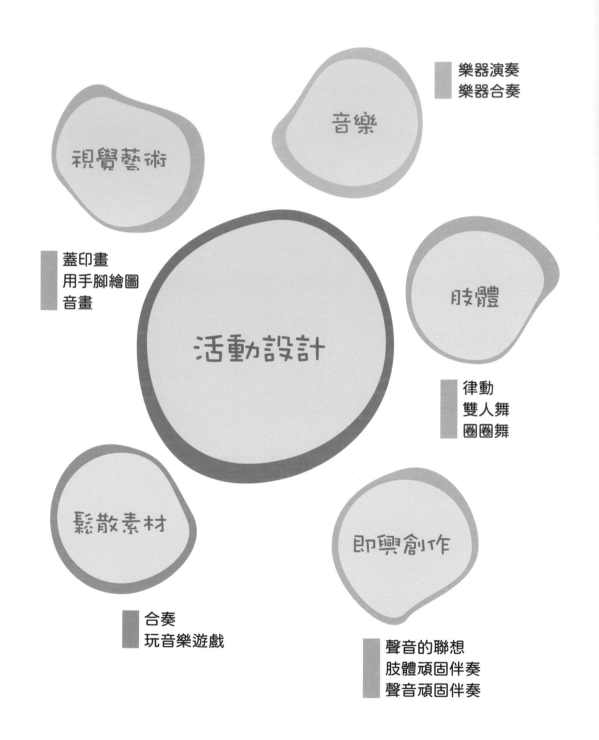

視覺藝術

音樂

■ 樂器演奏
■ 樂器合奏

■ 蓋印畫
■ 用手腳繪圖
■ 音畫

活動設計

肢體

■ 律動
■ 雙人舞
■ 圈圈舞

鬆散素材

即興創作

■ 合奏
■ 玩音樂遊戲

■ 聲音的聯想
■ 肢體頑固伴奏
■ 聲音頑固伴奏

教保活動範例一　非洲歌的律動

■ **適用年齡：3-6歲**

學習指標 ┃ 美-2-2-1 玩索各種藝術媒介，發揮想像並享受自我表現的樂趣

美-2-2-3 以哼唱、打擊樂器或身體動作模仿／反應聽到的旋律或節奏

活動目標 ┃ 1. 樂於參與音樂表現

2. 能模仿各種動作

3. 能利用肢體配合樂段做出三個動作

教學資源 ┃ 音樂（06 Si ma ma ka）

● ● ● 　活動步驟與內容　● ● ●

1 **模仿動作**：請幼兒聽著音樂跟著教學者做動作：A：拍拍手（三下）；B：手轉圈圈；C：拍地板。唱完提出一些問題請幼兒回應。

「剛才我們做了幾個動作？」（三個）複習這三個動作。

「這首歌讓你有什麼感覺？」（對較小的幼兒可能直接問：「你覺得很熱鬧還是很安靜？」）

之後老師再漸漸導入非洲相關的故事或非洲歌特性。

所有的律動帶領，最好從靜態的定點律動開始，好好聆聽音樂，熟悉之後再站起來及移動，會比較有次序感。

2 **定點律動**：聽著歌曲再做一次動作。

影1-2

| A：拍拍手（三下） | B：手轉圈圈 | C：拍地板 |

3 **移位律動**：站起來做動作，A和B段樂段在原地做動作（拍手、手轉圈圈），C段改為隨著音樂到處踏步走。

影1-3

4 **兩人一組**：兩人一組，請幼兒跟著音樂做動作：Ａ：互相擊掌（三下）；Ｂ：自己手轉圈圈；Ｃ：往後退、往回走。

| Ａ：互相擊掌（三下） | Ｂ：自己手轉圈圈 | Ｃ：往後退、往回走 |

中大班可請幼兒自創舞步。

影1-4

教保活動範例二　肢體節奏的即興創作

■ **適用年齡：2-6歲**

學習指標 ■ 美 -1-2-2 探索生活環境中各種聲音，感受其中的差異

■ 美 -2-2-3 運用哼唱、打擊樂器或身體動作進行創作

活動目標 ■ 1. 探索身體可以發出的聲音

■ 2. 能將各種肢體動作及聲音組合成頑固伴奏

教學資源 ■ 音樂（06 Si ma ma ka）

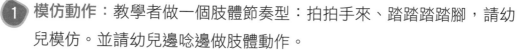
●●● 活動步驟與內容 ●●●

1 **模仿動作**：教學者做一個肢體節奏型：拍拍手來、踏踏踏踏腳，請幼兒模仿。並請幼兒邊唸邊做肢體動作。

影2-1

2 **肢體探索**：帶領幼兒探索，還可以將哪兩個肢體動作做組合，例如：

點點頭來、扭扭腰；放放鞭炮來、轉圈圈。

● 須提供足夠的時間讓幼兒東拍拍西動動，把兩個動作組合起來。

● 一剛開始只要把兩個動作組合起來就可以。

3 **發表**：請某位幼兒發表自創的動作組合，大家一起跟著做。

適當提供幼兒獨自表演或分享自己的創作是很重要的，不但增加幼兒的自信心，也增進表達力。

影2-3

4 **律動**：複習上一次A、B、C樂段的動作，並在間奏及尾奏的地方加上肢體動作。

5 **挑戰較難的肢體節奏**：可以循序漸進，從兩個肢體節奏到三或四個肢體節奏，例如：拍手、拍胸、拍膝蓋、踏腳。

這個活動相當適合用在音樂區，讓幼兒研究肢體可以如何打出節奏、可以創作出幾種不同的頑固伴奏。也許可以自創節奏。

拍手　拍胸

拍膝蓋　踏腳

影2-5

備註：音樂有另外把「間奏」獨立出來，方便伴奏這活動範例。

教保活動範例三　聲音的即興創作

■ 適用年齡：4-6歲

學習指標
美-1-2-2 探索生活環境中各種聲音，感受其中的差異

美-2-2-3 以哼唱、打擊樂器或身體動作模仿／反應聽到的旋律或節奏

美-2-2-3 運用哼唱、打擊樂器或身體動作進行創作

美-3-2-2 欣賞音樂創作，描述個人體驗到的特色

活動目標
1. 能模仿及創作簡單的頑固伴奏，並用肢體表現出來
2. 能探索大自然的聲音，並創作出簡單的音畫
3. 能表現出自己創作的內容
4. 能欣賞他人的創作並描述及回應自己的感受

教學資源
音樂（06 Si ma ma ka）、祈雨棒、鼓棒、樂器若干、圖畫紙、畫筆、塑膠袋、絲巾或布條

● ● ●　活動步驟與內容　● ● ●

1 **節奏模仿**：幼兒跟著教學者唸節奏，教學者唸什麼幼兒就跟著唸什麼，讓幼兒熟悉即興的模式，例如：YABABA YABABA。

教學者如果對聲音即興信心度不足，只要學影片中老師的即興唱熟，就可以上場囉！一開始可以用「YA」及「BA」這兩個音節。

影3-1

2 **用兩個音節做即興**：鼓勵幼兒用兩個音節來做即興。

2-1 先用教學者設定的兩個音，請某位幼兒來即興創作，之後大家一起模仿即興。
「我們先用 YA BA 來玩，有誰可以試看看？」

2-2 嘗試用不同的音節，例如：DA DU、BI BO。也請幼兒想一想可以用什麼。
「我們可以用 DA DU 來玩？有誰想到別的？」

即興創作前，需要有足夠的模仿，最主要是讓幼兒了解即興模式，老師必須有自信的唱出韻味。

影3-2

| 1.幼兒模仿教學者唱出的節奏 | 2.大家模仿幼兒唱出的節奏 |

3 尋找生活聲音的組合：跟幼兒一起探索生活中有哪些聲音。

3-1 老師拿祈雨棒演奏，讓幼兒閉起眼睛猜是什麼聲音，例如：下雨。

> 「你們來聽看看這可能是什麼聲音？」

3-2 請幼兒模仿聲音並加動作。

> 「你們可以跟著我一起來唱出這個聲音。」

3-3 請某位幼兒用線條畫出聲音的譜，幼兒畫下來之後，請該幼兒指揮譜，其他幼兒唱下雨的聲音（例如 3-3 中女孩的：DIDIDIDI DADA，就是用兩個音節來組合）。

> 「要怎麼把這個聲音畫下來？」

> 「你們可以看這個譜來唱歌。」

3-4 幼兒分兩組來表演，一組 DIDIDIDI（手指微動由上往下），另一組 DADA（手輕輕拍地板）。動作可以由幼兒來發想。

| 3-3幼兒畫出音畫 | 3-4 DIDIDIDI | 3-4 DADA |

3-5 請創作的幼兒來即興指揮，其他幼兒來演奏。並請幼兒畫下合奏譜，其他幼兒演奏出來。

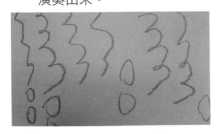

當幼兒畫得出來，描述得出來，又能表演出來，表示他真正達到賞析，知道這個聲音的組成及特色。

3-6 請幼兒用樂器來演奏，例如：蛋沙鈴代表 DIDIDIDI；手鼓代表 DADA。要使用什麼樂器可以請幼兒來探索，什麼樂器聽起來比較適合。

影3-3

4 **其他大自然聲音之聯想**：鼓勵幼兒想像其他大自然的聲音。

4-1 請一位幼兒來發表。

「你們還有想到什麼神奇的聲音？可以跟動作一起表演？」（例如：風）

4-2 請幼兒一起模仿風，並玩風的遊戲（例如：吹、停）。

4-3 鼓勵幼兒回應及描述他所聽到的聲音。

「你覺得這是什麼聲音？」（回應幼兒發表的聲音創作）

「你聽到什麼？」（幼兒描述聲音細節及特性）

4-4 請幼兒想想看，是否可以用塑膠袋表演風。

4-5 請幼兒想想看，是否可以用絲巾或布條來表現風。

影3-4

| 4-2風的遊戲 | 4-4塑膠袋當風 | 4-5絲巾或布條當風 |

5 **探索動物聲音的組合**：可模仿步驟3的模式來進行。

| 狗 | 貓 | 蛇 |

● 建議從兩個動物的聲音開始組合，漸漸到三個。太多反而會太複雜失去節奏感。

● 動物聲音的高低及長短最好有些對比，音色比較多元，如上圖。

影3-5

6 **肢體頑固伴奏複習**：複習上一次間奏及尾奏的肢體頑固伴奏。

7 **肢體頑固伴奏及聲音即興**：引導幼兒動作加上聲音即興，例如：
YABAYABA、TUTUTUTUTA。

影3-7

8 **表演**：依照本單元活動範例二的表演設計，但前奏及尾奏加上聲音的
部分。

影3-8

> 備註：這個教案可視情況分為三次來進行，其中還可以導入對大自然聲音深入的觀
> 察及聽想，或結合主題之後，再回來繼續其他的教學步驟。此活動透過團體
> 教學之後，也適合在學習區中讓幼兒自由探索及創作。

教保活動範例四　好玩的節奏樂

適用年齡：4-6歲

學習指標	美 -1-2-2 探索生活環境中各種聲音，感受其中的差異
	美 -2-2-3 以哼唱、打擊樂器或身體動作反應聽到的旋律或節奏
	美 -2-2-3 運用哼唱、打擊樂器或身體動作進行創作
活動目標	1. 探索樂器及鬆散素材的音色，並對應每個樂段
	2. 能利用樂器及鬆散素材進行合奏
教學資源	音樂（06 Si ma ma ka）、三種樂器（例如：響棒、手搖鈴、鼓）、
	三種鬆散素材（例如：石頭、有樹枝的樹葉、乾樹枝）

● ● ● **活動步驟與內容** ● ● ●

1 **複習肢體動作**：複習本單元活動範例二之步驟2，熟悉曲式及動作。

2 **複習間奏和尾奏的肢體動作**：如本單元活動範例二之步驟5。間奏和
尾奏做肢體頑固伴奏。

3 **分組樂器合奏**：幼兒分三組，各持不一樣的樂器，依照樂段演奏不同的樂器。

A	B	C
響棒	手搖鈴	鼓

參考「01 剪刀石頭布」的引導步驟。

影4-3

4 **間奏即興創作**：同聲音及肢體的引導方式，教學者或幼兒來指揮間奏及尾奏，例如：響棒響棒　搖鈴搖鈴鼓
響棒鼓　搖鈴搖鈴鼓

間奏及尾奏做肢體頑固伴奏。間奏時看指揮指到誰，誰就演奏。

影4-4

老師指揮的手勢必須要明確，並且肢體要有節奏感。這活動非常適合在音樂學習區中進行。

5 **樂器合奏**：將步驟3與4結合，成為完整的合奏。

影4-5

6 **鬆散素材合奏**：利用三種不同的鬆散素材（例如：石頭、樹葉、樹枝）讓幼兒探索，如何將這三種鬆素材當樂器做組合，演奏完整的樂曲，步驟如步驟3至5。

A	B	C
石頭	樹葉	樹枝

為了配合非洲的場景，可以找一些有聲音的自然素材。

影4-6

教保活動範例五　一起來跳非洲舞

■ 適用年齡：4-6歲

學習指標 ■ 美-2-2-3 以哼唱、打擊樂器或身體動作反應聽到的旋律或節奏

　　　　　 ■ 美-2-2-3 運用哼唱、打擊樂器或身體動作進行創作

活動目標 ■ 1. 能根據樂段及設計的舞步，用舞蹈的方式表現

　　　　　 ■ 2. 能根據樂段特質自創適當的舞步

教學資源 ■ 音樂（06 Si ma ma ka）、花環、舞衣

● ● ●　活動步驟與內容　● ● ●

1 **複習兩人肢體動作**：複習唱歌及肢體律動。

2 **分解動作**：幼兒圍一個圓圈，分解以下的動作。

A	B	C	間奏／尾奏

往右踏步走	原地踏腳	往圓心走再往外	做以前創作的頑固伴奏

3 **舞蹈動作創作**：A動作不變（因為固定節奏），問幼兒什麼動作適合B及C。

4 **幼兒自創舞蹈**：選定一個最順的創作動作，大家一起聽音樂跳舞。

影5-4

5 **單圈舞蹈**：幼兒圍成一圈，兩位幼兒一組，面對面站著。分解下圖的動作。B完之後（Ka）要往後跳。熟悉動作以後配合音樂。

A	B
兩人互相擊掌三下	揮手byebye

C	間奏／尾奏
在大腿上打拍子	做以前創作的頑固伴奏

影5-5

6 雙圈舞蹈（交換舞伴）：幼兒分成內外兩圈，內圈固定不要動，B完之後（Ka）往右移動一個位置，C時內圈不動手掌朝上，外圈一拍拍往右拍手。中間伴奏 YABAYABA TUTUTUTUTA。

A	B
兩人互相擊掌三下	揮手byebye

C	間奏／尾奏
在大腿上打拍子	做以前創作的頑固伴奏

影5-6

較小的幼兒可能到步驟4，較大的幼兒，又有較多的舞蹈經驗可以挑戰步驟5及6。

教保活動範例六　創意玩畫

■ **適用年齡：2-6歲**

學習指標 ■ 美 -2-2-3 以哼唱、打擊樂器或身體動作反應聽到的旋律或節奏

　　　　　■ 美 -2-2-1 運用各種視覺藝術素材與工具，進行創作

　　　　　■ 美 -3-3-2 欣賞音樂創作，描述個人體驗到的特色

活動目標 ■ 1.能配合各樂段與他人一起作畫

　　　　　■ 2.能利用各種視覺藝術素材進行聽音樂作畫

教學資源 ■ 音樂（06 Si ma ma ka、41 Si ma ma ka 間奏）、視覺藝術顏料

　　　　　■ 及用具（例如：圖畫紙、剪刀）

●●● ■ 活動步驟與內容 ■ ●●●

1 **複習**：複習唱歌及肢體律動。

2 **樂段與顏色的聯想**：提供非洲的相關背景圖片讓幼兒觀察有什麼顏
色，例如：橘、綠、黃色。讓幼兒聯想A、B、C三段各用什麼顏色代
表。
幼兒拿到顏料會相當雀躍，常常會忘了必須根據音樂特性來作畫，因此必須要先讓
幼兒練習作畫手法。

3 **製作樂段色塊**：先把水彩塗在圖畫紙上，形成三種不同的大色塊。等
待顏料乾了之後，將其裁成小正方形（例如：橘色代表A段共8塊；
綠色代表B段共4塊；黃色代表C段共4塊）。

4 **排出音樂結構**：將三個顏色的色卡分為三堆，並提供一個黑色底布當
背景。幼兒聽到音樂時需要判斷是哪一個段落，而擺上該樂段的色卡
（由左到右排列）。排好之後再播放一次音樂，幼兒用手指出該色
卡。
● 此歌曲的進行為AABA（第一行）AABA（第二行）C C BA（第三行）C C BA（第四行）。
● 此方式可以評量幼兒是否具備賞析之能力。若是幼兒能依照樂段放置正確的色卡，
　或是可以聽著音樂指出正確的色卡，這就代表他理解這首歌曲了。

| 3.製作色塊 | 4.排出音樂結構 |

5 新媒材體驗作畫：重複步驟 2 到 4，也可以嘗試其他的媒材，例如：

樂段	A	B	C
手法	手印	噴畫	蓋印
工具	大海棉	牙刷	小海棉

  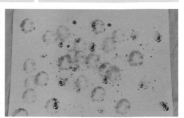

| 每個幼兒持一個工具 | 聽到自己的樂段才作畫 | 音畫成品 |

海綿上面先沾滿顏料。

影6-5

6 團體作畫：重複步驟 2 到 4，也可以嘗試其他的媒材，例如：

樂段	A	B	C
手法	手印	甩畫	腳印
意義	黃、紅、橘、咖啡 （象徵非洲色彩的豐富性）	綠色 （象徵草原、森林）	黃色 （象徵太陽）
律動	ma ma ka蓋三下	手持樹枝（樹葉塗顏料） 甩甩甩	在圓心隨音樂舞動

影6-6

07
影子與我

詞曲：廖美瑩

A
我的影子跟著我，我向前他跟著向前。我往後他跟著往後，我停　他也　停。

我的影子跟著我，我跑步他跟著跑步。我往上跳他也往上跳，我停　他也　停。

B
啦　－　－　　　影子和我是好朋友，啦　－　－　　影子和我玩遊戲。

A
我的影子跟著我，我跳舞他跟著跳舞。我轉圈圈他也轉圈圈，我停　他也　停。

我的影子跟著我，我學螃蟹走他跟著走。他是我的好麻吉，　永遠　不分　離。

🎵 歌曲分析

調性：降B大調　**音域**：9度　**難易度**：中

風格：爵士，放鬆且有節奏感

🎵 曲式

ABA（A：節奏感；B：旋律性）。

🎵 歌曲特色與活動設計重點

歌詞	休止符	B段
許多動作：前／後／停／跑／跳、跳舞／轉圈圈、螃蟹走路	「停」	旋律線
根據這幾個動作隨音樂舞動即可。	聽到「停」，動作要凍住。	可以設計兩個影子之間的互動。

教保活動範例一　影子與我

適用年齡：2-6歲

學習指標
身 -1-1-1 認識身體部位或身體基本動作的名稱

美 -2-2-3 以哼唱、打擊樂器或身體動作模仿／反應聽到的旋律或節奏

美 -2-2-6 進行兩人以上的互動扮演

美 -3-2-2 欣賞音樂創作，描述個人體驗到的特色

活動目標
1. 認識各種身體的基本動作並做出動作
2. 能跟隨音樂歌詞做出合適的動作
3. 能跟隨並觀察、模仿引導者的動作，扮演影子的遊戲
4. 能欣賞別人的表演並回應其看法

教學資源 音樂（07 影子與我）、伸縮衣

●●● 活動步驟與內容 ●●●

1 **動機引導**：詢問幼兒什麼時候會看到自己（例如：照鏡子時），接著玩手部照鏡子的遊戲，例如：老師的手做出小鳥飛翔及停的動作請幼兒模仿。最後導出影子的特性：(1)影子的形狀會跟人或物品一模一樣；(2)人停影子就會停。

2 **移位的影子遊戲**：幼兒當教學者的影子，意即幼兒模仿教學者的動作。也可以請一位幼兒當引導者（創意的移動，停止凍住做出一個造型），其他的幼兒跟隨。

影1-2

3 **移位的影子遊戲（伸縮衣）**：同步驟2，但是穿上伸縮衣。

伸縮衣是一個很好做肢體造型的素材。可買萊卡布（伸縮性很強），車成布袋。

影1-3

4 **探索各種走路的方式**：引導幼兒，討論可以怎麼走路，例如：正常走路、學螃蟹走路、學各種動物走路等。

5 **探索各種走路的行徑**：直線走、曲線走、亂七八糟走（可以準備一些圖片供幼兒參考）。

6 **動作練習**：練習歌詞中的動作，例如：走路、跑步、停；往前走、往後走、停；跑步、跳、停；螃蟹走、轉圈圈、停。

7 **欣賞與回應（影子與我律動）**：幼兒跟在教學者後面當影子。播放音樂時，幼兒模仿教學者的動作，可分為A段：教學者只要隨歌詞做動作就可以；B段：兩個人手拉手轉圈圈，或設計其他好朋友會做的有趣動作，最後兩個人互相抱抱。熟悉之後也可以請兩位幼兒一組，互相模仿。可以請兩位幼兒表演，其他幼兒欣賞，並回應。

影1-7

8 **伸縮衣律動**：穿上伸縮衣，跟步驟7一樣。

影1-8

08 和影子玩遊戲（律動）

曲：蕭利倩

🎵 樂曲特色與活動設計重點

旋律	休止符
音樂&停	有休息1拍及3拍 （聽木魚的聲音）
利用動靜設計出不同動作方式。	利用休止符設計遊戲。

教保活動範例二　影子音樂會

適用年齡：2-6歲

學習指標 ▎ 美-1-2-2 探索生活環境中各種聲音，感受其中的差異

美-2-2-3 以哼唱、打擊樂器或身體動作反應聽到的旋律或節奏

活動目標 ▎ 1. 能察覺休止符並做相對應的動作

2. 能利用人聲、樂器及肢體創作和表現休止符

教學資源 ▎ 音樂（07 影子與我、08 和影子玩遊戲律動）、樂器、鬆散素材若干

● ● ● 活動步驟與內容 ● ● ●

1 複習：複習本單元的活動範例一，再次強調聽到「停」（休止符），動作就必須停止。

2 聲音覺察：播放和影子玩遊戲的音樂，請幼兒聽看看，音樂「停」（休止符）的時候有聽到什麼聲音（木魚）。

3 拍手拍出木魚的聲音：請幼兒聽到休止符的時候拍手。

影2-3

4 動作創作：請幼兒想想看除了拍手，身體還可以怎麼發出聲音，例如：拍屁股、踏腳等。播放音樂，把幼兒的創意一起隨著音樂演奏出來。

影2-4

5 肢體合奏：幼兒站成ㄇ字型，分三組，每組一個動作（例如：拍手、拍肚子、拍屁股）。播放音樂，當老師指到哪一組，哪一組就演奏。有時也可以兩組同時演奏。熟習模式之後，可以邀請幼兒上台指揮。

08
身
體
動
作

老師的指揮動作很重要，哪一個樂句完後要哪一組演奏，需要先面向那一組，不能突然指向那一組，否則整個合奏會亂掉。

6 **聲音＋肢體創作：**請幼兒想看看，聲音跟肢體動作可以怎麼配合。

影2-6

7 **聲音肢體合奏：**同步驟 5。
幼兒必須要對此首曲子非常熟悉，才能演奏出美妙的合奏。

影2-7

8 **動物合奏：**如步驟 5 與 6，但是換上動物的動作及聲音。

影2-8

9 **樂器合奏：**如步驟5與6，但是每一組換一種樂器。

老師在分配樂器時要注意音色的平衡，最好有三種不同材質的樂器（例如：手鼓、木魚、搖鈴）。

影2-9

10 **鬆散素材合奏：**如步驟 5 與 6，但是每一組換一種鬆散素材。
影片請參考「01 剪刀石頭布」演奏方式。

教保活動範例三　影子遊戲

■ 適用年齡：3-6歲

學習指標 ■ 美-2-2-3 以哼唱、打擊樂器或身體動作模仿／反應聽到的旋律或節奏

活動目標 ■ 1. 能模仿他人的動作

■ 2. 能覺察音樂停止，並能立即反應做出與他人相同或相反的動作

教學資源 ■ 音樂（07 影子與我、08 和影子玩遊戲律動）

● ● ● **活動步驟與內容** ● ● ●

1 複習：複習本單元的活動範例一，再次強調聽到「停」，動作就必須停止。

2 複習：複習本單元的活動範例二，聽到休止符拍手。

3 影子遊戲（做相同的動作）：教學者當帶領者，幼兒們當影子。音樂開始便隨著音樂有節奏感的移動，等到音樂停止（休止符），大家都要凍住，學帶領者的動作（擺一個姿勢）。也可以兩位幼兒一組，一人當人（引導者），另一人當影子（追隨者）。

影3-3

4 影子遊戲（做相反的動作）：與步驟3相同，但音樂停止時，兩人必須做相反的動作，例如：帶領者做一個大動作；跟隨者則做一個小動作。

相同的動作　　　相反的動作　　　影3-4

備註：此教案參考廖美瑩（2018）科技部實務專題計畫中蕭利倩老師的律動設計。

身體動作

第一部曲 特別的我

身體動作 ○

長大 ●

情緒 ○

日常 ○

 第一部曲

特別的我

⑨ 長大

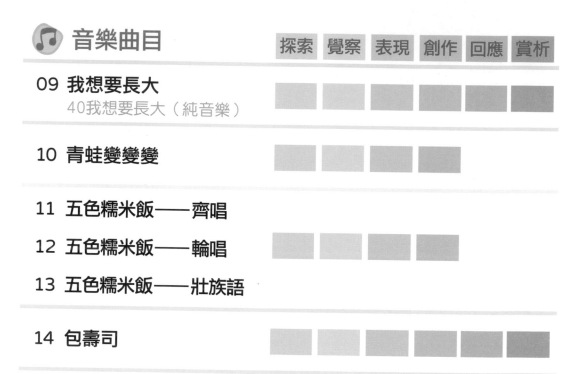

09
我想要長大

09
長
大

詞曲：廖美瑩

長大 長大 我想要長大。 長大長大 會做好多事。

汪汪 汪汪 我 會學狗叫。 長大長大 快樂的長大。

（鈴鼓） 我 會敲鈴鼓。

（碰鈴） 我 會騎腳踏車。

（沙 鈴） 我 會炒青菜。

🎵 歌曲分析

調性：D大調　**音域**：5度　**難易度**：易到中
風格：活潑

🎵 歌曲特色與活動設計重點

曲調	開放性歌詞
第一拍都落在主和弦	第五及六小節可改變歌詞
設計 DA 音磚的練習。	利用這兩小節引導創作。

備註：音樂備有純音樂版，可以提供師生共同創作，不受原來歌詞影響。

教保活動範例一　我想要長大

■ **適用年齡：2-6歲**

學習指標	美 -1-2-2 探索生活環境中各種聲音，察覺其中的差異
	美 -2-2-3 以哼唱、打擊樂器或身體動作反應聽到的旋律或節奏
	美 -2-2-3 運用哼唱、打擊樂器或身體動作進行創作
	美 -3-2-2 欣賞音樂創作，描述個人體驗到的特色
活動目標	1. 能察覺到歌中的聲音是小狗並會學狗叫
	2. 能用聲音探索及模仿各種動物的叫聲，並與圖形配對
	3. 能探索各種樂器的聲音，並與動物聲配對
	4. 會隨著或敲打音磚的聲音，以穩定的速度唱歌
教學資源	音樂（09 我想要長大、40 我想要長大純音樂）、DA 音磚一組、聲音圖形教具、六種打擊樂器（例如：棒棒糖鼓、鈴鼓、碰鐘、沙鈴、響板、刮胡）、空白紙、色筆

● ● ● ● **活動步驟與內容** ● ● ●

1 **動機引導**：教學者詢問幼兒長大後想做什麼事。
「長大了，你會幫爸爸媽媽做什麼事？」

2 **歌唱與聆聽**：教學者邊敲音磚邊唱我想要長大（第一段）。結束後詢問幼兒，歌曲裡的人長大想做什麼。
「這個人長大會做什麼？」（學狗叫）

● 當幼兒聽到狗叫聲，會學狗叫，表示他已經「覺察」到動物的聲音。
● 音磚的擺放，左邊 D，右邊 A。

影1-2

3 **狗叫聲與樂器配對**：分解步驟如下：
3-1 **模仿**：教學者請幼兒一起學狗叫。
3-2 **聲音與樂器聯想**：提供一些小的打擊樂器，請幼兒進行狗與樂器的配對，

例如：手鼓、棒棒糖鼓。

「誰願意來試看看？什麼樂器敲起來比較像狗的聲音？」（請先學狗叫，再敲樂器，配對看看哪一個比較像）

3-3 **回應**：請幼兒回應他所聽到的聯想。

「剛剛你們聽到小美用響板當小狗的聲音，你們覺得像嗎？」

「我覺得太小聲了！」（也許某一位幼兒回答）

「你要不要試看看用其他的樂器？」（教學者請回應的幼兒繼續探索）

3-4 **演奏**：大家一起唱歌，並請創作狗聲音的幼兒在第六小節負責敲此樂器（代表狗叫聲）。

影1-3

4 **動物聲音探索與圖形配對**：分解步驟如下：

4-1 **動物叫聲**：教學者繼續詢問：「你們還會學什麼動物叫？」例如：豬（oink oink oink oink）。

4-2 **幼兒獨自表現**：請一位幼兒模仿豬的聲音。

4-3 **聲音跟圖形的配對**：請一位幼兒把剛才豬的聲音跟圖形配對。「你們覺得 oink oink oink oink 是哪一個圖形？」

4-4 **指出圖形**：讓一位幼兒指出來剛才的豬叫聲音接近哪一個圖形。

4-5 **確認**：讓發表的幼兒來確認。也可以繼續詢問，有沒有不一樣的答案。

4-6 **合唱**：讓發表的幼兒指著圖形，大家一起發出豬的聲音。

● 這個步驟的引導要相當小心，不要讓幼兒一直講答案，建議讓一位幼兒發表想法，並指出來哪一個圖形，也請其他幼兒想看看有沒有其他想法？有可能是其他圖形？還是這個動物有不同的叫聲？沒有標準答案，透過幼兒討論，幼兒會自己再澄清自己的想法，記得尊重幼兒不同的想像及發表。這一段的引導非常重要，建議參考影音版教學影片中，老師與幼兒的互動語言。

● 如果沒有適合的圖形，也可以請幼兒畫出來；也可以利用鬆散材料，請幼兒排出各種音形；也可以排出各種不同的節奏符號（如下圖），聽看看小朋友會怎麼將其跟聲音做連結。

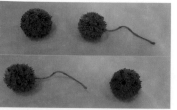

| 用鬆散素材排出音形 | 用毬果排出節奏符號（短長）
用毬果排出節奏符號（長短） |

影1-4

5 **動物聲與樂器配對**：步驟同步驟 3。之後可以探討其他的動物叫聲與圖形及樂器的配對。

影1-5

6 **動作與樂器配對**：與幼兒討論長大還會做什麼事。漸漸引導到歌詞，並與樂器配對。播放音樂請幼兒跟著唱整首歌。

依照教保人員的教學目標及幼兒興趣，也許可以在「做什麼事情」的部分多加琢磨，例如：會騎腳踏車（聲音？樂器？圖形？）、會炒菜等等。也許可以著重在樂器敲打，例如：會敲鈴鼓（怎麼敲？圖形？）、會敲鐵琴等等。

影1-6

7 **導入歌唱**：可將幼兒探索出來的動物聲，編在歌詞中，一起合奏。

教保活動範例二　我會敲音磚

■ **適用年齡：4-6歲**

學習指標 ■ 美 -2-2-3 以哼唱、打擊樂器或身體動作反應聽到的旋律或節奏

活動目標 ■ 1. 會以穩定的速度敲打音磚

2. 會利用左右手同時或交替的敲打音磚

教學資源 ■ 音樂（09 我想要長大）、我想要長大音磚譜、DA 音磚兩對、六種打擊樂器（例如：棒棒糖鼓、鈴鼓、碰鐘、沙鈴、響板、刮胡）

1 **複習歌曲**：教學者敲打DA音磚，請幼兒雙手輕拍雙膝，複習我想要長大的歌曲。

2 **敲打DA音磚（兩手一起）**：教學者請音樂能力較佳的幼兒先來敲打音磚，等穩定速度以後，可以讓幼兒輪流敲打。
每位幼兒的能力不同，有的幼兒第一次就可以敲打出穩定的節奏，如果不穩定，也可以到音樂區進行個別練習或探索。

3 **雙手練習音磚節奏（兩手交替）**：教學者的食指舉起在空中模仿敲音磚狀（教學者左右要跟幼兒相反，因此第一拍教學者是右手，幼兒是左手）。邊比邊唱歌直到幼兒熟悉此敲奏模式。

4 **雙手敲打音磚節奏（兩手交替）**：教學者先示範之後，請音樂能力較佳的幼兒先來敲打音磚，等穩定速度以後，幼兒可以輪流敲打。

5 **雙手敲打音磚節奏（音磚譜）**：教學者呈現音磚譜，並解釋如何敲奏。之後，教學者利用食指在譜上敲奏，請幼兒舉起食指輕拍膝蓋。練習若干次後可以加入音磚。
老師示範的時候要注意方向性，看右下圖手指方向（跟幼兒同方向）。

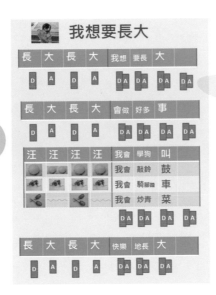

教學者示範圖

影2-5

6 **導入歌唱**：播放音樂讓幼兒跟著唱，並請幼兒輪流敲打樂器。

音樂學習區之實踐

🎵 可以玩什麼？

探索與覺察	表現與創作	回應與賞析
● 聲音探索 ● 音色覺察	● 演唱 ● 樂器演奏 ● 聲音、圖形、樂器連結與創作 ● 音畫創作	● 表演 ● 欣賞及回應他人的創作

🎵 樂器及素材提供

音樂欣賞：音樂播放器及耳機。

樂器：DA 音磚兩組、各式的鼓棒、各種材質的樂器若干（例如：棒棒糖鼓、鈴鼓、碰鐘、沙鈴、響板、刮胡、小鐵琴）。

圖畫：聲音線條圖畫、音磚圖、樂器圖（提供樂器的小圖片）。

鋪排用鬆散素材：各種可以排出象徵圖像的素材（例如：貝殼、毛根、樹葉、樹枝、花朵、毛線等）。

圖畫用具：畫紙及彩色筆。

教具：我想要長大的透明譜套。

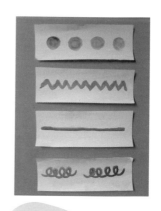

聲音線條圖畫

○ 可以先貼一些對比性較大的圖形供聲音與圖形配對

○ 幼兒也可以自創

🎵 學習指標與引導重點

學習指標	引導重點
美 1-2-2 探索生活環境中各種聲音，感受其中的差異	● 用不同的鼓棒敲看看，聲音有沒有不同？ ● 敲看看，什麼聲音最適合狗（或各種動物）？
美 2-2-3 以哼唱、打擊樂器或身體動作模仿／表現聽到的旋律或節奏	● 你可以試看看用兩隻手一起敲音磚嗎？ ● 你可以試看看左右左右敲音磚嗎？ ● 你可以模仿什麼動物的聲音？ ● 你可以用什麼來表示狗的聲音？（鬆散素材） ● 你可以把狗的聲音用形狀畫出來嗎？
美 2-2-4 以高低強弱快慢等音樂元素表達感受	● 你覺得狗的聲音跟貓的聲音，哪一個比較長？（音值） ● 你覺得小鳥跟牛的聲音，哪一個比較高？（音高）
美 3-1-1 樂於接觸視覺藝術、音樂或戲劇等創作表現，回應個人的感受	● 你覺得小美敲得像不像小狗？為什麼不像？ ● 你覺得小明剛剛學豬叫，像不像？ ● 跟好朋友分享你的音畫及創作。

幼兒可以自創自己想像的聲音線條

幼兒說：「我長大了會幫媽媽炒菜。」

開始探索可以用什麼樂器來表現炒菜(沙鈴)，於是他貼上沙鈴的圖片。

接下來他畫出炒菜的情境，並畫出炒菜聲音的圖形。最後開心的把自己的作品放在透明譜夾與大家分享。

幼兒常會被這種圖譜所吸引激起他們想唱歌的慾望

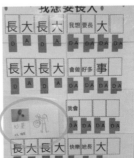

第五小節（第三行左側）放置一個透明資料夾，可以放幼兒的創作作品。

當幼兒完成可以在這邊發表並演奏出來。

10 青蛙變變變

詞曲：廖美瑩

1.小 小 卵 呀，小 小 卵 呀，小 小 卵 呀 在 哪 裡？

我 在 這 裡 我 在 這 裡 變！ 變 成 一 隻

1.小 蝌 蚪。
2.小 青 蛙。
3.大 青 蛙。

變 不 見！

2. 小小蝌蚪
3. 小小青蛙
4. 大大青蛙

🎵 歌曲分析

調性：C大調　**音域**：8度　**難易度**：中到難

風格：每階段風格不同，從游動到跳躍感

🎵 歌曲特色與活動設計重點

曲調重複歌詞不同	歌詞訊號	歌詞特殊設計
卵、蝌蚪、小青蛙、大青蛙	變	變不見
1.透過什麼來表現青蛙的一生？	什麼增加神秘色彩？	什麼增加逗趣感？

2.四階段的力度不同，可
　引導音色及力度的體
　驗。

♫ 活動設計建議網絡圖

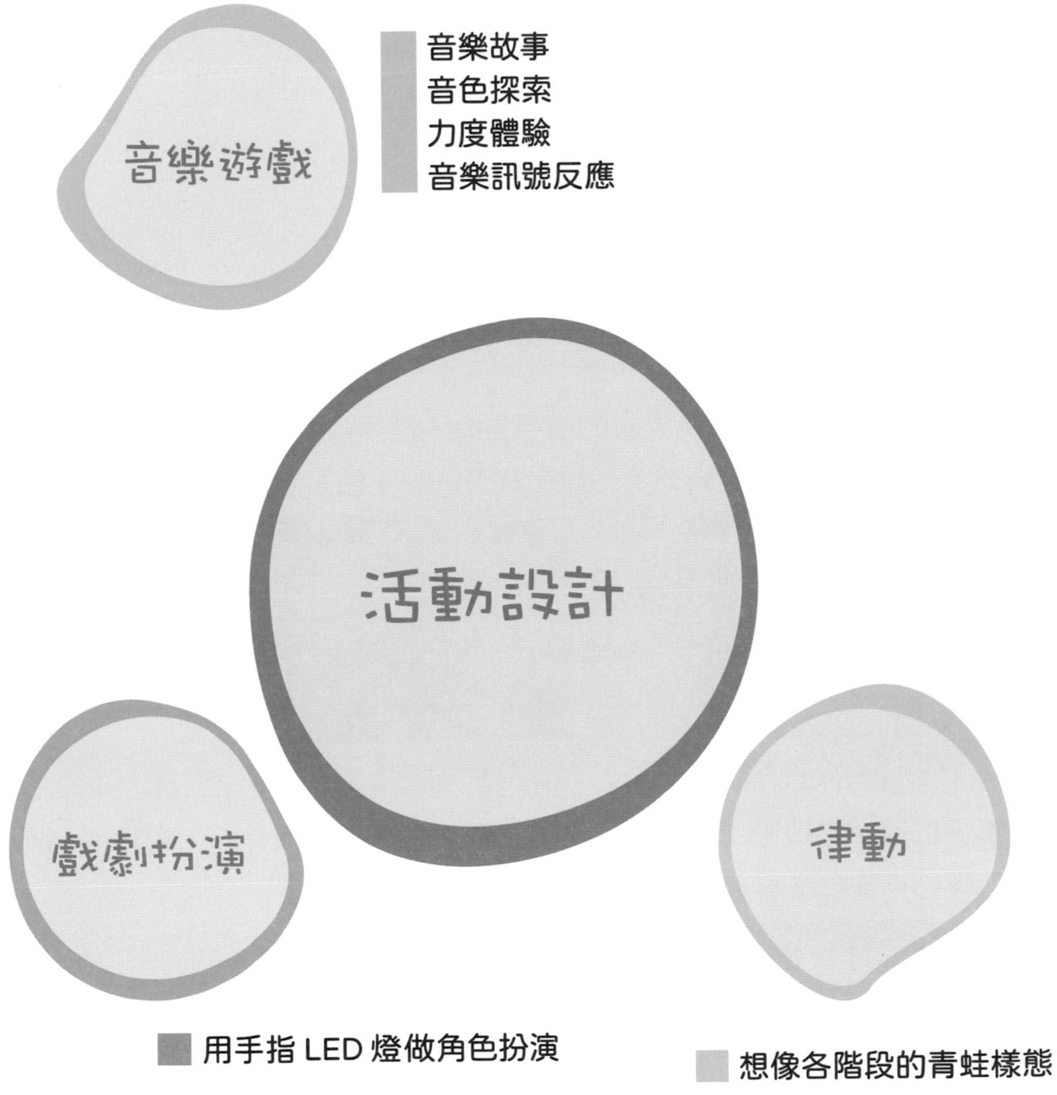

音樂遊戲

音樂故事
音色探索
力度體驗
音樂訊號反應

活動設計

戲劇扮演

律動

■ 用手指 LED 燈做角色扮演　　■ 想像各階段的青蛙樣態

教保活動範例一　青蛙的一生

■ 適用年齡：2-6歲

學習指標	認 -1-2-1 觀察動植物的生長變化
	美 -2-2-3 以哼唱、打擊樂器或身體動作反應聽到的旋律或節奏
	美 -2-2-5 運用動作、玩物或口語，進行扮演
活動目標	1. 能透過歌曲了解青蛙的一生
	2. 能利用手鼓來探索青蛙各個階段特徵
	3. 能覺察「變」，變出青蛙的各個階段，並用肢體扮演青蛙的一生
教學資源	音樂（10 青蛙變變變）、呼拉圈、布偶（青蛙、荷葉、卵、蝌蚪等）、手鼓、絲巾

● ● ●　　活動步驟與內容　　● ● ●

1　動機引導：透過布偶演出的故事讓幼兒理解池塘的環境及青蛙的一生。青蛙經歷四個時期：(1) 卵；(2)蝌蚪；(3)小青蛙；(4)大青蛙。

邊說故事邊唱歌及做手部律動增加幼兒對曲子的印象。

影1-1

2　手鼓與手指律動：每人一個手鼓，請幼兒進行探索：卵、蝌蚪、小青蛙、大青蛙，各要怎麼演奏。

③ 絲巾遊戲：每人拿一個手鼓及絲巾。播放音樂，幼兒用手鼓進行演奏，聽到「變」便拿絲巾蓋住手。最後聽到「變不見」，雙手擺後面。

影1-3

④ 創意肢體：請幼兒探索身體怎麼變出卵、蝌蚪、小青蛙、大青蛙？怎麼動？熟悉之後可以配上音樂做移位的律動。

「我來看誰的卵最小？是不是大家的卵都長得不一樣？我喜歡看到不一樣很可愛的小小卵。」

「小小卵在水裡會輕輕的動喔！他的頭會動，腳也會動，全身都會動！」

卵

蝌蚪

小青蛙

大青蛙

教學者的引導語言很重要，透過適當的引導，每位幼兒做出來的動作不同，也會充分運用空間。

影1-4

教保活動範例二　青蛙燈光劇

■ 適用年齡：4-6歲

學習指標 ┃ 認 -1-2-1 觀察動植物的生長變化

美 -2-2-3 以哼唱、打擊樂器或身體動作反應聽到的旋律或節奏

美 -2-2-5 運用動作、玩物或口語，進行扮演

活動目標 ┃ 1. 能透過歌曲了解青蛙的一生

2. 能探索手指 LED 燈所製造的各階段的角色，並隨音樂舞動

教學資源 ┃ 音樂（10 青蛙變變變）、手指 LED 燈、池塘偶板

● ● ● ● 活動步驟與內容 ● ● ● ●

1 **複習歌曲**：複習青蛙變變變的歌曲。

2 **手指LED燈探索各種角色**：讓幼兒探索利用手指LED燈扮演青蛙一生的各種角色。可以嘗試單個手指LED燈或多個燈組合成各種角色。

3 **手指LED燈光劇**：提供一個池塘的偶板，讓幼兒透過手指 LED 燈隨著音樂演出青蛙的一生。

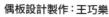

偶板設計製作：王巧樂

影2-3

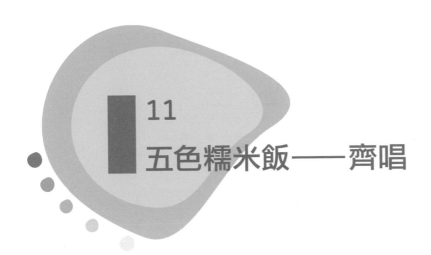

11

五色糯米飯──齊唱

詞曲：李艷婧

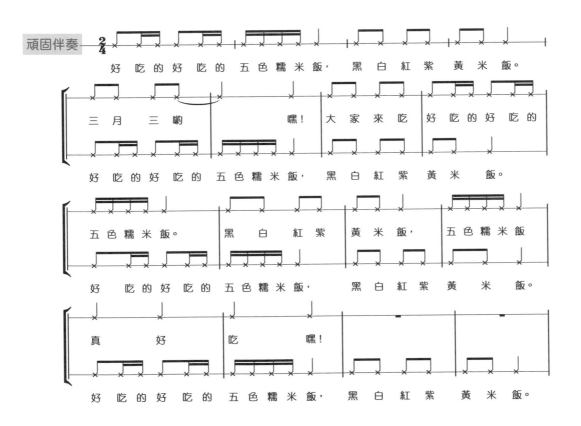

三月 三喲　　　　嘿！ 大家 來 吃 好吃的好吃的

好 吃的好 吃的 五色 糯 米 飯，黑白 紅 紫 黃 米 飯。
běn gěn dī běn gěn dī　hà thèng hǒ-u nèng　ǎmq baen hoengz aeut heuz hǒu nèng

五色 糯 米 飯。　　黑 白 紅 紫 黃 米 飯，

好　吃的好 吃的 五色 糯 米 飯，　　黑 白 紅 紫
běn　gěn dī běn gěn dī　hà thèng hǒ-u nèng　　ǎmq baen hoengz aeut

五色 糯 米 飯 真　好　　吃　　嘿！

黃 米 飯。　好 吃的好 吃的 五色 糯 米 飯，
heuz hǒu nèng　běn gěn dī běn gěn dī　hà thèng hǒ-u nèng

🎵 歌曲分析

調性：C大調　　**音域**：8度　　　　**難易度**：中到難

風格：活潑輕快

🎵 歌曲特色與活動設計重點

旋律
重拍都是主音

1.適合做音磚的練習。

2.適合做卡農。

教保活動範例一　五色糯米飯

■ 適用年齡：4-6歲

學習指標 | 美-1-2-2 探索生活環境中各種聲音，察覺其中的差異
美-2-2-3 運用哼唱、打擊樂器或身體動作進行創作
美-2-2-3 以哼唱、打擊樂器或身體動作反應聽到的旋律或節奏

活動目標 | 1.探索身體部位的各種聲音
2.會利用身體部位的組合來拍打頑固伴奏
3.會以穩定的節奏來伴奏說白節奏

教學資源 ■ 五色糯米飯圖、手鼓一個、碰鐘一對、高低音木魚一個

● ● ● 活動步驟與內容 ● ● ●

1 **以圖片進行動機引導**：教學者利用圖片跟幼兒說明壯族的五色糯米飯。

「你們看到這些米有沒有很特別？有什麼顏色？」
「這是壯族在三月三，也就是清明節會吃的五色糯米飯，像粽子就是糯米。這些都是植物染出來的顏色。」

壯族是在廣西一個自治區的少數民族。每年三月三慶祝端午會吃五色糯米飯（吉祥的象徵物）。

2 **說白節奏加肢體伴奏**：拍打固定節奏（例如：拍腳—拍手），邊唱五色糯米飯的歌詞。也可以請幼兒編創其他的肢體方式（例如：拍腳—彈指）。反覆練習，直到幼兒熟悉歌詞。

說白節奏是奧福音樂教學法的特色，即是有節奏韻律感的唸詞。通常會搭配肢體節奏來伴奏。

影1-2

③ **説白節奏加樂器頑固伴奏**：利用四個格子，請幼兒填入他們想要演奏的頑固伴奏。如下之上圖代表第二拍，拍兩下手鼓；下圖代表第二拍，拍一下碰鐘。幼兒也可以自創符號。

影1-3

④ **説白頑固伴奏**：引導唸出頑固伴奏，並以肢體伴奏（例如：拍手掌一拍手背）。

好 吃的好 吃的 五 色 糯 米 飯， 黑 白 紅 紫 黃 米 飯。

影1-4

⑤ **説白頑固伴奏加樂器伴奏**：利用一個樂器敲打固定節奏（例如：高低音木魚），直到唸出穩定的節奏。

一般來說，頑固伴奏最好利用鼓類或木魚類，節奏會比較穩定。邦戈鼓、高低音木魚、雙頭木魚都有高低音，配起來會很好聽。

影1-5

⑥ **説白節奏加頑固伴奏**：幼兒敲唸頑固伴奏一次，教學者加入説白節奏。熟悉之後，可以請一半的幼兒唸頑固伴奏，另一半幼兒唸説白節奏。

影1-6

⑦ **頑固伴奏之移位律動**：教學者帶領幼兒邊繞著螺旋狀（一直轉圈 ◎ ）走，邊唸頑固伴奏。直到穩定的伴奏。

影1-7

⑧ **説白節奏加頑固伴奏之移位律動**：一半的幼兒走穩定的頑固伴奏，教學者帶另一半的幼兒邊繞著螺旋狀走，邊唸説白節奏。

影1-8

教保活動範例二　五色糯米飯的旋律

■ 適用年齡：4-6歲

學習指標 ■ 美-2-2-3 以哼唱、打擊樂器或身體動作反應聽到的旋律或節奏

活動目標 ■ 1. 能以正確音準唱出頑固伴奏（Do Mi Sol）

　　　　　　 2. 能以穩定的速度唱著歌曲

教學資源 ■ 音樂（11 五色糯米飯齊唱）、高低音木魚若干個、CG 木製音磚一組

● ● ● 活動步驟與內容 ● ● ●

1 **複習**：複習本單元活動範例一的唸謠五色糯米飯。

2 **柯大宜手號練習**：教學者邊唱邊比柯大宜手號，例如：Sol Mi Sol，Sol Sol Do。熟悉之後導出五色糯米飯的頑固伴奏（Do Mi Sol 三個音的組合）。

| Sol | Mi | Do |

柯大宜所建立的手號，對幼兒在歌唱或音感上有很大的助益性。

影2-2

3 **旋律頑固伴奏**：引導唱出頑固伴奏，並以高低音木魚伴奏。

好 吃 的 好吃的 五色糯米飯， 黑白 紅 紫 黃 米 飯。

老師們若對歌唱音準較沒信心，也可以播放音樂。

影2-3

4 唱歌曲旋律：幼兒唱旋律頑固伴奏（節奏穩定的幼兒敲高低音木魚），教學者唱歌曲（敲打CG音磚或請幼兒敲打）。之後教會幼兒唱這首歌。

影2-4

5 合唱：一半幼兒唱旋律頑固伴奏，另一半幼兒唱歌曲。

教保活動範例三　有趣的五色糯米飯

■ 適用年齡：5-6歲

學習指標　美-1-2-2 探索生活環境中各種聲音，察覺其中的差異

美-2-2-3 以哼唱、打擊樂器或身體動作反應聽到的旋律或節奏

語-1-3-1 察覺除了自己使用的語言，還有其他語言

活動目標　1. 能察覺其他語言並會利用壯族語唸出頑固伴奏

2. 能穩定伴奏並有節奏感的唱歌

3. 能合奏及合唱五色糯米飯的歌曲

教學資源　音樂（11 五色糯米飯齊唱、13 五色糯米飯壯族語）、中低音 CG 木製音磚一組、高低音木魚若干個、CGc 鋁製音磚一組

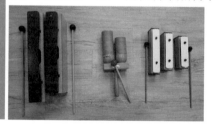

●●● 活動步驟與內容 ●●●

1 複習：複習本單元活動範例二的歌唱五色糯米飯。

2 壯族語唸頑固伴奏：引導唸出頑固伴奏，並以高低音木魚伴奏。

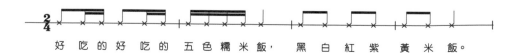

好 吃 的 好 吃 的 　五 色 糯 米 飯，　黑 白 紅 紫 黃 米 飯。

3 唱壯族語頑固伴奏：老師敲打CG音磚，引導幼兒唱壯族語頑固伴奏。

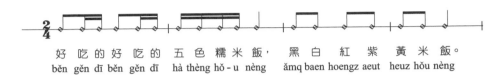

好 吃 的 好 吃 的　五 色 糯 米 飯，　黑 白 紅 紫 黃 米 飯。
běn gěn dī běn gěn dī　hà thèng hǒ-u nèng　ǎmq baen hoengz aeut heuz hǒu nèng

4 頑固伴奏的合奏（木製低音音磚＋木魚）：利用低音CG音磚及高低音木魚配合頑固伴奏，敲出穩定的節奏。

5 頑固伴奏加歌唱（鋁製音磚）：接續步驟2的頑固伴奏，歌唱的部分再加入鋁製音磚（CGcGCGc）。邊合奏邊唱歌曲。也可以讓幼兒想看看，有沒有其他伴奏的方式。

6 **合奏與合唱**：一半幼兒唸壯族語頑固伴奏（木魚＋音磚），另一半幼兒唱歌曲。

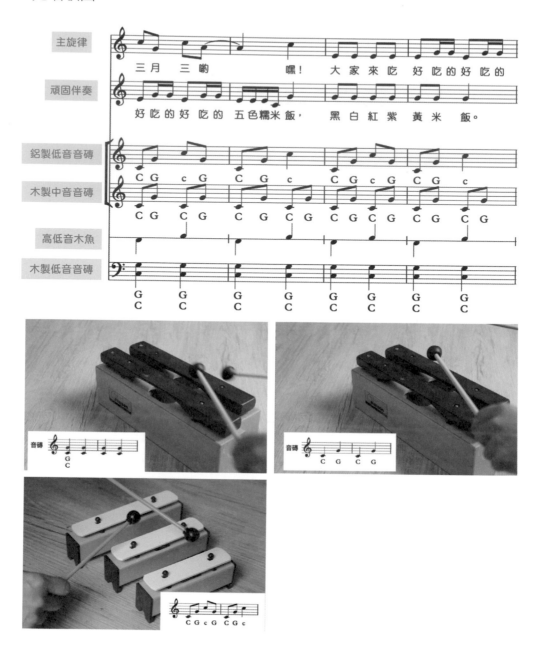

教保活動範例四　五色糯米飯的卡農

■ 適用年齡：5-6歲

學習指標 ■ 美 -2-2-3 以哼唱、打擊樂器或身體動作反應聽到的旋律或節奏

活動目標 ■ 1. 會利用各種樂器的組合來伴奏歌唱

　　　　 ■ 2. 能唱出卡農的形式並能以穩定的律動來合唱卡農

教學資源 ■ 音樂（11 五色糯米飯齊唱、12 五色糯米飯輪唱）、高低音木魚

　　　　 ■ 若干個、CG 木製音磚一組

● ● ● 　活動步驟與內容　 ● ● ●

1 **複習**：複習本單元活動範例三的歌唱五色糯米飯。

2 **說白節奏卡農**：幼兒唸說白節奏4小節之後，老師加入第二部。並說明卡農的原理。

3 **說白節奏卡農加頑固伴奏**：幼兒分為三組，第一組幼兒唸說頑固伴奏4小節之後，第二組幼兒唸說白節奏4小節之後，第三組幼兒加入第二部。

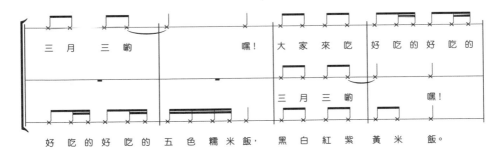

4 **唱頑固伴奏加音磚**：請幼兒唱頑固伴奏，老師敲 CG 音磚。

5 **卡農加頑固伴奏**：老師敲 CG 音磚，幼兒分為三組，第一組幼兒唱頑固伴奏4小節之後，第二組幼兒唱歌4小節之後，第三組幼兒加入第二部。

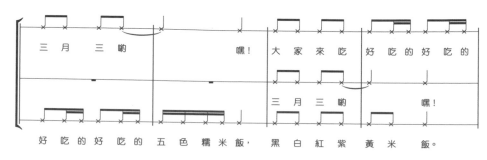

6 **輪唱+律動**：幼兒分為三組，一開始形成內外二個圈圈，外圓圈為頑固伴奏（固定往圓裡面走4拍，向後走4拍），第一次齊唱時內圈的幼兒手牽手圍成一個圈圈，「嘿」時把手往上舉（左下圖）。第二次輪唱時，內圈分成兩部兩個圈圈（右下圖），領唱者分別帶出自己的圓圈（需要先分配人員為第一部及第二部）。

| 齊唱 | 輪唱 |

對幼兒而言，要能夠輪唱並非易事，除非先把耳朵練好，歌唱的音準及節奏都要穩定。教學者切勿叫幼兒把耳朵摀起來自己唱自己的，這不是輪唱的良好經驗。

影4-6

14 包壽司

詞曲：廖美瑩

包壽司，包壽司，圓圓的飯粒真好吃。

包什麼？包蝦子。滾啊滾啊滾啊滾啊包壽司。

吃壽司，吃壽司，圓圓的飯粒真好吃。

Am am am，am am am，蝦子壽司蝦子壽司真好吃。

🎵 歌曲分析

調性：D大調　　**音域**：6度　　**難易度**：易到中
風格：活潑輕快

🎵 歌曲特色與活動設計重點

主題	歌詞
壽司	動作：滾／am（吃）
針對壽司的材料可以做聲音與樂器配對。	1.設計做壽司的律動（滾）。 2.設計吃掉的動作。

教保活動範例一　包壽司

■ **適用年齡：2-6歲**

學習指標 美 -1-2-2 探索生活環境中各種聲音，察覺其中的差異

美 -2-2-3 以哼唱、打擊樂器或身體動作反應聽到的旋律或節奏

美 -2-2-3 運用哼唱、打擊樂器或身體動作進行創作

美 -3-2-2 欣賞音樂創作，描述個人體驗到的特色

活動目標 1. 能察覺到各種樂器音色之不同

2. 能用樂器跟物品（例如：紅蘿蔔、小黃瓜）配對，欣賞他人的配對創作並回應

3. 能利用樂器進行合奏

4. 能進行角色扮演（扮演壽司中的物品）並配合歌曲做律動遊戲

教學資源 音樂（14 包壽司）、壽司或模型、黑色不織布、絲巾若干條、四種材質的樂器各一、大布條

● ● ●　　活動步驟與內容　　● ● ●

1 **引起動機**：透過壽司模型與幼兒探討壽司有什麼形狀、包什麼東西。

影1-1

2 **食物與樂器連結**：邊問幼兒壽司可以包什麼東西，例如：紅蘿蔔，教學者邊提供鬆散素材（例如：絲巾）讓幼兒選擇什麼絲巾可以當壽司的料。並提供三到四種樂器，讓幼兒來探索哪一個樂器像紅蘿蔔。把所有的料一一加入壽司皮（黑色不織布）中，捲一捲吃掉。

沒有規定什麼物品象徵著什麼食物，或什麼樂器象徵什麼食物。重點是在探索的歷程中，幼兒是否樂於探索及勇於表達。食物與樂器連結的詳細引導步驟詳見「09 我想要長大」教保活動範例一。

紅色絲巾當紅蘿蔔

沙鈴像紅蘿蔔？（不像）

高低音木魚比較像

綠色絲巾當小黃瓜

捲起來

一起吃掉

影1-2

3 歌曲教唱與樂器伴奏：教唱包壽司這首歌，並問一些問題：

「你們剛才有聽到什麼？（例如：am am am）什麼樂器適合來敲am am am？（例如：響板或響棒）」

「還有聽到什麼？（例如：滾呀滾呀）什麼樂器適合來敲滾呀滾呀？（例如：蛋沙鈴或沙鈴）」

4 包壽司：請一位幼兒躺在布條上面，另一位幼兒拿樂器在躺著的幼兒身上假裝加料（例如：拿蛋沙鈴假裝是在加胡椒）。然後大家合力把壽司包起來，並且合力吃掉。

5 樂器合奏：可以讓幼兒發表，用什麼樂器來伴奏這首歌曲。然後進行合奏，例如：

高低音木魚	沙鈴	響板
1.包壽司，包壽司，圓圓的飯粒真好吃。包什麼？包蝦子	2.滾呀滾呀滾呀滾呀包壽司	
3.吃壽司，吃壽司，圓圓的飯粒真好吃	5.蝦子壽司蝦子壽司真好吃	4.Am am am，am am am

6 角色扮演與合奏：把步驟 4 與 5 合起來。

樂器合奏

角色扮演

滾壽司

影1-6

長大

第一部曲 特別的我

日常 ○

情緒 ●

長大 ○

身體動作 ○

第一部曲
特別的我

⑩ 情緒

 **音樂曲目**

	探索	覺察	表現	創作	回應	賞析

15 小星星的喜怒哀樂（律動）

42 小星星的喜怒哀樂——喜
43 小星星的喜怒哀樂——哀
44 小星星的喜怒哀樂——怒
45 小星星的喜怒哀樂——樂

	探索	覺察	表現	創作	回應	賞析
	■	■	■	■	■	■

16 無論你傷心或生氣

17 情緒舞曲（律動）

18 毛毛蟲的信

	探索	覺察	表現	創作		
	■	■	■	■		

19 大野狼現在幾點鐘（律動）
20 小綿羊與大野狼的遊戲

	探索	覺察	表現	創作		
	■	■	■	■		

小星星的喜怒哀樂（律動）

曲：盧康誠
（小星星曲調）

樂曲分析

難易度：易到難

風格：四段風格不同代表喜哀怒樂

	力度	速度	拍號	調性
喜	小	中庸	6/8	大調
哀	小	慢	6/8	小調
怒	強	中庸	4/4	小調
樂	中等	快	4/4	大調

樂曲特色與活動設計重點

曲式	音樂元素
喜哀怒樂	**力度、速度、拍號**
體驗四段不同的風格。	1. 情緒不同，其力度與速度都不同。 2. 喜與樂分別為 6/8 與 4/4 有所區隔；哀與怒各分別為 6/8 與 4/4 有所區隔。

教保活動範例一　小星星的喜怒哀樂

■ 適用年齡：3-6歲

學習指標 ｜ 情 -2-1-2 運用動作或表情表達自己的情緒
美 -2-2-5 運用動作、玩物或口語，進行扮演
美 -3-1-1 樂於接觸視覺藝術、音樂或戲劇等創作表現，回應個
　　　　人的感受

活動目標 ｜ 1.能利用動作、表情或蔬果排列表達喜怒哀樂
2.能利用肢體表達喜怒哀樂
3.能依據音樂的特色説出對照的情緒
4.能觀賞別人的表演並説出自己的觀點

教學資源 ｜ 音樂（15 小星星的喜怒哀樂律動、42-45 分段音樂）、蔬果或
鬆散素材若干、布條或絲巾

● ● ●　**活動步驟與內容**　● ● ●

1 **動機引導**：利用蔬果排出一個人的臉部形狀，並利用微笑點出情緒
（喜）。並請幼兒來排出其他的情緒。

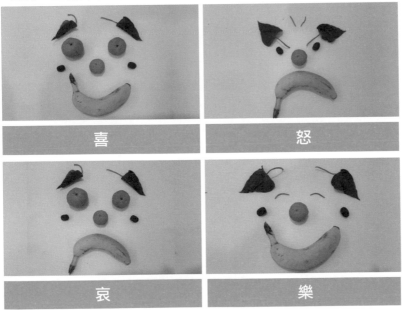

| 喜 | 怒 |
| 哀 | 樂 |

2 **喜怒哀樂的表現**：跟幼兒探討，生活中會有哪些情緒？表情動作如何？

3 **喜**：請幼兒閉起眼睛聆聽「喜」的樂段，之後請幼兒回應這個音樂。
「這個音樂帶給你什麼感覺？開心還是不開心？」
「你做什麼事情會開心？開心的時候你的表情是怎樣？」
「會怎麼用肢體去表現一點點開心的樣子？」

影1-3

4 **喜（角色扮演）**：讓幼兒選擇想扮演的角色（例如：小貓、蝴蝶、人類），聽音樂進行即興的律動。

影1-4

5 **怒與哀**：同步驟2。

影1-5

6 **樂**：同步驟2。

影1-6

7 **喜怒哀樂律動**：請幼兒分組表演，表演完請觀眾給予回饋。也可以放一個樂段，請幼兒猜看看是表演哪一個樂段。

| 喜 | 哀 |
| 怒 | 樂 |

影1-7

延伸活動

可利用鬆散素材排出各種情緒臉譜。

無論你傷心或生氣

詞曲：廖美瑩

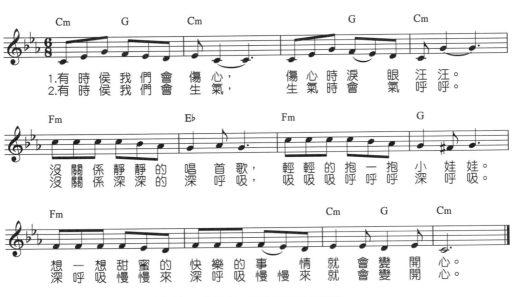

1.有時侯我們會傷心，　　傷心時淚眼汪汪。
2.有時侯我們會生氣，　　生氣時會氣呼呼。

沒關係靜靜的唱首歌，　輕輕的抱一抱小娃娃。
沒關係深深的深呼吸，　吸吸吸呼呼呼深呼吸。

想一想甜蜜的快樂的事情就會變開心。
深呼吸慢慢來深樂呼吸慢慢來就會變開心。

註：第17首情緒舞曲的旋律與第16首相同，因此不再另外列出。

🎵 歌曲分析

調性：c小調　**音域：**8度　**難易度：**易到中
風格：悲傷及生氣

	悲傷	生氣
速度	慢	快
力度	小	大

♫ 歌曲特色與活動設計重點

歌詞	音樂元素
第一段傷心／第二段生氣	速度及力度
可以討論情緒的反應及處理方式。	1.可以探討速度及力度與情緒的關係。 2.覺察情緒中的音樂元素表現。

教保活動範例二　無論你傷心或生氣

■ 適用年齡：3-6歲

學習指標 情 -4-1-1 運用動作、表情、語言表達自己的情緒

情 -4-1-1 處理自己常出現的負向情緒

美 -1-2-2 探索生活環境中各種聲音，感受其中的差異

活動目標 1.能說出傷心及生氣的特徵，並用動作表達出來

2.能說出如何處理傷心及生氣的情緒

3.能察覺音樂元素的不同，並連結到不同的情緒

教學資源 音樂（15 小星星的喜怒哀樂律動、16 無論你傷心或生氣）

● ● ● 　活動步驟與內容　● ● ●

1 **複習歌曲**：複習上次小星星的喜怒哀樂律動。

2 **探討情緒的處理方式**：與幼兒探討，如果有不好的情緒（例如：傷心或生氣）出現時，會怎麼處理。

3 **傷心（音樂）**：聆聽傷心樂段並討論。之後請幼兒一起唱這段歌。

3-1 讓幼兒聽音樂的前奏，聽看看，這是傷心或生氣？

3-2 請幼兒回應為什麼是傷心？有什麼音樂元素？（慢慢的）

3-3 討論傷心的時候可以怎麼處理。

3-4 聽一聽這首歌怎麼處理（抱一抱小娃娃、想想甜美快樂的事情）。

| 3-2討論情緒的特徵 | 3-3討論情緒的處理方式 |

4 生氣（音樂）：聆聽生氣樂段並討論。之後請幼兒一起唱這首歌。

「你覺得這個音樂是傷心或生氣？」

「為什麼是生氣？」（很大聲、速度變快）

「生氣的時候可以怎麼辦？」

「我們來聽一聽這首歌怎麼處理？」（呼吸）（一起練習深呼吸）

如果歌曲有容易讓幼兒覺察的特殊元素，教學者可以引導音樂元素（例如：生氣力度是大的，速度也比較快）。但是每種情緒所對應的音樂元素並非絕對，要能引導幼兒表達出自己的看法才是比較重要的。

影2-4

10

情

緒

教保活動範例三　情緒舞曲

適用年齡：4-6歲

學習指標　美 -2-2-3 以哼唱、打擊樂器或身體動作反應聽到的旋律或節奏

　　　　　　美 -2-2-1 玩索各種藝術媒介，發揮想像並享受自我表現的樂趣

活動目標　1. 能隨著音樂的特性來進行舞蹈

　　　　　　2. 能發揮創意與同伴享受一起跳舞的樂趣

教學資源　音樂（16 無論你傷心或生氣、17 情緒舞曲律動）、舞蹈裝扮（自選）

● ● ●　**活動步驟與內容**　● ● ●

1 **複習歌曲**：複習無論你傷心或生氣的歌曲。

2 **練習舞步（第一段）**：引導幼兒聽到音樂自由舞動，問問幼兒可以怎麼動？A段：大家圍個圓圈手牽手往右走；B段：慢慢往前，快快往後；C段：兩個人扶手轉圈圈；間奏：自由舞動。
　　教學者在指導舞步時，必須要有韻律感的唸著 123456（這是複拍子，6 拍子）。

3 **練習舞步（第二段）**：速度加快，跟第一次不同的是A段句尾可以拍手拍兩下（與第一段同也可以）。

4 **情緒舞曲**：播放整首音樂，跳舞。
　　為了要使整個舞曲風格更為優雅，可以以絲巾作為舞蹈服裝，也配上花圈。通常這也適合幼兒表演或慶典時使用。

前奏：自由舞動

A段：繞圈圈

B段：慢慢往前

B段：快快往後

C段：雙人舞

教保活動範例四　飛揚吧！情緒！

▌適用年齡：5-6歲

學習指標	美 -2-2-3 以哼唱、打擊樂器或身體動作反應聽到的旋律或節奏
	美 -2-2-1 玩索各種藝術媒介，發揮想像並享受自我表現的樂趣
活動目標	1. 能隨著音樂的特性來進行舞蹈
	2. 能發揮創意與同伴享受利用布條一起跳舞的樂趣
教學資源	音樂（17 情緒舞曲律動）、布條

● ● ● 活動步驟與內容 ● ● ●

1 **複習舞曲**：複習情緒舞曲。

2 **布條探索**：教學者帶領幼兒進行布條的探索。
「想想看布條有什麼樣的表現方式？」
老師在指導舞步時，必須要有韻律感的唸著 123456。

3 **練習舞步**：根據師生共創的布條舞動方式做組合，完成舞譜並練習。

4 **情緒舞曲**：播放整首音樂，跳舞。
布條的變化如下圖，老師可以參考影片的建議或自創。這也適合幼兒表演時使用。通常也可以由六到十二位幼兒來跳。

影4-4

前奏：上 23　　前奏：下 56　　A 段：上下揮動絲巾
B 段：重疊　　C 段：打結　　間奏：上下揮動
A 段：一上一下　　B 段：上下轉動　　C 段：還原／尾奏：上下

18 毛毛蟲的信

詞曲：廖美瑩

第一段

小 毛毛蟲 呀 毛毛蟲， 他 想要 寫 信 給 媽 媽。

卡 滋 卡 滋 卡 滋 卡！ 卡 滋 卡 滋 卡 滋 卡！ 卡 滋 卡 滋 卡 滋 卡！

總 共 咬 了 三 個 洞， 寫 什 麼？ 我 愛 你。

第二段

小 毛毛蟲 的 媽 - 媽， 她 想要 回 信 給 寶 寶。

卡 滋 卡 滋 卡 滋 卡！ 卡 滋 卡 滋 卡 滋 卡！ 卡 滋 卡 滋 卡 滋 卡！

卡 滋 卡 滋 卡 滋 卡！ 卡 滋 卡 滋 卡 滋 卡！ 卡 滋 卡 滋 卡 滋 卡！

第三段

總 共 咬 了 六 個 洞， 寫 什 麼？ 寶 貝 我 也 愛 你。

小 斑 馬 呀 小 斑 馬， 他 也 要 寫 信 給 媽 媽。

10 情 緒

259

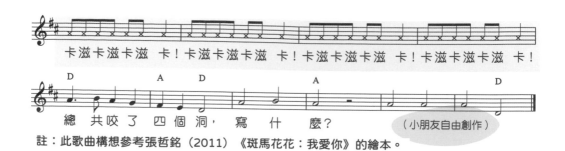

卡滋卡滋卡滋 卡！卡滋卡滋卡滋 卡！卡滋卡滋卡滋 卡！卡滋卡滋卡滋 卡！

總 共 咬 了 四 個 洞， 寫 什 麼？ （小朋友自由創作）

註：此歌曲構想參考張哲銘（2011）《斑馬花花：我愛你》的繪本。

🎵 歌曲分析

調性：D大調　**音域**：6度　**難易度**：易到中
風格：活潑

🎵 歌曲特色與活動設計重點

歌詞三段	開放性歌詞	音樂訊號
小毛毛蟲、毛毛蟲媽媽、斑馬	斑馬咬了四個洞，寫什麼？	卡滋卡滋卡滋卡
1. 根據不同特性做律動。 2. 可以討論「愛」。	1. 可以創作歌詞。 2. 可以創作音調。	1. 可引導另外的咬葉子音節。 2. 讓幼兒數數一共咬幾個洞。 3. 最後一個「卡」可以設計一個特殊的動作。

教保活動範例一　毛毛蟲的信

■ **適用年齡：4-6歲**

學習指標 ■ 美 -2-2-3 以哼唱、打擊樂器或身體動作反應聽到的旋律或節奏

美 -2-2-6 進行兩人以上的互動扮演

活動目標 ■ 1. 能利用肢體展現各種不同的創意姿態

2. 肢體律動能反應出歌詞及音樂的特性

3. 能扮演毛毛蟲及斑馬的角色並配合歌曲律動

教學資源 ■ 音樂（18 毛毛蟲的信）、《斑馬花花：我愛你》繪本、伸縮衣

● ● ●　　活動步驟與內容　　● ● ●

1 **用繪本引起動機**：利用繪本導出整個故事架構。故事中引導音樂活動的重點。

「小毛毛蟲想要寫信給誰？」（媽媽）

「小毛毛蟲不會寫信，怎麼辦？」（用咬的）

「怎麼咬？」（卡滋卡滋卡滋卡）

「總共咬了幾個洞？」（三個洞）

「寫了什麼？」（我愛你～唱）

在說故事時避免一直說而沒有做任何動作，為了增加樂趣及記憶，建議邊說故事邊用手做出動作。

2 **卡滋卡滋卡滋卡（身體展現）**：請幼兒用身體展現毛毛蟲走動的姿態。引導出當唱「卡滋卡滋卡滋卡」最後一個「卡」時需要伸展一個大動作。小毛毛蟲三個洞，毛毛蟲媽媽六個洞（「寶貝我也愛你」）。

「卡滋卡滋卡滋卡（示範一個大動作），我看誰的動作最有創意？」

「毛毛蟲總共咬了幾個洞？」（卡滋三次，肢體伸展三個造型）

「寫什麼？」（我：一個造型；愛：一個造型；你：一個造型）

幼兒在不熟悉音樂的情況下，如果有太多的動態動作可能會躁動，因此一開始可以先利用手做出毛毛蟲的樣子，等幼兒熟悉音樂結構後再進行全身律動。熟悉之後可以利用伸縮衣，會更有趣的。

3 **毛毛蟲律動**：播放音樂先跳一、二段（毛毛蟲及毛毛蟲媽媽）。

④ **斑馬律動**：重複步驟2與3的引導。

「你覺得斑馬怎麼了？」（觀察圖片）（例如：他有點傷心、他看起來不開心）

「他也想要寫信？」

「總共咬了幾個洞？」（四個洞）

「你覺得他寫信給誰？寫了什麼？」（例如：爸爸：我愛爸爸；媽媽：我想媽媽）

這個故事後面埋了個伏筆，到底這四個洞是什麼？可以引發幼兒的創意思考。

⑤ **毛毛蟲的信律動**：利用伸縮衣來表現毛毛蟲的信這首歌。

| 毛毛蟲移動 | 卡滋卡滋卡滋卡 | 毛毛蟲媽媽移動 |
| 卡滋卡滋卡滋卡 | 小斑馬 | 卡滋卡滋卡滋卡 |

伸縮衣通常都是訂做的，建議可以到迪化街的永樂市場或其他較大的布鋪買伸縮布，請縫工幫忙。這首歌的靈感來自於《斑馬花花：我愛你》繪本，大家可以參考原繪本。這個活動很適合帶領情緒領域及感恩的節日（母親節、父親節）時使用。

影1-5

延伸活動

1. 可利用捏塑的方式來做毛毛蟲與葉子。

2. 可利用撕貼畫來做毛毛蟲與葉子。

3. 可利用鬆散素材來做毛毛蟲與葉子。

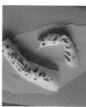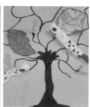

教保活動範例二　毛毛蟲來跳舞

■ **適用年齡：3-6歲**

學習指標 ■ 美 -2-2-5 運用動作、玩物或口語，進行扮演
美 -3-1-1 樂於接觸視覺藝術、音樂或戲劇等創作表現，回應個
人的感受

活動目標 ■ 1. 能樂在操作懸絲偶的樂趣
2. 能利用懸絲偶搭配音樂的內容來舞動

教學資源 ■ 音樂（18 毛毛蟲的信）、偶板、毛球毛毛蟲（小與大）

● ● ●　**活動步驟與內容**　● ● ●

1 **引起動機**：用毛毛蟲懸絲偶的舞動來引起動機。

2 **毛毛蟲動一動**：配合歌詞內容，練習怎麼操作偶。

3 **毛毛蟲跳舞**：拿一個板子當成布景，可以利用大小毛毛蟲搭配歌曲來跳
舞。

毛毛蟲設計與製作：廖美瑩

偶的製作：製作毛毛蟲懸絲偶相當簡單，把毛球用針串起來，前後各拉一條線，綁
在木棒上就可以操作了。

影2-3

20 小綿羊與大野狼的遊戲

詞曲：廖美瑩
遊戲設計：蕭利倩

大 野 狼 現 在 幾 點 鐘？咚 咚 咚 咚 四 點 鐘。 1 2 3 4

咚 咚 兩 點 鐘。 1 2

咚 咚 咚 三 點 鐘。 1 2 3

咚 咚 咚 咚 咚 咚 六 點 鐘。 抓人！

註：第19首大野狼現在幾點鐘（律動）為此首歌曲的後半部，因此沒有再列出。

🎵 歌曲分析

調性：F大調　**音域**：8度 　**難易度**：易到中
風格：戲劇化

A	B	C	D
起	承	轉	合
綿羊在草地玩	大野狼想加入	大野狼想盡辦法加入	大家一起玩遊戲

🎵 歌曲特色與活動設計重點

歌詞	遊戲	音樂設計
戲劇對話	1.木頭人 2.大野狼現在幾點鐘	D段
根據歌詞設計戲劇動作。	可以玩兩種遊戲。	1.聽音訓練。 2.立即反應訓練。

教保活動範例一　小綿羊與大野狼的遊戲

■ **適用年齡：4-6歲**

學習指標　情-1-2-1 從事件脈絡中辨識他人和擬人化物件的情緒

　　　　　情-2-2-1 適時地使用語言或非語言的形式表達生活環境中他人

　　　　　　　　　或擬人化物件的情緒

　　　　　美-2-2-6 進行兩人以上的互動扮演

活動目標　1. 能辨別小綿羊及大野狼的情緒

　　　　　2. 能幫助大野狼表達正向的情緒

　　　　　3. 能針對歌詞做角色扮演

教學資源　音樂（20 小綿羊與大野狼的遊戲）、圖片或繪本

● ● ●　　活動步驟與內容　　● ● ●

1 **繪本引導**：教學者利用故事（繪本）跟幼兒討論，小綿羊有沒有可能跟大野狼成為好朋友。

「你們覺得小綿羊跟大野狼有沒有可能當好朋友？為什麼？」

繪圖者：蔡宥安

2 **A段**：引導音樂 A 段，並透過律動方式來表現。自由表現之後，可以播放此段音樂。

「小綿羊可以怎麼走路？」（幼兒學綿羊走路）

「你們喜歡玩什麼遊戲？小綿羊喜歡玩什麼遊戲？」

「我們來玩一二三木頭人的遊戲？要怎麼玩？」

3 **B段**：引導音樂 B 段，並透過律動方式來表現。

「大野狼好想跟小綿羊玩遊戲，你如果是小綿羊，你想要跟他玩遊戲嗎？（不要——小綿羊說 NONONO，大野狼請求說 please please please。小綿羊還是說 NO NO NO。）」

「如果你是大野狼你會怎麼樣？（傷心、難過……）沒有好朋友好可憐對嗎？大野狼實在很想跟小綿羊當好朋友，又想跟他們玩遊戲，怎麼辦？你們可不可以幫大野狼想想辦法？」

4 C段：引導音樂C段，並請一位幼兒來當大野狼。

「大野狼想出好多好辦法，我們來看看，他的辦法好不好，小綿羊有沒有跟他成為好朋友？」

「大野狼實在太有心了，小綿羊要不要跟他玩？（小綿羊說好吧！好吧！來吧！）」

5 **情緒之引導**：老師可以繼續探討有關人際溝通、情緒表達、好朋友等相關議題。

6 **律動及角色扮演**：播放音樂，請幼兒一起隨著音樂做角色扮演及律動。

教保活動範例二　小綿羊與大野狼的遊戲

■ 適用年齡：4-6歲

學習指標　情 -2-2-1 適時地使用語言或非語言的形式表達生活環境中他人
　　　　　　　　　　或擬人化物件的情緒
　　　　　　　美 -1-2-2 探索生活環境中各種聲音，察覺其中的差異
　　　　　　　美 -2-2-3 以哼唱、打擊樂器或身體動作反應聽到的旋律或節奏
　　　　　　　美 -2-2-6 進行兩人以上的互動扮演

活動目標　1. 能辨別小綿羊及大野狼的情緒
　　　　　　　2. 能幫助大野狼表達正向的情緒
　　　　　　　3. 能針對音樂的特性做肢體的表達
　　　　　　　4. 能針對歌詞做角色扮演

教學資源　音樂（19 大野狼現在幾點鐘律動、20 小綿羊與大野狼的遊戲）、
　　　　　　　時鐘教具、手鼓、棒棒糖鼓

●　●　● 活動步驟與內容 ●　●　●

1 **複習**：複習小綿羊與大野狼的遊戲前半段音樂。

2 **遊戲分段練習**：引導大野狼現在幾點鐘的遊戲。

2-1 教學者拍著手鼓，幼兒開始走路，音樂停下來，幼兒要停下腳步，並且說：
　　大野狼，現在幾點鐘（節奏需要正確）。

　　大 野 狼　現 在 幾點　鐘？

2-2 請一位幼兒來敲鐘（棒棒糖鼓），敲的時候，其餘幼兒必須要用手指一一比
　　出來幾點鐘（例如：四點鐘）。

2-3 聽到教學者敲  鼓，幼兒就要回應說
　　　　　　　　　　　　　　　　　　　　　　四 點 鐘

　　接著走四步邊唸「四點鐘」。

2-4 重複練習，直到幼兒了解遊戲方式。

影2-2

3 **角色扮演遊戲**：分配角色（一位幼兒當大野狼，其餘當小綿羊），播放後半段遊戲的音樂。幼兒隨著音樂的指令來玩遊戲。

音樂停，跟著停，唸：大野狼現在幾點鐘

大 野 狼 現在幾點 鐘？咚　咚　咚　咚　　　四點 鐘。　1　2　3　4

隨著音樂的節奏走路　　　　　大野狼敲鐘　　　　　幼兒說幾點鐘，走幾步

若沒有音樂，幼兒可以約定幾點鐘抓人也行。

4 **整首律動與角色扮演**：播放整首音樂，隨著音樂角色扮演及律動。

A：綿羊正在吃草	A：一二三木頭人	B：野狼說我也要玩
B：野狼苦苦哀求	C：野狼使出渾身解數	C：好吧！好吧！
D：遊戲——走路	D：大野狼現在幾點鐘？	D：抓人

延伸活動　　　也可以想一想，不敲鐘，還可以玩什麼遊戲。

情緒

第一部曲 特別的我

● 日常

○ 情緒

○ 長大

○ 身體動作

第一部曲
特別的我

11 日常

幼兒聽覺藝術教材教法

玩出關鍵素養

🎵 音樂曲目

21 Hello 歌——簡易版

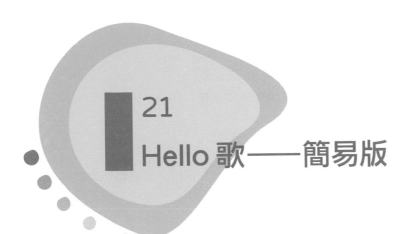

詞曲：廖美瑩

A
Hel-lo hel-lo 我 親 愛 的 好 朋 友， hel-lo hel-lo 我 親 愛 的 好 朋 友。

B
Hel-lo hel-lo 大 家 一 起 唱， hel-lo hel-lo 大 家 來 跳 舞。

C
啦啦 啦啦 啦啦啦啦啦啦 啦， 啦啦 啦啦 啦啦啦啦啦啦 啦。

註：第22首Hello歌進階版與此譜相同，故不再列出。

🎵 歌曲分析

調性：C大調　**音域**：8度　**難易度**：易到中
風格：輕快有活力

🎵 歌曲特色與活動設計重點

歌詞：重複性	段落：三段	音樂元素
重複 Hello	A：輕快　B：熱絡 C：歡樂	音高
可以探索各種不同Hello的方式。	可以製造律動層次感。	1.B段的Hello可以擺出手的高低表示音高。 2.C段可以唱出音名。

教保活動範例一　Hello 歌

■ 適用年齡：2-6歲

學習指標　美-1-2-2 探索生活環境中各種聲音

美-2-2-3 以哼唱、打擊樂器或身體動作模仿／反應聽到的旋律
或節奏

美-2-2-4 以高低強弱快慢等音樂元素表達感受

活動目標　1. 會模仿教學者或其他幼兒的動作

2. 能探索身體各部位來表現音樂

3. 能感受音的高與低

教學資源　音樂（21Hello 歌簡易版、22Hello 歌進階版）

●●●　活動步驟與內容　●●●

1 **動作模仿（坐著）**：大家圍個大圈圈坐著，播放Hello歌，幼兒跟著
教學者做動作。

影1-1

2 **肢體探索（坐著）**：帶領肢體探索活動，除了拍手，還可以怎麼 say
hello（例如：踏腳）。

坐著能做的動作，例如：揮手、點頭、蝴蝶狀飛舞、kiss、shake 等。

影1-2

3 **動作模仿（站立）**：大家圍個大圈圈站著，播放Hello歌，幼兒跟著
老師做動作。

2.肢體探索　　　3.動作模仿　　　影1-3

前奏	4小節		
坐／站	身體放鬆，隨著音樂搖擺		
A段	hello hello 我親愛的好朋友		hello hello 我親愛的好朋友
坐	動作一 動作一 拍手		動作二 動作二 拍手
站	動作一 動作一 拍手		動作二 動作二 拍手
B段	hello hello 大家一起唱		hello hello 大家來跳舞
坐	雙手舉高 往下一點 張口唱歌狀		雙手舉高 往下一點 雙手張開搖
站	雙手舉高 往下一點 張口唱歌狀		雙手舉高 往下一點 轉圈圈
C段	啦		
坐	拍地上四下 拍手四下		雙手舉高 往下一點 雙手張開搖
站	牽手往右走		換方向往左走

站著能做的動作，例如：右腳點、往上跳、原地踏步、扭腰等。

④ 肢體探索（站著）：與幼兒討論除了踏腳，還可以怎麼say hello（例如：跳）。

教保人員可以詢問幼兒，還有哪些打招呼的方式？B段的舉手動作不需更改動作，因為手勢跟音高是連結的，加深音高概念。

影1-4

⑤ 一一唱名sing hello：A段的四個Hello，可以改為四個小朋友的名字，一一的唱。動作與前面步驟同。

⑥ 兩人一組sing hello：兩個小朋友一組面對面，播放Hello歌一起做動作。動作可參考步驟3。A及C段最好設計兩人有互動的動作，例如：擊掌、抱抱、碰屁股等。

⑦ 挑戰唱名：播放Hello歌進階版，亦即 C 段唱：Mi-Sol-Mi-Sol-Sol-La-Sol-Fa-Re-Mi-Sol Re-Sol-Re-Sol-Sol-La-Sol-Fa-Re-Mi-Do。

11

日

常

23 拍拍睡 小寶貝

詞曲：廖美瑩

A 拍拍背呀 乖乖睡， 乖乖睡呀 小寶貝。

摸摸頭呀 乖乖睡， 乖乖睡呀 小寶貝。

B 搖呀，搖呀，乖乖睡。 親愛的 小寶貝 親親睡。

C Hm ————————————————

註：前奏及尾奏為佛瑞的「桃莉組曲」之「搖籃曲」旋律。

🎵 歌曲分析

調性：E大調　**音域**：8度　**難易度**：易
風格：搖籃曲

🎵 歌曲特色與活動設計重點

拍號
前面4/4，後面3/4
感受兩種不同風格：前面設計拍的動作，後面設計搖擺的動作。

備註：1. 3/4 或 4/4 都代表拍號，這些拍號會影響音樂的風格及律動感。

2. 3/4 表示以四分音符為一拍，每小節有三拍。

3. 通常來說，3/4 會有流暢搖擺感，4/4 會比較工整。

教保活動範例一　拍拍睡　小寶貝

適用年齡：2-6歲

學習指標
美-1-2-2 探索生活環境中各種聲音，感受其中的差異

美-2-2-3 以哼唱、打擊樂器或身體動作模仿聽到的旋律或節奏

美-3-1-1 樂於接觸視覺藝術、音樂或戲劇等創作表現，回應個人的感受

活動目標
1. 能感受 3/4 及 4/4 音樂之間的差異性

2. 能隨著音樂舞動身體，感受搖籃曲的搖擺感覺

3. 能欣賞優美的樂曲，並樂於分享其感受

教學資源
音樂（23 拍拍睡　小寶貝）、玩偶、布條

● ● ● 　活動步驟與內容　● ● ●

① **引起動機**：教學者抱著一個玩偶，跟幼兒探討，晚上睡覺的時候，媽媽怎麼哄你睡覺。

② **體驗抱娃娃**：引導幼兒要如何抱、怎麼抱才會舒服，可以做什麼小動作（例如：拍拍背、摸摸頭、親親臉等）。

3 **歌曲律動**：引導幼兒音樂A段可以輕輕拍打的方式、B段採搖擺的方式，來進行律動。配合音樂，隨著音樂搖擺，並假裝哄玩偶睡覺。

影1-3

4 **分享**：躺著聽這首搖籃曲，並分享聽這首音樂的時候是不是想到什麼甜蜜的畫面。

此首樂曲的前奏是法國音樂家佛瑞的「桃莉組曲」裡的「搖籃曲」，教保人員也可上網查詢資料，提供幼兒鋼琴四手聯彈的音樂。

延伸活動

可延伸至音樂區或娃娃角，
讓幼兒體驗照顧小嬰兒的感覺。

24
我們都是好朋友

詞曲：廖美瑩

拍拍手，　　拍拍手，　我們　都是　好朋　友，

踏踏腳，　　手牽手，　大家　一起　來跳　舞。

往前跳，　　往後　跳，　轉個　圈圈 say hel - lo，

搖過來，　　搖過　去，　大家　一起　玩遊　戲。

剪刀石頭　布！　剪刀石頭　布！　剪刀石頭剪刀石頭 剪刀石頭　布！

🎵 **歌曲分析**

調性：C大調　**音域**：7度 　**難易度**：易到中

風格：活潑有活力

♫ 歌曲特色與活動設計重點

歌詞：動作	歌詞：組合	音樂元素：速度
拍手、踏腳、跳、搖、跳舞、轉圈圈	剪刀石頭布	兩個速度
可以依照歌詞來設計律動。	可參照身體動作「01 剪刀石頭布」這首歌的作法。	可以讓幼兒感受兩種速度並表達其感受。

教保活動範例一　我們都是好朋友

■ 適用年齡：2-6歲

學習指標　美-2-2-3 以哼唱、打擊樂器或身體動作反應聽到的旋律或節奏

美-2-2-4 以高低強弱快慢等音樂元素表達感受

活動目標　1.肢體律動能反應音樂特性及歌詞內容

2.能感受速度快慢與情緒的關係

教學資源　音樂（24 我們都是好朋友）、有關情緒之繪本

● ● ●　活動步驟與內容　● ● ●

1 **繪本引起動機**：教學者可以選用有關於好朋友主題的繪本，探討好朋友在一起可以做什麼事，來導出剪刀石頭布的遊戲、跳舞等歌詞裡面的動作。

2 **剪刀石頭布的遊戲**：用手部進行剪刀石頭布的遊戲。熟悉之後可以進行腳部的剪刀石頭布的遊戲。按照歌曲的節奏唸及做動作。

在帶領歌曲時，不需要按從頭到尾的順序來教，通常需要留意的是，要把較難的樂段或動作挑出來特別練習。

③ 單人律動：按照歌詞的內容來跳律動。

④ 兩人律動：兩人一組，按照歌詞的內容來跳律動。要留意兩段的速度不一樣（中、快）。

教保人員都有基本的動作編創能力，不需要受限於影片的動作。也許也可以與幼兒討論動作（如影片）。

影1-4

⑤ 速度與情緒的連結：請幼兒分享速度和情緒的關聯。

「剛才音樂有兩次，有什麼不同？」（快與慢）

「快跟慢你有什麼不一樣的感覺？」

25 可愛的輪子

詞曲：廖美瑩

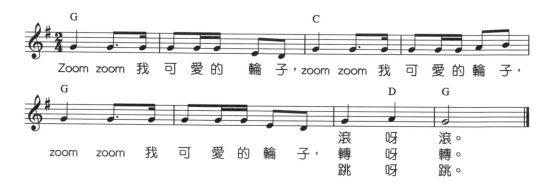

Zoom zoom 我 可愛的 輪子，zoom zoom 我 可愛的輪子，

zoom zoom 我 可愛的 輪子，滾 呀 滾。
　　　　　　　　　　　　　　轉 呀 轉。
　　　　　　　　　　　　　　跳 呀 跳。

註：1. zoom zoom在這首歌裡是形容輪子的聲音。
　　2. 第25至27首為同曲調，故並列於此。

🎵 歌曲分析

調性：G大調　**音域**：6度　**難易度**：易到中
風格：節奏性強

🎵 歌曲特色與活動設計重點

編曲：節奏性	編曲：間奏
節奏性強	間奏反應最後歌詞動作
利用節奏性來做韻律的平衡動作。	利用最後一個音把輪子滾出去或轉一轉。

教保活動範例一　可愛的輪子

■ 適用年齡：3-6歲

學習指標 ▎美-2-2-3 以哼唱、打擊樂器或身體動作反應聽到的旋律或節奏

身-2-1-1 在穩定性及移動性動作中練習平衡與協調

活動目標 ▎1.根據歌詞會隨著音樂有節奏性的擺動身體

2.身體保持平衡及協調的利用輪子不同的特性來進行活動

教學資源 ▎音樂（25可愛的輪子滾呀滾、26可愛的輪子轉呀轉、27可愛
的輪子跳呀跳）、每位幼兒一個小的呼拉圈

● ● ●　　　活動步驟與內容　　　● ● ●

1 **輪子滾呀滾**：每人手上拿著一個呼拉圈散開，把呼拉圈立起來，雙腳
張開，雙手放在呼拉圈上保持呼拉圈平衡，左右搖擺，最後把呼拉圈
（輪子）往前滾。

影1-1

2 **輪子轉呀轉**：每人手上拿著一個呼拉圈散開，把呼拉圈立起來，雙腳
張開，一隻手抓住呼拉圈，並做原地轉動的動作，最後放手讓呼拉圈
（輪子）轉動。

影1-2

3 **輪子跳呀跳**：把數個呼拉圈排在地上，讓幼兒隨著節奏跳呼拉圈。
這個活動看似簡單，但要照節奏跳到呼拉圈裡並不是那麼容易。要請幼兒做大動作
的準備和跳，才容易對準節奏。這個活動做的確實，幼兒很容易就學會跳繩。

輪子滾呀滾

輪子轉呀轉

輪子跳呀跳

影1-3

28 神奇的塑膠袋

詞曲：廖美瑩

塑膠袋 啊 真神奇， 變來變去 變成 一個 大 氣 球。 （砰！）
一 陣 大 海 浪。 （沙～～沙沙）
一 陣 大 強 風。 （呼呼呼～～）

歌曲分析

調性：C大調　**音域**：6度　**難易度**：易到中
風格：輕快

歌曲特色與活動設計重點

曲調	歌詞
重複三次相同的旋律	開放性歌詞
每次可以變化不一樣的塑膠袋狀態。	變化動作及聲音。

備註：一剛開始不建議播放音樂。教保人員需視幼兒的動作成熟度來變化速度。

教保活動範例一　神奇的塑膠袋

■ 適用年齡：2-6歲

學習指標 ■ 美-1-1-2 探索生活環境中各種聲音，感受其中的差異

美-2-2-3 以哼唱、打擊樂器或身體動作反應聽到的旋律或節奏

美-3-3-2 欣賞音樂創作，描述個人體驗到的特色

活動目標 ■ 1.探索及覺察塑膠袋的各種音色

2.利用塑膠袋進行合奏

3.欣賞塑膠袋的集體創作並回應其感受

教學資源 ■ 音樂（28 神奇的塑膠袋）、三個呼拉圈、每位幼兒一個塑膠袋

● ● ● 活動步驟與內容 ● ● ●

1 **動機引導**：全班圍成圓圈坐下，閉上眼睛，仔細聆聽老師手上塑膠袋的聲音。

「大家覺得剛剛的聲音像什麼？」（下雨的聲音、踩樹葉的聲音）

2 **塑膠袋聲音探索**：探索塑膠袋能發出什麼聲音，並請幼兒分享。

影1-2

3 **塑膠袋合奏**：每人選擇一種聲音及演奏方式。之後閉起眼睛，聽到左邊的人演奏，自己就要開始演奏，聽到左邊的人停了，自己就必須要停。

「等一下大家要選擇自己想要的演奏方式，從頭到尾都演奏一樣的。」

「左邊的人開始你就開始，左邊的人停止你就停止。」

「等一下我要問這是在哪邊的聲音？在森林裡？在海邊？在菜市場？」

| 2.探索塑膠袋的各種聲音 | 3.集體創作 |

影1-3

4 回應演奏內容：請幼兒分享剛剛聽到的場景，並說出聽到什麼特色。
請幼兒將這個特色演奏出來。

「剛剛你聽到的聲音是在哪邊？」（菜市場）

「剛剛什麼聲音讓你感覺是在菜市場，你可以做出來嗎？」（這個——演奏塑膠袋，
很像菜市場切切切的聲音，很吵）

幼兒在分享的時候，請他把敘述跟動作（邊操弄塑膠袋）連結，澄清他的想法。

影1-4

5 演奏塑膠袋變變變（頑固伴奏：**單一動作**）：請幼兒想看看怎麼用塑膠
袋來進行伴奏。之後請幼兒發表，採用其中一個方式，全班一起演奏。

| 變成氣球 | 變成海浪 | 變成一陣風 |

影1-5

6 演奏塑膠袋變變變（頑固伴奏：**兩個動作組合**）：請幼兒想看看怎麼
用兩個動作組合來伴奏。之後請幼兒發表，採用其中一個方式，全班
一起演奏。

影1-6

7 音色分類：請幼兒選擇另一種演奏方式。站起來，尋找跟自己一樣音
色的人走在一起，全班大約分為三組。

8 呼拉圈即興指揮：地上放著三個呼拉圈，各代表每一組。踏進哪一組
的呼拉圈哪一組才能演奏。

影1-8

9 呼拉圈指揮歌曲：同步驟8，但播放或唱神奇的塑膠袋的音樂，幼兒
看呼拉圈指揮來演奏。也可以唱幼兒熟悉的歌曲。

影1-9

32
小小演奏家

詞曲：廖美瑩

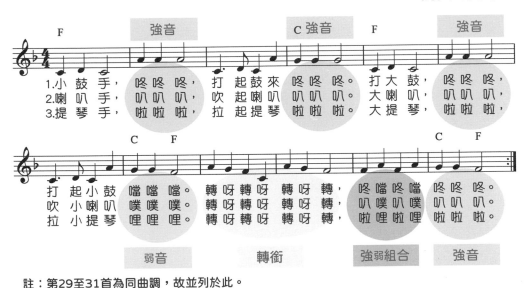

註：第29至31首為同曲調，故並列於此。

🎵 歌曲分析

調性：F大調　**音域**：6度　**難易度**：易到難

風格：三段風格不同（小鼓手及喇叭手有精神，提琴手較優雅）

🎵 歌曲特色與活動設計重點

歌詞：三段	音樂元素	音樂設計：轉銜
第一段：小鼓手	力度（大）（小）	轉
第二段：喇叭手	力度組合（大小）	
第三段：提琴手		

三段不同特質，可以找出適當的演奏方式。	1. 認識力度及體驗大小聲。 2. 將大小聲組合。	在「轉呀轉」的地方可以設計轉的動作或聲音。

備註：三段歌詞中，小鼓手最簡單，建議先從這一段來體驗大小聲。

🎵 活動設計建議網絡圖

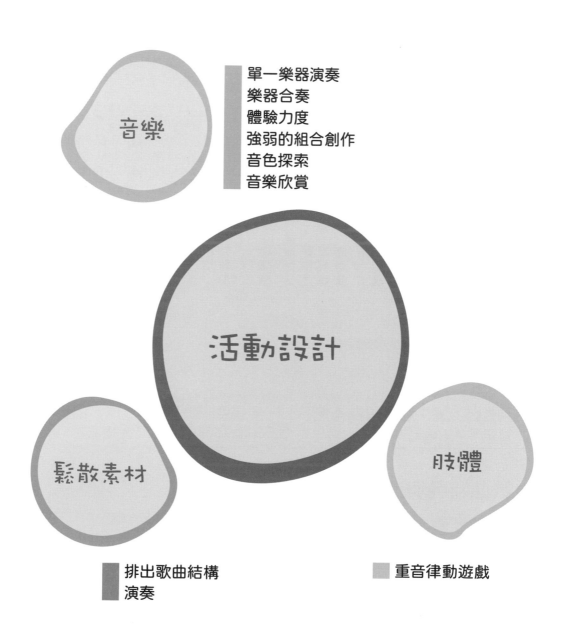

音樂

單一樂器演奏
樂器合奏
體驗力度
強弱的組合創作
音色探索
音樂欣賞

活動設計

鬆散素材

肢體

排出歌曲結構
演奏

重音律動遊戲

教保活動範例一　快樂小鼓手

■ 適用年齡：2-6歲

學習指標
美 -1-2-2 探索生活環境中各種聲音，感受其中的差異
美 -2-2-3 以哼唱、打擊樂器或身體動作反應聽到的旋律或節奏
美 -2-2-4 以高低強弱快慢等音樂元素表達感受
美 -3-3-1 樂於接觸視覺藝術、音樂或戲劇等創作表現，回應個人的感受

活動目標
1. 體驗及覺察音樂的速度及力度變化
2. 音樂停止時身體凍住，之後聽從指令做相對應之動作（例如：跳入呼拉圈）
3. 利用打擊鬆散素材表現出音的強與弱
4. 樂於欣賞別人的表演並回應感受

教學資源 ■ 手鼓一個、大小呼拉圈若干、能敲打的鬆散素材若干

●●● 活動步驟與內容 ●●●

1. **聲音覺察當引起動機**：請幼兒閉起眼睛，教學者敲打鼓，問幼兒聽到什麼聲音？是否在哪裡有聽過？鼓聲讓他的感覺如何？

2. **鼓聲遊戲（music/stop）**：教學者拍打鼓，幼兒聽到鼓聲就隨著鼓聲走動。鼓聲停，大家就凍住。熟悉遊戲模式後，也可以讓幼兒輪流來打鼓。

| 聽到鼓聲開始走動 | 音樂停止動作凍住 | 請幼兒來引導 |

中間可以變化速度：快、慢、漸快、漸慢。

影1-2

3 **覺察聲音的強音**：同步驟2，但聽到「突強」時幼兒要跳進呼拉圈。
「等一下聽老師打的鼓聲，如果聽到這個聲音就要跳到呼拉圈（示範）。」（先不要告訴幼兒聽到大聲跳進去，讓幼兒自行覺察）
「剛剛為什麼你們跳進去了？」〔由此導出音樂有大有小（強與弱）〕

影1-3

4 **體驗聲音的強與弱**：選一首大家熟知的兒歌，看著符號唱出相對的強度，例如：教學者提供一個大圈圈及小圈圈。也可以請幼兒來指揮拿符號。

3.聽到突強跳到圈內　　4.指到大圈圈大聲唱　　4.指到小圈圈小聲唱

影1-4

5 **鬆散素材排出強與弱**：請幼兒觀察教室，看看有什麼東西可以代表大，什麼可以代表小（用一手可以拿起來的），可利用這兩個物品來排列出強與弱。當然，利用自然素材也可以。

6 **鬆散素材演奏出強與弱**：請幼兒探索，利用一或兩個物品敲出強與弱，例如：塑膠袋。
6-1 利用同一個物品，探索有什麼敲擊方式、怎麼樣敲出「好聽」的大小聲。
6-2 利用同一個物品，組合成大小大小的節奏型態，唱 2/4 或 4/4 的兒歌。
6-3 利用兩個物品探索怎樣敲出好聽的大小聲，並演奏。
6-4 分大小兩組，分坐不同側，教學者指到哪組哪組就演奏（也可請幼兒來指揮）。
6-5 兩個幼兒一組，創作出一個大小聲的節奏（大約 2 小節）。教學者選較為成熟的幼兒發表，並請大家敲出他們的創作。

影1-6

7 **回應與賞析**：幼兒可以分組演奏，其他當欣賞者，表演完畢可以請幼兒分享其當表演者及欣賞者的心得。

教保活動範例二　大小鼓手

■ 適用年齡：2-6歲

學習指標
美-2-2-3 以哼唱、打擊樂器或身體動作反應聽到的旋律或節奏
美-2-2-3 運用哼唱、打擊樂器或身體動作進行創作
美-2-2-4 以高低強弱快慢等音樂元素表達感受

活動目標
1. 能用鼓敲出大小聲
2. 能用鼓及鬆散素材創作表現的方式
3. 能用鬆散素材排出小鼓手的音畫

教學資源
音樂（29 小小演奏家小鼓手）、每個人一個鼓、能排列及敲打的鬆散素材若干、絲巾或 A4 紙

● ● ● 活動步驟與內容 ● ● ●

1 **聆聽音樂引起動機**：播放小鼓手的音樂，完畢後問幼兒問題。
「這是一個有關於什麼的歌？」（鼓、小鼓手）
「有聽到什麼樂器？」（鼓）
「樂器的聲音有沒有大小聲？大鼓？小鼓？」（大鼓：咚咚咚；小鼓：噹噹噹）

2 **樂器演奏（影片是用棒棒糖鼓）**：每人一個鼓，隨著音樂打鼓。大鼓：大聲；小鼓：小聲；轉呀轉：轉圈圈。

敲大聲

轉呀轉

影2-2

3 **樂器演奏律動**：每人拿一個鼓，站著圍個圈移位。大鼓：大聲往上拍；小鼓：小聲往下拍；轉呀轉：原地轉圈圈。

影2-3

4 鬆散素材探索樂器聲音：幼兒分為四組，提供一些鬆散素材（例如：塑膠袋、紙箱、木盒等），讓小組自由探索，找出最棒的聲響。之後請幼兒圍坐成一個半圓（同組的坐一起），組與組之間空一個位子，一一分享發現的聲響。

	組一	組二	組三	組四
代表	大鼓	小鼓	轉	大小鼓組合
歌詞	咚咚咚	噹噹噹	轉呀轉呀轉呀轉	咚噹咚噹
鬆散素材	紙箱	木盒	紗網	水桶、鐵盒

5 鬆散素材演奏小鼓手：聽音樂，先由教學者指揮，指到的組別就演奏。熟悉之後幼兒也可以來指揮。

6 鬆散素材排出小鼓手（分組探索）：這四組的幼兒各自拿一條絲巾或A4紙當圖畫紙，利用鬆散素材排出自己的圖像（即為音畫）。將大家的作品組合在一起成為小鼓手這首歌。

	組一	組二	組三	組四
代表	大鼓	小鼓	轉	大小鼓組合
符號	●●●	● ● ●	◎	● • ● •
音畫				

7 鬆散素材玩出創意小鼓手：回到步驟4，但在幼兒的面前呈現步驟6的音畫。由教學者先當指揮指著音畫，大家一起演奏小鼓手這首歌。也可以選幼兒擔任指揮。

影2-7

教保活動範例三　小小演奏家

■ 適用年齡：2-6歲

學習指標　美 -2-2-3 以哼唱、打擊樂器或身體動作反應聽到的旋律或節奏

美 -2-2-4 以高低強弱快慢等音樂元素表達感受

活動目標　1. 能用鼓有創意的敲出大小聲

2. 能用鼓及鬆散素材表現小鼓手

3. 能用鬆散素材排出小鼓手的音畫

教學資源　音樂（32小小演奏家、29-31分段音樂）、每個人一個棒棒糖鼓、

能排列及敲打的鬆散素材若干

● ● ●　活動步驟與內容　● ● ●

1 **聆聽音樂引起動機**：播放小小演奏家的音樂，完畢後問幼兒問題。並
請幼兒分享他們有沒有看過這些樂器（提供圖片）。
「這首歌有哪幾種樂器？」（小鼓手、喇叭手、提琴手）

2 **複習棒棒糖鼓演奏（小鼓手）**：每人持一個棒棒糖鼓，老師一一詢
問，用棒棒糖鼓怎麼假裝打鼓？大鼓怎麼敲？之後請幼兒隨著音樂打
鼓。大鼓：大聲；小鼓：小聲；轉呀轉：身體轉圈圈狀。

3 **棒棒糖鼓演奏（喇叭手）**：每人持一個棒棒糖鼓，老師一一詢問用棒
棒糖鼓怎麼假裝演奏喇叭？之後請幼兒隨著音樂吹喇叭。大喇叭：大
聲；小喇叭：小聲；轉呀轉：身體轉圈圈狀。

影3-3

4 **棒棒糖鼓演奏（提琴手）**：每人持一個棒棒糖鼓，將幼兒分為大小提
琴組。老師問用棒棒糖鼓怎麼假裝演奏大提琴及小提琴？之後老師當
指揮，請幼兒隨著音樂拉提琴。大提琴：用力拉；小提琴：輕輕拉；
轉呀轉：身體轉圈圈狀。

| 喇叭手 | 提琴手 |

5 **合奏**：將步驟 2 到 4 綜合起來，播放小小演奏家的音樂。

影3-5

6 **鬆散素材探索樂器聲音**：幼兒分為三組，提供一些鬆散素材（例如：塑膠袋、木盒、紙箱等），讓小組自由探索，找出最棒的聲響。步驟同本單元活動範例二之步驟 4 至 6。將三段歌詞結合起來成為一首完整的小小演奏家音畫。

7 **鬆散素材玩出創意小小演奏家**：利用鬆散素材來演奏小小演奏家。由老師先當指揮指著音畫，大家一起演奏小小演奏家這首歌。

音畫設計排列：卓邵書彥

影3-7

34
圈圈舞曲（律動）

曲：廖美瑩

註：第35首圈圈舞曲——六段為重複六次的相同旋律，故不再特別列出。

🎵 樂曲分析

調性：G大調　　**難易度**：易到中
風格與曲式：AB兩段式

A	B
節奏性較強，進行曲風格	優美

🎵 樂曲特色與活動設計重點

曲式：兩段	音樂元素：速度
A：節奏性 B：旋律性	六段：一次比一次快
設計A、B兩個有點對比的體驗活動。	體驗速度的快慢。

295

♫ 活動設計建議網絡圖

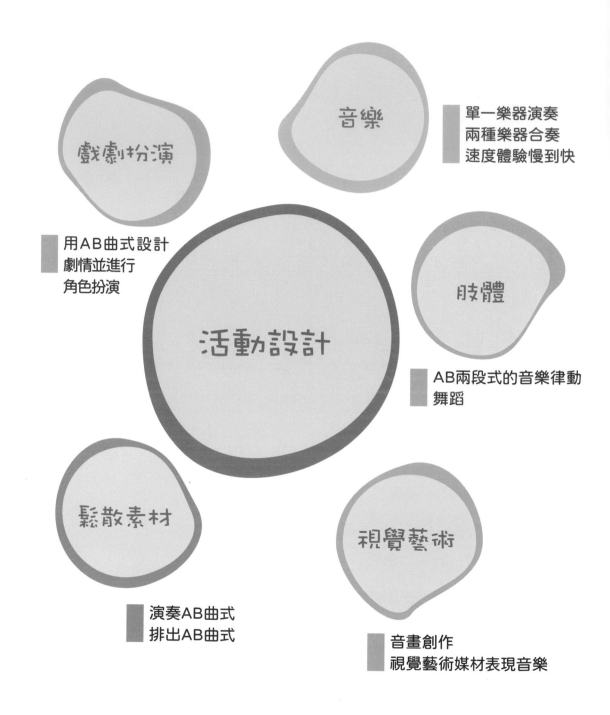

戲劇扮演

音樂

單一樂器演奏
兩種樂器合奏
速度體驗慢到快

用AB曲式設計
劇情並進行
角色扮演

活動設計

肢體

AB兩段式的音樂律動
舞蹈

鬆散素材

視覺藝術

演奏AB曲式
排出AB曲式

音畫創作
視覺藝術媒材表現音樂

教保活動範例一　圈圈舞曲舞動樂器

適用年齡：2-6歲

學習指標　美 -1-2-2 探索生活環境中各種聲音，感受其中的差異

　　　　　　美 -2-2-3 以哼唱、打擊樂器或身體動作反應聽到的旋律或節奏

活動目標　能察覺音樂 A、B 段之差異，並能用肢體律動樂器表現

教學資源　音樂（34 圈圈舞曲兩段）、木棒搖鈴、鈴鼓、三角鐵、自製彩帶

● ● ●　**活動步驟與內容**　● ● ●

1 **動作模仿**：播放音樂，請幼兒跟著老師做動作。A：拍手；B：手揮動。

2 **樂器演奏**：可以拿任何一個樂器演奏，例如：木棒搖鈴。A：拍打木棒；B：揮動搖鈴。

3 **樂器演奏探索**：問幼兒，有可能用哪兩種樂器來演奏？哪一個演奏A段？哪一個演奏B段？例如：A：鈴鼓；B：三角鐵。

4 **彩帶舞蹈**：A：隨著音樂有節奏感的任意走動並揮動彩帶；B：原地揮動彩帶。也可以請幼兒自創舞蹈。

教保活動範例二　圈圈舞曲玩遊戲

適用年齡：2-6歲

學習指標	美 -1-2-2 探索生活環境中各種聲音，感受其中的差異
	美 -2-2-3 以哼唱、打擊樂器或身體動作反應聽到的旋律或節奏
	美 -2-1-1 玩索各種藝術媒介，發揮想像並享受自我表現的樂趣
活動目標	1. 能察覺音樂 A、B 段之差異，並能享受音樂表現的樂趣
	2. 能發揮想像力並享受在音樂表現中
教學資源	音樂（34 圈圈舞曲兩段）、自製火車旗子、彈性繩、氣球傘、自製彩帶

●●● 活動步驟與內容 ●●●

1 **火車與蝴蝶**：每個幼兒握著火車旗子，原地練習A段。B段把旗子當成蝴蝶飛。等幼兒熟悉之後播放音樂。A：火車移位律動；B：定點律動蝴蝶飛。

影2-1

2 **彈性繩**：大家圍個圓圈手握彈性繩，問幼兒彈性繩可以怎麼玩，並討論出A、B兩段怎麼玩，例如：A：上下晃動；B：上下外內。

影2-2

3 **氣球傘**：與步驟2相同引導方式。

彈性繩	氣球傘

這首曲式相當簡單，可以鼓勵幼兒在音樂區中發展自己的遊戲。

影2-3

教保活動範例三　圈圈的舞蹈與律動

■ 適用年齡：2-6歲

學習指標 ┃ 美-2-2-3 以哼唱、打擊樂器或身體動作反應聽到的旋律或節奏

　　　　　　 美-2-2-4 以高低強弱快慢等音樂元素表達感受

　　　　　　 美-2-2-6 進行兩人以上的互動扮演

活動目標 ┃ 1. 能察覺音樂 A、B 段之差異，並能用樂器及律動表現

　　　　　　 2. 能透過舞蹈察覺及體驗速度的變化

　　　　　　 3. 能學公主與王子的舞步，並與他人互動

教學資源 ┃ 音樂（33 圈圈舞曲六段、34 圈圈舞曲兩段）、大絲巾或布條、

　　　　　　 呼拉圈若干、自製煙火棒

● ● ●　活動步驟與內容　● ● ●

1 **圈圈舞：**大家站著圍個圓圈手牽手。A：往右走；B：往內往外二次。

| A：手牽手往右移 | B：往內 | B：往外 |

這首歌有提供六段不同的速度，可以體驗由慢到快不同的身體感受，因此可以請幼兒發表快跟慢有什麼不同的感覺。

影3-1

2 **大絲巾舞蹈：**大家圍個圓圈手握大絲巾或布條，問幼兒布條可以怎麼玩，最後討論出A、B兩段怎麼玩，例如：A：上下晃動；B：上舉下放。

| A：上下晃動 | B：上舉下放 |

影3-2

3 **角色扮演**：教學者隨意放了幾個呼拉圈在地上，問幼兒呼拉圈可以代表什麼（例如：城堡）；A段的時候要做什麼（例如：可以引導到各種不同角色有不同的走路方式，如公主、王子）；B段的時候要做什麼（例如：要回城堡做什麼，如say hello）。

| A：學公主或王子走路 | B：在城堡內打招呼 |

影3-3

4 **煙火棒**：中間擺一個大的呼拉圈，或用繩子做成一個大圈圈。每位幼兒持一個自製煙火棒。A：隨著音樂甩煙火棒任意移動；B：回到圈圈大家一起放煙火，上下甩動四次。

| A：任意移動 | B：回到中間放煙火 |

這首曲式相當簡單，可以鼓勵幼兒在音樂區中製作舞蹈教具，並自創舞蹈及律動。

影3-4

教保活動範例四　圈圈舞曲新體驗

■ 適用年齡：4-6歲

學習指標 ┃ 美 -2-2-3 以哼唱、打擊樂器或身體動作反應聽到的旋律或節奏
　　　　 ┃ 美 -2-2-1 玩索各種藝術媒介，發揮想像並享受自我表現的樂趣

活動目標 ┃ 1. 透過不同的視覺藝術媒材來進行音畫創作並享受表現的樂趣
　　　　 ┃ 2. 能針對曲式的特性做出相對應的作畫方式

教學資源 ┃ 音樂（34 圈圈舞曲兩段）、圖畫紙、顏料、檸檬、牙刷、彈珠、
　　　　 ┃ 透明硬殼資料盒、鬆散素材若干

● ● ● 　活動步驟與內容　● ● ●

1 **蓋印畫（無顏料）**：準備蓋印的媒材，先不要上顏色，在畫紙上先練
習A、B兩段不同的蓋法，兩位幼兒一組，一位練習A段的動作；另一
位練習B段的動作。A：蓋；B：推。
幼兒一拿到圖畫器具就會不自覺開始畫，不見得會聽音樂。但在這個活動中，音樂
是主體而非背景音樂。因此，要先讓幼兒手拿畫具，聽音樂做練習，等熟悉音樂之
表現方式後再進行下一個步驟。

2 **蓋印畫（顏料）**：加上顏料，開始隨著音樂蓋畫。A：蓋檸檬；B：
用牙刷噴顏料。也可自創。

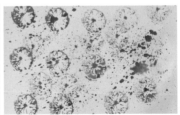

| A：蓋 | B：噴 | 完成作品 |

影4-2

3 **彈珠跳及滾（無顏料）**：準備一個透明的盒子，裡面放幾顆彈珠，兩
位幼兒一起舞動盒子。A：上下晃動；B：滾來滾去。

影4-3

4 彈珠跳及滾（有顏料）：盒子裡面圖畫紙刷濕，分別擠上三個顏色的
顏料。A：上下晃動；B：滾來滾去。

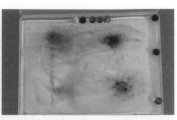

| A：上下晃動 | B：滾來滾去 | 完成作品 |

影4-4

5 鬆散素材排出A和B段：利用各種素材排出這首曲子的A、B段，並請
幼兒聽音樂指出這些元素。

A：隨著節奏點裡面的愛心珠子

B：隨著音樂沿著外面的長珠子畫線條

想一想，也許有更好玩的視覺藝術活動。

日常

第一部曲 特別的我

動物
大自然

 第二部曲
神奇自然

12 動物

♪♪ 音樂曲目

	探索	覺察	表現	創作	回應	賞析

01 黃色小鴨

02 愛游泳的魚

03 小魚找媽媽（律動）

04 啄木鳥之歌

05 啄木鳥律動劇（律動）
24 啄木鳥律動劇B段——樹枯萎
25 啄木鳥律動劇C段——啄木頭
26 啄木鳥律動劇D段——樹長葉子

06 小老鼠與大花貓的遊戲

07 Kaeru No Uta——齊唱

08 Kaeru No Uta——輪唱

09 野生動物園
27 野生動物園——獅子（古典樂）
28 野生動物園——大象（古典樂）
29 野生動物園——袋鼠（古典樂）
30 野生動物園——馬（古典樂）

10 林中杜鵑（古典樂）

01
黃色小鴨

詞曲：廖美瑩

可愛黃色的小鴨，　走起路來搖搖搖，

愛到河邊去游水。（準備跳水）　掉到水裡不見了。

🎵 歌曲分析

調性：D大調　**音域**：6度　**難易度**：易到難

風格：三段速度表現優雅（慢）、逗趣（中）及活潑（快）

🎵 歌曲特色與活動設計重點

速度	聲音	訊號	歌詞
中、快、慢	**鴨子、水聲**	**彈舌**	**不見了**
可以體驗三種鴨子走路的速度。	可以引導聲音覺察。	第四小節是一種音樂訊號，可以設計一種特殊動作或樂器。訊號完的尾音，可以設計一個動作或樂器。	設計不見的動作。

♫ 活動設計建議網絡圖

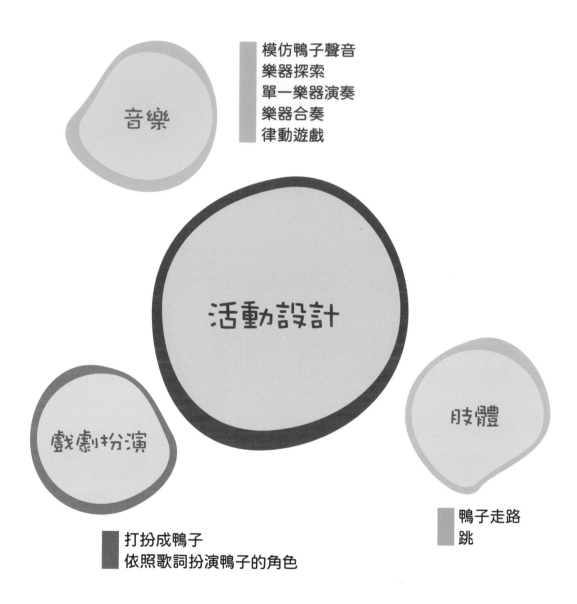

音樂
- 模仿鴨子聲音
- 樂器探索
- 單一樂器演奏
- 樂器合奏
- 律動遊戲

活動設計

戲劇扮演
- 打扮成鴨子
- 依照歌詞扮演鴨子的角色

肢體
- 鴨子走路
- 跳

教保活動範例一　黃色小鴨

■ 適用年齡：2-6歲

學習指標
美 -1-2-2 探索生活環境中各種聲音，察覺其中的差異
美 -2-2-3 以哼唱、打擊樂器或身體動作反應聽到的旋律或節奏
語 -1-5-2 理解故事的角色與情節

活動目標
1. 能覺察鴨子的聲音，並以肢體探索鴨子各種走動的姿勢
2. 對於特定的音樂訊號能做出立即的反應
3. 能跟隨音樂的速度變化做合適的動作
4. 能了解故事中鴨子的角色與劇情

教學資源
音樂（01 黃色小鴨）、有關鴨子的影片或圖片、高低音木魚（每位幼兒一個）、其他小樂器若干（例如：手鼓、沙鈴、三角鐵等）

12 動物

● ● ● 活動步驟與內容 ● ● ●

① **聲音覺察（前奏）**：教學者播放音樂前奏，問幼兒聽到什麼聲音？（鴨子）並唱出鴨子「呱呱呱」的聲音。

② **觀察鴨子外型**：利用圖片，讓幼兒觀察鴨子的長相有什麼特殊之處，並引導幼兒用身體做出鴨子的造型。

③ **鴨子走路**：教學者引導幼兒像鴨子一樣搖搖晃晃的走路。教學者可以利用高低音木魚伴奏。

④ **黃色小鴨的故事**：教學者利用圖片，讓幼兒觀察圖片內容及說黃色小鴨的故事，讓幼兒了解曲子的結構。

鴨媽媽跟寶貝去散步

散步到池塘

| 小鴨子跳到水裡 | 怎麼不見了？ |

繪圖者：卓邵書彥

教學過程中，如果有圖片輔助會增加幼兒對故事的記憶。

5 **聆聽音樂**：播放黃色小鴨的音樂，並詢問幼兒以下問題：

「有沒有聽到什麼很特殊的聲音？」（例如：第四小節）

「你覺得這是什麼聲音？」（水聲）（引導出鴨子愛到河邊去玩水）

「鴨子掉到水裡怎麼樣了？」（「咚」不見了）

6 **樂器探索**：請每位幼兒各持一個高低音木魚，引導幼兒進行探索活動。

6-1 「高低音木魚怎麼做出水的聲音？」（例如：有一位幼兒回答：「棒子在螺
　　旋棒上來回移動」）（邊說完馬上請大家模仿，一起演奏水聲）

引導探索活動需要多點時間讓幼兒操弄樂器，嘗試各種方法敲打樂器。

6-2 「你們覺得這像水的聲音？」「水的聲音還可以怎麼做出來？」

當有幼兒表現時，讓其他幼兒來回應，看這位幼兒表現的水聲像不像？如果說不
像，請覺得不像的那位幼兒來試看看，怎麼樣比較像。

6-3 「掉到水裡不見了（唱）。咚，怎麼咚？」（敲）（邊說完馬上請大家模仿
　　一起唱那一句，並敲一聲）

6-4 「鴨子走路怎麼演奏？」（左右敲）（邊說完馬上請大家一起邊唱歌邊伴奏）

| 6-1製造水聲 | 6-4鴨子走路 |

引導一首歌曲不需要從頭，可以從歌曲的重點處先引導。

7 **樂器演奏（同一種樂器）**：每個人持一個高低音木魚，配合音樂，把
步驟6的演奏方式串起來。

影1-7

8 **樂器演奏（三種樂器）**：請幼兒探索可以用哪三種樂器來演奏，例如：

歌曲訊息	鴨子走路	水聲	咚
樂器	高低音木魚	沙鈴	手鼓

可以提供四到六種樂器（不同材質），讓幼兒探索各種樂段適合用什麼樂器來表現，
也可以提供不同材質的鬆散素材，例如：紙盒、鐵罐、寶特瓶等。

教保活動範例二　愛游泳的黃色小鴨

學習指標 | 美-2-2-3 以哼唱、打擊樂器或身體動作反應聽到的旋律或節奏
美-2-2-4 以高低強弱快慢等音樂元素表達感受
美-2-2-5 運用簡單的動作或玩物，進行生活片段經驗的扮演

活動目標 | 1.能根據音樂的特性做出相對應的律動
2.能透過肢體感受速度的快與慢
3.扮演鴨子進行律動劇

教學資源 | 音樂（01 黃色小鴨）、絲巾數條、高低音木魚一個、手鼓一個、沙鈴一個、呼拉圈若干

●　●　●　● **活動步驟與內容** ●　●　●

1 **複習歌曲**：複習唱黃色小鴨的歌曲。

2 **律動分段練習（走路）**：問幼兒鴨子怎麼走路？（引導搖擺狀走路）。教學者邊唱歌邊敲打高低音木魚，幼兒學鴨子走路。可以變化三種速度，音樂停動作就要凍住。

先請一、兩位幼兒創作鴨子動作，教學者加強鴨子動作是搖擺的，請大家一起模仿。

影2-2

3 **律動分段練習（搖屁股）**：教學者將呼拉圈散放在各處代表池塘。引導幼兒聽到水的聲音（沙鈴）時，就要找到一個呼拉圈，搖屁股。可以變化三種速度。

這是達克羅士音樂教學法的訊號，幼兒需要察覺這個訊號，做出相對的動作。

影2-3

12

動

物

④ **律動分段練習（咚）**：當教學者邊唱「掉到水裡不見了」，邊敲手鼓（「咚」）時，幼兒就要跳進呼拉圈。

| 鴨子去散步 | 「咚」跳入呼拉圈 |

影2-4

⑤ **律動**：播放音樂，跟著歌詞做出相對應的律動。

可以提供兩條絲巾放在腰部後面垂下來當鴨子尾巴。

影2-5

> 備註：此教案參考廖美瑩（2019）科技部實務專題計畫中蕭利倩老師的教案設計。

教保活動範例三　黃色小鴨去散步

■ 適用年齡：4-6歲

學習指標　美 -2-2-3 以哼唱、打擊樂器或身體動作反應聽到的旋律或節奏

　　　　　　美 -2-2-4 以高低強弱快慢等音樂元素表達感受

活動目標　1. 能根據音樂的特性利用氣球傘做出相對應的律動

　　　　　　2. 能感受三種速度並說出其差異性

教學資源　音樂（01 黃色小鴨）、氣球傘、小絲巾若干

● ● ● ● 活動步驟與內容 ● ● ●

① **複習律動**：練習黃色小鴨的律動。

② **分段（走路）**：地上擺放氣球傘，大家繞著氣球傘學鴨子走路。

（歌詞：可愛黃色的小鴨，走起路來搖搖搖，愛到河邊去游水）

3 分段（搖屁股）：停下來，手握氣球傘抖動。（音樂：準備跳水狀）

4 分段（咚）：氣球傘往下放。（歌詞：掉到水裡不見了）

5 完整律動遊戲：將步驟 2 到 4 串起來。

影3-5

02 愛游泳的魚

詞曲：廖美瑩

註：blu代表魚吐水的聲音；don代表水聲。

🎵 歌曲分析

調性：F大調　**音域**：11度　**難易度**：易到中
風格：優雅流動感

🎵 歌曲特色與活動設計重點

歌詞重複	複拍子	訊號	音樂元素：音值
游過來呀游過去	6/8	don	兩次blu的長度不同
可設計模仿動作。	體驗流動感。	跳水的動作。	聽音訓練。

教保活動範例一　愛游泳的魚

■ 適用年齡：2-6歲

學習指標 ■ 美 -1-2-2 探索生活環境中各種聲音，察覺其中的差異
　　　　　　■ 美 -2-2-3 以哼唱、打擊樂器或身體動作反應聽到的旋律或節奏

活動目標 1. 能聽辨 blu 的音值
　　　　　　2. 肢體能伴隨著歌曲哼唱而進行魚游水的律動
　　　　　　3. 肢體律動能反應音樂特性及歌詞內容

教學資源 音樂（02 愛游泳的魚）、鯉魚跳水圖片，每人一個襪子（有大
　　　　　　有小）、呼拉圈及絲巾若干、彩帶

12

動

物

● ● ● ● **活動步驟與內容** ● ● ● ●

① **用圖片引起動機**：教學者利用鯉魚跳水圖片引起動機，也說明好多魚
都會跳水。

② **示範襪子偶說故事**：教學者先用呼拉圈布置一個魚缸或海底世界的情
境。右手套一個大的襪子當魚媽媽，左手套一個小的襪子當魚寶貝。
透過故事導出歌曲的重點：(1)自由游泳；(2)媽媽游到哪邊小魚就游
到哪邊；(3)準備跳水。

　　教保人員可以邊唱歌邊演偶，也可以用說故事的方式進行。教學者運用自己舒服有
　　自信的方式來呈現。最主要是讓幼兒看清楚，等一下媽媽與寶貝魚要怎麼游動。

③ **教學者當魚媽媽／幼兒當魚寶寶**：每個人套上自己的襪子，隨著音樂
舞動。動作建議如下表。

歌詞	建議動作
前奏跟「可愛小小魚兒愛玩水， 整天牠跟媽咪去游水」	魚媽媽及小魚們自由游動
游過來呀游過去，游過來呀游過去	媽媽游到哪邊，寶貝跟到哪邊
blu blu blu blu	不動，準備跳水
don	跳

　　blu 兩次的長度不同，要仔細聽。

4 **小組做一個魚缸**：幼兒二到四人一組，用呼拉圈及絲巾做成自己的魚缸，也可以選兩位幼兒拿彩帶當水草。其中有一位當媽媽，步驟跟步驟3同。歌曲的第一次進行定點律動，間奏之後，第二次歌詞開始進行移位律動。

| 魚自由游動 | 跟著媽媽游水 | 跳水 |

影1-4

教保活動範例二　小魚游吧！

■ **適用年齡：2-6歲**

學習指標 ┃ 美-1-2-2 探索生活環境中各種聲音，察覺其中的差異

美-2-2-3 以哼唱、打擊樂器或身體動作模仿／反應聽到的旋律或
節奏

美-2-2-6 進行兩人以上的互動扮演

活動目標 ┃ 1. 能用絲巾探索魚游動的方式

2. 能伴隨著歌曲哼唱用絲巾進行魚游水的律動

3. 能用絲巾扮演魚媽媽及魚寶貝的角色

教學資源 ┃ 音樂（02 愛游泳的魚）、每人一條絲巾、呼拉圈及絲巾若干、
彩帶、布條

12

動

物

●　●　●　**活動步驟與內容**　●　●　●

1 **複習**：利用手當成魚，複習愛游泳的魚這首歌曲。

2 **動作模仿**：請每位幼兒拿一條絲巾做成一條魚，並探索魚可以怎麼游
泳。若是有一位幼兒發表，其餘的幼兒就跟著模仿。接續下一輪。

3 **絲巾當魚的律動劇**：教學者可先詢問，可以怎麼布置成一個海底世
界？例如：有兩個人拉布條當海浪，用其他素材做成石頭等。之後，
每個人拿一條絲巾當成魚，聽著歌曲，做出像本單元活動範例一一樣
的律動劇。

場景布置

影2-3

魚自由游動

跟著媽媽游水

跳水

03 小魚找媽媽（律動）

曲：廖美瑩

樂曲分析

調性：F大調　**難易度**：難
風格：流動感

🎵 樂曲特色與活動設計重點

音樂元素：音色	音樂元素：音高
長笛代表小魚／大提琴代表魚媽媽	**小魚代表高音／魚媽媽代表低音**
1.聽辨長笛及大提琴的聲音。 2.依照兩種音色對話進行律動。	聽辨高低音進行律動。

教保活動範例三　小魚找媽媽

■ 適用年齡：4-6歲

學習指標 ┃ 美-2-2-4 以高低強弱快慢等音樂元素表達感受

美-2-2-6 進行兩人以上的互動扮演

美-3-3-1 樂於接觸視覺藝術、音樂或戲劇等創作表現，回應個
　　　　　人的感受

活動目標 ┃ 1.能利用不織布及手指 LED 燈進行小魚找媽媽的律動

2.肢體律動能反應音的高中低音域

3.能與他人進行魚媽媽及小魚的角色扮演

4.能欣賞他人的燈光劇並表達感受

教學資源 ┃ 音樂（03 小魚找媽媽律動）、大小不織布偶、布條、手指 LED
燈若干個、海底世界背景板

● ● ● 　活動步驟與內容　 ● ● ●

1 **不織布偶引起動機**：利用不織布偶，邊放音樂邊說故事，引導出整個
音樂的架構。

偶的設計與製作：薛鈞毓　　　　　　　　　　　　影3-1

樂段	A	B	C	D
起點	0"	18"	31"	43"
故事架構	媽媽在睡覺的時候,小魚偷溜出去了,他越游越高,越游越遠。	媽媽:小魚在哪裡?小魚回應:我在這裡。媽媽又說:小魚到底在哪裡?小魚回應:我在這裡(哭)。於是媽媽就到處游到處找。	小魚往下游:媽媽,我在這裡。媽媽往上游說:媽媽來找你了。於是小魚越來越往下游,媽媽則越往上游。	他們終於找到彼此了,他們兩個互相的抱抱,親一個。
照片				

② **聽高音小魚(長笛)**:聽到長笛的聲音就開始游動,聲音越高就往高處。

③ **聽低音媽媽魚(大提琴)**:聽到大提琴的聲音就開始游動,聲音越低就往低處。

④ **小魚找媽媽偶劇**:依照樂段做出小魚找媽媽的音樂劇。

影3-4

⑤ **小魚找媽媽燈光劇**:也可以利用手指 LED 燈來呈現。

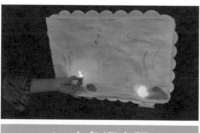
A:小魚溜出門

D:母子找到彼此

背景板繪圖者:王巧樂

影3-5

⑥ **回應與賞析**:幼兒分組表演,表演完請幼兒們針對表演內容進行分享。

04 啄木鳥之歌

詞曲：廖美瑩

D　　　　　A　　　　D　　　　　　　　A　　　　D

啄 木鳥是森 林 最棒的醫 生，　牠 是 蟲的剋 星，樹木的救 星。

A　　　D

咚咚咚 咚咚咚 咚 咚 咚 咚，森 林有了啄木 鳥，大家都開 心。

🎵 歌曲分析

調性：D大調　**音域**：5度 　**難易度**：易到中

風格：活潑

🎵 歌曲特色與活動設計重點

歌詞	音樂設計	音樂元素
環保相關	重音都是主音	第五和六小節開放式音高節奏
1.可以探討環保議題。 2.可以討論啄木鳥。	適合發展音磚練習。	可以進行節奏及音高創作。

🎵 活動設計建議網絡圖

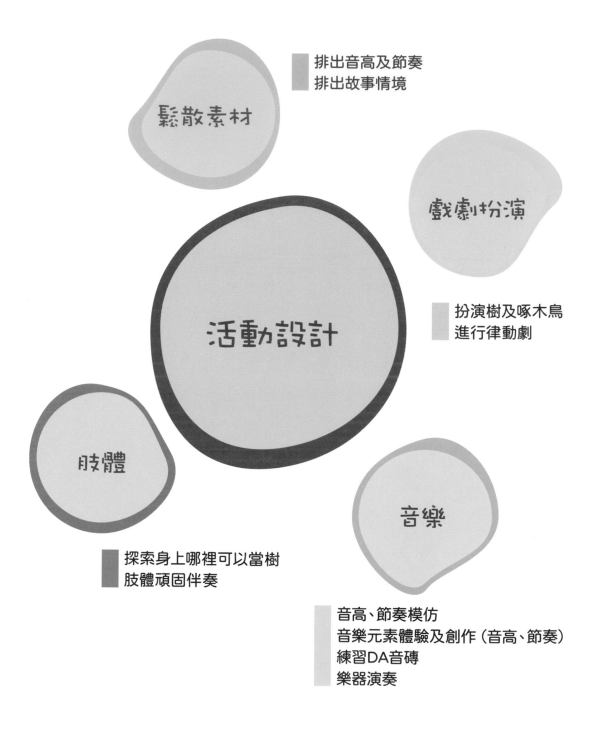

鬆散素材
- 排出音高及節奏
- 排出故事情境

戲劇扮演
- 扮演樹及啄木鳥
- 進行律動劇

活動設計

肢體
- 探索身上哪裡可以當樹
- 肢體頑固伴奏

音樂
- 音高、節奏模仿
- 音樂元素體驗及創作（音高、節奏）
- 練習DA音磚
- 樂器演奏

教保活動範例一　敲敲敲，啄木鳥！

■ 適用年齡：2-6歲

學習指標 ▌ 美-1-2-2 探索生活環境中各種聲音，察覺其中的差異

美-2-2-3 以哼唱、打擊樂器或身體動作反應聽到的旋律或節奏

美-2-2-4 以高低強弱快慢等音樂元素表達感受

活動目標 ▌ 1. 會使用健康的聲音唱啄木鳥之歌

2. 會拍打固定節奏並探索身體的各個部位來敲打節奏

3. 會針對教學者的節奏做仿聽回應

4. 會用音磚兩手同時敲擊固定的節奏

教學資源 ▌ 高低啄木鳥圖、木製 DA 音磚一組、樹木枯掉之相關繪本或圖片

●●　●●　**活動步驟與內容**　●●　●●

① **以繪本或圖片引起動機：** 教學者利用繪本或圖片跟幼兒討論樹木為什麼會枯掉，並導出啄木鳥的角色。

② **DA音高及節奏模仿：** 透過圖片，引導幼兒了解高（A）及低（D）音啄木鳥，利用肢體比出高低音，並針對教學者的歌唱做回應。練習到幼兒了解節奏模仿。

繪圖者：王巧樂

「啄木鳥啄木頭怎麼啄？聲音？」（咚咚咚）

「我們來看這一張圖（上圖），有兩隻啄木鳥對嗎？老師當藍色高高的這隻，你們當綠色低低的這隻。現在你們的左手當樹，右手當啄木鳥。我唱AAA（咚咚咚）——手敲手心，你們唱DDD（咚咚咚）——手敲手肘，我唱AA（咚咚），你們唱DD（咚咚）。」（高音手往上敲，低音手往下敲）

若是沒有音磚，也可以用木琴，但琴架上只留DA兩個音。

影1-2

3 肢體探索：引導身體的各個部位當樹。邊比動作邊唱高低音。

「身體的部位，還有哪邊可以當樹？」（例如：腳膝蓋、腳底）

影1-3

4 導入歌唱：教學者敲打DA音磚   ，請幼兒用手輕拍著膝蓋打固定節奏。唱到「咚」的時候，幼兒必須模仿教學者的節奏，用敲手回應。

5 幼兒輪流敲音磚：幼兒敲音磚時，教學者可以帶著幼兒拍打身體的頑固伴奏。

| 探索身體有哪一邊可以當樹木 | 打肢體頑固伴奏＋幼兒敲打音磚 |

影1-5

教保活動範例二　會唱歌的啄木鳥

■ 適用年齡：4-6歲

學習指標 美-1-2-2 探索生活環境中各種聲音，察覺其中的差異

美-2-2-3 以哼唱、打擊樂器或身體動作反應聽到的旋律或節奏

美-3-2-2 欣賞音樂創作，描述個人體驗到的特色

活動目標 1. 會利用身體兩個部位的組合來拍打固定節奏

2. 會用音磚以兩手左右敲擊固定的節奏

3. 會用高低音木魚以穩定的速度來伴奏

4. 會利用素材進行節奏創作

5. 勇於上台表演，並會欣賞別人的表演且表達其看法

教學資源 音樂（04 啄木鳥之歌）、DA 音磚一組、每位幼兒一個高低音木魚、一塊布條、八片樹葉、十幾顆大小石頭、啄木鳥之歌音磚演奏譜

1 **歌曲與節奏**：教學者敲打著音磚 ，請幼兒拍打節

奏  。

影2-1

2 **節奏表現探索**：詢問幼兒，除了拍膝蓋，還可以拍打哪兩個部位（給
予一些探索的時間）（例如：拍膝蓋、拍手；拍手、彈指）。

3 **合奏**：教學者敲打著音磚，請幼兒敲打高低音木魚（低、高）。

4 **合奏（節奏變化）**：請幼兒輪流敲音磚。教學者可以帶著幼兒拍打不
同的節奏。

5 **節奏創作**：介紹節奏創作的作法，如下圖。教學者先示範，之後請幼
兒來練習。

| 準備一些大小一致的樹葉當格子，大小石頭當音符 | 請幼兒排出上上下下的樹葉（一小節有4拍，一共2小節） | 請幼兒排出上面節奏，下面跟著模仿 |

可以運用各種素材及圖樣。

影2-5

6 **合奏**：一位幼兒敲打音磚，排節奏的幼兒到第五及六小節指著葉子
的節奏。其餘幼兒敲打高低音木魚。

| 5.節奏創作 | 6.合奏 |

影2-6

7 **表演**：幼兒分三組，鼓勵小組表演，一組表演，另外兩組當觀眾。結
束後能表達自己當欣賞者的感覺。

05 啄木鳥律動劇（律動）

曲：廖美瑩

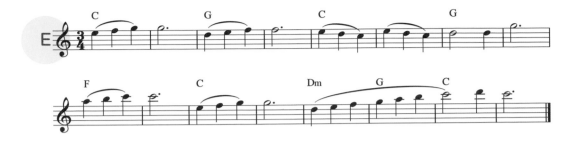

E

🎵 樂曲分析

調性：C大調　**難易度：**易到難

🎵 曲式分析與設計

樂段	A	B	C
起點	00"	24"	38"
風格	輕快華爾滋	向下凋落	斷音

樂段	D	E
起點	54"	1'06"
風格	向上生長	活潑華爾滋

教保活動範例三　健康與不健康的樹

適用年齡：4-6歲

學習指標 美-2-2-3 以哼唱、打擊樂器或身體動作反應聽到的旋律或節奏

美-3-2-2 欣賞音樂創作，描述個人體驗到的特色

身-3-1-1 在創意想像的情境展現個人肢體動作的組合與變化

活動目標 1.會利用肢體做出樹木健康與不健康的樣子及表情

2.能依照律動音樂的特性，做出各種動作

教學資源 音樂（05 啄木鳥律動劇律動）、啄木鳥之歌繪本、健康與不健康的樹圖片、伸縮衣、鈴鼓一個、三角鐵一個

● ● ● **活動步驟與內容** ● ● ●

1 **利用繪本探討樹為什麼不健康**：複習本單元活動範例一的繪本故事，並透過圖片的觀察，探討健康及生病的樹。有了啄木鳥的幫忙，樹木又變健康的歷程。

| 健康的樹 | 生病的樹 |

2 **肢體創作**：引導幼兒利用肢體做不同造型的樹。

「微風吹來，你的樹會怎麼動？」

「你是一棵開心的樹，你的樹會怎麼動？」

3 **練習B樂段**：引導幼兒做出樹木漸漸枯萎的樣子。教學者利用鈴鼓做出六次聲響，每一次聲響，樹木必須枯萎一個部位，直到第六次需要整棵樹枯萎。

影3-3

4 **練習D樂段**：引導幼兒做出樹木漸漸重生、長出葉子健康的樣子。教學者利用三角鐵做出四次聲響，每一次聲響，樹木必須長出一些樹枝及樹幹，直到第四次長成很茂盛的樹。

| 3.生病的樹 | 4.重生的樹 |

影3-4

5 **律動**：播放音樂，幼兒當樹，依照音樂的特性做出相對應的動作。

樂段	A	B	C	D	E
樹的動作	微風吹來舒服感	樹木漸漸枯萎	枯萎但隨節奏搖動	樹木漸漸變健康	樹木開心的隨風搖動

延伸活動

1. 請兩位幼兒或小組幼兒利用肢體做出一棵樹。
2. 穿上身縮衣，幼兒體驗當一棵樹。

教保活動範例四　啄木鳥律動劇

■ 適用年齡：4-6歲

學習指標　美-2-2-3 以哼唱、打擊樂器或身體動作反應聽到的旋律或節奏

美-2-2-4 以高低強弱快慢等音樂元素表達感受

美-2-2-5 運用動作、玩物或口語，進行角色扮演

活動目標　1.能聽辨高低音並利用手勢做出音的高低

2.能針對音樂的特性做適當的回應

3.能根據律動音樂的劇情以動作進行角色扮演

教學資源　■ 音樂（05 啄木鳥律動劇律動、24-26 分段音樂）、絲巾、伸縮衣

● ● ● ● ● **活動步驟與內容** ● ● ● ●

1 **複習音樂**：複習本單元活動範例三樹的律動。

2 **音高連結肢體高與低**：複習啄木鳥如何啄木頭，並練習音樂中啄木頭的高音。

「跟老師做一樣的動作，有時候高有時候低。」

影4-2

3 **練習聽高低音啄木頭**：兩位幼兒一組，一位幼兒當樹，另一位幼兒當啄木鳥。練習啄木頭：(1)按照高低音啄；(2)隨便到處啄。熟悉之後可以播放音樂的該樂段（34"-50"）。

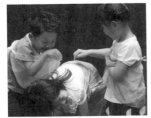

4 **表情探討：**與幼兒討論開心與不開心的啄木鳥是什麼表情。

5 **練習E段舞蹈：**大家手拉手，圍個圓圈跳舞。往右跳8拍，再往左跳8拍。

6 **聆聽音樂定點律動：**請幼兒坐著，聽著音樂做啄木鳥的動作。

樂段	A	B	C	D	E
啄木鳥的動作	自由飛翔	不開心狀	啄木頭	開心狀	圍個圓圈跳舞

7 **律動劇：**幼兒分為啄木鳥組與樹組，聽著音樂，扮演自己的角色。啄木鳥可以用絲巾當翅膀，樹可穿伸縮衣。

| 小鳥自由飛翔 | 啄木頭 | 大家開心的跳舞 |

影4-7

延伸活動　利用鬆散素材排出歌曲情境。

| 這原本是一個美麗的森林 | 很多樹卻都生病了 | 鳥媽媽非常傷心 | 鳥媽媽去找森林醫生啄木鳥 | 啄木鳥正在吃蟲 | 結果樹木又變健康了，大家開心的在森林裡跳舞 |

構圖者：廖美瑩

音樂學習區之實踐

🎵 可以玩什麼？

探索與覺察	表現與創作	回應與賞析
● 肢體探索 ● 聲音探索 ● 音色覺察	● 樂器、律動及舞蹈表現 ● 律動劇表現 ● 認識音樂元素—— 　音色、音高與節奏 ● 節奏創作及頑固伴奏創作 ● 音畫創作	● 歌曲及樂曲賞析 ● 透過鬆散素材玩 　賞析 ● 回應別人表演及 　個人作品之感想

🎵 樂器及素材提供

音樂欣賞：音樂播放器、音樂、啄木鳥音磚伴奏圖板。

樂器：DA音磚、各種材質的打擊樂器各一到二種（例如：手鼓、響
　　　　棒、搖鈴、三角鐵）、各式鼓棒若干。

打擊用鬆散素材：各種可以敲打出聲音的鬆散素材各一到二種。

鋪排用鬆散素材：室外音樂區所用的素材需要比較重一點的才不會隨
　　　　　　　　　　風吹走，例如：石頭、小木頭等。也可以蒐集室外
　　　　　　　　　　的自然素材。

律動遊戲之教具：絲巾、布條或呼拉圈。

備註：室外的學習區，可以利用簡便的樂器架，將所有物品放在架子上，使用前
　　　後請幼兒搬移。

學習指標與引導重點

學習指標	引導重點
美-1-2-2 探索生活環境中各種聲音，察覺其中的差異	● 你可以試看看用樂器或鬆散素材，敲出啄木鳥的咚咚咚聲。 ● 你有發現各種鼓棒敲出來的聲音不一樣嗎？ ● 在室外有沒有發現也可以敲出不一樣的咚咚咚聲？
美-2-2-3 以哼唱、打擊樂器或身體動作反應聽到的旋律或節奏 美-2-2-4 以高低強弱快慢等音樂元素表達感受 美-2-2-5 運用動作、玩物或口語，進行角色扮演	● 你可以用什麼樂器來伴奏啄木鳥之歌？ ● 你用音磚可以怎麼來伴奏？ ● 你可以用其他的東西來完啄木鳥之歌嗎？ ● 你可以找一個人一起敲，你敲不一樣的咚咚咚，你看他會不會學你？ ● 你可以用很多的素材來排出啄木鳥的節奏嗎？ ● 你可以跟其他小朋友一起演啄木鳥之歌嗎？ ● 你可以跟其他小朋友一起演啄木鳥律動劇嗎？ ● 你剛才演什麼角色？怎麼演可以更好？
美-3-2-2 欣賞音樂創作，描述個人體驗到的特色	● 有些時候你也可以靜靜的欣賞別人的表演，然後告訴他你喜不喜歡他的表演？
身-3-1-1 在創意想像的情境展現個人肢體動作的組合與變化	● 你可以怎麼把自己變成一棵樹？ ● 你需不需要拿其他的樹葉、絲巾或布條變成一棵更美的樹？

12

動

物

身 -3-1-1
與他人合作展現各種創意姿勢與動作的組合

● 你可以找其他小朋友跟你一起扮演一棵更棒的樹嗎？

室外音樂區環境全貌

用 DA 音磚敲啄木鳥之歌

音色探索「咚咚咚 咚咚咚」

用樂器伴奏啄木鳥之歌

用鬆散素材排出「咚咚咚 咚咚咚」

蒐集各種大地素材

自創啄木鳥節奏遊戲

06
小老鼠與大花貓的遊戲

詞：廖美瑩

（德布西「小黑人」之節奏）

小 老 鼠 快 來！ 小 老 鼠 快 來！ 大 花 貓 還 在 睡 覺。

快 快 來 唱 歌， 快 快 來 跳 舞， 大 花 貓 還 在 睡 覺。

大 花 貓 快 睡！ 大 花 貓 快 睡！ 大 花 貓 還 在 睡 覺。

1 2 3 1 2 轉，　　　1 2 3 1 2 跳。 喵！

🎵 歌曲分析

調性：無　**難易度**：易到難
風格：戲劇性

🎵 歌曲特色與活動設計重點

角色	歌詞	音樂元素：力度
小老鼠／大花貓	戲劇化	強／弱
1.利用這兩個動物之對比進行音色探索。 2.進行角色扮演。	依照歌詞進行戲劇扮演。	利用小老鼠與大花貓的對比，讓角色及劇情進行力度配對。

教保活動範例一 小老鼠與大花貓的遊戲

適用年齡：3-6歲

學習指標
美 -1-2-2 探索生活環境中各種聲音，感受其中的差異
美 -2-2-4 以高低強弱快慢等音樂元素表達感受
美 -2-2-3 運用動作、玩物或口語，進行角色扮演

活動目標
1. 勇於探索鼓的音色及力度，並說出與角色的連結
2. 能敲打及唸出正確的節奏
3. 能透過口語及肢體的方式扮演小老鼠及大花貓

教學資源
音樂（06 小老鼠與大花貓的遊戲）、老鼠與貓偶、音畫、布條、
每人一個手鼓

● ● ● 活動步驟與內容 ● ● ●

1 **引起動機**：利用偶演出小老鼠怕貓的情形，導出劇情。

偶設計製作：廖美瑩　　　　　　　　　　　　影1-1

2 **音畫**：教學者指著音畫，讓幼兒加深對說白節奏的記憶及節奏感。逐
句的教這首歌。

繪圖者：郭宇晴　　　　　　　　　　　　影1-2

3 **手鼓音色探索**：給每位幼兒一個手鼓，置於地上。教學者引導樂器的
探索。

「我們來想想小老鼠的動作怎麼用鼓演奏出來？」

「大花貓？」「怎麼轉？」「怎麼跳？」

請允許幼兒的自由聯想及發表，並予以尊重。教保人員最主要的引導方向為動作與力度的聯想。

4 **手鼓伴奏唸謠**：可依照下列建議演奏，或把幼兒的創意發想集合起來一起演奏。

小老鼠	大花貓
食指輕敲鼓面	雙手輕抹鼓面

小老鼠快來！小老鼠快來　　大花貓還在睡覺　　　　　　　　　影1-4

這個伴奏設計最主要是將動物的特性與音的輕重做連結，教學者帶領唸謠時務必要有戲劇化的展現。

5 **說白節奏接唱**：等幼兒熟悉整首曲子後，教學者唸前兩句（小老鼠快來！小老鼠快來），幼兒唸後一句（大花貓還在睡覺）。也可以將幼兒分成兩組，A組唸前兩句，B組接著後一句。

6 **遊戲（樂器伴奏）**：等大家都熟悉說白節奏後，所有的幼兒當小老鼠，並拍打著手鼓，教學者先當大花貓，最後「跳」時，教學者會說一聲「喵」，便去抓小老鼠，玩追逐的遊戲，被抓到的就當下一個大花貓。

7 **遊戲（角色扮演）**：選一位幼兒當大花貓躺在教室中央，假裝睡覺的樣子，劇情當中可以伸懶腰或打呼。其餘幼兒當小老鼠，透過律動的方式，扮演老鼠悠閒、驚奇及害怕的樣子。最後同步驟6，玩追逐的遊戲。

小老鼠快來 大花貓在睡覺　　　唱歌跳舞　　　　　　大花貓快睡

影1-7

07
Kaeru No Uta——齊唱

詞曲：日本兒歌

Ka - e ru no u - ta ga, ki - ko - e - te ku - ru - yo.

Gwa gwa gwa gwa. Ge-ro ge-ro ge-ro ge-ro gwa gwa gwa.

註：中文翻譯：這是青蛙歌，大家來聽——嘓嘓嘓嘓（青蛙的叫聲）。

🎵 歌曲分析

調性：D大調　**音域**：5度　**難易度**：易到難
風格：活潑

🎵 歌曲特色與活動設計重點

語言	青蛙叫聲	音樂特性
日文	嘓嘓嘓	重拍都為主音
學習日語歌曲。	發展頑固伴奏。	1.適合練習DA音磚。 2.引導卡農。

教保活動範例一　青蛙的歌唱

■ **適用年齡：2-6歲**

學習指標｜美 -2-2-3 以哼唱、打擊樂器或身體動作反應聽到的旋律或節奏

美 -2-1-1 玩索各種藝術媒介，發揮想像並享受自我表現的樂趣

活動目標｜1. 能利用各種無調及旋律樂器進行伴奏，敲擊頑固伴奏

2. 能樂在一起合唱及合奏

教學資源｜音樂（07 Kaeru No Uta 齊唱）、青蛙刮胡、DA 音磚（低音、中音）

● ● ● **活動步驟與內容** ● ● ●

1 歌唱引導動機：請幼兒閉上眼睛，聽教學者唱（或播放）這首歌，並提醒幼兒要認真聽，等下會問問題。

「這是什麼動物的歌？為什麼你覺得是這個動物？」

「教學者唱了幾次的喔？」（幼兒應該不是很記得，可以再唱一次，請他們認真聆聽）

「這是我們常講的中文？還是什麼語言？」

兒歌教學中設計提問可以增加幼兒聽歌之專注力及參與感。

2 頑固伴奏：請幼兒聽青蛙刮胡的聲音，詢問他們青蛙最喜歡唱什麼？（嘓 嘓 嘓嘓嘓），請大家一起唱，從頭到尾唱一樣的頑固伴奏，手部並做出青蛙狀。等幼兒的頑固伴奏穩定之後，教學者可以加入歌曲。

頑固伴奏指一直重複某個音型或節奏型，在奧福音樂教學法中是讓幼兒體驗合唱（奏）最簡單也是最重要的方式之一。

3 中音音磚伴奏：請一位幼兒或教學者敲打中音DA音磚，節奏與嘓嘓嘓相同。

影1-3

4 低音音磚敲打頑固伴奏：教學者敲打DA音磚當伴奏，請一半幼兒唱頑固伴奏（嘓 嘓 嘓嘓嘓），其餘幼兒一起唱歌曲。

DA是最適合幼兒的音域，幼兒園若沒有音磚可以用木琴代替，但琴架上只留DA。鐵琴音色較亮較不適合當穩定節奏的頑固伴奏。

2.刮胡當頑固伴奏　　　　3.中音音磚　　　　4.低音音磚

影1-4

5 **歌曲加律動：**請一部分的幼兒當青蛙，學青蛙跳。其餘幼兒當頑固伴奏、音磚伴奏及歌唱。

影1-5

教保活動範例二 青蛙的合奏

■ 適用年齡：5-6歲

學習指標 ■ 美 -2-2-3 以哼唱、打擊樂器或身體動作反應聽到的旋律或節奏
　　　　　　■ 美 -2-1-1 玩索各種藝術媒介，發揮想像並享受自我表現的樂趣

活動目標 ■ 1. 能利用各種旋律樂器進行伴奏，敲擊頑固伴奏
　　　　　　■ 2. 能樂在一起合唱及合奏

教學資源 ■ 音樂（07 Kaeru No Uta 齊唱）、青蛙刮胡、DA 木製低音音磚、
　　　　　　　中及高音木琴、高音鋁製音磚（旋律樂器可以變化）

● ● ● ● **活動步驟與內容** ● ● ● ●

1 **複習歌曲**：幼兒分頑固伴奏組及歌唱組。

2 **分部練習（低音音磚）**：選定幼兒敲低音音磚。大家一起唱歌。
　　　　　　　　　　　　　　　　　　　　　　　　　　　　影2-2

3 **分部練習（中音木琴）**：選定幼兒敲中音木琴。大家一起唱歌。
　　　　　　　　　　　　　　　　　　　　　　　　　　　　影2-3

4 **分部練習（高音木琴）**：選定幼兒敲高音木琴。大家一起唱歌。
　　　　　　　　　　　　　　　　　　　　　　　　　　　　影2-4

5 **分部練習（高音鋁製音磚）**：選定幼兒敲高音鋁製音磚。大家一起唱
歌。
　　　　　　　　　　　　　　　　　　　　　　　　　　　　影2-5
合奏譜見次頁。

6 **合奏**：大家一起合奏。

若先前沒有旋律樂器演奏經驗，對幼兒來說這項活動會比較難，建議可當成挑戰。
可以從兩種樂器合奏開始逐步到四種樂器。

Kaeru No Uta

詞曲：日本兒歌

Ka - e - ru no u - ta ga, ki - ko - e - te ku - ru - yo.

Gwa gwa gwa gwa. Ge-ro ge-ro ge-ro ge-ro gwa gwa gwa.

中音木琴
低音音磚
高音鐵琴
高音木琴
中音木琴
低音音磚

教保活動範例三　青蛙的合奏

■ 適用年齡：5-6歲

學習指標　美 -2-2-3 以哼唱、打擊樂器或身體動作反應聽到的旋律或節奏
　　　　　　美 -3-1-1 樂於接觸視覺藝術、音樂或戲劇等創作表現，回應個
　　　　　　　　　　　人的感受

活動目標　1. 能穩定的歌唱並進行二部卡農
　　　　　　2. 樂於新的歌唱方式並表達個人的感受

教學資源　音樂（07 Kaeru No Uta 齊唱、08 Kaeru No Uto 輪唱）、32
　　　　　　個巧拼

● ● ● ●　　**活動步驟與內容**　● ● ●

1　**複習歌曲**：幼兒分頑固伴奏組及歌唱組。

2　**音磚**：教學者播放音樂，大家閉起眼睛仔細聆聽。
「這個跟我們上次唱的有什麼不一樣？」（好像有兩個人在唱歌，一個前一個後）
趁這個靜態的欣賞，介紹卡農。

3　**卡農四方格**：教學者在地上畫或排出下列形狀，並示範邊在格子上走
路，幼兒邊一起唱卡農的方式。之後請節奏較為穩定的幼兒來走。熟
悉之後，教學者擔任第二聲部，晚8拍進入四方格中。

影3-3

4 **歌唱卡農**：幼兒分為兩部，分別在四方格左右兩側，一部看著第一位男老師在四方格的律動唱歌，另一部看著第二位女老師的律動唱歌。

卡農要成功，基本上，幼兒對歌唱的旋律要相當熟悉，節奏要相當穩定。切勿請幼兒摀起耳朵大聲唱。

5 **卡農加律動**：同步驟 4，但請兩位幼兒在中間當青蛙，學青蛙跳，一位青蛙跟著方格第一部幼兒的唱歌律動，另一位青蛙跟著方格第二部幼兒的唱歌律動。

6 **卡農體驗分享**：請幼兒分享唱跳卡農的心得。

09 野生動物園

詞曲：廖美瑩

（動物表演）
1. 獅子
2. 大象
3. 袋鼠
4. 馬

註：獅子、大象及袋鼠取自聖桑的「動物狂歡節」；馬則取自舒曼的青少年曲集「勇敢的騎士」。

♫ 歌曲分析

調性：d小調　　**音域**：6度　　**難易度**：易到中

風格：四段依動物的特質風格不同（獅子：威武／大象：笨重／袋鼠：輕巧／
馬：快速）

♫ 歌曲特色與活動設計重點

前奏	音樂設計	四種動物
口技	Chi don chi don cha	獅子、大象、袋鼠、馬
練習口技或創作不同的前奏。	可以自創走路方式。	1. 依動物不同特性用肢體律動來進行體驗。 2. 依各種動物的特質進行音樂元素體驗。

教保活動範例一　野生動物園

◾ 適用年齡：3-6歲

學習指標
美 -2-2-3 以哼唱、打擊樂器或身體動作模仿聽到的旋律或節奏
美 -2-2-4 以高低強弱快慢等音樂元素表達感受
美 -2-2-3 運用哼唱、打擊樂器或身體動作進行創作
美 -2-2-3 運用動作、玩物或口語，進行角色扮演

活動目標
1. 會唸唱穩定的火車頑固伴奏
2. 能以穩定的節奏扮演火車行進的樣子
3. 能聽辨音樂不同的元素（力度、速度、節奏等）做動物的聯想
4. 能夠扮演野生動物園的各種角色

教學資源
音樂（09 野生動物園、27-30 分段音樂）、高低音木魚、繪本或圖片、火車道具、動物圖片、馬偶

● ● ●　**活動步驟與內容**　● ● ●

1 **利用繪本引起動機**：利用繪本說明搭遊園火車參觀野生動物園的經過。

野生動物園遊園車　　非洲動物區：獅子　　熱帶雨林區：大象

澳洲動物區：袋鼠　　溫帶動物區：馬　　結束愉快的旅程

繪圖者：卓邵書彥

2 **前奏火車節奏引導**：教唱前奏，並導出頑固伴奏。邊唱邊拍打節奏
（bon：拍左腿；chi：拍右腿）。熟悉之後也可以請幾位節奏較穩
定的幼兒唱頑固伴奏加高低音木魚。

bon chi chi chi bon chi chi bon chi chi chi bon chi chi

3 **教唱歌曲**：重複性的歌唱讓幼兒學會整首歌。

4 **歌唱加頑固伴奏**：幼兒分為頑固伴奏組及歌唱組。

5 **歌曲加律動**：搭火車，隨著節奏走，到  時，需
要定點做一個創意動作。

Chi don chi don cha !

6 **第一站獅子**（25"-1'16"）：與幼兒探討獅子如何移動，並請幼
兒聽聽音樂，詢問獅子有幾次吼叫聲。（4次）
　此曲選自聖桑「動物狂歡節」的獅子大遊行，律動引導出威武的獅子。

7 **第二站大象**（1'37"-1'55"）：可讓幼兒猜看看這個音樂是什
麼動物，探討大象在做什麼、怎麼跳舞。
　此曲選自聖桑「動物狂歡節」的大象。不建議傳統的大象表現方式把左手鑽到右手
裡，這沒辦法展現鼻子晃動的優雅感，可參考影片。律動引導笨重且優雅的姿態。

8 **第三站袋鼠**（2'16"-2'40"）：可讓幼兒猜看看這個音樂是什
麼動物，探討袋鼠怎麼跳、句尾長短音在做什麼。（吃東西？）
　此曲選自聖桑「動物狂歡節」的袋鼠。律動引導輕輕的跳躍。

⑨ 第四站馬（3'-3'17"）：可讓幼兒猜看看這個音樂是什麼動物，探討馬怎麼跑。

此曲選自舒曼的「勇敢的騎士」。律動引導跑步跳，第一輪第一批馬，第二輪（長笛聲）其他馬加入。

⑩ 角色扮演音樂劇：將幼兒分為動物組及火車組，依照音樂進行。

火車啟動	擺一個創意姿勢	第一站：獅子
第二站：大象	第三站：袋鼠	第四站：馬

教保人員可以視幼兒的興趣及能力，分段分次教學。音樂有將四種動物分段呈現。

影1-10

延伸活動

可以針對每個動物深入的探討，並做樂器合奏，也即每首樂曲有不同的樂器伴奏。也可以做創造性肢體活動，例如：討論兩個人怎麼變成一隻大象？如何一起移動？

創造性肢體活動的引導可以參考第二部曲的「愛跳舞的葉子精靈」或第三部曲的「挖土機」。

10
林中杜鵑（古典樂）

曲：聖桑

樂曲分析

調性：E大調　　**難易度**：易到難
風格：寧靜

樂曲特色與活動設計重點

音樂元素：音色	樂句	音訊
雙鋼琴+B♭調單簧管	短短長	布穀
聽辨兩種音色，做不同的表現。	1. 引導長短樂句的概念。 2. 數長短樂句的拍子有幾拍。	聽到布穀的音訊可以設計什麼動作？

♫ 活動設計建議網絡圖

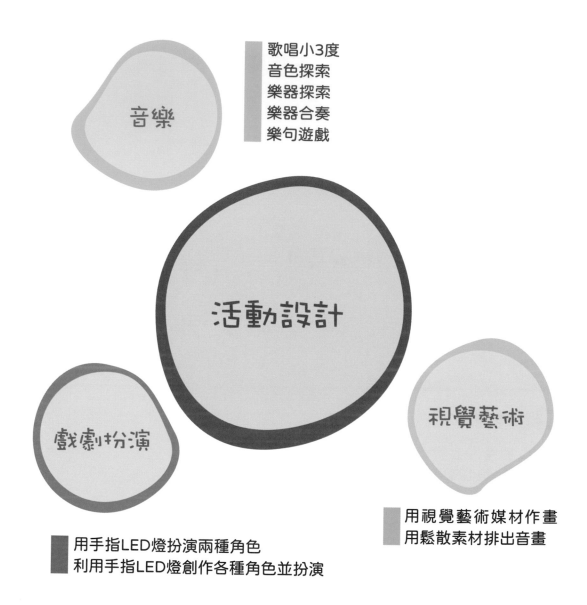

音樂
- 歌唱小3度
- 音色探索
- 樂器探索
- 樂器合奏
- 樂句遊戲

活動設計

視覺藝術
- 用視覺藝術媒材作畫
- 用鬆散素材排出音畫

戲劇扮演
- 用手指LED燈扮演兩種角色
- 利用手指LED燈創作各種角色並扮演

教保活動範例一　害羞的林中杜鵑

■ 適用年齡：4-6歲

學習指標 | 美-2-2-3 以哼唱、打擊樂器或身體動作模仿／反應聽到的旋律
或節奏

美-2-2-4 以高低強弱快慢等音樂元素表達感受

活動目標 | 1. 能唱出正確的小3度「布穀」

2. 能了解樂曲樂句短短長的結構並反應出正確的律動

教學資源 | 音樂（10 林中杜鵑古典樂）、彩虹布條、綠色絲巾、布穀鳥偶、
手指 LED 燈

● ● ● ●　**活動步驟與內容**　● ● ●

1 **特殊音色及聲音覺察：**利用故事的方式引起動機，教學者邊哼歌，邊
用五彩的布條鋪成彩虹森林、綠色絲巾當成一棵樹。利用一隻布穀鳥
偶發出「布穀」的聲音，引發幼兒對聲音的覺察。

影1-1

2 **歌聲回應：**當綠絲巾打開時，布穀鳥會出現，幼兒就必須用歌聲回應
「布穀」。直到幼兒能準確唱出小3度音準。

幼兒的學習從模仿開始，所以教學者必須要先唱準這兩個音喔！

| 1.用故事引起動機 | 2.用歌聲回應 | 2.唱「布穀」 |

影1-2

3 **一起歌唱回應：**教學者唱著林中杜鵑的旋律「一起去玩」，幼兒唱
「布穀」；教學者唱著「一起去玩」，幼兒唱「布穀」；教學者唱著
「大家一起到森林裡去玩」，幼兒唱「布穀」。

把旋律套上歌詞容易幫助幼兒記憶，並找出節奏的型態。

影1-3

4 **幼兒個別回應**：教學者拿著樹及布穀鳥偶走到幼兒面前，邊唱「一起去玩」邊停在一位幼兒前面，幼兒必須要唱出「布穀」與布穀鳥回應。重複這首歌若干次，讓每位幼兒都有機會獨立唱小 3 度音程。

在幼兒歌唱教學中，相當強調在遊戲中要給幼兒獨立歌唱的機會。利用遊戲的方式，幼兒很容易投入。如果幼兒的音不夠準，請務必給多一點點的嘗試機會。

影1-4

5 **聆聽音樂**：邊聽音樂，邊唱出「布穀」（耳朵的聆聽要先於認知）。

聆聽音樂時，教學者身體要隨著音樂左右搖擺，幼兒便會模仿。

6 **定點律動**：發給每位幼兒一個手指LED燈，燈打亮。讓幼兒探索可以怎麼表現「布穀」。坐著聽音樂，邊唱歌詞，唱到「一起去玩」時，把手指LED燈用手蓋住，唱到「布穀」時，把手打開讓燈光出現。多個手指LED燈及顏色，會把整個環境氛圍營造的很美。

影1-6

7 **移位律動**：教學者說：「我們要一起到森林裡了，等一下必須要輕輕的走，同時一邊唱歌，唱到『布穀』時，布穀鳥（燈光）才能出現。」

影1-7

教保活動範例二　愛玩遊戲的林中杜鵑

■ **適用年齡：5-6歲**

學習指標 ■ 美-2-2-3 以哼唱、打擊樂器或身體動作反應聽到的旋律或節奏

美-2-2-4 以高低強弱快慢等音樂元素表達感受

美-2-2-6 進行兩人以上的互動扮演

活動目標 ■ 1. 能了解樂曲的兩個音色，並用樂器及手指LED燈呈現

2. 能了解樂曲結構，並能覺察特殊音色「布穀」，做出相對應
的律動及遊戲

3. 能利用兩種音色隨著音樂扮演兩種角色

教學資源 ■ 音樂（10 林中杜鵑古典樂）、手鼓、沙鈴、沙包、手指LED燈、
LED投射板

● ● ● **活動步驟與內容** ● ● ●

1️⃣ **複習樂曲**：複習林中杜鵑的樂曲，唱出歌詞。

2️⃣ **合奏**：請幼兒探索哪兩種樂器可以來演奏林中杜鵑，例如：走路的音
樂用手鼓輕輕敲；「布穀」用沙鈴。

「布穀」

「一起去玩」

影2-2

3️⃣ **樂器接力**：幼兒散開，一位幼兒（A）拿手鼓，只有這位幼兒可以移
動「一起去玩」，「布穀」時要到另一位幼兒（B）前面停下來，並
拿手鼓給B輕輕敲兩聲，A停在B的位子，B拿著手鼓繼續移動，以此
類推。

4 **傳沙包（坐）**：大家圍個圓圈雙腿盤坐著，膝蓋碰膝蓋，聽著音樂「一起去玩」，進行傳沙包。音樂到「布穀」時，拿到沙包的幼兒要將沙包往頭上放，之後再繼續傳。

| 「一起去玩」（傳沙包） | 「布穀」（把沙包放頭上） | 影2-4 |

5 **傳沙包（移位）**：同步驟3，但樂器改為沙包。

6 **手指LED燈光劇（一個人一個手指LED燈）**：兩個人一組，每人各持一個手指LED燈，探索各種表現方式。接著分配一個人負責表現「一起去玩」，另一個人負責「布穀」。播放音樂，進行燈光劇。

影2-6

7 **手指LED燈光劇（一個人兩個手指LED燈）**：與步驟6同，但是一個人可以將兩個手指LED燈組合。

影2-7

備註：此教案參考廖美瑩、蕭利倩（2020）「親子音樂律動變變變1」。

教保活動範例三 藝術眞好玩

■適用年齡：5-6歲

學習指標 | 美 -2-2-3 以哼唱、打擊樂器或身體動作反應聽到的旋律或節奏
美 -2-2-1 把玩各種視覺藝術的素材與工具，進行創作
美 -3-1-1 樂於接觸視覺藝術、音樂或戲劇等創作表現，回應個人的感受

活動目標 | 1. 能理解曲子的結構，並做出相對應的動作
2. 利用視覺藝術方式呈現樂曲結構
3. 樂於表現藝術創作並與他人分享

教學資源 | 音樂（10 林中杜鵑古典樂）、圖畫紙、彩色顏料、蓋印用具、水彩筆、基本水彩畫具組、蔬果、排列用鬆散素材、底布

● ● ● **活動步驟與內容** ● ● ●

1 **複習樂曲**：複習林中杜鵑的樂曲，唱出歌詞。

2 **蓋印畫（蓋、拍）——手部律動**：先問幼兒怎麼蓋印章？（手握拳頭做出蓋印章的樣子）；兩手食指怎麼拍一拍？（手做出拍的樣子，拍兩下）。聽音樂，聽到「一起去玩」時手做蓋印章動作；「布穀」時拍食指兩下。

「一起去玩」（蓋）

「布穀」（拍）

3 **蓋印畫（蓋、拍）——不上顏料**：兩位幼兒為一組，各持一種不上顏料的畫具。聽音樂，聽到「一起去玩」時蓋印章；「布穀」時拍兩支畫筆。

④ **蓋印畫（蓋、拍）──上顏料**：手拿著上顏料的畫具。聽音樂，聽到「一起去玩」時蓋印章；「布穀」時拍兩支畫筆。

  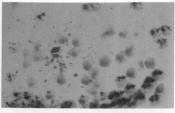

| 「一起去玩」（蓋） | 「布穀」（拍） | 成品 |

幼兒拿到畫具就會雀躍的塗鴉，如此會達不到音樂賞析的目的。因此務必遵循步驟 2 到步驟 4。

影3-4

⑤ **蓋印畫（蓋、推）**：步驟同3與4。聽到「一起去玩」時蓋印；「布穀」時推。

⑥ **蓋印畫（水果）**：步驟同3與4。聽到「一起去玩」蓋檸檬；聽到「布穀」蓋香蕉。

  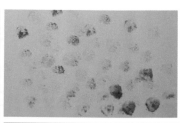

| 「一起去玩」（蓋檸檬） | 「布穀」（蓋香蕉） | 成品 |

⑦ **鬆散素材排出樂曲結構**：準備素材及鋪好底。其步驟如下：

7-1 聽音樂，先鋪排鋼琴的拍子（櫻花）。「布穀」先空過，留位置即可。

7-2 聽音樂，把剛剛排的用手指出來。

7-3 聽音樂，排上「布穀」（葉子）。之後可以在葉子上面裝飾。

7-4 調整音畫，讓音畫呈現短短長的樣子並對齊。

7-5 播放音樂，用手指出來。

唯有如此才能達到真正的「賞」與「析」。

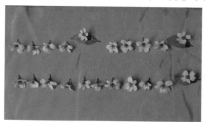

影3-7

⑧ **欣賞與回應**：請幼兒分享作品，並請幼兒回應樂曲結構。

「你可不可以指出小美排出來短短的樂句？長長的樂句？」

「他排的『布穀』在什麼地方？」

「他用了什麼東西來排？你喜歡嗎？」

動物

○

大自然

●

 第二部曲

神奇自然

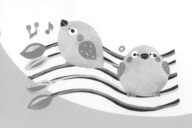

13 大自然

🎵 音樂曲目

11
蒲公英去旅行

詞曲：廖美瑩

白 白 的 蒲 公 英， 開 滿 了 山 坡。

隨 著 風 兒 去 旅 行， 呼 - 找 到 新 的 家。

🎵 歌曲分析

調性：d小調　**音域**：6度　**難易度**：易到中
風格：優美

🎵 歌曲特色與活動設計重點

主題	音樂設計：「呼」與「家」	音樂設計：主和弦
蒲公英	類似一個音樂訊號	重音都是主音
探討蒲公英的特性並做律動。	1.呼：飄向另一地方。 2.家：找到另一個地方當家。	適合彈奏主和弦DA練習（小調）。

教保活動範例一　蒲公英的家

▓ 適用年齡：2-6歲

學習指標 ▏ 身 -3-1-1 在創意想像的情境展現個人肢體動作的組合與變化

　　　　　　身 -3-1-1 與他人合作展現各種創意姿勢與動作的組合

　　　　　　美 -2-2-3 以哼唱、打擊樂器或身體動作反應聽到的旋律或節奏

活動目標 ▏ 1. 能利用肢體的各部位展現出蒲公英的樣子，並隨風舞動

　　　　　　2. 能與他人一起合力扮演一個蒲公英，並隨風舞動

　　　　　　3. 能利用肢體反應出音樂的特色，並做出相對應的律動

教學資源 ▏ 音樂（11 蒲公英去旅行）、蒲公英的圖片、鈴鼓一個

● ● ● 活動步驟與內容 ● ● ●

1 **用圖片或蒲公英引起動機：** 教學者利用蒲公英或其圖片引起動機，也說明蒲公英的一生。

「蒲公英長什麼樣子？」（外觀的觀察）

「蒲公英是輕輕的還是重重的？」

「風吹來了，蒲公英會到哪裡去？」

2 **右手做出蒲公英狀並跳舞：** 引導幼兒利用右手做出蒲公英的樣子，體驗蒲公英不同的飛舞方式（例如：飄、轉等等）。

教學者引導創造性肢體時可邊敲鈴鼓邊說：「蒲公英蒲公英變變變！」之後的創造性肢體活動引導模式皆可如此。

影1-2

3 **律動伴隨歌唱：** 邊聽唱蒲公英的歌，邊做定點律動。先請小朋友把蒲公英原來的家找好（例如：在大腿上），風吹走時展現各種姿態，找到新的家要停在身體不同的部位。

歌詞	建議動作
白白的蒲公英開滿了山坡，隨著風兒去旅行	蒲公英隨風在原地輕輕飄動
呼	開始飄向新的地方
找到新的家	唱到「家」時要找到新的家

4 **雙手做出蒲公英狀並動舞**：用雙手做出蒲公英的樣子，體驗蒲公英不同的舞動方式。接著的活動與步驟３同。

影1-4

5 **腳做出蒲公英狀並舞動**：躺在地上，用腳做出蒲公英的樣子，體驗蒲公英不同的舞動方式。接著的活動與步驟３同。

6 **全身做出蒲公英狀並舞動**：起立，用全身做出蒲公英的樣子，體驗蒲公英不同的舞動方式。接著的活動與步驟３同。

7 **二到三人做出蒲公英狀並舞動**：起立，二到三人想像做出蒲公英的樣子，體驗蒲公英不同的舞動方式。接著的活動與步驟3同。飛走之後，要找到新伙伴，另外做出不同的蒲公英的樣子。

4.雙手做出蒲公英

4.蒲公英飛到哪？

5.腳做出蒲公英

6.全身做出蒲公英

7.二到三人做一個蒲公英

7.風來了飄到哪？

創造性肢體活動的引導可以參考第二部曲的「愛跳舞的葉子精靈」影片，裡面有詳細的引導步驟。

13

大
自
然

教保活動範例二　蒲公英去旅行

◤ 適用年齡：2-6歲

學習指標 ▌ 美 -2-2-3 以哼唱、打擊樂器或身體動作反應聽到的旋律或節奏

美 -2-2-5 運用動作、玩物或口語，進行扮演

美 -2-2-6 進行兩人以上的互動扮演

活動目標 ▌ 1. 雙手能放鬆，輕輕的敲打鐵琴

2. 能發揮想像力與他人進行角色扮演

3. 輕聲的歌唱並能根據音樂的特性做合適的律動

教學資源 ▌ 音樂（11 蒲公英去旅行）、鐵琴、氣球傘、棉花、布條

● ● ● 　**活動步驟與內容**　 ● ● ●

① **複習**：手部定點律動，複習蒲公英去旅行的歌。之後身體移位律動，跳蒲公英的律動。

② **演奏鐵琴**：請幼兒在聆聽音樂時，雙手放鬆在膝蓋上拍一個長拍（2拍），請一位幼兒敲打鐵琴的DA鍵（2拍一下），聽到「呼」時，手做一個吹氣狀。

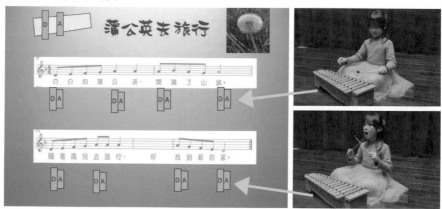

教保人員在示範鐵製樂器時要特別呈現放鬆、柔和的感覺，否則會敲不出鐵器音色的美感。長音時，手要特別放鬆，給予足夠的空間感。敲奏樂器時全身也需要放鬆隨著旋律搖擺。提供鐵琴時，也可以只放 D 與 A 鍵，幼兒較不會緊張怕敲錯音。

影2-2

③ 創意畫面的律動：拿出各種蒲公英圖片，問幼兒蒲公英有可能在哪邊生長（例如：山上、石頭、山坡、樹旁）。先選出兩位幼兒當蒲公英，其餘可以一人或兩人扮演一個大自然景物，也可以利用布條或呼拉圈來扮演。所有景物都不可以移動，只有蒲公英才能動。角色也可互換或更換。教學者或一位幼兒敲打鐵琴伴奏。

| 前奏：隨風飄逸 | 歌唱：定點律動 | 「呼」：吹散了 |

④ 蒲公英去旅行的律動：聽著音樂，做出相對應的動作。

⑤ 氣球傘律動：氣球傘上面放棉花代表蒲公英。前奏：第一拍時氣球傘輕輕的往上；歌詞前三句：氣球傘左右搖晃；呼：氣球傘往上拋。找到新的家後將氣球傘放下來。

影2-5

12 微笑的向日葵

詞曲：廖美瑩

🎵 歌曲分析

調性：C大調　**音域**：9度 　**難易度**：易
風格：柔和

🎵 歌曲特色與活動設計重點

主題	關係	曲式
向日葵	太陽與向日葵的關係	ABA
探討向日葵的特徵。	設計模仿性律動。	介紹ABA曲式。

教保活動範例一　微笑的向日葵

■ **適用年齡**：2-6歲

學習指標　認 -1-2-1 觀察動植物的特徵
　　　　　　美 -2-2-3 以哼唱、打擊樂器或身體動作模仿／反應聽到的旋律
　　　　　　　　　　　或節奏

活動目標　1. 觀察及探討向日葵的特性
　　　　　　2. 能模仿他人之動作
　　　　　　3. 能配合歌詞做出相對應的律動動作

教學資源　音樂（12 微笑的向日葵）、向日葵繪本或圖片、自製向日葵數朵、
　　　　　　太陽道具（或手鼓）

● ● ●　**活動步驟與內容**　● ● ●

1 **照鏡子遊戲**：詢問幼兒什麼時候會看到自己，然後導出照鏡子的時候，鏡中的人會跟自己一模一樣。接著玩照鏡子的遊戲。剛開始教學者先照鏡子，之後可以選幼兒出來照鏡子，引導動作。

影1-1

2 **動機引導：**透過繪本或圖片的方式，讓幼兒觀察向日葵的形狀，並說明向日葵向著太陽的特性。

3 **向日葵照鏡子（模仿）：**每人手拿一朵向日葵，教學者的向日葵怎麼移動，幼兒就怎麼移動。

影1-3

4 **向日葵與太陽：**幼兒拿一朵向日葵，教學者拿太陽道具或手鼓當太陽，太陽怎麼動，幼兒就跟著移動。

5 **律動：**大家圍一大圓圈手牽手，圓圈中央的地上擺放向日葵，分段練習全曲。可參考以下建議。

A 段：牽手繞圓圈	B 段：玩向日葵與太陽之模仿遊戲

間奏：自由律動	尾奏：說再見

影1-5

備註：律動設計參考廖美瑩（2019）科技部實務專題計畫中蕭利倩老師的律動設計。

13
愛跳舞的葉子精靈

詞曲：廖美瑩

小 小 葉 子， 迎 風 飄 逸，

這 邊 飄， 那 邊 飄，

飄 到 樹 枝， 睡 著 了。

歌曲分析

調性：E大調　　**音域**：8度　　**難易度**：易到難
風格：優美

歌曲特色與活動設計重點

主題	歌詞設計	音樂設計
葉子	葉子的動作	音高（上下行音） 音值（長短拍） 節奏反覆（補譜3）
探討葉子的外型及各種飄動方式，引導創造性肢體與律動。	1. 這邊飄與那邊飄之後都有2小節的空拍，可以進行葉子	1. 引導音高的走向，上下行音或平行音。

律動的想像。

2.最後葉子要回到「樹枝」上。

2.引導長與短音。

3.認識兩種節奏型。

4.引導音值，可以利用鬆散素材排出歌曲結構。

🎵 活動設計建議網絡圖

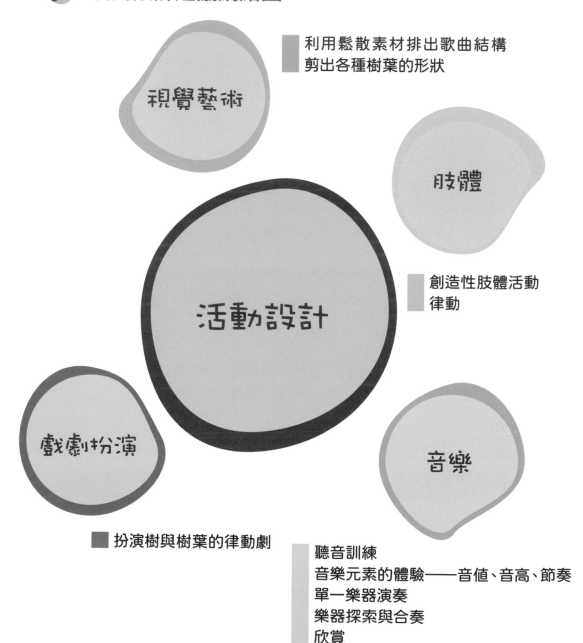

視覺藝術

- 利用鬆散素材排出歌曲結構
- 剪出各種樹葉的形狀

肢體

- 創造性肢體活動
- 律動

活動設計

戲劇扮演

音樂

- 扮演樹與樹葉的律動劇

- 聽音訓練
- 音樂元素的體驗——音值、音高、節奏
- 單一樂器演奏
- 樂器探索與合奏
- 欣賞

教保活動範例一 舞精靈舞精靈變變變！

學習指標 身 -3-1-1 在創意想像的情境展現個人肢體動作的組合與變化

美 -2-2-3 以哼唱、打擊樂器或身體動作反應聽到的旋律或節奏

活動目標 1. 利用肢體的各種部位展現出葉子的樣子，並隨風舞動

2. 利用肢體及絲巾反應音樂的特色，並做出相對應的律動

教學資源 音樂（13 愛跳舞的葉子精靈）、真實葉子若干或葉子相關繪本、絲巾若干條、兩種不同的樹葉（外形對比）、鈴鼓一個

● ● ● 活動步驟與內容 ● ● ●

1 **用葉子偶引起動機**：教學者利用故事（繪本）或葉子偶引起動機，讓幼兒觀察葉子有不同的樣子及如何舞動。

「這兩片葉子有什麼不同？」（外觀的觀察）

「這兩片葉子喜歡玩什麼遊戲？」（跳舞）

「他們怎麼跳舞？」（例如：飄、轉）

影1-1

2 **右手做出葉子狀並跳舞**：引導幼兒利用右手做出舞精靈葉子的樣子，體驗葉子不同的舞動方式（例如：飄、轉等等）。

教學者引導創造性肢體時可邊敲鈴鼓邊說：「舞精靈舞精靈變變變！」之後的創造性肢體活動引導模式皆可如此。

影1-2

3 **律動伴隨歌唱**：詢問幼兒葉子的家在哪裡？利用左手做出一棵樹，右手當葉子。請幼兒邊聽唱葉子的歌，邊嘗試做出另一片好朋友的葉子舞動的樣子。

歌詞	建議動作
小小葉子，迎風飄逸	隨著歌唱，葉子任意飄動
這邊飄	葉子做飄的動作
那邊飄	葉子做轉的動作
飄到樹枝，睡著了	最後要飄回樹上

影1-3

13

大自然

| 1.動機引導 | 2.右手變葉子 | 3.唱歌跳舞的葉子 |

④ **雙手做出葉子狀並跳舞**：用雙手做出葉子的樣子，體驗葉子不同的舞動方式。接著同步驟 3 ，並想像身體的部位是葉子的家（例如：脖子、耳朵）。

影1-4

⑤ **腳做出葉子狀並跳舞**：躺在地上，用腳做出葉子的樣子，體驗葉子不同的舞動方式。接著同步驟 3 。

影1-5

⑥ **全身做出葉子狀並跳舞**：起立，用全身做出葉子的樣子，體驗葉子不同的舞動方式。接著同步驟 3 。

影1-6

⑦ **律動（用身體當成葉子）**：幼兒分成兩組，一組為樹（定點律動），一組為葉子（移位律動）。邊聽唱葉子的歌，邊做出對應的肢體律動，葉子前奏定點律動，隨著歌曲而舞動，最後要飄回樹上。

影1-7

| 5.腳變葉子 | 6.全身變葉子 | 7.葉子睡著了 |

⑧ **律動（用絲巾當成葉子）**：幼兒可以用絲巾當葉子，討論要怎麼回到樹上。之後邊聽唱葉子的歌，邊做出對應的肢體律動，最後要飄回樹上。

影1-8

教保活動範例二　葉子好好玩

■ 適用年齡：2-6歲

學習指標 身 -3-1-1 在創意想像的情境展現個人肢體動作的組合與變化

美 -2-2-3 以哼唱、打擊樂器或身體動作模仿／反應聽到的旋律
或節奏

活動目標 1. 利用肢體的各部位展現出葉子的樣子，並隨風舞動

2. 利用哼唱、樂器、肢體及絲巾反應音樂的特色，並做出相對
應的律動

教學資源 音樂（13 愛跳舞的葉子精靈）、大葉子、絲巾、大布條或氣球傘、
手指 LED 燈、若干小的打擊樂器（例如：鐵琴、手搖鈴、鈴鼓）

●　●　● 活動步驟與內容 ●　●　●

1 **假如你的身體是葉子**：幼兒看著教學者手上的葉子怎麼動，身體跟著
動。教學者示範兩次後，可以請幼兒出來當葉子。

「假如你的身體是這一片葉子，你的身體會怎麼動？」

影2-1

2 **假如絲巾是葉子**：改拿絲巾當葉子，其餘步驟跟步驟 1 相同。

3 **實驗葉子各種飄動方式**：討論及實驗葉子的各種飄動方式。實驗的時
候請幼兒拿一片葉子，做出飄動的樣子，其餘幼兒要去模仿這片葉子
的舞動方式。

「葉子什麼時候會動？怎麼動？」

「看幼兒 A 的葉子是怎麼動的？你要用身體表演出來。」

4 **用樂器表演葉子舞動**：提供一些樂器（例如：鐵琴、手搖鈴、鈴
鼓），利用樂器表現出葉子舞動的動作。

5 **律動**：唱愛跳舞的葉子精靈歌曲，並跳舞。

「剛才你們做了好多葉子的動作，現在聽音樂，看你們的葉子有沒有更棒的動作？」

6 **運用布條擺動樹葉（紙樹葉）**：幼兒圍個圓圈坐下來，手抓著大布條的邊緣，布條中間放著用紙剪好的葉子，邊聽愛跳舞的葉子精靈音樂，邊舞動。

歌詞	建議動作
小小葉子，迎風飄逸	布條隨著音樂左右搖擺
這邊飄，那邊飄	布條往上飄兩次
飄到樹枝，睡著了	最後布條輕輕的放地上

7 **運用布條擺動樹葉（真實樹葉）**：教學者將葉子撒在布條上面，其餘步驟與步驟6同。

影2-6

| 5.葉子的律動 | 6.布條擺動紙葉子 | 7.布條擺動樹葉 |

影2-7

延伸活動

小朋友可以躺在布條下面，拿著手指 LED 燈，隨著旋律擺動，上方則由兩位幼兒輕搖布條。可播放音樂版「15 愛跳舞的葉子精靈」音樂。

教保活動範例三　秋精靈的歌唱

■ 適用年齡：4-6歲

學習指標　美-1-2-2 探索生活環境中各種聲音，察覺其中的差異

美-2-2-3 以哼唱、打擊樂器或身體動作反應聽到的旋律或節奏

美-3-1-1 樂於接觸視覺藝術、音樂或戲劇等創作表現，回應個
人的感受

活動目標　1. 探索指鈸的音色，並覺察不同的聲響

2. 輕輕的敲出鐵器柔美的音色，並隨著音樂傳遞指鈸及演奏

3. 樂於音樂欣賞並表達指鈸在樂曲中的角色

教學資源　■ 音樂（13 愛跳舞的葉子精靈）、每人一對指鈸

● ● ● ●　**活動步驟與內容**　● ● ●

複習：坐著唱愛跳舞的葉子精靈歌曲，利用左手當樹，右手當葉子。

秋精靈故事引導輕敲指鈸：教學者自編秋精靈的故事（例如：秋精靈
喜歡在森林裡唱歌……），示範指鈸的使用方式。
「葉子精靈很想跟你們打招呼。」
「葉子精靈是很溫柔的，他喜歡聽輕輕的、漂亮的聲音。」
銅或鐵製樂器會製造很大的聲響。為了讓幼兒養成聽鐵製輕輕的聲音（小聲會很好
聽），特別以秋精靈溫柔的聲音來引導。這些引導對剛接觸這類小樂器的幼兒相當
重要，否則一拿到指鈸太興奮就會敲出讓人難以忍受的聲音。

影3-2

3 **教學者去敲幼兒的指鈸**：每個人手上拿著一個指鈸，隨著音樂，教學
者一一輕輕的去敲每個人的指鈸，並唱著歌曲。

4 **指鈸傳遞**：幼兒起立散開，教學者敲幼兒A的指鈸後，教學者不動，
幼兒 A 繼續走動去敲幼兒B的指拔，然後幼兒A不動，幼兒B繼續去
找下一位幼兒，以此類推。可邊放歌曲，直到聽到「睡著了」時，就
全體不動。

影3-4

| 3.教學者去敲幼兒的指鈸 | 4.指鈸傳遞 |

5 **指鈸伴奏歌唱**：幼兒圍坐，每人拿一對指鈸，伴奏著歌唱。

6 **指鈸律動**：與步驟 5 相同，但做移位律動。

影3-6

7 **合奏**：幼兒分為伴奏組、葉子組及樹組三組，聽著歌曲舞動及演奏。

8 **欣賞與回應**：欣賞其中一組的表演，並請幼兒回應有指鈸跟沒指鈸的差異性。

「你覺得指鈸給你什麼樣的感覺？」

「要輕輕的敲比較適合這首歌，還是大力的敲？」

「你喜歡這首歌用指拔敲？還是你有什麼其他更棒的想法？」

教保活動範例四　葉子的音畫舞蹈

■ 適用年齡：4-6歲

學習指標	美-1-2-2 探索生活環境中各種聲音，察覺其中的差異
	美-2-2-3 以哼唱、打擊樂器或身體動作模仿／反應聽到的旋律或節奏
	美-2-2-1 運用各種視覺藝術素材與工具，進行創作
活動目標	1.能夠察覺音高微妙的變化
	2.會利用手勢回應音的高低並伴隨著歌唱
	3.會利用天然素材排列出歌曲的節奏
教學資源	音樂（13 愛跳舞的葉子精靈）、布條一條、樹葉若干、天然素材若干（大小、長短）

● ● ● 　活動步驟與內容　● ● ●

1 **複習**：複習愛跳舞的葉子精靈歌曲。

2 **比手勢唱歌**：請幼兒模仿教學者的手勢唱著歌曲。教學者指著旋律（音的高與低）及節奏（音的長與短）。

「我們現在邊唱歌，邊比動作。等一下請你告訴我，哪一個音是長長的？」

影4-2

3 **聽節奏音型**：教學者擺出兩個節奏型，請幼兒聽看看，哪個樂句是哪一個節奏型。

小小葉子～～／迎風飄逸～～／飄到樹枝～

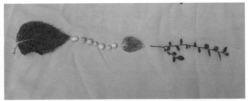

這～邊飄～～／那～邊飄～～／睡～著了～～

4 **指著音畫唱歌**：教學者先邊唱歌邊指著樹葉音畫，接著請幼兒出來指。

5 **排列音畫**：邀請幼兒用其他的樹葉來排列出節奏音畫。排列完，並請全部幼兒唱歌，該幼兒指出音畫。

6 **排列音畫並歌唱**：教學者示範排列休止符的舞蹈部分的音畫。排出來之後，邊唱歌邊指著節奏音畫。

「我們在跳舞的時候，『這邊飄』之後不是有飄飄飄？『那邊飄』之後不是有轉轉轉？也許我們可以想個好點子用樹葉排出來。」

影4-6

7 **音畫及律動**：邀請幼兒也排出音畫，其餘步驟同步驟5。請該幼兒指著自己的音畫，其餘幼兒分別扮演成樹葉及樹，一起唱及跳著愛跳舞的葉子精靈歌曲。

14
葉子舞曲（律動）

曲：廖美瑩

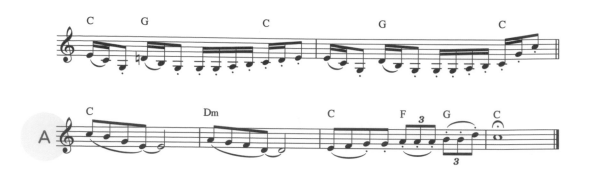

🎵 樂曲分析

調性：C大調　**難易度**：中
風格：每個段落風格不同

🎵 曲式

ABACA（輪旋曲）。

🎵 樂曲特色與活動設計重點

樂段	前奏	A	B	A	C	A
起點	0"	27"	43"	56"	1'13"	1'32"
音樂特性	前奏 兩個長樂句 音階下行	柔和 音階下行後上行	強 速度快 強度變大 16分音符	柔和 音階下行後上行	力度加大 小小的龍捲風狀	柔和 音階下行後上行
建議律動	葉子輕輕的往下飄落	葉子飄落又飄到遠處	狂風來了	葉子飄落又飄到遠處	下起雨來了，葉子全身濕答答	葉子飄落又飄到遠處

教保活動範例五 葉子舞曲

■ 適用年齡：4-6歲

學習指標 ▌ 美-2-2-3 以哼唱、打擊樂器或身體動作反應聽到的旋律或節奏

美-2-2-5 運用動作、玩物或口語，進行扮演

活動目標 ▌ 1.會利用肢體律動來表現音樂特性

2.能發揮想像力運用肢體展現葉子的各種狀態

教學資源 ▌ 音樂（14 葉子舞曲律動、31-34 分段音樂）、葉子舞曲音畫

● ● ● 活動步驟與內容 ● ● ●

1 **介紹曲式**：利用葉子舞曲的音畫跟小朋友探討葉子與風和雨的關係。

繪圖者：王巧樂

2 **播放前奏**：與幼兒討論兩片葉子有什麼不同，藉以引導出葉子的肢體律
動。

「葉子輕輕的飄下來。」（音階下行）

「第二片葉子也一樣，但是風好像比較大一點？」（音階下行）

3 **引導A段（短、短、長樂句）**：探討長樂句時，可詢問幼兒葉子去哪裡。

「葉子輕輕的飄下來。」（兩次）

「葉子最後被風吹到哪？」（不見了？吹到地上？吹到屋頂？）

4 **引導B段（四個短樂句）**：詢問幼兒葉子發生什麼事，並利用肢體做
出B段的律動。

「這個音樂聽起來，發生什麼事？」（例如：龍捲風把葉子吹得轉轉轉）

5 **引導C段**：再詢問幼兒葉子發生什麼事，並利用肢體做出C段的律動。

「這個音樂聽起來，怎麼樣？」（例如：重重的、慢慢的）

「葉子怎麼了？」（例如：被雨打得濕濕的）

6 **全曲律動**：播放整首音樂，請幼兒做出律動。

| 前奏：葉子掉落 | A：葉子舞動 |

| B：狂風來了 | C：濕答答的葉子 |

影5-6

教保活動範例六　葉子的旋律

◢ 適用年齡：4-6歲

學習指標　美 -1-2-2 探索生活環境中各種聲音，察覺其中的差異

　　　　　　美 -2-2-3 以哼唱、打擊樂器或身體動作反應聽到的旋律或節奏

　　　　　　美 -2-2-4 以高低強弱快慢等音樂元素表達感受

活動目標　1. 能察覺音行進微妙的變化

　　　　　　2. 會利用鐵琴敲出音階下行，並會用手回應出葉子飄落的樣子

　　　　　　3. 會利用肢體舞出音樂的特性

教學資源　音樂（13 愛跳舞的葉子精靈、14 葉子舞曲律動）、鐵琴

●　●　●　●　**活動步驟與內容**　●　●　●

1 **複習**：複習葉子舞曲的律動。

2 **聽音的行進方向**：與幼兒討論前奏（0"-26"）的音形。

「有誰可以告訴我，第一片葉子的聲音是怎麼樣？」（給幼兒看三個圖形）

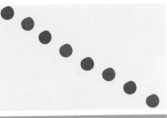

| 一個音比一個音高 | 沒有往上也沒有往下 | 一個音比一個音低 |

「聲音從高到低，一個音慢慢下來，像下樓梯一樣，（教學者敲鐵琴）就是音的下行。」

影6-2

3 **聽鐵琴的音做律動**：邀請幼兒出來敲打鐵琴，並請大家用手做出葉子飄落的樣子，可以唱著：「down down down down 漂亮的葉子飄落下來。」

影6-3

4 **引導A段**：聽葉子舞曲的 A 段（27"-42"），辨別上下行音。

「來聽這一段音樂，有沒有哪位寶貝可以告訴大家，聽到幾個音階下行？」（兩個）
「後面這一個長長的句子，是漸漸往上還是往下？（播放音樂）」（往上）
「這個葉子漸漸往上跑，跑到哪裡去了？請你用手指出來。（播放音樂）」
「這一段就是兩個下行音跟一個上行音合起來的。」

影6-4

5 **A段律動**：跳葉子舞曲的 A 段。

6 **聽下行音**：聽辨愛跳舞的葉子精靈歌曲的下行音。
「我們來唱葉子的歌，如果聽到音階下行，手就比出葉子掉下來的感覺。」

7 **聽上行音**：聽辨愛跳舞的葉子精靈歌曲的上行音。
「我們再唱一次，如果聽到音往上，手就比出葉子往上飄的動作。」

8 **聽平行音**：聽辨愛跳舞的葉子精靈歌曲的平行音。
「我們再唱一次，看你們是不是有聽到，音好像沒有往上也沒有往下，感覺沒有動。」

9 **手勢指出音形並歌唱**：請幼兒起立，一起唱歌，並且用手指出正確的音形。

延伸活動　日常生活中，有什麼聲音是上行？下行？平行？

13
大
自
然

16 雪花飄

詞曲：廖美瑩

前奏

F　　　　　　　　Gm　　　C　F
(師)啦 啦 啦 啦 啦 啦 啦，(幼)雪 花 雪 花 飄 下 來。

D　　　　　　　　A　　　　D
(師)啦 啦 啦 啦 啦 啦 啦，(幼)雪 花 雪 花 飄 下 來。

C　　　　　　　Dm　　　G　C
(師)啦 啦 啦 啦 啦 啦 啦，(幼)雪 花 雪 花 飄 下 來。

歌曲　　A
Am　　　　　　　Em
(音樂)　雪 花 飄 飄 呀 飄，雪 花 飄 在 飛 舞。

B Am　　　　　　Em　Am
雪 呀 一 直 下，一 直 下 呀 一 直 下。 暴 風 雪 砰！

尾奏 C　　　　　　Dm　　　G　C
(師)啦 啦 啦 啦 啦 啦 啦，(幼)雪 花 雪 花 飄 下 來。

(師)啦 啦 啦 啦 啦 啦 啦,(幼)雪 花 雪 花 飄 下 來。

歌曲分析

調性：五聲音階　**音域**：4度　**難易度**：易到難

風格：優雅但有變化（暴風雪，強度加強）

歌曲特色與活動設計重點

前奏與尾奏	音樂特性	音樂訊號
「小星星」的旋律但不同調	連 (前面6小節) 與跳 (7、8小節)	蹦
1. 做聽唱練習之音準訓練。 2. 變化速度。	設計這兩個律動的對比。	在「砰」的地方設計雪崩。

活動設計建議網絡圖

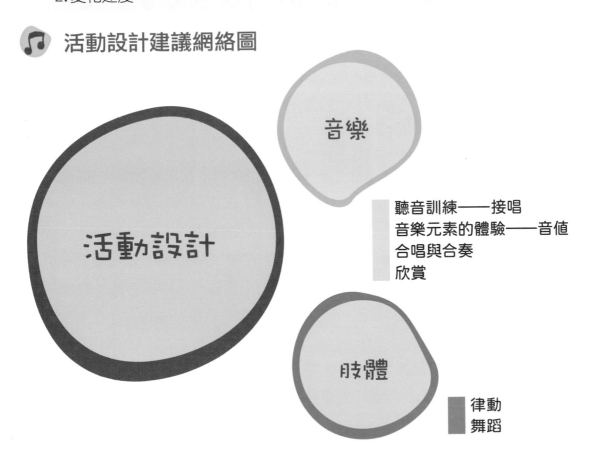

活動設計

音樂

聽音訓練——接唱
音樂元素的體驗——音值
合唱與合奏
欣賞

肢體

律動
舞蹈

教保活動範例一　雪花飄

◢ 適用年齡：3-6歲

學習指標　　美-1-2-2 探索生活環境中各種聲音，察覺其中的差異

　　　　　　美-2-2-4 以高低強弱快慢等音樂元素表達感受

　　　　　　美-2-2-3 以哼唱、打擊樂器或身體動作反應聽到的旋律或節奏

活動目標　　1. 能利用絲巾探索，並模仿下雪的樣子及停留在想像的情境中

　　　　　　2. 會聽音樂的高低（「小星星」旋律前半句）做回應（「小星星」
　　　　　　　 旋律後半句）

　　　　　　3. 會利用肢體舞出音樂的特性

教學資源　　音樂（16 雪花飄）、雪景圖片、每人一條絲巾

● ● ● 活動步驟與內容 ● ● ●

1 **以圖片引起動機**：教學者利用圖片讓幼兒觀察下雪的景象。

「你們看到什麼了？什麼地方白白的？（房子、樹木、地上……）」

2 **定點絲巾律動**：教學者哼唱「小星星」的旋律，並請幼兒揮動著絲巾
當雪花飄。幼兒必須要回應「小星星」的旋律唱「雪花雪花飄下來」，
並把絲巾往上拋停留在教學者指定的肢體部位（例如：頭、肩膀、肚
子、屁股、手、腳）上。教學者也可以變化速度及音高。

影1-2

3 **定點律動與歌唱**：讓幼兒圍個圈圈坐下來，絲巾暫時放在背後。教學
者邊唱雪花飄的歌曲，邊請幼兒利用手做出飄雪的樣子。

先定點律動讓幼兒安靜下來聽著歌曲，直到熟悉歌曲曲式之後，再進行移位律動，
否則幼兒一站起來移動就比較不會仔細聽著音樂。

4 移位律動與歌唱：播放音樂，每位幼兒拿著絲巾，隨著音樂舞動。

樂段	前奏一	前奏二
起點	0"	11"
建議律動	隨著絲巾舞動，模仿下雪狀 句尾絲巾往上拋	如教學步驟2
照片		

樂段	前奏一	A
起點	0"	47"
建議律動	隨著絲巾舞動，模仿下雪狀	隨著絲巾舞動，模仿下雪狀
照片		

樂段	B
起點	1'05"
建議律動	「一直下呀一直下」：定點，把絲巾放眼前，隨著節奏往下；「暴風雪」：往下倒在地上
照片	

影1-4

教保活動範例二　飛舞吧！雪花

◢ **適用年齡：2-6歲**

學習指標 ▎美 -2-2-4 以高低強弱快慢等音樂元素表達感受

美 -2-2-3 以哼唱、打擊樂器或身體動作反應聽到的旋律或節奏

活動目標 ▎1. 能利用氣球傘模仿下雪的樣子及停留在想像的情境中

2. 會利用氣球傘舞出音樂的特性

教學資源 ▋音樂（16 雪花飄）、氣球傘一個、些許棉花或白色泡棉

● ● ● ● **活動步驟與內容** ● ● ● ●

① **複習：**複習雪花飄的歌曲及律動。

② **舞動氣球傘：**利用氣球傘來舞動雪花。

樂段	前奏一	A	B
起點	0"	47"	1'05"
建議律動	左右舞動氣球傘。句尾或第二句氣球傘往上拋	隨著音樂舞動，模仿下雪狀	「一直下呀一直下」：氣球傘不動隨著節奏往下 「暴風雪」：氣球傘放在地上
照片			

影2-2

教保活動範例三　雪花的美妙舞姿

■ 適用年齡：4-6歲

學習指標 ■ 美-1-2-2 探索生活環境中各種聲音，察覺其中的差異

美-2-2-4 以高低強弱快慢等音樂元素表達感受

美-2-2-3 以哼唱、打擊樂器或身體動作反應聽到的旋律或節奏

活動目標 ■ 1. 會分辨四分音符及二分音符的音值

2. 短音會做出踏步的樣子；長音會做出飛舞狀

3. 不同的音符會做肢體不同的回應

教學資源 ■ 一個手鼓、一個三角鐵、若干四分音符花卡、若干二分音符花卡

● ● ● ● 活動步驟與內容 ● ● ● ●

1 **故事**：編創一個紫色雪精靈與白色雪精靈的故事，讓幼兒了解紫色雪精靈很期待下雪，所以他總是唸著：「下雪下雪趕快下雪」（1拍）。白色雪精靈則喜歡在天空飄呀飄，所以他總是唸著：「雪—花—飄—飄—」（2拍）。

2 **引導紫色雪精靈（1拍）**：教學者敲著手鼓，請幼兒用手指往下點代表下雪，並唸著「下雪下雪趕快下雪」。熟悉之後，可以請幼兒起立，邊走路邊唸著節奏。

3 **引導白色雪精靈（2拍）**：教學者敲著三角鐵，請幼兒用雙手做出飄雪狀，唸著「雪—花—飄—飄—」。熟悉之後，可以請幼兒起立，邊走路邊唸著節奏（腳放鬆，柔和大步走）。

2.手鼓1拍,手指下點做下雪狀　　3.三角鐵2拍,手做飄雪狀

4 **聽音與肢體回應**：幼兒分成兩組,一組為紫色雪精靈,一組為白色雪精靈。聽教學者的樂器聲,手鼓代表紫色雪精靈,幼兒必須要走動並唸節奏;三角鐵則代表白色雪精靈,也必須優雅的走動並唸節奏。

影3-2

5 **引導紫色雪精靈（1拍）的音符**：教學者先解釋紫色雪精靈的音符為四分音符、白色雪精靈的音符為二分音符,接著將幼兒分為兩組,各拿四分音符及二分音符花卡,教學者敲著手鼓,請拿四分音符的幼兒隨著節奏走動並唸節奏。

6 **引導白色雪精靈（2拍）的音符**：承步驟5,教學者敲著三角鐵,請拿二分音符的幼兒隨著節奏走動並唸著節奏

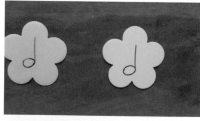

7 **聽音與肢體回應（音符）**：幼兒分成兩組,一組為紫色雪精靈（拿四分音符）,一組為白色雪精靈（拿二分音符）。聽教學者的樂器聲,手鼓就代表紫色雪精靈必須要走動並唸節奏;三角鐵則代表白色雪精靈必須優雅的走動並唸節奏「雪一花一飄一飄一」。若有兩位教學者同時各拿一種樂器,可以有時候四分音符,有時候二分音符,有時候兩個同時

演奏。也可以請節奏較穩定的幼兒擔任樂器伴奏。

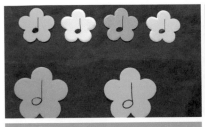

音符花卡

聽看看是四分音符或二分音符

影3-7

教保活動範例四　雪花飄的合唱

◾ **適用年齡：2-6歲**

學習指標　美 -2-2-4 以高低強弱快慢等音樂元素表達感受

美 -2-2-3 以哼唱、打擊樂器或身體動作反應聽到的旋律或節奏

美 -3-1-1 樂於接觸視覺藝術、音樂或戲劇等創作表現，回應個
人的感受

活動目標　1. 會利用歌唱、彩帶及肢體律動回應音的長短

2. 能以頑固伴奏的方式二部合唱

3. 能欣賞二部合聲之美

教學資源　一個手鼓、一個三角鐵、若干四分音符花卡、若干二分音符花
卡、若干紫色彩帶、若干白色彩帶、DA 木琴音磚一組、DA 鐵
琴音磚一組

● ● ● 　**活動步驟與內容**　● ● ●

1 **複習**：複習四分音符紫色雪精靈走路，二分音符白色雪精靈走動。

2 **引導紫色雪精靈（1拍）的彩帶**：教學者先解釋紫色雪精靈的音符
為四分音符，教學者敲著手鼓，請拿紫色彩帶的幼兒隨著節奏走動，
並唸著「下雪下雪趕快下雪」。

3 **引導白色雪精靈（2拍）的彩帶**：教學者先解釋白色雪精靈的音符為
二分音符，教學者敲著三角鐵，請拿白色彩帶的幼兒隨著節奏走動，

並唸著「雪一花一飄一飄一」。

4 **聽音與肢體回應（彩帶）**：幼兒分成兩組，一組為紫色雪精靈（拿紫色彩帶），一組為白色雪精靈（拿白色彩帶）。聽教學者的樂器聲，手鼓就代表紫色雪精靈必須要走動並唸節奏；三角鐵則代表白色雪精靈必須優雅的走動並唸節奏。若有兩位教學者同時各拿一種樂器，可以有時候四分音符，有時候二分音符，有時候兩個同時演奏。也可以請節奏較穩定的幼兒擔任樂器伴奏。

影4-2

5 **引導紫色雪精靈（1拍）唱DA**：教學者先解釋紫色雪精靈喜歡唱Sol Mi Sol Mi Sol Mi Sol Mi，並用DA木琴音磚伴奏，請幼兒跟著唱。

6 **引導白色雪精靈（2拍）唱DA**：教學者先解釋白色雪精靈喜歡唱Sol Mi Sol Mi，並用DA鐵琴音磚伴奏，請幼兒跟著唱。

7 **聽音與歌唱回應**：幼兒分成兩組，一組為紫色雪精靈，一組為白色雪精靈。聽教學者的樂器聲，跟著歌唱。也可以請節奏較穩的幼兒來敲奏。

下雪 下雪 趕快下雪
雪 花 飄 飄

影4-7

8 **引導紫色雪精靈（彩帶＋歌唱）的彩帶**：幼兒聽到木琴聲，拿紫色彩帶的幼兒必須邊唱歌邊走路並揮動彩帶。

9 **引導白色雪精靈（彩帶＋歌唱）的彩帶**：幼兒聽到鐵琴聲，拿白色彩帶的幼兒必須邊唱歌邊走路並揮動彩帶。

❿ 聽音與肢體回應（彩帶＋歌唱）： 幼兒分成兩組，一組為紫色雪精靈
（拿紫色彩帶），一組為白色雪精靈（拿白色彩帶）。聽教學者的樂
器聲，幼兒以歌聲及彩帶回應。若有兩位教學者同時各拿一種樂器，
可以有時候四分音符，有時候二分音符，有時候兩個同時演奏。也可
以請節奏較穩定的幼兒擔任樂器伴奏。

10.四分音符紫色彩帶

10.二分音符白色彩帶

影4-10

⓫ 欣賞與回應： 請幼兒欣賞其中一組的表演，並請幼兒回應二部合唱的
感想。

這個教案較難，需要音樂背景較強的教保員比較容易掌握其精準性。

17

雪花飄飄（律動）

曲：蕭利倩

🎵 樂曲分析

調性：D大調　**難易度**：中到難
風格：優雅

🎵 樂曲特色與活動設計重點

主題	前奏	A	B	A
起點	0"	15"	41"	1'07"
特性	寧靜優美	四分與二分 音符合奏	旋律線	與前A同
建議 律動	雙手雪花狀	紫色絲巾走路 白色絲巾飛舞	紫色與白色 雪精靈雙人舞	與前A同

教保活動範例五　雪花飄飄

▲ 適用年齡：5-6歲

學習指標 美 -2-2-3 以哼唱、打擊樂器或身體動作反應聽到的旋律或節奏

美 -2-2-4 以高低強弱快慢等音樂元素表達感受

活動目標 1. 會用肢體律動回應音的長短

2. 會與他人一起隨著音樂跳舞，並回應音樂的特性

教學資源 音樂（17 雪花飄飄律動、35-36 分段音樂）、若干紫色彩帶、若干白色彩帶、每人兩朵自製雪花片、手指 LED 燈

● ● ●　　**活動步驟與內容**　　● ● ●

1 **複習**：複習本單元活動範例四的彩帶律動。

2 **律動音樂的A段**：教學者引導 A 段的音樂，一半幼兒拿紫色彩帶，另一半幼兒則拿白色彩帶，一起隨意舞動。

3 **律動音樂的B段**：可以跟幼兒討論要怎麼跳舞，也許可以兩個人一組面對面，動作一兩次：右拍拍，左拍拍，轉圈圈揮動彩帶；動作二兩次：右拍拍，左拍拍，兩人左手合掌，轉圈圈揮動彩帶。

4 **前奏**：每位幼兒坐在地上，絲巾放在身旁。做出動作三兩次：左雪花，右雪花，雪花飄呀飄。

也可以製作雪花，前奏時舞動雪花。

5 **前奏**：每位幼兒坐在地上，絲巾放在身旁。做出動作三兩次，邊做動作邊唸「左雪花，右雪花，雪花飄呀飄」。

6 **整首律動**：分配好角色，隨著音樂舞動。

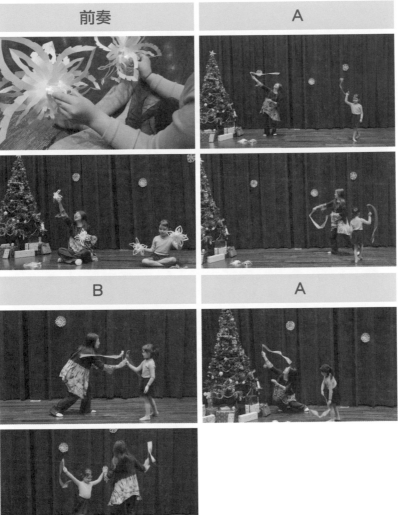

前奏	A

B	A

影5-6

延伸活動 視覺藝術活動 ── 剪雪花。

18
彩色石頭真神氣

詞曲：廖美瑩

歌曲分析

調性：G大調　　**音域**：6度　　**難易度**：易到難

風格：前半部節奏性較強，中間轉為柔和

歌曲特色與活動設計重點

音樂元素：速度	風格不同	訊號
五次速度不同從慢到快	前面節奏性中間轉為柔和	第四小節結束有一個訊號

1. 一次比一次速度快，可以體驗速度感。利用記憶累積的方式，進行每一次加一個顏色堆疊起來的遊戲。

1. 前面節奏性強可做傳石頭的遊戲。「靜悄悄」時則安靜下來。
2. 中間柔和的樂段可設計畫樂句的動作。
3. 「轉呀轉」的樂句，可設計轉動石頭的動作。
4. 最後一句穩定節奏，拍2拍後預備下一段的速度。

進行節奏及音高創作。

教保活動範例一　傳石頭

▰ 適用年齡：4-6歲

學習指標　美 1-2-2 探索生活環境中各種聲音，察覺其中的差異

　　　　　　美 -2-2-3 以哼唱、打擊樂器或身體動作反應聽到的旋律或節奏

活動目標　1. 能探索各種玩石頭的方式

　　　　　　2. 能察覺音樂的節奏性及圓滑性

　　　　　　3. 能跟隨著音樂傳石頭，並依據內容做不同的動作

教學資源　音樂（18 彩色石頭真神氣）、每個人一顆石頭

● ● ● **活動步驟與內容** ● ● ●

1 **傳石頭**：請幼兒圍成一圈坐在地板上，彼此的膝蓋必須碰在一起。教學者敲打節奏，說著passing rock，石頭一個個往右傳，直到大家都有石頭。教學者可以唱一首他們熟悉且節奏性較強的歌曲，例如：「小毛驢」。

影1-1

2 **A段傳石頭**：大家拍打固定的節奏（passing rock），教學者邊唱歌曲的 A 段，直到幼兒熟悉「靜悄悄」時，必須要停止傳遞石頭。

3 **B段畫圈圈**：請幼兒把左手放在左膝蓋，手掌向上。右手的石頭碰左手後畫一個大圈圈（彩虹）傳到右邊幼兒的左手。

4 **C段轉呀轉**：引導幼兒探索石頭還可以怎麼玩，最後引導到石頭可以怎麼轉。邊唱歌邊轉石頭。

5 **D段敲石頭**：教學者敲打兩下石頭之後，大家拿石頭敲出節奏，並唱出 $\qquad$ 彩 色 石 頭 真 神 氣！ 。

6 **彩色石頭真神氣第一段**：清唱，讓幼兒熟悉紅色小石頭這樂段的歌詞。熟悉之後可以播放整首音樂來傳石頭。

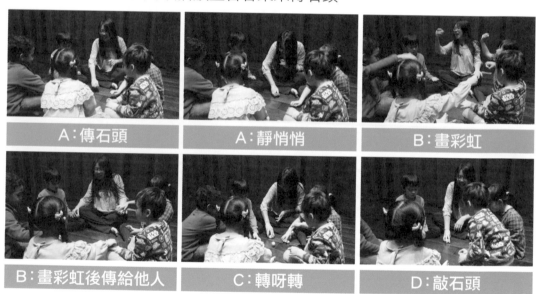

| A：傳石頭 | A：靜悄悄 | B：畫彩虹 |
| B：畫彩虹後傳給他人 | C：轉呀轉 | D：敲石頭 |

影1-6

教保活動範例二　彩色石頭真神氣

■ 適用年齡：5-6歲

學習指標	美 -2-2-3 以哼唱、打擊樂器或身體動作反應聽到的旋律或節奏
	美 -3-1-1 樂於接觸視覺藝術、音樂或戲劇等創作表現，回應個人的感受
活動目標	1. 能跟隨著音樂傳石頭，並依據內容做不同的動作
	2. 體驗各種創新的玩法
	3. 樂於獨自表演
教學資源	音樂（18 彩色石頭真神氣、23 彩色石頭真神氣純音樂）、每個人一顆石頭、五種顏色的絲巾

● ● ● ● **活動步驟與內容** ● ● ● ●

1 唱所有樂段：依序唱紅、黃、綠、藍、紫色小石頭樂段的歌詞，等穩定之後可以播放音樂。

2 練習往左傳（訊號）：教學者詢問幼兒有沒有聽到石頭往右傳後有一個聲音？這個聲音就是表示要換方向，可以慢慢練習往左傳，之後配上歌曲。

3 創新玩法一（動作模仿）：可以一次五個人一起玩，先說好誰是1、2、3、4、5號。大家圍成一個弧形，跟隨以下說明做動作。

樂段	A	B
玩法一 動作篇	第一樂句：由第一位幼兒創一個動作，隨著音樂有節奏性的移動，大家跟著做動作。聽到指令聲往後跳，由最後一位帶領動作。「靜悄悄」時大家都蹲下	第一樂句：1號站起來獨自舞蹈 第二樂句：2號站起來獨自舞蹈，依此類推至5號
照片		

樂段	C	尾奏
玩法一動作篇	全部幼兒站起來原地轉圈圈	擺一個完美的動作
照片		

在團體中，教保人員應該提供幼兒獨自表演的機會。若在刻意的情況下，幼兒可能會害怕，但透過依序表演歌曲其中的一小段，會增加幼兒的自信，宜多加鼓勵。

影2-3

4️⃣ **創新玩法二（揮動絲巾）**：一次五個人一起玩，每個人拿一條不同顏色的絲巾散在各地，先說好誰是1、2、3、4、5號。大家圍成一個弧形，跟隨以下說明做動作。

樂段	A	B	C	尾奏
玩法二絲巾篇	大家隨著音樂揮動絲巾走路，聽到指令聲往後跳（往另一個方向走路）。「靜悄悄」時大家蹲下來	第一次第一個人拿絲巾自由舞動，其他幼兒依序舞動	全部揮動絲巾轉圈圈	腳踏節奏，並按節奏揮動絲巾，最後將絲巾往上拋

影2-4

20
風的旋律（律動）

曲：蕭利倩

註：活動順序和樂曲的序號順序無關。

D段：陣風

樂曲分析

調性：g小調　　**難易度**：易到中

樂曲特色與活動設計重點

樂段	A	B	C	D
起點	0"	15"	41"	1'07"
特性	優美的旋律	力度較大	急促	急促後停
建議律動	微風	強風	龍捲風	陣風

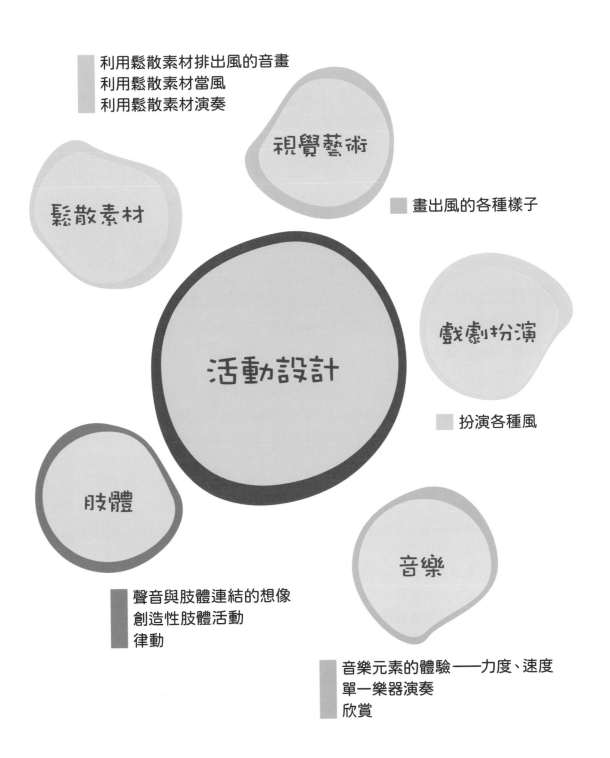

利用鬆散素材排出風的音畫
利用鬆散素材當風
利用鬆散素材演奏

視覺藝術

鬆散素材

畫出風的各種樣子

活動設計

戲劇扮演

扮演各種風

肢體

音樂

聲音與肢體連結的想像
創造性肢體活動
律動

音樂元素的體驗——力度、速度
單一樂器演奏
欣賞

13

大
自
然

教保活動範例一　舒服的微風

■ 適用年齡：2-6歲

學習指標 ■ 美-2-2-3 以哼唱、打擊樂器或身體動作反應聽到的旋律或節奏

活動目標 ■ 能利用肢體及鬆散素材表現微風的樣子

教學資源 ■ 音樂（37 風的旋律微風）、一個鈴鼓、一個黑板、粉筆若干、
鬆散素材一份、每人一個塑膠袋、每人一條絲巾或布條

●　●　● **活動步驟與內容** ●　●　●

1 **用聲音引起動機**：請幼兒眼睛閉上，教學者利用口技，請幼兒猜是什麼的聲音。並請幼兒說出不同強度的風，例如：微風、強風、龍捲風、陣風等。

影1-1

2 **聲音與微風的配對**：教學者利用口技，請幼兒描述風的強度程度，並請幼兒用肢體及鬆散素材表現出來。

「聽看看這是什麼樣的風？」（教學者利用口技）

「說看看你對這種風的感覺。」

「你可以用你的手來表現微風嗎？」（可以全部幼兒模仿表達的幼兒，或大家做自己表現微風的動作）

「我們試看看用腳來表現微風。」（躺在地上）

「我們試看看用全身來表現微風。」（站起來）（播放微風的音樂樂段）

「誰可以來畫出微風的樣子？」

「可用鬆散素材排出微風的樣子嗎？」

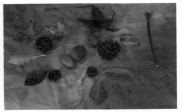

影1-2

3 **利用塑膠袋舞出微風的感覺**：每位幼兒拿到一個塑膠袋，先進行聲音探索之後，請幼兒分享可以怎麼樣表現出微風的樣子。之後播放微風樂段一起舞動。

影1-3

4 **利用絲巾來跳律動**：播放微風樂段，請幼兒利用絲巾當風跳律動。之後可以請幼兒分享用塑膠袋及絲巾當風跳律動有何不同。

絲巾或布條在聽覺藝術活動中是很重要的鬆散素材，教師可以到台北迪化街採購，相當便宜。各種材質的絲巾或布條都可以激發幼兒的想像力。

影1-4

教保活動範例二　大力士強風

■ 適用年齡：2-6歲

學習指標　美 -1-2-2 探索生活環境中各種聲音，察覺其中的差異

美 -2-2-3 以哼唱、打擊樂器或身體動作反應聽到的旋律或節奏

活動目標　1. 能覺察微風與強風的差別

2. 能利用肢體及鬆散素材表現強風的樣子

教學資源　音樂（37-38 分段音樂）、鬆散素材一份、若干不同的塑膠袋、若干不同的布條

● ● ● 活動步驟與內容 ● ● ●

1 **複習微風**：播放微風樂段，請幼兒用手擺出微風的樣子。

2 **聲音與強風的配對**：教學者利用口技表現強風，請幼兒描述風的強度，並請幼兒用肢體及鬆散素材表現出來。

「聽看看這是什麼樣的風？」（教學者利用口技）

「說看看你對這種風的感覺。」

「你可以用你的手來表現強風嗎？」（可以全部幼兒模仿表達的幼兒，或大家做自己表現強風的動作）

「我們試看看用腳來表現強風。」（躺在地上）

「我們試看看全身來表現強風。」（站起來）（播放強風的音樂樂段）

「誰可以來畫出強風的樣子？」

「可用鬆散素材排出強風的樣子嗎？」

影2-2

3 **利用塑膠袋來演奏出強風的聲音**：讓幼兒選一個塑膠袋，先進行聲音探索之後，請幼兒分享可以怎麼樣表現出強風的聲音。之後播放強風樂段一起合奏。

「為什麼你會選這種塑膠袋當強風？」

影2-3

4 **利用塑膠袋及布條來跳律動**：播放強風樂段，請幼兒利用塑膠袋當風跳律動。之後可以選一個布條當風來跳律動，感受兩者不同之處。

「為什麼你會選這種布條當強風？」

影2-4

5 **聽看看是微風或強風**：幼兒分為兩組（微風組及強風組），各持不一樣的布條，聽到自己組別的音樂就要起來舞動，如果不是就原地坐下。

影2-5

6 **分享微風及強風之差異性**：請幼兒分享舞動兩種不同的風，身體有什麼不同的感覺。

教保活動範例三　風的旋律

■ 適用年齡：2-6歲

學習指標　美 -1-2-2 探索生活環境中各種聲音，察覺其中的差異

美 -2-2-3 以哼唱、打擊樂器或身體動作反應聽到的旋律或節奏

活動目標　1.能覺察微風、強風、龍捲風及陣風的差別

2.能利用肢體及鬆散素材表現各種風的樣子

教學資源　音樂（20 風的旋律律動、39-40 分段音樂）、一個黑板、粉筆

若干、鬆散素材一份、若干不同的塑膠袋、若干不同的布條

● ● ● ● **活動步驟與內容** ● ● ● ●

1 **手部律動引起動機**：教學者用手做出龍捲風的樣子，要幼兒模仿，並
請幼兒猜這是什麼風，以及説看看對這種風的感覺。接續可以請幼兒
自由發揮龍捲風的樣子。

2 **肢體表現龍捲風**：播放龍捲風的樂段，利用肢體來表現龍捲風的樣
子。

「我們試看看用全身來表現龍捲風。」（站起來）（播放龍捲風的音樂樂段）

影3-2

3 **龍捲風的音畫**：利用粉筆及鬆散素材表現龍捲風的樣子。

「誰可以來畫出龍捲風的樣子？」

「可用鬆散素材排出龍捲風的樣子嗎？」

影3-3

4 **利用塑膠袋來演奏出龍捲風的聲音**：讓幼兒選一個塑膠袋，先進行聲
音探索之後，請幼兒分享可以怎麼樣表現出龍捲風的聲音。之後播放
龍捲風樂段一起合奏。

「為什麼你會選這種塑膠袋當龍捲風？」

影3-4

5 **利用塑膠袋及布條來跳律動**：播放龍捲風樂段，請幼兒利用塑膠袋當
風跳律動。之後可以選一個布條當風來跳律動，感受兩者不同之處。
「為什麼你會選這種布條當龍捲風？」

影3-5

6 **肢體表現陣風**：同步驟 2 的作法。

影3-6

7 **陣風的音畫**：同步驟 3 的作法。

8 **利用塑膠袋來演奏出陣風的聲音**：同步驟 4 的作法。

9 **利用塑膠袋及布條來跳律動**：同步驟 5 的作法。

10 **聽看看是什麼風**：幼兒分為四組（微風、強風、龍捲風、陣風組），
各持不一樣的布條，聽到自己組別的音樂就要起來舞動，如果不是就
原地坐下。

影3-10

11 **肢體律動體驗各種不同的風**：聽完整的律動音樂，請幼兒用肢體舞出
各種風速。

影3-11

19
風兒跟我玩遊戲

詞曲：廖美瑩

歌曲分析

調性：E大調　　**音域**：8度　　**難易度**：易到中

風格：戲劇性

🎵 歌曲特色與活動設計重點

主題：風	歌詞：風速
風的好朋友	**三種風速：微風、強風、陣風**
探討風跟誰是好朋友？怎麼玩遊戲？	利用肢體及各種方式體驗不一樣速度及強度的風。

教保活動範例四　風兒跟我玩遊戲

▉ **適用年齡：2-6歲**

學習指標 ▉ 美-1-2-2 探索生活環境中各種聲音，察覺其中的差異

美-2-2-3 以哼唱、打擊樂器或身體動作反應聽到的旋律或節奏

美-2-2-5 運用動作、玩物或口語，進行扮演

活動目標 ▉ 1. 能覺察微風、強風及陣風的差別

2. 能利用肢體及鬆散素材表現各種風的樣子

3. 能用樂器伴奏歌曲

4. 能扮演樹與風進行音樂律動劇

教學資源 ▉ 音樂（19 風兒跟我玩遊戲、20 風的旋律律動）、鬆散素材一份、

若干不同的塑膠袋、若干不同的布條、伸縮衣、指鈸

●　●　●　**活動步驟與內容**　●　●　●

1 **複習**：複習風的旋律律動。

2 **討論風的好朋友**：透過討論引導出風的好朋友。

「你有沒有好朋友？」

「你覺得風跟誰是好朋友？」

「為什麼你覺得他們是好朋友？」

影4-2

❸ 唱風兒跟我玩遊戲：教學者用簡單的劇情演出歌的內容，接著請幼兒一起唱歌及舞動。

「剛才的歌當中有幾種風？」

影4-3

❹ 鬆散素材伴奏：幼兒分為微風組、強風組、陣風組、律動組四組。風組各選一個鬆散素材當成伴奏各個風的樂器，律動組負責隨著音樂舞動。

影4-4

❺ 風跟樹是好朋友：探討風跟樹的關係，並進行角色扮演。

5-1 教學者拿著布條當風，其餘幼兒當樹。風吹到哪棵樹，哪棵樹才可以動。

「風吹來的時候，樹會怎麼動？」

5-2 教學者或選一位幼兒當風，其餘當樹（可以一人或兩人穿著伸縮衣當一棵樹），聽音樂進行律動。

「我來看是不是每一棵樹都長得不一樣？」

「我來看哪一棵樹最有創意？」

5-3 兩位幼兒一組，一個當風（用嘴巴做吹風狀，也可拿塑膠袋或布條當風舞動），一個當樹。風吹樹動。

5-4 五位幼兒當成一棵大樹，一位當風，聽音樂進行律動。

實際內容可以以跟幼兒討論的內容來訂出表現主題。

6 **指鈸伴奏：**利用指鈸來演奏風兒跟我玩遊戲。

6-1 幼兒散開，每人拿一個指鈸不能動，教學者示範將自己的指鈸去跟每位幼兒 kiss。

6-2 指鈸接力：教學者傳給一位幼兒，這位幼兒又傳給另外一位，以此類推。

6-3 聽音樂，傳遞指鈸。但在微風（背景的部分）時就利用指鈸敲出微風的感覺，強風及陣風也同。

影4-6

13

大

自

然

21 驚愕交響曲第二樂章（古典樂）

曲：海頓

♪ 樂曲分析

調性：C大調　　**難易度**：易到中

♪ 樂曲曲式與特性

樂段	A	B
特性	斷奏，最後突強	圓滑
建議律動	微風	強風

♫ 活動設計建議網絡圖

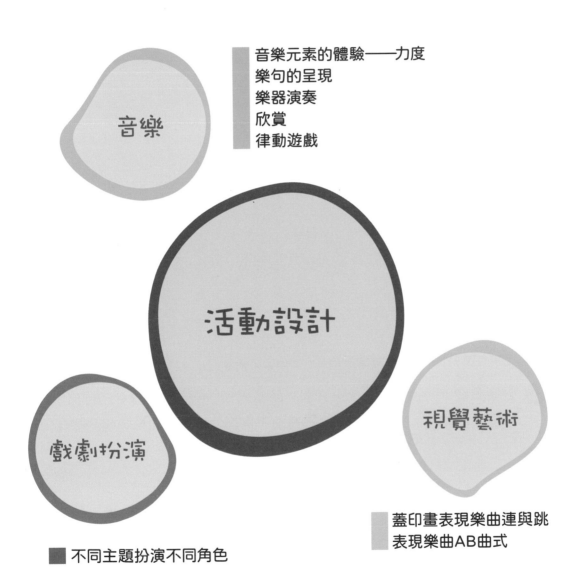

音樂

音樂元素的體驗——力度
樂句的呈現
樂器演奏
欣賞
律動遊戲

活動設計

戲劇扮演

視覺藝術

蓋印畫表現樂曲連與跳
表現樂曲AB曲式

不同主題扮演不同角色

教保活動範例一　敲敲敲

■ 適用年齡：2-6歲

學習指標 美 -1-2-2 探索生活環境中各種聲音，感受其中的差異

美 -2-2-3 以哼唱、打擊樂器或身體動作反應聽到的旋律或節奏

美 -2-2-4 以高低強弱快慢等音樂元素表達感受

活動目標 1. 能分辨力度的變化

2. 能分辨樂句並用樂器表現演奏

教學資源 音樂（41 驚愕交響曲第二樂章 A 段）、海頓的肖像、每位幼兒

一個棒棒糖鼓、鈸一個、三角鐵一個

● ● ● 活動步驟與內容 ● ● ●

1 **引起動機：**教學者拿出海頓的肖像，介紹海頓是交響樂之父，有一首歌叫做「驚愕交響曲」（說明歌曲的原由）。

「現在讓我們來聽這首會讓人家嚇一跳的交響樂喔！」

2 **聲音覺察（突強）：**放音樂 A 段，請幼兒利用兩個食指輕輕的打拍子。到突強的時候，大聲拍手。練習幾次，直到幼兒能夠抓到突強的聲響。

輕拍拍子時，頭要自然的跟著律動（示範很重要）。

影1-2

3 **棒棒糖鼓合奏（定點）：**每位幼兒拿一個棒棒糖鼓及鼓棒，聽著音樂，輕輕敲打邊鼓，突強的時候敲打鼓面。

引導積極聆聽，敲鼓邊一定要輕輕的。A 段重複兩次，第一次弱 p，第二次更弱 pp。

影1-3

4 **棒棒糖鼓合奏（移位）：**每位幼兒拿一個棒棒糖鼓及鼓棒，聽著音樂，邊輕輕敲打邊鼓邊走動，突強的時候敲打鼓面不動，或請一位幼兒敲鈸。

剛開始可以由教學者先敲鈸，之後可以選擇任一幼兒。

| 2.食指輕輕打拍子 | 3.打擊棒棒糖鼓 | 4.移位敲棒棒糖鼓 |

影1-4

5 **傳拍子遊戲**：教學者先解釋樂句是音樂的句子。幼兒可以坐著或站著，每人拿一個棒棒糖鼓，中間放著鈸。用傳遞節奏的方式，傳到某位幼兒時才能敲打鼓（在胸前水平），樂句的最後，敲打的幼兒要往上輕敲鼓（剛開始教學者需用動作提醒），突強時有一位幼兒敲鈸。

這個遊戲可以加強幼兒的節奏感和提升團體動力。對幼幼班及小班的幼兒來說可能有些難度，較不適合。

影1-5

6 **傳拍子的快速反應**：步驟同步驟 5，但如果教學者敲打三角鐵，表示傳拍子要換方向。教學者可以在句尾敲三角鐵，但敲打時機點不要太具一致性，也就是，有時一個樂句換一次，有時兩個樂句。

快速反應（quick reaction）是達克羅士音樂教學法重要的教學活動之一，在幼兒園美感的目標即在培養覺察的能力。

7 **樂句傳遞**：每位幼兒散開，教學者先示範。聽到音樂只有一位幼兒走動（輕輕的跳），樂句結束那一拍要輕輕的拍另一位幼兒的肩膀，這位幼兒又繼續走動，以此類推。突強時要跟所選擇的幼兒 give me five。熟悉之後也可以讓兩個或三個幼兒同時走動。

這對幼兒並不是那麼容易，因為要判斷句尾傳到另一位幼兒，這是時間管理的訓練。鼓勵幼兒要有計畫性的決定傳給哪位幼兒。

| 5.打鼓樂句接力 | 7.拍肩膀樂句接力 |

影1-7

教保活動範例二　風雨交響曲

▌適用年齡：2-6歲

學習指標 美 -2-2-3 以哼唱、打擊樂器或身體動作反應聽到的旋律或節奏

美 -3-1-1 樂於接觸視覺藝術、音樂或戲劇等創作表現，回應個
人的感受

活動目標 1. 能了解 AB 曲式風格的不同，並做出相對應的律動

2. 樂於音樂律動表演並能回應個人感受

教學資源 音樂（21 驚愕交響曲第二樂章古典樂）、音畫、每人一條絲巾、
鈸一個、鼓一個

● ● ● 　**活動步驟與內容**　● ● ●

1 **引起動機：** 教學者拿出風雨的音畫，利用音畫來説故事。引導出 A
段下雨（斷奏），中間打雷閃電（突強），B段風先生與風小姐開始
吹起風了（圓滑）。

繪圖者：郭宇晴

2 **定點律動（A段）：** 把絲巾插放在胸前。幼兒用身體當成小雨滴，到
處下雨（跳）。教學者盡可能引導雨的高低，有高高的雨，也有低低
的雨。可以由左到右引導樂句的概念，一句完成又繼續由左到右引導
下一句。到突強的時候，大聲拍手，表演出打雷的聲音。由一位幼兒
打鼓當雷，鈸當閃電。

3 **移位律動（A段）：** 同步驟2，但是幼兒可以隨著音樂跳動，並到處移
動。

4 **風的律動（B段）**：引導幼兒利用絲巾探索風，把絲巾想像成風，會怎麼動。再放音樂讓幼兒跟著動。

探索活動需要一些時間，讓幼兒多點時間來玩看看絲巾可以怎麼變成風。有微風、強風、龍捲風、颱風。聽聽音樂是怎樣的風？

| A：雨 | 突強：跳起來 | B：風 |

5 **風雨交響曲之律動**：將步驟3與步驟4結合起來。

如果教室不夠大，也可以將幼兒分成兩組（雨組及風組），或分成三組（雨組、風組及樂器組）。樂器組可以演奏第二個教案。

影2-5

6 **分享**：可以請幼兒分享當雨、風及閃電的不同。

延伸活動

延伸1：澳洲動物交響曲。

| A：袋鼠 | B：無尾熊 |

延伸2：毛毛蟲的一生（手指LED燈、伸縮衣）。

| A：第一樂句（卵） | A：第二、三樂句（毛毛蟲） | A：第四樂句（蛹） | B：蝴蝶破繭而出舞動 |

教保活動範例三　驚愕玩創意

◼ 適用年齡：2-6歲

學習指標	美 -2-2-3 運用哼唱、打擊樂器或身體動作進行創作
	美 -2-2-1 運用各種視覺藝術素材與工具，進行創作
	美 -3-1-1 樂於接觸視覺藝術、音樂或戲劇等創作表現，回應個人的感受
活動目標	1. 能利用音樂的特性來表視覺藝術的創作
	2. 能利用各種視覺藝術媒材及蔬果來創作音畫
	3. 能欣賞別人的作品並能分析結構
教學資源	音樂（21 驚愕交響曲第二樂章古典樂）、向日葵圖畫、有關梵谷的繪本、教學者預調幾種向日葵的顏色（例如：黃、橘、棕、黑、紫、綠），每位幼兒一個畫盤、蔬果若干

● ● ● 活動步驟與內容 ● ● ●

1 **引起動機：**教學者拿起一個向日葵的圖片，問幼兒是否看過這種花，並讓幼兒觀察花的結構（花蕊及花瓣）。

從事這個活動前，幼兒最好已經經歷之前的幾個活動，如此較能掌握樂曲的特色。

2 **介紹梵谷的向日葵作品：**透過繪本或藝術家的作品介紹向日葵，加深對向日葵的印象。

3 **手指律動：**教學者請幼兒在空中畫圖，A 段斷奏時，用手指輕輕在空中點；B段圓滑時，用大拇指做蓋印章樣。讓幼兒記憶曲子的結構與特性，練習幾次直到熟悉。

從事這個活動前，幼兒最好已經經歷之前的幾個活動，如此較能掌握樂曲的特色。透過手指律動連結到等一下要進行的視覺藝術活動繪圖方式。也可以請幼兒直接在紙上點及蓋印（無顏料）。

4 **手指印視覺藝術活動：**(1)在空白的圖畫紙上刷上淡淡的底色；(2)幼兒指尖（花苞）及大姆指指腹（花瓣）沾著自己喜歡的顏料；(3)音

樂A段斷奏，利用指尖點在圖畫紙的中央，點成一個圓形或橢圓形當花苞。聽到音樂有定音鼓出來時表示要換成蓋印章的動作；(4)音樂B段圓滑，利用大拇指蓋印章的方式當花瓣。

有些幼兒對顏料沾在手指上也許會感到不適，教學者可以先讓他們隨意練習。

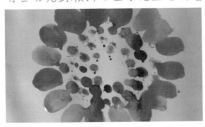 

5 **蔬果印視覺藝術活動：**(1)在空白的圖畫紙上刷上淡淡的底色；(2)幼兒選擇兩種蔬果，例如：蘆筍及香蕉；(3)把兩種蔬果沾滿顏料；(4)音樂A段斷奏，利用蘆筍做點狀，點成一個圓形或橢圓形當花苞。定音鼓出來時表示要換成蓋印章的動作；(5)音樂B段圓滑，利用香蕉蓋印章的方式當花瓣；(6)也可嘗試用其他的蔬果，來創作其他的花種，例如：玫瑰。

● 可以請幼兒帶一些家中不用的蔬果（例如：蘆筍頭、黃掉的花椰菜）等來學校。否則蔬果的成本的確是較大些。

● 蔬果當工具雖不環保，但為了創意表現值得一試。且創作不侷限於向日葵，只要是跳與連的組合都可以。也許他們會創作出漂亮的紫藤。

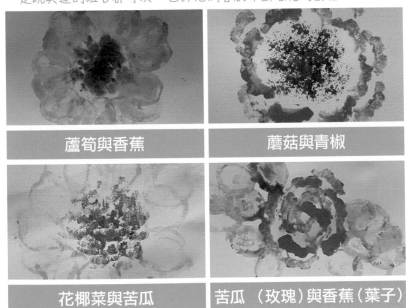

蘆筍與香蕉　　蘑菇與青椒

花椰菜與苦瓜　　苦瓜（玫瑰）與香蕉（葉子）

影3-5

6 **欣賞與分享：**可以請幼兒分享自己的作品，並跟大家分享所使用的蔬果。或請其他幼兒賞析其作品並分析他所用的元素。

大自然

第二部曲 神奇自然

交通工具

公園

節日

第三部曲

豐富生活

⑭ 交 通 工 具

♫ **音樂曲目**

	探索	覺察	表現	創作	回應	賞析

01 Taxi Tango
28Taxi Tango（純音樂）

02 飛機飛到哪裡去
03 遇上亂流的飛機（律動）

04 腳踏車（台語）

05 火車跑小鳥追
29火車跑小鳥追（純音樂）
06 有趣的火車（律動）
34老火車（音樂片段）
35區間車（音樂片段）
36自強號（音樂片段）

07 挖土機——齊唱
08 挖土機——輪唱

09 小木船
10小木船（純音樂）

11 幽默曲（古典樂）
37幽默曲A段
38幽默曲B段
39幽默曲C段

01
Taxi Tango

詞曲：廖美瑩

強音（大聲）

Ta - xi Tan - go　叭　叭　叭！　　Ta - xi Tan - go　叭　叭　叭！

叭　叭　叭！　　叭　叭　叭！　　Ta - xi Tan - go　叭　叭　叭！

漸強（由小聲到大聲）

🎵 歌曲分析

調性：降E大調　　**音域**：8度 　　**難易度**：易到中
風格：較有精神、活潑感

🎵 歌曲特色與活動設計重點

音樂元素：力度	歌詞	間奏
重拍及漸強	Taxi Tango／叭叭叭	長度較長的間奏
1. 體驗音樂的強拍。 2. 引導力度的漸強。	利用這兩個詞做鬆散素材的排列及敲擊。	可以引導幼兒舞出創意的 Taxi Tango。

備註：1. Taxi 是計程車，Tango 是一種舞蹈節奏，但在此處沒有特別的意思，就是這台計程車的名字。

2. 幼小班視幼兒先備音樂經驗而定，也許不用引導到漸強。

3. CD 另外提供音樂版，可以師生共譜歌詞，例如：火車來了，嘟嘟嘟。

♫ 活動設計建議網絡圖

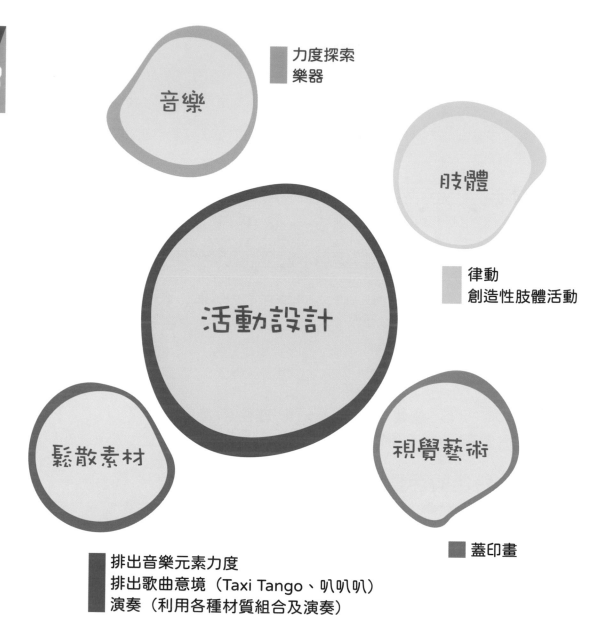

音樂

■ 力度探索
樂器

肢體

■ 律動
■ 創造性肢體活動

活動設計

鬆散素材

視覺藝術

■ 蓋印畫

■ 排出音樂元素力度
■ 排出歌曲意境（Taxi Tango、叭叭叭）
■ 演奏（利用各種材質組合及演奏）

教保活動範例一　Taxi Tango 叭叭叭

▲ 適用年齡：2-6歲

學習指標 ■ 美 -2-2-3 以哼唱、打擊樂器或身體動作反應聽到的旋律或節奏

活動目標 ■ 1. 能用手或手鼓準確拍打出叭叭叭的重音

　　　　　　 2. 能夠跟著音樂做出定點及移位的律動

教學資源 ■ 音樂（01 Taxi Tango）、Taxi Tango 的圖片、每人一個手鼓

● ● ● ● 　**活動步驟與內容**　● ● ● ●

1 **用圖片引起動機**：老師利用 Taxi Tango 圖片引起動機，說明這是一個很沒有耐心的車子，喜歡按喇叭。

「Taxi Tango 最喜歡做什麼？」（按喇叭）

「怎麼按喇叭？」（叭叭叭！）

繪圖者：卓邵仲豪

2 **拍出叭叭叭**：老師持手鼓，邊唱邊走到某位幼兒的前面，請此位幼兒拍打三下，並唱出叭叭叭。直到幼兒熟悉歌詞中的「叭叭叭」。

影1-2

3 **定點律動唱歌，並拍出叭叭叭**：幼兒坐在地上唱歌（雙手做開車狀），聽到「叭叭叭」時雙手做出按喇叭的樣子。

影1-3

4 **移位律動唱歌**：播放音樂邊做動作。依歌詞做移位律動（聽到「Taxi Tango」時開車移動）及定點律動（靜止時做按喇叭狀）。間奏的時候可以任意的移動，做出自己風格的 Taxi Tango。

對年齡較小的幼兒或剛開始進行活動時，只要能反映出「叭叭叭」就好，不需要分移位或定點，但較大的幼兒可循序漸進，漸漸要求做出定點及移位律動。

影1-4

5 **敲手鼓做出叭叭叭：**每人手持一個手鼓，動作與步驟 4 相同，按喇叭狀改為拍手鼓。

影1-5

教保活動範例二　敲敲打打 Taxi Tango

◢ **適用年齡：3-6歲**

學習指標	美 -1-2-2 探索生活環境中各種聲音，察覺其中的差異
	美 -2-2-4 以高低強弱快慢等音樂元素表達感受
	美 -3-1-1 樂於接觸視覺藝術、音樂或戲劇等創作表現，回應個人的感受
活動目標	1. 能利用鬆散素材探索音色並拍出各種聲音
	2. 能隨音樂舞動並正確反應出叭叭叭的力度
	3. 能表達自己所感受到的音樂元素
教學資源	音樂（01 Taxi Tango）、每人一個硬紙盒、鐵盒、樹枝或筷子（鬆散素材）

● ● ● **活動步驟與內容** ● ● ●

1 **複習：**定點及移位複習本單元活動範例一的內容。

2 **紙盒探索叭叭叭：**每位幼兒拿一個紙盒。

2-1 請幼兒探索如何敲出叭叭叭的聲音。

2-2 請幼兒一一分享，當幼兒示範時請其他幼兒一起用同樣的方式拍打紙盒，並且邊伴奏邊一起唱這首曲子。

2-3 提供一些樹枝，請幼兒探索用樹枝敲打聲音有沒有不同。

2-4 同步驟 2-2。

2-5 用手與樹枝拍打，比較哪一個像叭叭叭，並請幼兒分享理由。

可以請家長提供各種鬆散素材，紙箱以材質較硬的較耐打。

3 **定點律動唱歌，並用紙盒拍出叭叭叭**：選定一種演奏方式或用自己喜歡的方式敲出自己想敲的叭叭叭。

4 **移位律動唱歌，並用紙盒拍出叭叭叭**：播放音樂邊做動作。同步驟 3，依歌詞做出定點及移位律動。間奏的時候可以任意移動，做出自己風格的Taxi Tango。

影2-4

5 **鐵盒探索叭叭叭**：每位幼兒拿一個鐵盒。其餘步驟同步驟 2。

影2-5

6 **定點及移位律動，並用鐵盒敲出叭叭叭**：步驟同步驟 3 和 4。

影2-6

7 **利用鐵盒及紙盒做出合奏**：跟幼兒探討，如何把這兩個東西結合起來演奏。在幼兒表達之後，大家一起演奏 Taxi Tango。

影2-7

備註：此活動範例較長，教保員可視幼兒能力及經驗，將此活動範例分二到三次進行。

教保活動範例三　愛變化的 Taxi Tango

◢ 適用年齡：2-6歲

學習指標 美-1-2-2 探索生活環境中各種聲音，察覺其中的差異

美-2-2-3 以哼唱、打擊樂器或身體動作反應聽到的旋律或節奏

美-2-1-1 玩索各種藝術媒介，發揮想像並享受自我表現的樂趣

活動目標 1. 能利用鬆散素材排出 Taxi Tango 的力度並能排出歌曲的圖像

2. 能探索各種鬆散素材，單一或組合起來演奏這首歌曲

3. 會隨音樂舞動並在叭叭叭時做出正確的按喇叭動作

教學資源 音樂（01 Taxi Tango）、每人一些鬆散素材、素色絲巾、每人一個塑膠瓶、紙箱、鐵盒、彈性繩

●　●　●　活動步驟與內容　●　●　●

① **複習**：定點及移位複習 Taxi Tango 這首歌。

② **運用鬆散素材排出叭叭叭**：幼兒利用在校園蒐集的鬆散素材排出叭叭叭。並請幼兒邊唱歌，邊指出自己的叭叭叭。

「我們來想看看，用什麼排出叭叭叭，比較像 Taxi Tango 的喇叭聲？」

提供鬆散素材時，無論是絲巾或是裝鬆散素材的容器都需要注重美感。　　**影3-2**

③ **聆聽音階上行叭叭叭的力度**：請幼兒再聽一次音樂，引導第五、六小節的「叭叭叭」的力度差異性。

「我們來聽看看，中間的叭叭叭，都一樣大聲嗎？」

「有大聲，有小聲，對！但是是越來越大，還是越來越小？」（越來越大）

引導力度漸強的概念。　　**影3-3**

4 **用鬆散素材排出漸強的叭叭叭**：請幼兒利用鬆散素材排出漸強，並請幼兒探索用手怎麼比出三種力度。經過探討後，邊唱歌邊指出來。

「如果這樣是最大聲（比出張開的手掌），怎麼樣會比這個更小聲？最小？」

影3-4

5 **紙箱敲出漸強的聲音**：請幼兒探索怎麼敲出三個力度，並聽音樂做出相對應的力度。

影3-5

6 **鬆散素材的結合伴奏**：利用三種鬆散素材（例如：紙箱、鐵盒、塑膠瓶）敲出三個力度，並聽音樂做出相對應的力度。

老師可能需要用清唱的，否則音樂速度太快，幼兒會來不及對應。

影3-6

7 **用鬆散素材排出 Taxi Tango 的音畫**：請幼兒利用鬆散素材排出 Taxi Tango，形成音畫，並聽音樂指出自己的音畫。

影3-7

8 **用鬆散素材演奏 Taxi Tango**：以一個幼兒的音畫作品為主，一位幼兒負責指揮，其餘幼兒利用步驟 6 的伴奏素材來演出。也可以選一部分的幼兒為律動組。伴奏組可以由四組人來扮演，台上由左到右分別為大聲、小聲、中聲及大聲。

影3-8

9 **用彈性繩表達音樂**：每人握著彈性繩，老師引導可以怎麼表現（例如：晃動、搖動、往上、往下、往內、往外、往旁邊傳），並跟幼兒討論用彈性繩來表現音樂（例如：Taxi Tango、叭叭叭大聲、叭叭叭漸強、間奏）。

教保活動範例四　創意 Taxi Tango

◢ 適用年齡：2-6歲

學習指標 ▌ 身-3-1-1 在創意想像的情境展現個人肢體動作的組合與變化

身-3-1-1 與他人合作展現各種創意姿勢與動作的組合

活動目標 ▌ 1. 利用肢體做出創意 Taxi Tango，並隨音樂舞動

2. 與他人一起組成一個 Taxi Tango，並隨音樂舞動

教學資源 ▌ 音樂（01 Taxi Tango）、每人一些鬆散素材、素色絲巾

● ● ● ● 　活動步驟與內容　● ● ● ●

① **複習**：定點及移位複習 Taxi Tango這首歌。

② **個人做出 Taxi Tango**：引導幼兒利用肢體做出一個有創意的 Taxi Tango，聽音樂表演出來。

③ **兩個人做出 Taxi Tango**：引導兩位幼兒利用肢體做出一個有創意的 Taxi Tango，聽音樂表演出來。

影4-3

④ **群體做出 Taxi Tango**：引導四或六位幼兒利用肢體做出一個有創意的 Taxi Tango，聽音樂表演出來。

影4-4

5 **表演出創意 Taxi Tango**：將幼兒分為律動組及演奏組（可利用鬆散素材當樂器，或使用真實的樂器），邊聽音樂邊表演。

> 備註：創造性肢體活動的引導可以參考教材影音板第二部曲中的「愛跳舞的葉子精靈」，其教學影片中有詳細的引導步驟。

教保活動範例五　Taxi Tango蓋圈圈

◢ **適用年齡：3-6歲**

學習指標 ▎美 -2-2-3 以哼唱、打擊樂器或身體動作反應聽到的旋律或節奏
美 -2-2-1 運用各種視覺藝術素材與工具，進行創作

活動目標 ▎1. 能透過視覺藝術媒材體驗音樂元素的力度
2. 能與他人一起完成一個 Taxi Tango 的蓋畫

教學資源 ▎音樂（01 Taxi Tango）、圖畫紙、蓋印用具及素材、水彩顏料

● ● ● **活動步驟與內容** ● ● ●

1 **複習**：複習 Taxi Tango 這首歌，並引導這首歌的力度特性。

2 **用手敲地板敲出叭叭叭**：聽聽 Taxi Tango 的音樂，聽到「叭叭叭」時握拳敲地板。

3 **個人蓋印出叭叭叭**：提供圖畫紙及蓋印用具及素材，聽到「叭叭叭」時蓋三下。

| 塗上顏料 | 聽到「叭叭叭」蓋三下 | 底色刷濕暈開效果 |

影4-3

4 **用手敲地板敲出小中大**：用手敲地板，在地板反應出三種力度──小（食指點）、中（拳頭）、大（手掌拍）。熟悉之後，邊唱邊做動作。

5 **分組做出三種力度**：三位幼兒一組，每人代表一種力度，隨音樂做出相對的力度。

影4-3

6 **分組作畫**：同步驟5，每位幼兒各拿小中大的蓋印素材（例如：蘆筍、花椰菜、蓮藕），聽著音樂作畫（需反應出音樂的力度）。

備註：較小的幼兒也許可以進行到步驟3。後面的步驟也許在分組活動或學習區較易進行。

延伸活動

可以嘗試各種媒材，例如：各種視覺藝術創作用具，或者蔬果、手掌或蓋印章方式來進行創作。

構圖者：李芯瑜

03
遇上亂流的飛機（律動）

曲：廖美瑩

🎵 樂曲分析

調性：F大調　**難易度**：易到中

風格：飛機優雅飛翔，但有時會有不穩的音樂訊號

🎵 樂曲特色與活動設計重點

聽音：訊號	音樂元素：音值	音樂元素：音高
亂流（一共五處，圓圈處）	每次亂流時間不同（2拍或6拍）	前面低音／後面高音
music＆stop的設計，聽到亂流的訊號停下來做飛機不穩狀。	體驗音值的長與短。	聽出高低音做反應。

教保活動範例一　遇上亂流的飛機

◢ **適用年齡：2-6歲**

學習指標　美-1-2-2 探索生活環境中各種聲音，察覺其中的差異

美-2-2-3 以哼唱、打擊樂器或身體動作反應聽到的旋律或節奏

美-2-2-4 以高低強弱快慢等音樂元素表達感受

活動目標　1. 能覺察優雅的旋律中出現不同的訊號（亂流）

2. 能用肢體展現飛機飛翔及遇到亂流的樣子

3. 能表現出正確的音高及音值

教學資源　音樂（03 遇上亂流的飛機律動）、飛機圖片（或飛機模型）、

三角鐵一個、高低音木魚一個、鐵琴一架

● ● ● 　**活動步驟與內容**　● ● ●

1 **引起動機**：老師利用飛機圖片或模型讓幼兒觀察飛機的外型，引導幼兒做出飛機的樣子。也引導飛機飛行中會遇到亂流，敘述亂流中飛機會不穩定的飛翔。

「飛機長什麼樣子？」

「你可以做出飛機的樣子嗎？」

2 **移位律動體驗亂流（三角鐵）**：老師輕輕敲打三角鐵邊邊，代表飛機飛行的樣子；急促敲打裡面轉角處代表遇到亂流。可以跟幼兒討論怎麼飛行、怎麼表現亂流的樣子。幼兒能做出正確的樣子後就可以展開移位律動。

敲三角鐵的時候要輕（手要放鬆），也需要運用空間才能有良好的音色，詳見影片老師示範。

影1-2

3 **探索亂流音樂（鐵琴）**：讓幼兒探索怎麼用鐵琴表現出亂流的樣子。

4 **移位律動（鐵琴）**：老師敲打鐵琴旋律，代表飛機飛行的樣子，並選一位幼兒來敲亂流。聽到旋律開始飛行，聽到亂流的訊號時在定點做出亂流的樣子。幼兒能做出正確的樣子後就可以展開移位律動。

2.三角鐵當亂流聲	4.鐵琴當亂流聲

影1-4

5 **移位律動（高低音亂流）**：同步驟 2，但加上來回刷高低音木魚當低的亂流（幼兒在低處做出亂流狀）；急促敲三角鐵轉角處代表高的亂流（幼兒在高處做亂流狀）。確定幼兒能判斷高低音亂流後，加上敲打三角鐵邊邊，幼兒開始飛行。

低低的亂流	高高的亂流

影1-5

敲三角鐵時老師的敲擊位置必須在高處，敲高低音木魚時在低處。

6 **律動（音樂）**：提醒幼兒，亂流有可能一次，也有可能兩次，要聽清楚。有時候亂流很快就結束，有時候要很久。之後可以播放音樂展開飛機之旅。

影1-6

備註：教學必須循序漸進，第一次可能只要體驗音值（亂流的長與短），熟悉之後或第二次再進行高低音亂流。

02
飛機飛到哪裡去

詞：廖美瑩

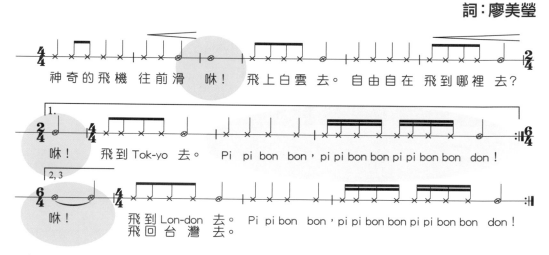

註：pi pi bon bon是作者形容飛機下降的聲音。

🎵 歌曲分析

調性：無調　　**難易度：**易到中
風格：逗趣

🎵 歌曲特色與活動設計重點

主題	音樂元素：音值	音樂元素：節奏
飛機	每次「咻」的時間不同 （2、4或6拍）	聲音及音節的組合 （下降聲）
認識國與國的距離。	體驗音值的長與短。	探索聲響及節奏。

教保活動範例二　飛機飛到哪裡去

◢ 適用年齡：2-6歲

學習指標 ┃ 美 -1-2-2 探索生活環境中各種聲音，察覺其中的差異

美 -2-2-3 以哼唱、打擊樂器或身體動作反應聽到的旋律或節奏

美 -2-2-4 以高低強弱快慢等音樂元素表達感受

活動目標 ┃ 1. 能探索各種樂器敲出飛機下降的配音

2. 能用根據歌詞的意境做出相對應的律動

3. 能表現出正確的音值（咻）

教學資源 ┃ 音樂（02 飛機飛到哪裡去）、紙飛機、三種打擊小樂器、三種

不同音色能敲打的鬆散素材、三國國旗及圖

● ● ● **活動步驟與內容** ● ● ●

① **複習**：複習遇上亂流的飛機，同時請有經驗的幼兒分享飛機下降的情形。

② **聲音覺察（飛機降落）**：放一段音樂，請幼兒仔細聽下降的聲音，並請幼兒唱出來，也設計適合的動作。

③ **演奏樂器（飛機降落）**：與幼兒討論，可以用哪幾種樂器來演奏，例如：棒棒糖鼓、沙鈴、手鼓。

影2-3

④ **利用鬆散素材來演奏（飛機降落）**：與幼兒討論，可以用哪幾種鬆散素材來演奏，例如：鐵罐、自製沙鈴、牛奶罐。

pi pi bon bon	pi pi bon bon	don
棒棒糖鼓	沙鈴	手鼓
鐵罐	自製沙鈴	牛奶罐

3.樂器演奏飛機下降　　4.鬆散素材演奏飛機下降

影2-4

5 **飛機模型示範**：教學者詢問幼兒搭飛機都搭去哪裡，再利用地圖讓幼兒了解台灣到日本及英國的距離。播放音樂，用紙飛機示範律動的方式。

在移位律動之前，要先讓幼兒聽熟音樂後再行動，否則容易亂掉。利用偶來做示範是一個不錯的方法，幼兒可以邊聽音樂邊記憶動作。

影2-5

6 **律動**：請三位幼兒各拿一國的國旗，散開站好；其他幼兒做出自己的飛機飛行動作，隨著音樂做律動。建議動作如下表。

歌詞	神奇的飛機往前滑	啾	飛上白雲去 自由自在飛到哪裡去？
動作	飛機在地上往前滑	45度往上飛	空中飛來飛去

歌詞	啾	飛到Tokyo去	pipibonbon……don
動作	往目的地飛	飛到日本國旗處	準備下降動作

飛機自由飛翔　　飛機降落

影2-6

7 **三或四個人做出一個飛機**：肢體探索三或四個人怎麼做出一架飛機，並嘗試一起移動。之後可以播放音樂一起做律動。

影2-7

04
脚踏車（台語）

詞曲：廖美瑩

跤踏車 翱翱踅，　ki li ka la ki li ka la 翱翱踅。

C

跤踏車 翱翱踅，　ki li ka la ki li ka la 翱翱踅。

F

ki li ka la ki li ka la 鐺鐺！　ki li ka la ki li ka la shiu cha！

註：1.跤踏車＝腳踏車；翱翱踅＝一直繞。
　　2.kilikala是作者形容腳踏車輪子轉動的聲音。
　　3.shiu cha是作者形容腳踏車刹車的聲音。

🎵 歌曲分析

調性：五聲音階　**音域**：8度　**難易度**：易到中
風格：逗趣感

🎵 歌曲特色與活動設計重點

語言	前奏	音樂元素：節奏
台語	頑固伴奏	聲響（譜中所圈選的腳踏車各種聲音）
學習台語歌曲。	體驗音值的長與短。	探索聲響及節奏。

教保活動範例一　開心腳踏車

適用年齡：3-6歲

學習指標　語 -1-3-1 知道生活中有各種不同的語言

美 -1-2-2 探索生活環境中各種聲音，察覺其中的差異

美 -2-2-1 享受玩索各種藝術媒介的樂趣

活動目標　1. 能用台語唸唱這首歌

2. 能利用樂器或鬆散素材表現各種音效

3. 能樂在律動遊戲中

教學資源　音樂（04 腳踏車台語）、腳踏車的音畫、樂器（手鼓、三角鐵及蛋沙鈴若干；碰鐘、鈴鼓及響棒一對）、鬆散素材（例如：鐵罐、盒子、樹枝）

● ● ● 活動步驟與內容 ● ● ●

1 **用聲音引起動機**：老師利用口技模仿腳踏車鈴聲，讓幼兒猜是什麼聲音。

「猜看看這是什麼車子發出的聲音？」

「你們知道腳踏車的台語怎麼說？」

影1-1

2 **以故事的方式導出前奏**：老師利用圖片導出腳踏車的前奏的說白節奏。

「這是什麼？」（腳踏車）

「腳踏車每天開心的一直轉，叫『翩翩踅』。」（一直繞）

「他實在太老了，所以騎起來有聲音，你們覺得他的聲音是？」

影1-2

3 **前奏合奏**：幼兒分為三組，提供三種樂器，問幼兒什麼樂器的聲音像 kilikala？什麼像翩翩踅？什麼像腳踏車？幼兒邊練說白節奏邊演奏。

跤踏車 翔翔趒， ki li ka la ki li ka la 翔翔趒。

影1-3

④ 尋找鐺鐺的聲音：提供幾種小樂器（例如：碰鐘、鈴鼓、響棒）或鬆
散素材（例如：鐵罐、盒子、樹枝），讓幼兒跟腳踏車的鈴鐺配對。

影1-4

⑤ 歌曲教唱：邊唱邊比動作（做出騎腳踏車的樣子）。

⑥ 律動遊戲：幼兒散開坐著，老師示範怎麼騎腳踏車，下車把碰鐘或鬆
散素材鈴鐺交給下一位，繼續前進，找到下一位。遊戲參考如下表。

歌詞	前奏	跤踏車翔翔趒 kilikala kilikala 翔翔趒	鐺鐺
動作	原地騎腳踏車狀	開始騎腳踏	用碰鐘敲擊

歌詞	kilikala kilikala	shiu cha	結束
動作	騎腳踏車	下車狀（須找到下一位）	碰鐘交給下一位

影1-6

06 有趣的火車（律動）

曲：廖美瑩

前奏／間奏

主要樂段

G

G　　　　　　　　C　　　　　訊號：汽笛聲

註：重複三次，速度一次比一次快。

尾奏

樂曲分析

前奏（快速度的預備拍）➡ 主要樂段（快速度火車）➡ 間奏（中等速度的預備拍）➡ 主要樂段（中等速度火車）➡ 間奏（慢速度的預備拍）➡ 主要樂段（慢速度火車）➡ 尾奏（漸慢下來）

調性：C大調　**難易度：**易到中

樂曲特色與活動設計重點

音樂元素：速度	聽音：訊號
三次速度不同：慢到快／最後漸慢	汽笛聲
三種速度代表三種不同速度的火車。	做一個不同的動作，例如：轉個方向。

教保活動範例一　有趣的火車

▬ 適用年齡：3-6歲

學習指標 ▮ 美 -2-2-3 以哼唱、打擊樂器或身體動作反應聽到的旋律或節奏
美 -2-2-4 以高低強弱快慢等音樂元素表達感受
美 -2-2-1 享受玩索各種藝術媒介的樂趣

活動目標 ▮ 1. 能覺察三種速度並做相對應的動作
2. 聽到訊號能做相對應的動作
3. 能與別人做出創意火車並樂在遊戲

教學資源 ▮ 音樂（06 有趣的火車律動、34-36 分段音樂）、火車玩具、每
人一個小火車的道具、自製沙鈴一對、辣齒一個、汽笛一個

● ● ● **活動步驟與內容** ● ● ●

1 **用聲音引起動機**：教學者利用口技模仿火車行駛的聲音，讓幼兒猜是
什麼聲音，並引導到各種火車的速度。
「猜看看這是什麼車子發出的聲音？」
「你們有沒有搭過火車？」
「有坐過慢慢的火車？快快的火車？」（可拿出火車的玩具示意動作）

2 **火車律動**：教學者引導各種開火車的樣子。
2-1 幼兒隨著教學者開老火車
「老火車怎麼開？」
2-2 播放老火車音樂片段，隨著音樂的速度開火車。
2-3 接續開區間車及自強號，同步驟 2-1 及 2-2。
2-4 引導尾奏漸慢，速度漸漸變慢，到站的意思。
教學者必須引導律動中速度與空間的關係，例如：速度慢身體的肢體動作要大，腳
步要大，如此才能表現出美妙的律動。

3 **火車律動（嘟嘟轉彎）**：幼兒聽到辣齒聲做出火車移動的樣子，速度
有些時候快，有些時候慢。聽到教學者吹汽笛聲，就必須轉彎。
可以跟幼兒討論，聽到訊號還可以怎麼做，例如：跳起來。
影1-3

4 **火車律動**：播放整首音樂，做出火車的律動。

| 3.聽到辣齒聲做出火車移動的樣子 | 3.聽到汽笛聲轉彎 | 4.火車律動 |

影1-4

⑤ 火車遊戲一：教學者選擇一或兩輛火車玩具後，站著，其餘幼兒當火車站坐著。聽到音樂火車出發，到站的時候要找到一個車站坐下來，把火車旗子交給另外一個人，這個人繼續往前。

| 火車到站交給下一位 | 下一位繼續找下一站 |

影1-5

⑥ 火車遊戲二：同步驟5，但把火車旗子改成鬆散素材做的樂器（寶特瓶裡面裝豆子）。

⑦ 創意的火車律動：幼兒做一列火車，老師引導動作，讓幼兒模仿。熟悉模式之後，可以選一位幼兒來引導，想想還有什麼創意火車移動的方式。

| 創意的火車：教學者帶領 | 創意的火車：幼兒帶領 |

影1-7

⑧ 兩列火車：幼兒做出兩列甚至更多列的火車移動。

火車遊戲進行時不建議搭肩，因為速度快時幼兒容易跌倒。

影1-8

05
火車跑小鳥追

詞曲：廖美瑩

歌曲分析

調性：D大調　**音域：**8度　**難易度：**中到難

風格：逗趣感

歌曲特色與活動設計重點

歌詞	音樂元素：節奏
火車、小鳥	火車1拍，小鳥2拍
這兩個詞的對位關係。	合奏或律動。

備註：提供火車跑小鳥追的純音樂版，師生可以創作另外兩種對位關係。

教保活動範例二　火車跑小鳥追

■ 適用年齡：4-6歲

學習指標　美 -2-2-3 以哼唱、打擊樂器或身體動作反應聽到的旋律或節奏

美 -3-1-1 樂於接觸視覺藝術、音樂或戲劇等創作表現，回應個人的感受

活動目標　1. 能夠分辨火車與小鳥的音樂，並做相對應的律動

2. 能夠進行樂器合奏與角色扮演，並能回應個人的感受

教學資源　音樂（05 火車跑小鳥追）、火車旗子、絲巾（當鳥的翅膀）、響棒及手搖鈴若干

● ● ●　活動步驟與內容　● ● ●

1 **逗趣問答引起動機**：教學者問幼兒，火車跟小鳥比賽，誰會贏？

2 **小手對位律動**：教學者先示範左手握拳當火車，右手手掌打開當小鳥，之後請幼兒聽音樂跟著一起練習。音樂有兩種音色，聽到是火車的音樂火車才可以動，接著小鳥音樂，小鳥就跟過去。最後兩個沒輸沒贏抱在一起（歌詞：「玩遊戲」）。

影2-2

3 **移位律動對位（兩人一組）**：教學者當火車，選一位幼兒當小鳥，做肢體律動的對位。換句話說，聽到自己的音樂才可以動，最後兩個人 give me five。

2.左手火車／右手小鳥　　3.老師當火車／幼兒當小鳥　　3.最後一句互相擊掌

影2-3

4 **樂器演奏**：幼兒分為兩組，一為火車（響棒）聽到火車的歌詞敲響棒，另一組為小鳥（手搖鈴）聽到小鳥的歌詞搖動手搖鈴。最後歌詞（「玩遊戲」）兩個樂器一起演奏。

5 **樂器演奏與角色扮演**：幼兒分兩大組，整合步驟3與4。幼兒可以輪流當火車與小鳥。

影2-5

6 **回應**：幼兒可以分享自己當火車或小鳥的感受，或當樂手的感覺。

教保活動範例三　火車和小鳥玩節奏遊戲

◢**適用年齡：5-6歲**

學習指標 | 美-2-2-3 以哼唱、打擊樂器或身體動作反應聽到的旋律或節奏
美-2-2-4 以高低強弱快慢等音樂元素表達感受

活動目標 | 1.能夠走出正確的火車及小鳥節奏
2.能夠進行二部合唱及律動

教學資源 | 四分音符（1拍）及二分音符（2拍）節奏卡若干、手鼓及手搖鈴各一個

●　●　●　**活動步驟與內容**　●　●　●

1 **複習歌曲**：複習火車跑小鳥追的歌。

2 **火車節奏**：教學者敲著手鼓，唸「火車快跑，火車快跑」（拍左右大腿）。熟悉之後，可以請幼兒起立，邊走路邊唸著節奏（有節奏感的走路）。

火　車　快　跑　火　車　快　跑

小　　鳥　　飛　　飛

影3-2

3 小鳥節奏：教學者搖動手搖鈴，唸「小—鳥—飛—飛—」（拍手往外畫圓）。可以請幼兒起立，邊走路邊唸著節奏（腳柔和大步走）。

2.火車節奏　　　　　　　　3.小鳥節奏

影3-3

4 聽音與肢體回應：幼兒分成兩組，一組為火車，一組為小鳥。聽老師的樂器，手鼓就代表火車必須要移動並唸節奏；手搖鈴則代表小鳥必須優雅的舞動並唸節奏。

影3-4

5 引導火車（1拍）的音符：老師先解釋火車的音符為四分音符，接著敲手鼓，請拿四分音符的幼兒隨著節奏走動並唸著節奏。

火　車　快　跑　火　車　快　跑

影3-5

6 引導小鳥（2拍）的音符：老師先解釋小鳥的音符為二分音符，接著搖手搖鈴，請拿二分音符的幼兒隨著節奏舞動並唸著節奏。

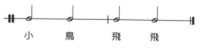

小　　鳥　　飛　　飛

影3-6

7 聽音與肢體回應（音符）：幼兒分成兩組，一組為火車（拿四分音符），一組為小鳥（拿二分音符）。聽老師的樂器，手鼓就代表火車必須要移動並唸節奏；手搖鈴則代表小鳥必須優雅的移動並唸節奏。若有兩位老師同時各拿一種樂器，可以有時候四分音符，有時候二分

音符，有時候兩個同時演奏。也可以請節奏較穩定的幼兒擔任樂器伴奏。

影3-7

左邊為2拍（手搖鈴）：小鳥
右邊為1拍（手鼓）：火車

上方為四分音符（1拍）
下方為二分音符（2拍）

備註：這個教案比較難，對於節奏較能掌握的教保人員，這是一個蠻有挑戰而且可
以嘗試的教案。

07 挖土機——齊唱

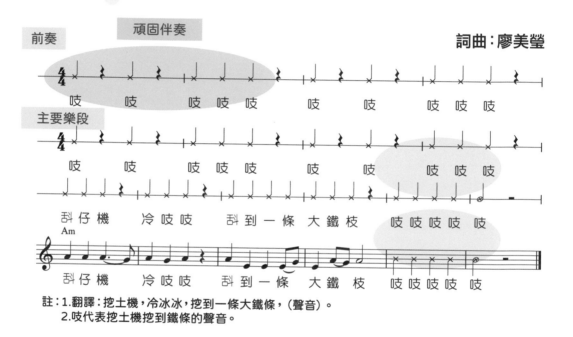

前奏　頑固伴奏

詞曲：廖美瑩

主要樂段

吱　吱　吱吱吱　吱　吱　吱吱吱

刮仔機　冷吱吱　刮到一條　大鐵枝　吱吱吱吱吱
刮仔機　冷吱吱　刮到一條　大鐵枝　吱吱吱吱吱

註：1. 翻譯：挖土機，冷冰冰，挖到一條大鐵條，（聲音）。
　　2. 吱代表挖土機挖到鐵條的聲音。

♫ 歌曲分析

調性：五聲音階　**音域**：4度　**難易度**：易到中
風格：逗趣感

♫ 歌曲特色與活動設計重點

語言	前奏	歌詞	編曲
台語	頑固伴奏	最後「吱吱吱吱吱」	最後尾音下降音階
學習台語歌曲。	說白節奏。	挖土機挖鐵條的聲音。	聽音訓練。

教保活動範例一　有趣的挖土機

◢ 適用年齡：2-6歲

學習指標 ▌ 美 -2-2-3 以哼唱、打擊樂器或身體動作反應聽到的旋律或節奏

身 -3-1-1 在創意想像的情境展現個人肢體動作的組合與變化

活動目標 ▌ 1. 能唱出穩定的頑固伴奏

2. 能邊唱歌邊做出相對應的律動

3. 能與他人透過肢體組合做出創意的挖土機

教學資源 ▌ 音樂（07 挖土機齊唱）、挖土機玩具模型或圖片

● ● ● ● **活動步驟與內容** ● ● ●

1 **引起動機**：提供挖土機玩具或圖片，讓幼兒觀察挖土機的構造，並且
討論其功能性及如何運作。

「你們知道這是什麼？」（挖土機）（導出挖土機的台語）

「在哪邊可以看到它？」

「怎麼動呢？」

「怎麼挖東西？」

這首歌有很多描述外型跟移動的細節，最好提供會動的挖土機，如此幼兒在律動的
表現會較佳。

影1-1

2 **頑固伴奏**：引導幼兒唱出頑固伴奏 $\frac{4}{4}$ ♩ ♩ ♩♩♩ 。
　　　　　　　　　　　　　　　　　　吱　吱　吱吱吱

3 **說白節奏＋頑固伴奏**：等幼兒頑固伴奏穩定之後，教學者唸說白節
奏，形成合唱。熟悉之後可以請一半幼兒唸說白節奏，一半幼兒繼續
唱頑固伴奏。

4 **歌唱＋頑固伴奏**：引導幼兒唱出 La的音高，唱步驟 2的頑固伴奏。

熟悉之後加上歌唱，步驟同步驟 3。

5 **創造性肢體活動**：引導創造性肢體活動。

5-1 用身體做出一個挖土機。〔教學者要接近幼兒（問想做評原則參照第三章）〕

5-2「挖土機可以怎麼移動？」（往前往後）

5-3「怎麼挖東西？」（強調手部運轉）

5-4「數看看挖幾下？」（最後五個音）

5-5「最後怎麼把鐵條放掉？」（最後一個音及間奏）

5-6 帶領律動，建議如下表。

歌詞	前奏	斜仔機冷吱吱斜到一條大鐵	枝	吱吱吱吱	吱
動作	定點準備	移位律動	停	挖四下	挖起來放下

每個人做不同造型的挖土機　　開始挖　　影1-5

6 **移位律動（群體）**：可以兩人以上做一台創意的挖土機，播放音樂做律動。

兩人挖土機（行進）　　兩人挖土機（挖）

三人挖土機　　六人挖土機　　影1-6

備註：此教案參考廖美瑩（2018）科技部實務專題計畫中蕭利倩老師的律動設計。

教保活動範例二　挖土機演奏會

◢ 適用年齡：2-6歲

學習指標 ▎美 -2-2-3 以哼唱、打擊樂器或身體動作模仿／反應聽到的旋律
　　　　　　　或節奏
　　　　　美 -2-1-1 玩索各種藝術媒介，發揮想像並享受自我表現的樂趣

活動目標 ▎1. 左右手能交替的敲打音磚
　　　　　2. 能享受與他人合奏的樂趣

教學資源 ▎音樂（07 挖土機齊唱）、EA 音磚、三角鐵、氣球傘、小的打
　　　　　擊樂器若干

● ● ● ● 　活動步驟與內容　● ● ● ●

1 **複習歌曲**：複習挖土機的歌曲。

2 **EA音磚伴奏（一起）**：教學者敲打木琴EA音磚，請幼兒一邊用食指
輕拍膝蓋，一邊唱歌。也可以請幼兒來敲奏。

3 **EA音磚伴奏（分開）**：請兩位幼兒敲音磚，各一邊敲打 E 與 A 音，一
邊唱歌。

4 **挖土聲音探索**：提供三種打擊樂器，讓幼兒探索什麼樂器適合挖土機
挖鐵條的聲音，例如：三角鐵。

5 **樂器合奏**：幼兒分成三組（E音磚、A音磚及三角鐵），邊聽音樂邊
演奏。演奏建議如下表。

歌詞	前奏+主要樂段	吱吱吱吱	吱
照片			
動作	E與A音磚2 拍敲一次（敲打固定節奏）	敲三角鐵邊敲四次	輕輕急促敲三角鐵內側

影2-5

6 **合奏與律動**：幼兒分為合奏組（如步驟5）及律動組（如本單元活動範例一），進行合奏與律動。

7 **氣球傘的樂器演奏**：將氣球傘攤放在地上，每個格子擺放不同材質的打擊樂器。聽到音樂，身體做出挖土機移動的樣子，動作建議如下表。

歌詞	斡仔機、冷吱吱	斡到一條大鐵枝	吱吱吱吱吱	尾奏
動作	繞著氣球傘外圍走	挖土機往下拿面前的樂器	敲五下	把樂器放下

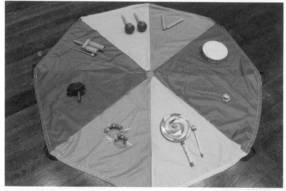

聽到音樂做自己的挖土機繞著圓圈走

聽到「大鐵枝」，拿前面的樂器敲打

這個遊戲有極大的挑戰性，因為移動的間距要盡量相同，停的時候才能避免擠在同一格。

影2-7

備註：此教案參考廖美瑩（2018）科技部實務專題計畫中蕭利倩老師的律動設計。

08 挖土機——輪唱

詞曲：廖美瑩

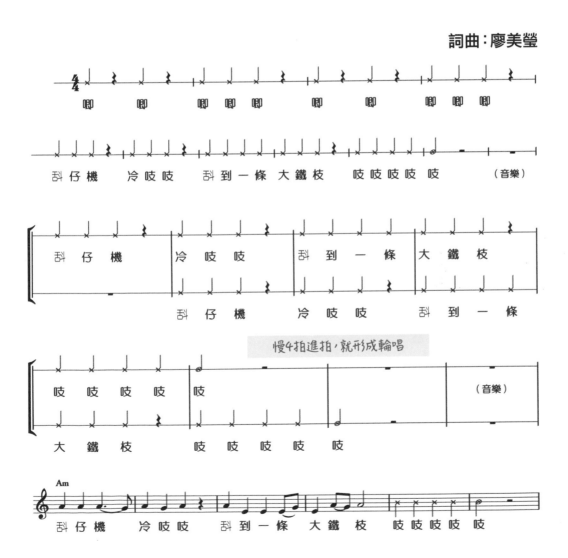

慢4拍進拍，就形成輪唱

斜仔機　冷吱吱　斜到一條　大鐵枝　吱吱　吱吱　吱

斜仔機　冷吱吱　斜到一條　大鐵枝　吱吱吱吱　吱

教保活動範例三　律音管演奏

適用年齡：4-6歲

學習指標 美 -2-2-3 以哼唱、打擊樂器或身體動作反應聽到的旋律或節奏

美 -2-2-4 以高低強弱快慢等音樂元素表達感受

美 -3-1-1 樂於接觸視覺藝術、音樂或戲劇等創作表現，回應
　　　　　個人的感受

活動目標 1. 能利用律音管演奏出穩定的頑固伴奏並進行律動

2. 能唸、唱挖土機的二部輪唱

3. 能體驗及欣賞輪唱的美

教學資源 音樂（07 挖土機齊唱、08 挖土機輪唱）、EA 律音管、挖土機
音畫

活動步驟與內容

1 **複習歌曲：**複習挖土機歌曲。

2 **律音管探索：**幼兒各拿 E 或 A 律音管。教學者引導幼兒律音管可以
如何發出聲音（探索敲打身體部位或地板），請幼兒邊走邊敲一個部
位，教學者說「變」，幼兒就必須變化敲打的部位。

3 **練習：**先行練習曲中的各個樂段打法。

3-1 頑固伴奏：邊一起敲固定的節奏，邊唱挖土機。

吱　　吱　　吱吱吱

3-2 吱吱吱吱吱：前四個吱各拍一下，最後一個吱拍很多下。

3-3 放下：最後將律音管輕輕、慢慢的放在地上。

4 **伴奏示範**：教學者示範演奏方式，建議如下表。

歌詞	前奏	主要樂段	吱吱吱吱吱	尾奏
動作	固定節奏	固定節奏	拍打五下，最後一下快速拍	把律音管放在地上
律動	停	走動	停	停

前奏：頑固伴奏　　主要樂段：移位律動　　尾奏：放地上

影3-4

5 **演奏與律動**：大家一起演奏及律動（如步驟4說明）。

影3-5

6 **齊唱律動**：透過圖片讓幼兒把歌詞跟圖片連結在一起增強記憶，也能穩定節拍，做輪唱的準備。

斜仔機　冷吱吱　斜到一條　大鐵枝　吱吱吱吱　吱　（放下）

影3-6

7 **體驗輪唱**：幼兒先把歌曲唱熟之後，老師慢4拍之後唱。也介紹輪唱的原理，可以把幼兒分成兩組，一組先唱一組後唱體驗輪唱。

老師可以以火車的行進來描述，兩輛火車速度都一樣，要從台北開到高雄，第一輛先走，開到板橋的時候，第二輛接著開。第一輛先到高雄，之後第二輛也到高雄了。

8 **輪唱律動**：地上擺著節奏音畫，由兩位教學者示範，幼兒負責二部合唱。熟悉之後可以請節奏較穩的幼兒來試看看。

影3-8

9 **回應與賞析**：請幼兒欣賞齊唱及輪唱，並表達其中的差異性，以及回應兩種不同唱法的經驗。

09 小木船

詞曲：廖美瑩

A 靜靜的 小 河 輕輕 歌 唱， 靜靜的 小 船 慢慢的 合。

靜靜的 小 河 慢慢的 流， 靜靜的 小 船 睡 著 了。

B 搖啊搖， 搖啊搖， 月光 星星 陪伴你， 小 木 船，

小 木 船， 跟 著 大地 say good night， say good night。

🎵 歌曲分析

調性：F大調　**音域**：9度　**難易度**：易到中
風格：寧靜感

🎵 歌曲特色與活動設計重點

曲式	音樂元素：節奏
AB	火車1拍，小鳥2拍
A段寧靜、B段有點小動態，可以設計兩段不同的律動或舞蹈。	體驗搖擺的感覺。

教保活動範例一　安靜的小木船

適用年齡：3-6歲

學習指標
- 美-2-2-3 以哼唱、打擊樂器或身體動作反應聽到的旋律或節奏
- 美-3-2-2 欣賞音樂創作，描述個人體驗到的特色

活動目標
1. 能夠跟著音樂做出定點及移位的律動
2. 能穩定的移動
3. 能欣賞 3 拍子音樂的美並分享其感受

教學資源 音樂（09 小木船）、沙包、指鈸、藍色布條、小船、手鼓、鬆散素材

● ● ● 活動步驟與內容 ● ● ●

1 音樂欣賞： 教學者播放音樂，請大家隨著音樂左右搖擺，靜靜的欣賞。歌曲完畢詢問以下問題，並請幼兒分享。

「這首歌裡有什麼樣的船？」（小木船）

「你覺得這首歌是白天還是晚上？為什麼？」

「這一首歌給你什麼樣的感覺？」

聆聽音樂時，也許可以將燈關掉或點著蠟燭，情境會更優美。

2 沙包小船： 每位幼兒頭上放著沙包，並跟幼兒討論怎麼樣走動沙包才不會掉下來（例如：手要張開、不要彎腰、要安靜走）。請幼兒張開雙手當船，前奏：原地輕輕動；A：到處搖動；B：原地轉圈圈。

教學者也可以規劃路線，例如：繞著圓圈走，或走曲線。

影1-2

3 小船與河： 可以拿任何像船的物品當小船（例如：松果、板擦），藍色布條當小河。小船與小河隨著音樂搖晃。

教學者也可以事先請幼兒摺紙做出自己的小船。兩個人拉小絲巾當河，一人當船，聽音樂搖擺。

| 2.沙包小船 | 3.小船與河 |

影1-3

4 **傳指鈸**：每位幼兒拿一個指鈸當船，只有一位幼兒可以行走，隨著音樂舞動，可以任意決定何時換下一位幼兒，碰他的指鈸後停下來，換這位幼兒繼續前進。

教學者需要引導輕輕的敲指鈸，表示安靜的小船，否則通常幼兒會敲得很大聲。力度的拿捏需要練習。

影1-4

5 **鬆散素材做小船**：提供一些鬆散素材，每位幼兒一個手鼓或一個物品，在上面排出心中的小船。

| 4.傳指鈸 | 5.鬆散素材做小船 |

6 **傳手鼓船**：教學者拿一個手鼓船，以接力的方式傳給下一位幼兒。

影1-6

7 **手鼓鬆散素材裝飾成船（律動）**：每位幼兒可以拿自己的手鼓船，如步驟2移動。

| 6.傳手鼓船 | 7.鬆散素材之小船律動 |

● 教學者須引導幼兒船有時可以高，有時可以低。

● 這個教案可以訓練幼兒的專注力及靜心。

影1-7

14
交通工具

教保活動範例二　愛跳舞的小木船

適用年齡：2-6歲

學習指標　美-2-2-3 以哼唱、打擊樂器或身體動作反應聽到的旋律或節奏

　　　　　　美-3-2-2 欣賞音樂創作，描述個人體驗到的特色

活動目標　1. 能察覺主旋律為人聲及樂器

　　　　　　2. 利用彩帶進行舞蹈動作探索

　　　　　　3. 能聽著音樂與大家一起跳美妙的舞

教學資源　音樂（10 小木船純音樂）、彩帶、舞蹈服

活動步驟與內容

1 **音樂欣賞與覺察**：讓幼兒聆賞音樂，隨音樂搖擺並問以下問題。

「這首歌聽起來跟上一次有什麼不同？」（這次沒有唱歌）

「你有沒有聽到什麼樂器的聲音？」（鐵琴）

2 **彩帶探索**：每位幼兒拿著自製的彩帶，進行探索，看看可以怎麼揮動。

3 **彩帶舞**：跟幼兒研究前奏、A 段及 B 段各要用什麼樣的舞動方式。

彩帶的製作很簡單，只要把皺紋紙貼在竹筷子上就可以了。但注意彩帶的長度要適合幼兒揮動。彩帶要黏緊一點，否則很容易就會脫落。也可以試看看用雪紡紗布條的效果。

影2-3

4 **舞蹈（著裝）**：設計簡單的舞步，圍個圈圈跳舞，例如：

樂段	前奏	A段
起點	0"	08"

照片	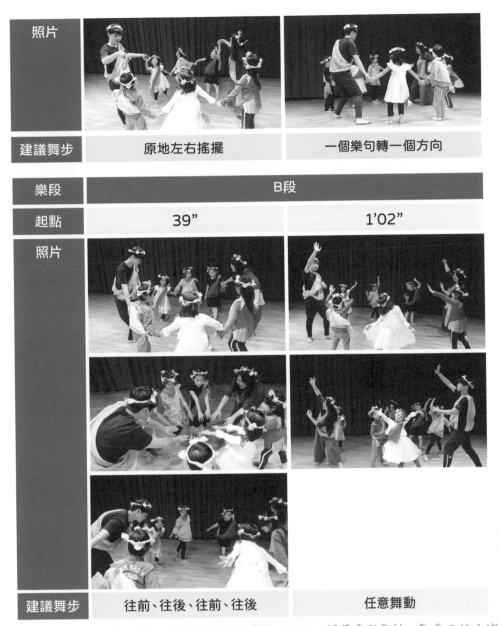	
建議舞步	原地左右搖擺	一個樂句轉一個方向

樂段	B段	
起點	39"	1'02"
照片		
建議舞步	往前、往後、往前、往後	任意舞動

若幼兒沒有舞蹈的經驗，可能需要先訓練聽 3 拍子，隨著音樂舞動，熟悉 3 拍子的感覺再引導至舞蹈形式。

影2-4

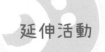
延伸活動

1. 可以利用音樂區讓幼兒自行編舞。
2. 讓幼兒編織花圈。

11
幽默曲（古典樂）

曲：德佛札克

🎵 樂曲分析

調性：G大調／g小調　　**難易度**：易到中
風格：ABACAB曲式

A	B	C
輕快的附點八分音符	較為優美的旋律	轉為小調力度加重

🎵 樂曲特色與活動設計重點

曲式	樂句
A、B、C三個不同風格樂段	A段長樂句
依主題設計適合的律動。	設計樂句體驗的活動。

教保活動範例一　騎馬去

◢ **適用年齡：2-6歲**

學習指標　美 -1-2-2 探索生活環境中各種聲音，感受其中的差異

　　　　　　美 -2-2-3 以哼唱、打擊樂器或身體動作反應聽到的旋律或節奏

　　　　　　美 -2-2-4 以高低強弱快慢等音樂元素表達感受

活動目標　1. 能敲出附點的節奏並做出騎馬的動作

　　　　　　2. 能夠了解樂句始末，並在樂句結束時將馬偶傳給下一位幼兒

　　　　　　3. 能與別人合作完成一匹馬，並一起隨著音樂移動

教學資源　音樂（37 幽默曲 A 段）、每人一個棒棒糖鼓、馬偶兩個、每四位幼兒一個馬鞍

● ● ●　**活動步驟與內容**　● ● ●

1 **引起動機（騎馬聲音）：** 請幼兒閉上眼睛，教學者在木桌上或木地板上敲打出附點八分音符的節奏，並請幼兒猜看看是什麼動物跑步的聲音，最後導出馬。

允許各種不同的答案，請回答的幼兒站起來走看看，像不像自己想的動物。

影1-1

2 **用棒棒糖鼓敲拍子：** 請幼兒跟著教學者一起用手敲出附點十六分音符的節奏。一共敲 十二次（一個樂句），樂句開始喊「喳」，結束喊「ㄅㄟ」（做拉馬鞍休息的動作）。練習幾次以後，播放幽默曲的 A 段，用棒棒糖鼓敲打拍子。

可以請幼兒唸1 12 23 3……9 910 10 1 12 2 ㄅㄟ。

敲打拍子

樂句結束棒子拿起說「ㄅㄟ」

影1-2

3 **騎馬練習**：附點的律動練習。

　　3-1 幼兒站成一排一排，由第一排的幼兒先出發跳到對面（練習騎馬的動作），再
　　　　跳回來。其他排的幼兒依序進行。

　　3-2 熟悉之後可以跟在教學者後面騎馬，樂句結束做拉馬鞍狀。

　　3-3 加上棒棒糖鼓，同步驟 3-2。

| 3-2練習騎馬 | 3-3邊騎馬邊敲棒棒糖鼓 | 3-3樂句結束做拉馬鞍狀 |

可以請幼兒唸 1 12 23 3……9 910 10 1 12 2 ㄅㄟ。

影1-3

4 **樂句傳遞**：請幼兒散開（如果人數太多，請分批），要有些空間可以
穿梭。請兩個人各拿一個馬偶，樂句開始喊「喳」，結束喊「ㄅㄟ」
（做拉馬鞍休息的動作），把馬偶拿給下兩位幼兒，再繼續出發。

影1-4

務必要有足夠的空間讓幼兒自由奔跑。樂句的傳遞是時間管理的練習。

5 **騎馬律動**：幼兒站在教學者的後面成一列，一群馬一起出發。換樂句
的時候可以換另一個方向。

老師可以走不同的路線，例如：直線、曲線或 S 形，讓幼兒體驗不同的行進方式。

影1-5

6 **小組騎馬律動**：四位幼兒一組當一匹馬，一起騎馬。

影1-6

如果沒有做好的馬鞍，可以用繩子來代替，也可以讓幼兒小組創作一匹馬。

教保活動範例二　騎馬去旅行

◢ 適用年齡：2-6歲

學習指標	美 -2-2-3 以哼唱、打擊樂器或身體動作反應聽到的旋律或節奏
	美 -3-2-2 欣賞音樂創作，描述個人體驗到的特色
	美 -2-2-5 運用動作、玩物或口語，進行扮演
活動目標	1. 能欣賞幽默曲並了解其曲式
	2. 能透過同儕討論，分組扮演馬、魚及大象
	3. 能透過燈光的方式來演出燈光劇，進行角色扮演
教學資源	音樂（11 幽默曲古典樂）、襪子若干雙、藍色大布條、背景畫：
	三幅情境畫、各種顏色的手指 LED 燈若干、馬偶、絲巾若干

● ● ●　活動步驟與內容　● ● ●

1　複習騎馬：複習幽默曲的 A 段律動。

2　小馬的旅行故事：老師利用音畫說明小馬去旅行的故事，他跟他的好朋友去旅行（A），在河邊休息喝水的時候看到魚很悠閒的在游泳（B），打了一聲招呼以後，小馬便繼續往前走（A），累了在樹林裡休息，看到大象們優雅的在跳舞（C），打一聲招呼後，又繼續往前走（A），看到了另一群漂亮的魚也在游泳（B），小馬們跟著在旁邊休息最後進入夢鄉，結束了今天的旅行。

3　故事回顧：老師可以詢問幼兒，小馬先到河邊，看到了什麼（幼魚），走著走著又看到了什麼（大象），最後看到了什麼（魚）。

4　魚的定點律動：老師先用襪子偶示範魚在游動之後，發給每位幼兒一個襪子，幼兒隨著幽默曲的 B 段，開始游動。
可以請幼兒帶一雙乾淨襪子來。

5　魚的移位律動：發給每位幼兒一個絲巾，請幼兒利用絲巾做出一個漂亮的魚。由兩位幼兒拉起藍色大布條當水波，魚兒要在水裡面游泳。

幼兒隨著幽默曲的B段，開始游動。

音樂結束時可以做一個漂亮的 ending pose。

6 **大象的移位律動：** 詢問幼兒，怎麼用身體做出一隻大象、怎麼跳舞。
之後幼兒隨著幽默曲的C段，開始舞動。

強調音樂聽起來是重重的。

7 **小馬的旅行律動劇：** 幼兒可分為三組（小馬、魚及大象組），各分配
在不同的角落，聽到自己的音樂就開始進行角色扮演及舞動。

| A | B | C |

影2-7

8 **手指LED燈探索：** 步驟見第二部曲的「林中杜鵑」。老師請幼兒玩
看看，怎麼利用燈做出小馬、怎麼動，然後播放幽默曲A段。之後
依序探索B段及C段。

9 **小馬的燈光劇：** 請一組的小朋友先上台玩。在三個背景後操作手指
LED燈。聽到音樂就開始進行角色扮演及舞動。

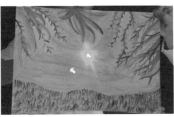

| A：小馬走動 | B：小魚游動 | C：大象跳舞 |

影2-9

教保活動範例三　陸海空交通工具

適用年齡：2-6歲

學習指標 ┃ 美 -2-2-3 運用哼唱、打擊樂器或身體動作進行創作

美 -2-2-5 運用動作、玩物或口語，進行扮演

活動目標 ┃ 1.能利用幽默曲的曲式特性想像各種主題律動

2.能根據主題設計，進行各種角色扮演

教學資源 ┃ 音樂（11 幽默曲古典樂）、火車旗子

● ● ● 活動步驟與內容 ● ● ●

1 **複習**：複習本單元活動範例二的幽默曲律動，並複習三個樂段，加強各個樂段的風格。

2 **A、B、C段肢體聯想**：將幼兒分成 三組，播放 A、B、C樂段，請幼兒分組討論這個音樂像交通工具裡的什麼，並請幼兒做出各種交通工具的樣子，之後隨著音樂舞動。

3 **律動劇**：幼兒分成三組，分別代表音樂的 A、B、C三個段落。聽到自己的音樂便做出相對應的律動。可以輪流當各個段落。

A：火車　　　B：飛機　　　C：船

影3-3

470

延伸活動　請幼兒想想看有沒有可能延伸到其他主題，例如：風、遊樂設施（A段旋轉木馬；B段海盜船；C段小飛象）。

A：跳躍的微風　　B：優美的微風　　C：強風

影 延伸1

A：旋轉木馬　　B：海盜船　　C：小飛象

影 延伸2

交通工具

第三部曲 豐富生活

○ 交通工具

● 公園

○ 節日

 第三部曲

豐富生活

⑮ 公 園

 音樂曲目

	探索	覺察	表現	創作	回應	賞析

12
溜滑梯

詞曲：廖美瑩

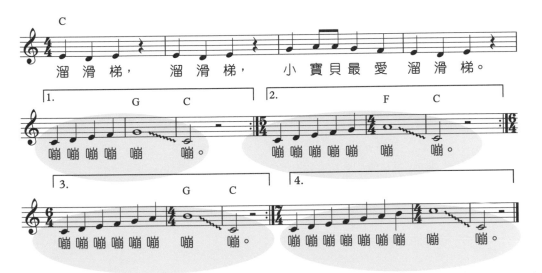

溜 滑 梯， 溜 滑 梯， 小 寶 貝 最 愛 溜 滑 梯。

1. 嘣 嘣 嘣 嘣 嘣 嘣。

2. 嘣 嘣 嘣 嘣 嘣 嘣 嘣。

3. 嘣 嘣 嘣 嘣 嘣 嘣 嘣 嘣。

4. 嘣 嘣 嘣 嘣 嘣 嘣 嘣 嘣 嘣。

🎵 歌曲分析

調性：C大調　音域：8度　難易度：易到中

風格：流暢

🎵 歌曲特色與活動設計重點

音樂元素：音高	音樂設計：主和弦
四段（一段比一段高）	重音都是主音
1.體驗音階（前面）及音程（後）。 2.旋律樂器可敲奏音階。	適合敲奏 CG 音磚。

教保活動範例一　好玩的溜滑梯

■ 適用年齡：2-6歲

學習指標
美 -2-2-3 以哼唱、打擊樂器或身體動作反應聽到的旋律或節奏
美 -2-2-4 以高低強弱快慢等音樂元素表達感受
身 -3-1-1 與他人合作展現各種創意姿勢與動作的組合

活動目標
1. 能察覺音的上行及下行
2. 透過肢體體驗音的上行與下行，並與他人合作做出創意溜滑梯
3. 能掌握自己的音及節奏進行遊戲

教學資源
音樂（12 溜滑梯）、溜滑梯圖片、溜滑梯教具、鐵琴一架、音鐘一組、平板石頭八個

●●●● 活動步驟與內容 ●●●

1 **連結舊經驗引起動機**：問幼兒在公園最喜歡玩什麼，藉以導出溜滑梯。同時提供圖片讓幼兒觀察，導出溜滑梯的構造。
「要怎麼上去溜滑梯？」（階梯）
「怎麼滑下來？」

影1-1

2 **身體做出溜滑梯**：請幼兒探索身體有哪個部位可以做溜滑梯、怎麼玩，例如：手、腳、全身（先坐著，再站著）。之後邊唱出旋律 　　　　　邊做動作。
（嚕 嚕嚕嚕 嚕）

1.動機引導

2.用身體做出溜滑梯（坐）

2.用身體做出溜滑梯（站）

影1-2

3 **兩人面對面玩溜滑梯**：探索身體要如何做出溜滑梯，兩人一組，一人

當溜滑梯，另一人當溜滑梯的人。

影1-3

4 **兩個人做一個溜滑梯**：站立，兩人合力做出創意的溜滑梯。

影1-4

5 **溜滑梯教具**：教學者示範如何玩這個教具，並請幼兒來玩。教學者唱
歌，讓幼兒判斷要走到哪一階溜下來。前奏：握著小花朵隨意舞動；
開始唱歌：跳到雲朵地墊上；唱音階：一階階往上；唱下行音程：找
到對應的音滑下來。

這是音程的概念，第一次是5度音（C到G，Do到Sol）；第二次是6度音（C到A，
Do到La）；第三次是7度音（C到B，Do到Si）；第四次是8度音（C到c，Do到
高Do）。

影1-5

6 **溜滑梯遊戲**：疊手遊戲，類似撲克牌心臟病遊戲。八個人，一人代表
一個音。Do第一個伸手出來，依序每個音（每隻手）疊上去，最後
一個音唱Do時，最底下Do的那隻手要去打最上面那隻手，大家就
要快速抽走手。

這個活動考驗反應力，為了增加趣味性，建議清唱，由 Do 來主控最後的速度。

影1-6

7 **堆石頭**：八個人，每個人拿一粒平板的石頭，各負責一個音，玩法如步驟6。

影1-7

教保活動範例二　愛唱歌的溜滑梯

◤ **適用年齡：2-6歲**

學習指標　美 -2-2-3 以哼唱、打擊樂器或身體動作反應聽到的旋律或節奏

活動目標　1. 能唱出音階上行及下行

2. 能夠利用旋律樂器，與大家進行合奏溜滑梯

3. 能夠利用氣球傘舞出溜滑梯的歌曲特色

教學資源　音樂（12 溜滑梯）、木琴一座、鐵琴一座、律音鍾一組、律音管一組、氣球傘一個

●●●　活動步驟與內容　●●●

1 **複習溜滑梯**：複習本單元活動範例一唱的音階。

2 **唱溜滑梯的歌**：邊唱邊利用手做出溜滑梯的律動。

3 鐵琴敲奏：教學者用木琴敲出頑固伴奏，並請幼兒用鐵琴敲出音階（音階上行及音程往下滑）。

| 教學者敲CG鍵伴奏 | 請幼兒敲出音階 |

影2-3

4 律音鐘合奏：八位幼兒合奏律音鍾。每人拿一個音，唱到自己音的時候就甩一下，到最後一個長音時用力甩動，回到 Do。

影2-4

5 律音管合奏：八位幼兒合奏律音管。探索律音管可以怎麼敲出聲音，之後步驟同步驟 4。

| 4.律音鐘演奏 | 5.律音管演奏 |

影2-5

6 氣球傘律動：利用氣球傘來表現歌曲。

歌詞	建議動作
溜滑梯，溜滑梯，小寶貝最愛溜滑梯	上下抖動
Do Re Mi Fa Sol	往上舉
Do	往下放

影2-6

13 盪鞦韆

詞曲：廖美瑩

🎵 歌曲分析

調性：C大調　**音域**：6度　**難易度**：易到中

風格：搖擺、優美

🎵 歌曲特色與活動設計重點

拍號：6/8	音樂設計：主和弦
搖擺感	重音都是主音
感受搖擺的感覺。	適合敲奏主和弦CG音專。

教保活動範例一　創意盪鞦韆

◢ 適用年齡：3-6歲

學習指標 ▌ 身-3-1-1 在創意想像的情境展現個人肢體動作的組合與變化

美-2-2-3 以哼唱、打擊樂器或身體動作反應聽到的旋律或節奏

活動目標 ▌ 1. 感受 6/8 拍子的搖擺感

2. 能與他人利用肢體做出創意的盪鞦韆

教學資源 ▌ 音樂（13 盪鞦韆）

● ● ● **活動步驟與內容** ● ● ●

1 **動機引導**：討論公園有什麼設施，藉以導出盪鞦韆。

「公園裡可以玩什麼？」（例如：溜滑梯、盪鞦韆、蹺蹺板）

「怎麼盪鞦韆，你可以用你的手比出來嗎？」

2 **手臂練習搖擺**：請幼兒起立，邊唱歌邊搖擺手臂。

3 **盪鞦韆的律動（手部）**：探索利用手部如何做成盪鞦韆的感覺。

4 **盪鞦韆的律動（全身——單人）**：探索如何利用全身做出盪鞦韆的感
覺。選擇一種搖擺方式，隨著音樂搖擺。當教學者說「換」，幼兒就
必須換其他搖擺的方式。

影1-4

5 **盪鞦韆的律動（全身——兩人）**：探索兩個人怎麼做出盪鞦韆。聽著
音樂搖擺，做出各式創意的盪鞦韆。

影1-5

備註：此教案參考廖美瑩（2018）科技部實務專題計畫中蕭利倩老師的律動設計。

教保活動範例二　優美的盪鞦韆

■ 適用年齡：4-6歲

學習指標 ■ 美-2-2-3 以哼唱、打擊樂器或身體動作反應聽到的旋律或節奏

活動目標 ■ 1. 能夠跟隨音樂使用 CG 音磚敲打穩定節拍

2. 能夠跟隨音樂在最後樂句敲打 EDC 音磚

教學資源 ■ 音樂（13 盪鞦韆）、木製 CG 音磚、胖鼠鐘（CDE）

● ● ● 活動步驟與內容 ● ● ●

1 **複習歌曲**：複習盪鞦韆的歌，身體隨著音樂左右搖擺。

2 **敲打音磚**：教學者敲打 CG 音磚，幼兒繼續做步驟1的動作，並用食指在拍點上輕輕碰著膝蓋。

影2-2

3 **幼兒敲打音磚**：兩位幼兒各敲打C與G音磚，其他人繼續做步驟1的動作。

4 **胖鼠鐘敲EDC**：一個人敲 Mi（E）Re（D）Do（C）或三個人各持一個音磚進行敲打。

影2-4

14 捉迷藏（台語）

詞曲：廖美瑩

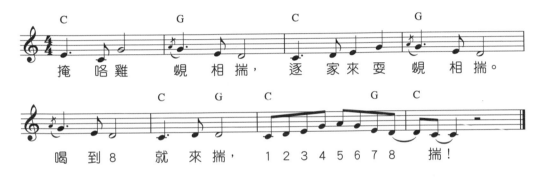

註：翻譯：捉迷藏，捉迷藏，大家來玩捉迷藏。喊到8，就來找，12345678找。

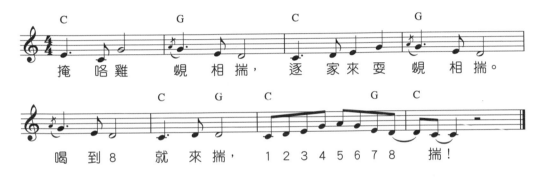**歌曲分析**

調性：五聲音階 **音域**：6度 **難易度**：易
風格：逗趣

歌曲特色與活動設計重點

語言	主題
台語	捉迷藏
說白節奏練習台語。	進行捉迷藏遊戲。

教保活動範例一　找看看我在哪裡？

■ 適用年齡：4-6歲

學習指標 ■ 語 -1-3-1 察覺除了自己使用的語言，還有其他語言

　　　　 ■ 美 -2-2-3 以哼唱、打擊樂器或身體動作反應聽到的旋律或節奏

活動目標 ■ 1. 會用台語唸謠及唱捉迷藏的兒歌

　　　　 ■ 2. 會唱兒歌玩捉迷藏的遊戲

教學資源 ■ 音樂（14 捉迷藏台語）、躲藏的器具（例如：箱子或椅子）

●●● 活動步驟與內容 ●●●

1 以猜看看引起動機：教學者利用表演詢問幼兒是否知道這是什麼遊戲（眼睛瞇著，數到8抓人）。

「你有玩過這個遊戲嗎？這是什麼遊戲？」（捉迷藏）

「捉迷藏的台語？」（掩咯雞或覕相揣）

捉迷藏有不同的玩法，可以請幼兒分享。

2 台語數數：用台語說出12345678。

3 遊戲規則：說明遊戲規則。

4 捉迷藏遊戲：如下建議。

鬼蓋住眼睛，
其餘幼兒圍圈圈跳舞
（掩咯雞，覕相揣，逐家來耍覕相揣）

小朋友躲起來

（喊到8，就來揣，12345678）

鬼找人

（揣）

影1-4

15
氣球的空中華爾滋

詞曲：廖美瑩

歌曲分析

調性：E大調　　**音域**：9度 　　**難易度**：易到中

風格：優美

歌曲特色與活動設計重點

拍號	主題
3/4	氣球
1.體驗華爾滋的感覺。 2.體驗力度強與弱的結合。	隨著歌詞經驗氣球飄動的旅行。

教保活動範例一　氣球的空中華爾滋

■ 適用年齡：2-6歲

學習指標　美 -2-2-3 以哼唱、打擊樂器或身體動作反應聽到的旋律或節奏

美 -2-2-4 以高低強弱快慢等音樂元素表達感受

活動目標　1. 能體驗音樂元素強與弱

2. 能感受華爾滋搖擺的優美感覺

3. 能依照歌詞跳出適合的律動

教學資源　音樂（15 氣球的空中華爾滋）、每人一個充好氣的氣球、充好

氣的一個大及二個小氣球

● ● ● 活動步驟與內容 ● ● ●

① **認識蹦恰恰**：詢問幼兒是否聽過蹦恰恰，藉以導出華爾滋是什麼（是
強弱弱的組合）。

② **介紹強弱弱**：教學者將真實的氣球按尺寸排成大小小，邊聽音樂邊指
著氣球，讓幼兒了解樂曲是由強弱弱組成的。

強（手掌打開）

弱（用手指指）

影1-2

③ **體驗強音**：大家圍坐成一個大圓圈。教學者手拿一顆氣球，跟著音樂
的大拍子（每 3 拍的第一拍）輪流讓每個幼兒拍一下。感受 3 拍子
的大拍子律動。

影1-3

④ **體驗搖擺拍子**：站立，隨著音樂的大拍子左右搖擺。　　**影1-4**

5 **傳氣球**：幼兒輪流傳氣球，在正拍的時候傳給右邊的人。口訣：「傳下去」。熟悉後可配上音樂。

傳的時候，要確實傳到右邊人的手上。教學者一開始時先放慢速度，待幼兒熟悉動作，並且能夠準確傳下去及接收後，再加速至音樂的速度。

3.體驗強音　　　4.體驗搖擺拍子　　　5.傳氣球

影1-5

6 **兩人拍出「強弱弱」**：兩人一組，拍手拍出「強弱弱」節奏。第一拍兩人互拍手，第二、三拍換拍自己的手。也可探索其他的拍手方式，熟悉後可隨音樂做動作。

影1-6

7 **氣球的空中華爾滋**：兩人一組。Ａ段動作同步驟6；間奏時，兩人一起像氣球一樣自由飛翔；尾奏時兩人同歌詞一起轉圈，最後互相敬禮。

備註：此教案參考廖美瑩（2018）科技部實務專題計畫中蕭利倩老師的律動設計。

16
氣球的空中之旅（律動）

曲：廖美瑩

（氣球消氣音效）

樂曲分析

調性：c小調　　難易度：中
風格：戲劇性

樂曲特色與活動設計重點

樂段	A段	B段	C段	A段	D段	A段	B段	尾音
起點	0"	06"	24"	38"	45"	54"	1'00"	1'17"
特性	力度越來越大	優雅舞動的旋律	旋轉的旋律後爆炸聲	力度越來越大	三段不一樣的音效	力度越來越大	優雅舞動的旋律	爆音

教保活動範例二　氣球的天空之旅

◢ **適用年齡：3-6歲**

學習指標	美 -1-2-2 探索生活環境中各種聲音，察覺其中的差異
	美 -2-2-3 以哼唱、打擊樂器或身體動作反應聽到的旋律或節奏
	美 -3-2-2 欣賞音樂創作，描述個人體驗到的特色
活動目標	1. 探索肢體可成為各種氣球的形狀，並展現各種飄動方式
	2. 能了解曲式，並根據不同曲式舞動相對應的氣球狀態
	3. 能欣賞自己與他人的表演
教學資源	音樂（16 氣球的空中之旅律動、40-43 分段音樂）、充好氣的氣球數個、鈴鼓一個

● ● ●　**活動步驟與內容**　● ● ●

1 **動機引導**：拿一個真實的氣球，讓幼兒摸看看，並請幼兒說出氣球有哪些形狀。

影2-1

2 **飄（ B段）**：教學者利用鈴鼓引導幼兒做出各種不同的氣球造型及飄的動作。

3 **吹氣球（ A段）**：教學者搖動鈴鼓，幼兒利用雙手模仿吹氣球漸漸變大的感覺。

影2-3

4 **破掉（ C段）**：教學者的鈴鼓在誰的面前敲一下，即表示戳一下，這時幼兒要表現出氣球破掉的樣子。教學者一一的戳破每個人的氣球。之後練習轉圈圈以後氣球破掉的動作。

影2-4

15
公
園

5 消氣（D段）：教學者拿出真實的氣球，讓幼兒觀察氣球放氣到處亂飛狀（有漸漸消氣，也有亂飛的消氣樣），請幼兒利用全身模仿氣球消氣的樣子。

影2-5

6 舞動整首律動：播放音樂，幼兒做完整律動。

| A：吹氣球 | B：氣球在空中飛翔 | C：轉圈圈 |
| C：破掉 | D：消氣 | 尾聲：破掉 |

影2-6

7 分享：分享自己當氣球的心得。

備註：第三章有此教案的詳案，可以參考詳細步驟。

交通工具

公園

● 節日

第三部曲
豐富生活

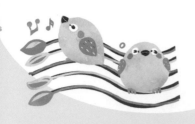

⑯ 節日

♫ 音樂曲目

17 開心放鞭炮

詞曲：廖美瑩

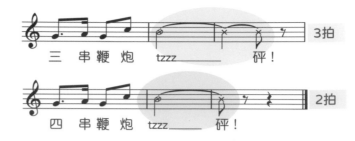

三 串 鞭 炮　tzzz_____ 砰！　　3拍

四 串 鞭 炮　tzzz_____ 砰！　　2拍

🎵 歌曲分析

調性：C大調　　**音域**：8度　　**難易度**：易到中

風格：熱鬧

🎵 歌曲特色與活動設計重點

音樂元素：音值	主題
每一次的音值不同	**鞭炮**
設計聽音訓練，數拍子。	設計創造性肢體活動，體驗各種鞭炮引爆的感覺。

教保活動範例一　開心放鞭炮

◢ 適用年齡：2-6歲

學習指標 | 美 -2-2-3　以哼唱、打擊樂器或身體動作反應聽到的旋律或節奏
美 -2-2-4　以高低強弱快慢等音樂元素表達感受
身 -3-1-1　與他人合作展現各種創意姿勢與動作的組合

活動目標 | 1. 會利用肢體表現各種鞭炮爆炸的樣子
2. 會覺察音值的長與短做鞭炮爆炸的反應
3. 會與他人合作做出創意的鞭炮

教學資源 | 音樂（17 開心放鞭炮）、鞭炮教具、繩子、鈴鼓一個

● ● ●　**活動步驟與內容**　● ● ●

① **用繪本或鞭炮引起動機：**給幼兒觀察真實鞭炮或教具鞭炮，並引導以下問題後請幼兒做出鞭炮爆炸的樣子。

「這個尖尖的是什麼？」
「點火會怎麼樣？」

影1-1

② **蝴蝶炮：**探討蝴蝶炮怎麼爆炸，並用肢體表現出來。

影1-2

③ **沖天炮：**探討沖天炮怎麼爆炸，並用肢體表現出來。

影1-3

④ **一般鞭炮：**幼兒躺在地上，用肢體表現鞭炮炸開的樣子。

2.蝴蝶炮

3.沖天炮

4.一般鞭炮

影1-4

5 **一個人的鞭炮**：幼兒站立，聽音樂，等候教學者的鈴鼓聲，用肢體表現鞭炮炸開的樣子。

影1-5

6 **一串的鞭炮**：幼兒沿著地上畫的線左右交錯面對面坐成一排，雙腳尖緊貼著線，聽音樂等候教學者的鈴鼓聲，聽到鈴鼓聲時用肢體表現鞭炮炸開的樣子。

影1-6

18 我愛媽媽

詞曲：廖美瑩

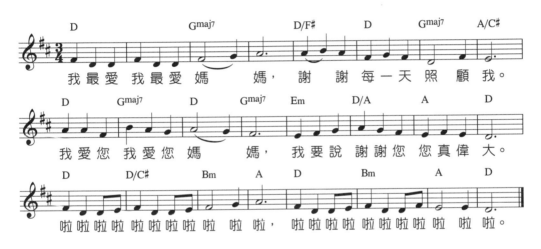

我 最愛 我 最愛 媽　　媽， 謝 謝 每一天 照 顧 我。

我 愛您 我 愛您 媽　　媽， 我要說 謝謝您 您真偉 大。

啦啦啦啦 啦啦啦啦 啦 啦 啦， 啦啦啦啦 啦啦啦啦 啦 啦 啦。

🎵 歌曲分析

調性：D大調　　**音域**：6度　　　　**難易度**：易到難
風格：優美

🎵 歌曲特色與活動設計重點

歌詞	風格	音樂元素：力度	音樂元素：音值
重複「我」、「愛」、「媽媽」	華爾滋	強弱／力度組合	長音與短音
利用這三個詞設計肢體、合奏及鬆散素材鋪排活動。	舞蹈。	1.體驗強音與弱音。 2.設計強與弱的組合，例如：強弱弱華爾滋的風格。	體驗長音與短音。

🎵 活動設計建議網絡圖

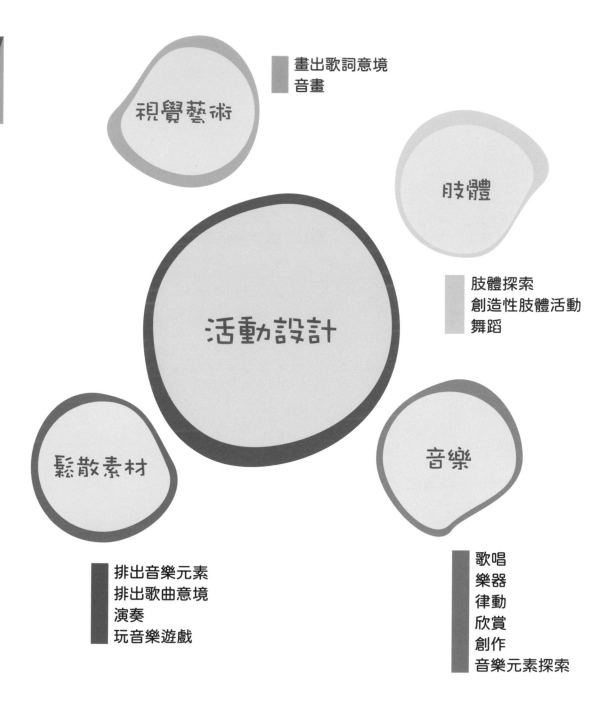

視覺藝術
■ 畫出歌詞意境
音畫

肢體
■ 肢體探索
創造性肢體活動
舞蹈

活動設計

鬆散素材
■ 排出音樂元素
排出歌曲意境
演奏
玩音樂遊戲

音樂
■ 歌唱
樂器
律動
欣賞
創作
音樂元素探索

教保活動範例一　強弱弱的華爾滋

■ 適用年齡：4-6歲

學習指標　美-2-2-3 以哼唱、打擊樂器或身體動作反應聽到的旋律或節奏

美-2-2-4 以高低強弱快慢等音樂元素表達感受

美-2-2-1 運用各種視覺藝術素材與工具，進行創作

活動目標　1.能用肢體以穩定的速度拍打強弱弱

2.能以聲音唱出我最愛媽媽的強弱弱音樂性

3.能用鬆散素材排出強弱弱的組合並與他人分享自己的作品

教學資源　音樂（18 我最愛媽媽）、大小松果若干、每人一個布條及一盤鬆散素材

● ○ ● ● 　**活動步驟與內容**　● ● ●

1 **肢體節奏覺察**：站著圍成一圈，模仿教學者的動作（強：運用身體的任一個部位做出節奏，例如：踏腳、拍大腿、彈指等；弱弱：右手輕拍胸部）。穩定了之後，教學者可以唱「我最愛媽媽」的歌。

「這個尖尖的是什麼？」

「點火會怎麼樣？」

教學者在呈現肢體節奏時必須要有流動感，並可唸：Ya ba bada（呀 巴 巴達）大家跟著模仿，先穩定拍子。

影1-1

2 **肢體探索**：請幼兒探索身體還可以怎麼發出聲音，例如：拍腳、踏腳。教學者指定一位幼兒拍打自己的節奏（只有重拍可改變拍打部位，2拍和3拍拍胸部不能改變），大家一起模仿。教學者可以哼著歌曲，幼兒拍打固定節奏。

影1-2

3 **快速反應**：等節奏都穩定下來，教學者給指令（說：「換」）時，大家在重拍可以換拍打任何部位，直到教學者又給指令，再換部位。

教學者在呈現肢體節奏時，手的姿勢必須是流動有情感的。

影1-3

4 **鬆散素材的內在聽音**：教學者讓幼兒觀察鬆散素材排出來的大與小，導出3拍子是強弱弱的組合。先請幼兒跟著比動作並唱強拍就好（弱拍不唱）；請幼兒比動作並唱出弱拍（強拍不唱）。

「你們看到這些松果有什麼不同？」（大小）

「音樂也有大小聲喔！現在跟著老師比動作，只要唱這樣（握拳）就好──強音。」

「現在跟著老師比動作，只要唱這樣（食指指出來）就好──弱音。」

| 任意排出大小 | 強（握拳） | 弱（食指指） |

影1-4

5 **強弱弱遊戲**：幼兒站著圍成一圈，讓幼兒決定大聲要用什麼聲音動作（例如：「耶」雙手張開成V字型），小聲要用什麼動作（例如：「噓噓」比出噓的動作）。一一的傳遞強弱弱。熟悉之後可以播放音樂。

| 強 | 弱（噓） |

影1-5

6 **鬆散素材排出強弱弱**：幼兒各拿一個布條及鬆散素材一份，排出強弱弱。並邊唱歌邊指出自己所排列的強弱弱。

若團體時間較難呈現（因為素材可能較為不足），可以改為讓三位幼兒上台去呈現，或到音樂區去呈現。

影1-6

7 **分享作品**：請幼兒分享自己的作品並當指揮，指著自己的力度作品，大家一起唱。

任何歌曲或樂曲是3拍子的，引導方式都可以模仿「我愛媽媽」的模式。

教保活動範例二　創意強音大集合

◢ **適用年齡：3-6歲**

學習指標　美-2-2-3 以哼唱、打擊樂器或身體動作反應聽到的旋律或節奏
　　　　　　美-2-2-4 以高低強弱快慢等音樂元素表達感受
　　　　　　美-2-2-3 運用哼唱、打擊樂器或身體動作進行創作

活動目標　1. 能用肢體展現出強音的創意造型
　　　　　　2. 能探索各種素材拍出好聽的強拍
　　　　　　3. 能用鬆散素材及樂器演奏出強弱弱

教學資源　音樂（18 我愛媽媽）、伸縮衣、能產出聲音的鬆散素材一批、打擊樂器若干

● ● ● **活動步驟與內容** ● ● ●

1 **複習強弱弱遊戲**：複習本單元活動範例一的遊戲。

2 **創意強弱弱遊戲**：每一個人都要自創自己心中強的聲音及動作。

影2-2

3 **肢體表現強音（穿伸縮衣）**：選四位幼兒穿上伸縮衣，前奏：輕輕的動作；前面八小節：依序呈現強音的大動作造型；後面八小節：四

位一起呈現大動作造型；最後「啦啦啦」：肢體柔和的左右搖擺。

影2-3

④ 創意肢體強音表現：同步驟3，但沒有穿伸縮衣。

| 3.穿伸縮衣的創意強音肢體表現 | 4.創意強音肢體表現 |

影2-4

⑤ 鬆散素材的強弱弱：選四位幼兒各拿一種鬆散素材當成重音來演奏，例如：紙盒、鐵罐、塑膠袋、寶特瓶。

5-1 提供紙盒，請幼兒探索如何拍出好聽的強拍。

5-2 請幼兒找看看，還可以用什麼拍出好聽的強拍。

5-3 可以與步驟 3 內容一起進行。

5-4 探索什麼鬆散素材適合當弱拍？怎麼演奏？

「什麼可以演奏弱拍？」（例如：手指彈寶特瓶）

5-5 將幼兒分成四組，三組是強音，另一組是弱音。

5-6 教學者指到誰，誰就要演奏。也可請幼兒來指揮。（播放音樂）

教學者在指揮的時候，面部表情要投入，肢體要隨著音樂搖動，手部動作要明確。

| 鬆散素材：強 | 鬆散素材：弱 | 打擊樂器 |

影2-5

⑥ 樂器合奏：步驟可以依照步驟4與5，更換成一般打擊樂器。

影2-6

教保活動範例三　好忙的蜘蛛媽媽

■ **適用年齡：4-6歲**

學習指標 ■ 美-2-2-3 以哼唱、打擊樂器或身體動作反應聽到的旋律或節奏
美-2-1-1 玩索各種藝術媒介，發揮想像並享受自我表現的樂趣

活動目標 ■ 1.能用球掌控 3 拍子的距離
2.能樂於毛線律動及遊戲
3.能掌握重拍做各種音樂及肢體的變化

教學資源 ■ 音樂（18 我愛媽媽）、兩人一個球、毛線兩捲

● ● ● ● **活動步驟與內容** ● ● ● ●

1 **重音傳球**：兩位幼兒一組，面對面坐著雙腳打開，一顆球置放於兩位幼兒的中間，聽到重拍就將球往前推到對方手上。兩人距離可以越來越遠（力度的運用）。

這個活動最主要是讓幼兒訓練力度的控制，要在 3 拍內把球推到對方手上並不是簡單的事，但這在音樂中是力度與時間的掌控，很重要。兩人的距離可以從中等到越來越遠。球可以越來越小（增加難度）。

影3-1

2 **上中下律動（模仿）**：隨著教學者聽音樂做動作，任意做出上（手往上舉）、中（胸部）及下（手往下放）三個高度的動作之一。

3 **上中下律動（任意）**：隨著音樂做動作，做出上、中及下三個高度，重拍才可以換位置。

4 **毛線蜘蛛網**：幼兒站著圍成一圈，由一人拿毛線捲一端的線頭，抓著後將毛線捲丟給其中一位幼兒，這位幼兒抓著延伸出來的毛線，再將毛線捲丟給其他一位幼兒，如此依序傳遞毛線捲，直到大家手中都握有毛線，如此織成一個平面網。

需要提醒幼兒：抓緊毛線，把毛線放長，用另一隻手丟。

影3-4

5 **平面網**：請大家觀賞中水平（胸部）、高水平（手往上舉）、低水平（往下放）的平面網。

| 中 | 高 | 低 |

影3-5

6 **立體網**：教學者給指令（說：「變」）時，大家可以任意決定在任何水平，如此可觀察立體的視覺藝術。

影3-6

7 **重音律動**：隨著我愛媽媽的音樂，在重拍可以改變任何水平。

影3-7

8 **聞樂起舞**：教學者示範躺在網子下面，聽到音樂的重拍時，利用手、腳及頭現出網外舞動。可以請幾位幼兒躺在地板上看著織網，重拍時可以任意舞動，跟線互動（在網與網的中間穿梭）。

影3-8

9 **觀察律動網**：結束後可以將網放在地上，讓幼兒觀察，並詢問：「你看到了什麼？」例如：蜘蛛網、星星……等。

10 **找形狀**：看一下這個網子有多少形狀，並可要幼兒指出來或算出來。

11 **跳棋繩子律動**：透過線與線之間所形成的空間移動到另一位幼兒處，give me five之後，下一位幼兒又繼續前進。

12 **觀察畢卡索畫作**：將繩子放鬆縮小成為一個畫作。

11.跳棋繩子律動

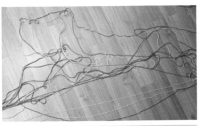

12.畢卡索畫作

影3-11

教保活動範例四　我愛媽媽的長與短

▰ **適用年齡：4-6歲**

學習指標
美 -2-2-4 以高低強弱快慢等音樂元素表達感受
美 -2-2-3 以哼唱、打擊樂器或身體動作反應聽到的旋律或節奏
美 -2-2-3 運用哼唱、打擊樂器或身體動作進行創作

活動目標
1. 能察覺音的長短
2. 能利用鬆散素材排出長與短的組合
3. 能用鬆散素材或樂器演奏

教學資源
音樂（18 我愛媽媽）、鬆散素材一批、布條一個、能產出聲音的鬆散素材一批、打擊樂器若干

● ● ● ● **活動步驟與內容** ● ● ●

1 **複習鬆散素材的強弱弱**：複習本單元活動範例一的步驟 6。

2 **長短音察覺**：教學者唱  讓幼兒察覺音的長與短。

「等一下我來唱歌，你們聽看看每一個音有什麼不同？」（有長、短）

「長音你可以比出來長長的嗎？」

教學者唱的時候，長音面部表情要稍微誇張，並故意拉長一點點，引起注意。

影4-2

③ **鬆散素材排出長與短**：前面兩小節還是用鬆散素材排出大小小，第三小節和第四小節排出長與短。請幼兒看著鬆散素材唱歌。

用自然素材排出力度及音值

用毛線排出力度及音值

影4-3

④ **鬆散素材演奏長與短**：跟幼兒討論，要怎麼用鬆散素材演奏出長與短。

⑤ **鬆散素材合奏**：同本單元活動範例二的步驟5，可運用的鬆散素材，例如：紙盒、鐵罐、自製沙鈴。

影4-5

⑥ **樂器合奏**：同本單元活動範例二的步驟6，可運用的樂器，例如：強弱（鈴鼓/節奏棒）；長拍（沙鈴）。

| 5.鬆散素材合奏 | 6.樂器合奏 |

影4-6

教保活動範例五　我愛媽媽的遊戲

▰ 適用年齡：4-6歲

學習指標 美 -2-2-3 以哼唱、打擊樂器或身體動作反應聽到的旋律或節奏

美 -2-2-3 運用哼唱、打擊樂器或身體動作進行創作

美 -3-2-2 欣賞音樂創作，描述個人體驗到的特色

活動目標 1.肢體動作能反映歌詞

2.能創作出創意的肢體動作

3.能利用鬆散素材或樂器代替我、愛、媽媽，並進行演奏

4.能欣賞自己與他人的音畫，並用手指出歌曲的結構

教學資源 音樂（18 我愛媽媽）、能產出聲音的鬆散素材一批、打擊樂器

若干

● ● ● **活動步驟與內容** ● ● ●

1 **複習歌曲**：複習我愛媽媽的歌。

2 **動作創作（我）**：找出歌詞相對應的各種動作，例如：「我」、

「愛」、「媽媽」。

「這首歌什麼字出現最多次？」

「『我』要怎麼比動作？」

3 **動作取代聲音（我）**：分成三組（「我」、「愛」、「媽媽」組），

「我」那一組，只能比動作，不能唱。

4 **動作創作（愛、媽媽）**：步驟同步驟 2 和步驟 3。

| 我 | 愛 | 媽媽 |

影5-4

5 **鬆散素材取代歌詞**：利用鬆散素材取代「我」、「愛」、「媽媽」歌詞。

影5-5

6 **樂器取代歌詞**：同步驟 5。

7 **鬆散素材排出歌曲結構**：利用各式鬆散素材排出歌曲情境及強弱弱。

7-1 利用各種素材，在布條的中間創作「我」、「愛」、「媽媽」三個圖像。

7-2 播放音樂，聽到歌詞的「我」、「愛」、「媽媽」，用手指那個圖像。

7-3 利用強弱弱的排列，做成一個框框。

7-4 播放音樂，指出圖像的強弱弱。

7-5 播放全曲，前奏：身體左右自然搖擺；歌詞：指出「我」、「愛」、「媽媽」；
尾奏（啦）：指強弱弱的邊框。

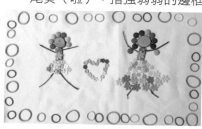 

這幅音畫同時表現出：(1) 音樂元素：大小小──外框；(2) 歌詞意境：我、愛、媽媽。
在父親節時，歌詞也可以改編成爸爸。

影5-7

教保活動範例六 媽媽的華爾滋舞曲

▲適用年齡：4-6歲

學習指標 | 美 -1-1-1 探索生活環境中事物的美，體驗各種美感經驗
美 -2-2-3 以哼唱、打擊樂器或身體動作反應聽到的旋律或節奏
美 -2-2-3 運用哼唱、打擊樂器或身體動作進行創作

活動目標 | 1. 能樂於用絲巾探索各種舞姿
2. 能隨著音樂的樂段跳出該段的舞姿
3. 能與他人一起拍打固定的節奏

教學資源 | 音樂（19 我愛媽媽純音樂）、每人一條絲巾、舞蹈服

● ● ● 活動步驟與內容 ● ● ●

1 **絲巾探索**：問幼兒絲巾可以怎麼跳舞，探索各種方式。

影6-1

2 **利用絲巾跳舞**：把我愛媽媽的旋律當成舞曲，分成前奏、前面八小節、後面八小節及尾奏，舞動絲巾，動作例如：

樂段	前奏	前面八小節	後面八小節	尾奏
起點	0"	07"	22"	36"
建議動作	重拍往上拋	隨音樂揮動絲巾	往前、往後	原地繞圈圈揮絲巾

影6-2

3 **圈圈舞**：圍個圓圈，做簡單暖身的舞蹈。先報號碼1、2，倆倆一組先練習尾奏，之後練習整首曲子。熟悉後可播放音樂。

樂段	前奏	前面八小節	後面八小節	尾奏
起點	0"	07"	22"	36"
建議動作	手牽手原地左右搖擺	重拍往右邊移動（前四小節）重拍往左邊移動（後四小節）	往前、往後，共四次	兩個人手搭手做宮廷舞狀四小節換方向

影6-3

4 **兩人創作節奏型**：請幼兒倆倆一組來創作強弱弱的頑固伴奏，並一起做出以下這個創作（如下面 A、B、C 三個動作）。

A	B	C
右手輕拍對方的手雙手拍自己的大腿	左手輕拍對方的手雙手拍自己的大腿	雙手輕拍對方的手雙手拍自己的大腿

5 **舞蹈創作**：與幼兒探討怎麼把前面的節奏串起來，編入舞曲。倆倆一組的幼兒形成裡圈及外圈做以下的動作。

樂段	前奏	中間旋律	尾奏
起點	0"	07"	36"
建議動作	兩人面對面手牽手，前後搖擺	步驟 4 之動作	兩人右手碰右手做宮廷舞狀

中間旋律可以唸口訣：右拍拍、左拍拍、拍別人、拍一。

音樂／歌詞	動作
前奏	兩人面對面手牽手，前後搖擺
我最愛我最愛媽媽 謝謝每一天照顧我 我愛您我愛您　媽媽 我要說謝謝您　您真偉大	右拍拍、左拍拍、一起拍、變 （「變」代表，外圈的人往右移一步， 找到新伙伴，每一個大樂句變一次）
啦啦啦……	兩人右手碰右手做宮廷舞狀

影6-5

6 **舞蹈（交換舞伴）**：前奏與尾奏都相同，中間旋律每四小節換一個舞伴。裡面圈圈不要動，外面圈圈的人往右邊跳一格。

影6-6

20 划龍舟慶端午

詞曲：廖美瑩

五月五 呀慶端午，戴香包 呀綁粽子。
中午立 蛋真有趣，大家一 起划龍舟。
嘿咻嘿咻 嘿咻嘿咻！大家一 起向前划！
嘿咻嘿咻 嘿咻嘿咻！耶！ 得第一！

歌曲分析

調性：E大調　音域：8度　難易度：易
風格：熱鬧

歌曲特色與活動設計重點

歌詞
划龍舟
設計划龍舟活動。

教保活動範例一　划龍舟慶端午

▰ 適用年齡：3-6歲

學習指標 ▮ 美 -2-2-3 以哼唱、打擊樂器或身體動作反應聽到的旋律或節奏

身 -3-1-1 在創意想像的情境展現個人肢體動作的組合與變化

活動目標 ▮ 1.能透過樂器伴奏歌曲

2.能利用各種創意肢體當龍舟進行競賽

教學資源 ▮ 音樂（20 划龍舟慶端午）、蛋沙鈴、高低音木魚、鈸、手鼓、旗子

● ● ● **活動步驟與內容** ● ● ●

1 **引起動機**：教學者可以拿著粽子，讓幼兒猜什麼節慶的食物，藉以引發歌曲的訊息。

「你們知道什麼時候是端午節？」（農曆五月五號）

「端午節會做什麼？」（戴香包、綁粽子、立蛋、划龍舟）

2 **歌曲教唱**：教學者邊教唱歌曲（重複性歌唱），邊拍節奏（例如：拍大腿、拍手的節奏組合）。

如果引起動機時已經說明了歌詞，就不需要逐句教學，只要多唱兩三次，幼兒就可以熟悉。

3 **蛋沙鈴演奏**：每人一對蛋沙鈴，問幼兒有沒有立過蛋，之後可以一起立蛋。並用蛋沙鈴演奏歌曲前面八小節。

4 **高低音木魚演奏**：一半的幼兒持高低音木魚，探索低高的結合打出「嘿咻嘿咻」和「得第一」歌詞的節奏。

5 **合奏**：幼兒看著指揮，用蛋沙鈴與高低音木魚演奏。

樂器	蛋沙鈴	高低音木魚
歌詞	五月五呀慶端午 戴香包呀綁粽子 中午立蛋真有趣 大家一起划龍舟	

	嘿咻嘿咻嘿咻嘿咻
大家一起向前划	
	嘿咻嘿咻嘿咻嘿咻
耶	
	得第一

5.蛋沙鈴與高低音木魚合奏	6.鼓跟鈸合奏

影1-5

6 合奏：請幼兒聽伴奏，詢問幼兒是否有聽到鼓跟鈸的聲音？鼓跟鈸可以怎麼組合來伴奏？

影1-6

7 划龍舟：幼兒分為樂器組及龍舟組，樂器組伴奏，龍舟組可以一個人或好幾個人成為一個龍舟，進行龍舟比賽。

影1-7

21 月亮的味道

詞曲：廖美瑩

圓圓的月亮掛天上，我想要聞一聞　什麼樣味道？

甜甜的，鹹鹹的，還是酸酸的？

1. 小 烏 龜
2. 大 公 雞
3. 大 獅 子（發出聲音）
4. 小 貓 咪
5. 小 鴨 子

爬到上面去　（做動作）摘不到誰來幫幫忙？

6. 小 老 鼠（發出聲音）爬 到 上 面 去　（做動作）

小 老 鼠 咬 一 口（吃）幸福的味道。

註：故事構想參考小魯文化（2019）出版的《月亮是什麼味道？》。

🎵 歌曲分析

調性：F大調　音域：8度 🎼　難易度：中到難
風格：優美

🎵 歌曲特色與活動設計重點

歌詞：動物	記憶累積
六種屬性不同的動物	六個動物的累積

教保活動範例一　月亮的味道

◢ 適用年齡：3-6歲

學習指標　美-2-2-3 以哼唱、打擊樂器或身體動作反應聽到的旋律或節奏

美-2-2-3 運用哼唱、打擊樂器或身體動作進行創作

美-2-2-6 進行兩人以上的互動扮演

活動目標　1. 能針對不同的動物特性做不同的肢體動作、聲音及樂器伴奏

2. 能進行動物扮演

3. 能利用鬆散素材排出各種動物的叫聲

教學資源　音樂（21 月亮的味道）、用不織布做的偶、鬆散素材一份、若干不同的布條

●●● 活動步驟與內容 ●●●

1 **用偶說月亮的味道故事**：教學者可以利用不織布偶或紙偶說「月亮的味道」的故事。

用不織布的方式來做成動物偶，加入魔鬼氈，有很好的效果。教學者在引導故事時，就可以漸漸把音樂元素加進來，邊唱邊演。

2 **動物／聲音／動作配對**：教學者一一的詢問小烏龜怎麼叫？怎麼動？

2-1 用鬆散素材排出小烏龜。

2-2 詢問小烏龜的叫聲為何。

2-3 用鬆散素材排出烏龜的叫聲。

2-4 詢問小烏龜怎麼動。

2-5 接續此循環，導出大公雞、大獅子、小貓咪、小鴨子及小老鼠。

這個活動很適合在角落進行。

影1-2

3 **戲劇扮演（肢體與聲音）**：分配角色，依照劇情進行角色扮演。

4 **戲劇扮演（鬆散素材打扮）**：分配角色，利用鬆散素材打扮成各種動物。依照劇情進行角色扮演。

影1-4

這個活動很適合在角落進行。

5 **偶劇**：利用偶進行角色扮演。

影1-5

教保活動範例二　月光下的動物樂團

■ 適用年齡：3-6歲

學習指標 ▎美-2-2-3 以哼唱、打擊樂器或身體動作反應聽到的旋律或節奏

　　　　　　美-2-2-6 進行兩人以上的互動扮演

活動目標 ▎1. 能輕輕敲出好聽的「銅鐵」音色

　　　　　　2. 能扮演自己的動物角色並敲出該動物所對應的樂器

　　　　　　3. 能嘗試用不織布排出動物形狀、叫聲及動作

教學資源 ▎音樂（21 月亮的味道）、用不織布做的偶、鬆散素材一份、小樂器若干、氣球傘、指鈸

● ● ● **活動步驟與內容** ● ● ●

1 **複習歌曲**：複習月亮的味道歌曲。

2 **指鈸敲出 A 段**：第一拍輕輕的拍擊指鈸。

「月亮出來的時候是白天還是晚上？」

「你覺得晚上月亮出來的時候，應該是很吵還是很安靜？」

「我們用指鈸來伴奏，要很大聲還很小聲？」

「我們一起輕輕敲出美妙的音樂給月姑娘聽喔！」

要掌握指鈸的音量不是容易的，用引導的方式，讓幼兒打開耳朵，聆聽自己製造出的音樂是不是美的。

3 **動物／聲音／動作與樂器配對**：教學者在地上鋪著氣球傘，一一的詢問什麼樂器適合小烏龜？怎麼敲？移動的時候怎麼敲？將該樂器及動物偶放在氣球傘的一個顏色上。接續此循環，導出大公雞、大獅子、小貓咪、小鴨子及小老鼠。

這個活動很適合在角落進行。

4 **合奏**：結合步驟 2 與步驟 3，聽音樂，進行樂器合奏。

影2-4

5 **音樂劇**：可以將合奏及本單元活動範例一的角色扮演結合。

參考伴奏：

	動物	叫聲	動作	樂器
小烏龜				
大公雞				
大獅子				
小貓咪				
小鴨子				
小老鼠				

16

節

日

延伸活動

1. 可以蒐集動物貼紙進行此活動。

2. 可以剪下動物形狀，進行此故事活動。

22

大怪物 go away

詞曲：廖美瑩

小　鼻子 go！　　粗　眉　毛 go！　　大　眼睛 go！　　耶！

可　怕　大　怪　物　呀　　　go　a - way！

註：1.此歌曲構想參考Ember（1992）之*Go Away, Big Green Monster!*。
　　2.wi-wi-wi是作者形容怪物走路的樣子。

🎵 歌曲分析

調性：d小調　**音域**：6度 　**難易度**：中到難
風格：神秘、戲劇性

🎵 歌曲特色與活動設計重點

歌詞：記憶累積	音樂元素
臉部的各部位	每一段速度不同
1. 用鬆散素材排出及移除各部位。 2. 用樂器演奏。	體驗速度不同對情緒的影響。

教保活動範例一　大怪物 go away

▰ 適用年齡：4-6歲

學習指標	美 -2-2-3 以哼唱、打擊樂器或身體動作反應聽到的旋律或節奏
	美 -2-2-4 以高低強弱快慢等音樂元素表達感受
	美 -2-2-6 進行兩人以上的互動扮演
活動目標	1. 能記憶臉上的部位並利用鬆散素材拼出創意的大怪物
	2. 能利用各種樂器來演奏這首歌
	3. 能感受速度對情緒的影響
	4. 能進行角色扮演並樂在其中
教學資源	音樂（22 大怪物 go away）、用不織布做的臉部器官、鬆散素材一份、若干不同的布條、樂器若干

●　● ● ●　活動步驟與內容　● ● ●　●

1 **說一個怪物的故事**：教學者可以利用不織布素材說一個怪物的故事，或利用 *Go Away, Big Green Monster !* 的繪本來說故事。

2 **貼大怪物**：教學者拿出一個沒有五官的臉邊唱歌，邊請一位幼兒隨著歌詞一一貼上各個臉部的部位（眼睛、眉毛……等）。

3 **樂器大集合**：教學者與幼兒探討各個部位可以用什麼樂器來代替，例如：

部位	大眼睛	粗眉毛	小鼻子	歪嘴巴	尖牙齒	大耳朵	翹頭髮
樂器	鈴鼓	響棒	指鈸	響板	手搖鈴	手鼓	刮胡

幼兒分成七組，唱到自己的部位就演奏，最一句話 "go away"，全部樂器敲三下。

沒有限定什麼部位要什麼樂器，只要幼兒選擇或討論出的任何樂器都可以。

4 **邊唱邊貼**：全部幼兒演唱或演奏，請一位幼兒來一一貼上部位。

| 先準備好素材 | 依照歌詞貼上各個部位 | 完成 |

同樣的元素，每位幼兒的想像不同，排出來的作品也不同。可以放在音樂區，讓幼兒排出自己心中的大怪物。

影1-4

5 **角色扮演**：由教學者先扮演大怪物，裝扮好，戴上怪物面具。請七位幼兒各持一個臉部部位，聽歌詞到自己的部位就要把該部位貼上去、指出來、拿掉。

大怪物動作自由發揮

將部位一一貼在怪物臉上

森 林 裡 有 隻 大 怪 物， 走 起 路 來 wi-wi-wi。

1.他 有 一 對 大 眼 睛！ No！ 可 怕 大 怪 物 呀 go a-way！
3.還 有 一 個 小 鼻 子！
5.還 有 很 多 尖 牙 齒！ 全部幼兒說 NO 踏腳撥手狀
7.還 有 一 些 翹 頭 髮！

2.還 有 一 對 粗 眉 毛！
4.還 有 一 個 歪 嘴 巴！
6.還 有 一 對 大 耳 朵！

一一拿掉

森 林 裡 有 隻 大 怪 物， 走 起 路 來 wi-wi-wi。

翹 頭 髮 go！ 大 耳 朵 go！ 尖 牙 齒 go！ 歪 嘴 巴 go！

小 鼻 子 go！ 粗 眉 毛 go！ 大 眼 睛 go！ 耶！

全部幼兒說「耶！」

可 怕 大 怪 物 呀 go a-way！

踏腳撥手狀

16
節
日

523

怪物自由發揮　　　依照歌詞貼上各個部位　　　大怪物終於走了

影1-5

6 **鬆散素材**：可以將不織布改為鬆散素材，請幼兒選出各種鬆散素材代表什麼部位。

此曲很適合萬聖節的活動，也可以讓幼兒設計自己的大怪物（用各種視覺藝術媒材）。

影1-6

7 **回應與賞析**：請幼兒分享速度對情緒的影響，以及剛才扮演各種角色的經驗。

備註：1. 這個教案較長，教保人員可視狀況分為若干次進行。

2. 很多幼兒園不談怪物，但 *Go Away, Big Green Monster!* 是跟情緒相關的繪本，引導幼兒將各種情緒表達出來，是相當優良的繪本。在本曲中，最主要以逗趣的方式來進行，不強調怪物的可怕之處，值得較大的幼兒嘗試。

23
Trick or treat

詞曲：廖美瑩

A

Trick or treat? 不 給 糖 吃 我 就 要 搗 蛋 了。

B

神 氣 巫 婆 騎 著 掃 把 帶 著 小 貓，活 潑 蝙 蝠 一 群 一 群 飛 出 來。

吸 血 鬼 也 來 了，骷 顱 頭 也 來 了，萬 聖 節 par-ty 就 要 開 始 了。

A

Trick or treat? 不 給 糖 吃 我 就 要 搗 蛋 了。

🎵 歌曲分析

調性：c小調　**音域**：11度　**難易度**：易到中

風格：戲劇性

曲式：ABA

音樂進行順序：前奏—A—B—A—間奏—A—B—A

🎵 歌曲特色與活動設計重點

曲式	角色
ABA	四種角色 （巫婆、蝙蝠、吸血 鬼及骷顱頭）
A段可設計較為定點律動的角色； B段可以依照歌詞進行扮演。	可進行戲劇扮演。

教保活動範例一　Trick or treat

■ 適用年齡：3-6歲

學習指標	美-2-2-3 以哼唱、打擊樂器或身體動作反應聽到的旋律或節奏
	美-2-2-5 運用動作、玩物或口語，進行扮演
活動目標	1. 能利用樂器伴奏歌唱
	2. 肢體能反應音樂的特色，並做出相對應的律動
	3. 能與他人一起進行角色扮演
教學資源	音樂（23 Trick or treat）、裝扮服飾配件、萬聖節圖片、角色圖片（巫婆、蝙蝠、吸血鬼、骷顱頭）、樂器（小鼓刷、木鳥、辣齒、木魚）

● ● ● **活動步驟與內容** ● ● ●

1 **用圖片引起動機**：教學者利用萬聖節相關的圖片引起動機。問幼兒萬聖節會聯想到什麼，並介紹 trick or treat 的由來。

2 **A 段**：練習 A 段的動作，當聽到「搗蛋了」就要拍手拍三下。也可引導用其他動作取代拍手，例如：踏腳、拍肚子等。讓幼兒熟悉歌詞的 A 段。動作建議如下：

3 **B 段**：播放 B 段音樂，請幼兒說出共有哪幾種角色（巫婆、蝙蝠、吸血鬼及骷顱頭）。可以透過圖片一一介紹這四種角色的傳統特質。

4 **角色扮演**：討論各種角色表現的方式。

5 **戲劇扮演**：可以穿戴各種角色的戲服或道具，分配角色後進行練習。最後以音樂律動劇的方式呈現。

| 巫婆與小貓 | 吸血鬼 |

| 蝙蝠 | 骷顱頭 |

影1-5

服裝道具設計及製作：林秀琴、廖美瑩、戴美鎔

6 **樂器與角色配對**：提供幾種打擊樂器，讓幼兒自由配對，看看什麼角色適合什麼樂器來伴奏。

角色	骷顱頭	巫婆	蝙蝠	吸血鬼
樂器	木魚	小鼓、鼓刷	木鳥	辣齒

7 **樂器合奏**：分配樂器並聽音樂進行合奏。

影1-7

8 **鬆散素材合奏**：進行鬆散素材的探索，同步驟7。並進行合奏。

備註：此教案參考廖美瑩（2020）科技部實務專題計畫中蕭利倩老師的教案設計。

24
萬聖節 party（律動）

曲：蕭利倩

E段骷顱頭

註：1.曲式：ABACADAEA。
　　2.此曲參考廖美瑩（2019）科技部實務專題計畫中蕭利倩老師所創作的「Halloween party」。

 樂曲分析

難易度：易到難
風格：戲劇性

🎵 樂曲特色與活動設計重點

樂段	特色
蝙蝠	四分音符（走）+二分音符（飛）
巫婆	附點四分音符
吸血鬼	三連音
骷顱頭	八分音符（斷奏）

樂段	前奏	A1	B	A2	C
角色		敲門	蝙蝠	敲門	巫婆
起點	0"	09"	27"	44"	1'02"

樂段	A3	D	A4	E	A5
角色	敲門	吸血鬼	敲門	骷顱頭	敲門
起點	1'21"	1'38"	1'47"	2'05"	2'22"

教保活動範例二　萬聖節派對

適用年齡：3-6歲

學習指標　美-2-2-3 以哼唱、打擊樂器或身體動作反應聽到的旋律或節奏

美-3-1-1 樂於接觸視覺藝術、音樂或戲劇等創作表現，回應個
人的感受

活動目標　1. 能夠在正確的時間準確敲擊「叩叩」

2. 能夠指著音畫唸出 A 段

3. 能與他人共同進行角色扮演律動劇

4. 樂於欣賞及回應表演經驗

教學資源　音樂（24 萬聖節 party 律動、44-48 分段音樂）、手鼓、音畫、
小屋、戲劇扮演服裝及道具

活動步驟與內容

1 **引導動機**：介紹一個很會變魔法的魔法師，並詢問幼兒萬聖節 party
這位魔法師會變出誰來表演。

2 **聲音覺察**：播放 A 段音樂，問幼兒聽到什麼。聽到「叩叩」表示大家
說「叩叩」時，魔法師就把不同的角色變出來表演。

3 **探索「叩叩」**：探索怎麼敲出不同的「叩叩」，例如：敲地板、門、
椅子、桌子。

4 **樂器敲打「叩叩」**：幼兒圍坐成一圈，教學者拿著手鼓，走到誰的面
前，誰就要敲出叩叩。幼兒也可以嘗試每人用響棒、響板或手鼓敲出
叩叩。

建議邊唱：「是誰來表演？叩叩（三次）。12345 魔法。」

5 **音畫**：利用音畫加深幼兒對 A 段的印象，並與口語「是誰來表演？叩叩」結合。

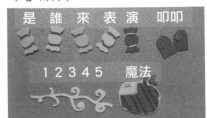

音畫設計與製作：廖美瑩

邊看邊指著音畫，會增加對樂段的理解。

6 **是誰來表演**：利用厚紙板做成三個小屋，選擇三種角色依序進場。邊唱「是誰來表演？」邊找到一個小屋，接著唱「叩叩」，做敲門狀，然後躲進小屋。第四次則三種角色一起變魔法。

第一個角色進來

角色依序進來

施魔法

影2-6

7 **戲劇表演**：幼兒分為四組，各扮演不同的角色。與各組討論如何表演，練習之後聽音樂演出音樂劇。

是誰來表演

叩叩

角色一一到台前表演

變魔法

影2-7

8 **回應與賞析**：幼兒可以分組表演，並回應自己當表演者與觀眾的體驗。

> 備註：1. 此教案較長，可視幼兒的經驗及能力分成幾次進行。
>
> 　　　 2. 此教案參考廖美瑩（2020）科技部實務專題計畫中蕭利倩老師的教案設計。

教保活動範例三　萬聖節演偶去

◢ 適用年齡：3-6歲

學習指標 ▌美-2-2-3 以哼唱、打擊樂器或身體動作反應聽到的旋律或節奏
　　　　　　 美-3-1-1 樂於接觸視覺藝術、音樂或戲劇等創作表現，回應個人的感受

活動目標 ▌1. 能理解樂曲結構並能用偶反應出音樂特色
　　　　　　 2. 樂於戲劇扮演並勇於分享個人感受

教學資源 ▌音樂（24 萬聖節 party 律動、44-48 分段音樂）、樂段圖片、偶

● ● ● ● **活動步驟與內容** ● ● ● ●

1 **複習歌詞**：教學者準備各個樂段的圖片，每聽到一個樂段擺出相對應的圖片，增加幼兒對樂曲結構的認識。

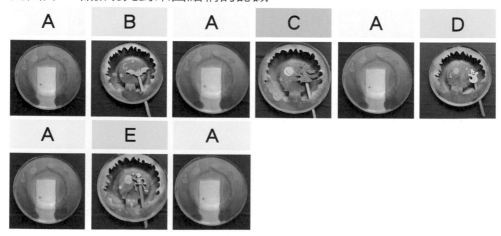

2 **偶戲分段練習**：請幼兒來示範各個段落可以怎麼演偶。

3 **偶戲表演**：每個人負責一個段落，聽音樂，串連起來表演（需要五位幼兒）。

「是誰來表演？叩叩」　　蝙蝠　　巫婆

吸血鬼　　骷顱頭

偶台設計與製作：王巧樂、廖美瑩

影3-3

4 **回應與賞析**：幼兒可以分組表演，並回應自己當表演者與觀眾的體驗。也可以分享之前用人扮演及偶扮演的感想。

延伸活動　　可以製作萬聖節的各種偶，進行戲劇扮演。

音樂學習區之實踐

♪ 可以玩什麼？

探索與覺察	表現與創作	回應與賞析
● 肢體探索 ● 聲音探索 ● 音色覺察	● 樂器、律動及舞蹈表現 ● 律動劇表現 ● 認識曲式 ● 音畫創作 ● 萬聖節樂器製作 ● 偶劇操作與表演	● 歌曲及樂曲賞析 ● 透過鬆散素材玩賞析 ● 回應別人表演及個人作品之感想

♪ 樂器及素材提供

音樂欣賞：音樂播放器、萬聖節相關音樂（例如：大怪物go away、Trick or treat、萬聖節 party律動）、萬聖節 party A 段音畫。

樂器：各種材質的打擊樂器各一到二種（例如：手鼓、辣齒、搖鈴、三角鐵）。

鋪排用鬆散素材：可以進行 A 段音畫鋪排的素材。

偶&樂器製作用具及素材：視欲製作的偶和樂器類型準備相關之素材及用具。

圖畫書：萬聖節相關圖畫書、*Go Away, Big Green Monster!*。

戲劇扮演之服裝用具：能進行戲劇扮演的道具或戲服。

偶：萬聖節相關的偶。

萬聖節室外美感領域整合區

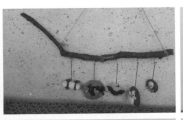

鬆散素材及扮演區　　偶戲區　　樂器及表演區

打擊樂器　　自製樂器

圓盤棒偶及曲式偶（牆）　　幼兒可以操作各種偶

幼兒可以在這裡進行大怪物的面具、
鬆散素材創作及音畫鋪排

幼兒可以在此盡情進行角色扮演

🎵 學習指標與引導重點

學習指標	引導重點
美 1-2-2 探索生活環境中各種聲音，感受其中的差異	● 敲看看，什麼聲音最適合巫婆的音樂（或其他角色）？
美 2-2-1 運用各種視覺藝術素材與工具，進行創作	● 萬聖節有什麼顏色？會想到什麼東西？你可以做成一個樂器嗎？ ● 萬聖節的歌裡面有什麼角色？你要做什麼道具？ ● 你會把萬聖節 party 中的「叩叩」用鬆散素材排出來嗎？你可以邊指著它邊唸出來嗎？
美 2-2-3 以哼唱、打擊樂器或身體動作模仿／表現聽到的旋律或節奏	● 你覺得怎麼用這些樂器來伴奏 Trick or treat 這首歌？
美 2-2-3 運用哼唱、打擊樂器或身體動作進行創作	● 你會一邊唱歌一邊敲樂器嗎？ ● 你可以聽聽音樂，做一個很像音樂裡面的角色會做的動作嗎？
美 2-2-4 以高低強弱快慢等音樂元素表達感受	● 大怪物 go away 的歌有時候快有時候慢，你覺得你表現的有沒有不同？
美 2-2-5 運用動作、玩物或口語，進行扮演	● 你覺得巫婆要怎麼打扮？要怎麼演？ ● 你可以嘗試用偶來演戲嗎？
美 3-1-1 樂於接觸視覺藝術、音	● 你剛才演巫婆好像喔，你怎麼演的？巫婆有什麼動作很特殊？你會學她叫嗎？（其他

樂或戲劇等創作表現，
回應個人的感受

的角色亦可如此引導）

● 你覺得小芬剛剛演巫婆，像不像？

● 跟好朋友分享你的音畫及創作。

● 你喜歡跟大家一起演戲嗎？最開心的是什麼？

25
聖誕老人的鈴鐺不見了

詞曲：廖美瑩

聖誕老人 進城來， 他的 鈴鐺 不見了。

大家一起唱
鈴鐺 在哪裡？ （鈴鐺聲）

中間被蓋住的人唱
在這裡呀 在這裡！

歌曲分析

調性：D大調　音域：5度　　　　難易度：易到中
風格：問與回應（call & response）

歌曲特色與活動設計重點

遊戲	音樂元素
猜聲源	小3度音（Sol Mi）
猜鈴鐺在誰身上的遊戲。	1. 第七、八小節提供獨唱機會。 2. 唱準確的小3度。

教保活動範例一　聖誕老人的鈴鐺不見了

■ **適用年齡：3-6歲**

學習指標　■ 美 -2-2-3 以哼唱、打擊樂器或身體動作模仿／表現聽到的旋律
　　　　　　　　或節奏
　　　　　　■ 美 -2-2-4 以高低強弱快慢等音樂元素表達感受

活動目標　■ 1. 能配合歌詞與大家進行音樂遊戲
　　　　　　■ 2. 能唱出準確的小 3 度

教學資源　■ 音樂（25 聖誕老人的鈴鐺不見了）、鈴鐺、布條

● ● ● ●　**活動步驟與內容**　● ● ● ●

1 **故事引起動機**：教學者說聖誕老人的故事：「在大雪中，聖誕老公公
駕著雪橇要去送禮物，因為大雪視線不良，怕動物撞上來，所以聖誕
老公公就會拿著鈴鐺一直搖，但是他的鈴鐺不見了，怎麼辦啊？」藉
以引起幼兒對鈴鐺的關注。
「雪地中沒有鈴鐺會怎麼樣？」

2 **練習唱「在這裡呀在這裡」**：當教學者唱「鈴鐺在哪裡？」時，搖一
搖鈴鐺，小朋友就要唱「在這裡呀在這裡」。等團體練習好，教學者
指到哪位幼兒，哪位幼兒就要唱出來。

鈴　鐺　在 哪 裏？　（鈴鐺聲）　　在 這 裏 呀 在 這 裏！

這個練習叫「問與回應」。先練習好。

3 **分段練習**：幼兒圍成一圈坐下。
3-1 選出一位幼兒當聖誕老公公坐到中間，並用布條覆蓋全身。
3-2 幼兒們邊隨歌聲邊搖動身體。
3-3 教學者選出圓圈裡的一位幼兒拿鈴鐺。當唱完「鈴鐺在哪裡？」後，拿到鈴鐺
的人要搖晃鈴鐺，之後又藏起來。
3-4 聖誕老人要猜鈴鐺在哪邊，因此當教學者將布條掀起時，聖誕老人指著那個人
唱「在這裡呀在這裡」。

4 **播放音樂進行遊戲**：播放音樂進行遊戲，大家輪流當聖誕老人。

| 聖誕老人進城來，他的鈴鐺不見了 | 鈴鐺在哪裡（搖鈴鐺） | 在這裡呀在這裡 |

- 這是判斷聲音方向的練習。
- 鼓勵大家一起唱「鈴鐺在哪裡？」拿到鈴鐺的人要唱準「在這裡呀在這裡」（提供獨唱的機會）。如果幼兒人數較多時，可以分組，例如：五個人一組坐密集一點。

影1-3

備註：此教案構想參考美育旺旺文化（2001）之教材——「聖誕老公公的鈴鐺不見了」。

26
雪地遊戲（律動）

曲：盧康誠

🎵 樂曲分析

調性：D大調
曲式：AB兩段式（A：重；B：流暢）
難易度：易到中

🎵 樂曲特色與活動設計重點

音樂元素：節奏	曲式
A段：四分音符；B段：二分音符	AB
設計雪地裡對比的律動。	A段：踩雪；B段：滑雪。

教保活動範例二　雪地遊戲

適用年齡：3-6歲

學習指標 美-2-2-3 以哼唱、打擊樂器或身體動作反應聽到的旋律或節奏

美-2-2-4 以高低強弱快慢等音樂元素表達感受

美-2-2-5 運用動作、玩物或口語，進行扮演

活動目標 1. 能根據音樂的特性做出短拍（走路）及長拍（滑雪）

2. 能根據音樂的特色做適性的律動（A段：重重的走路；B段：流暢的滑動）

3. 能夠判別A、B段音樂的異同，並做出相對應的動作

4. 能根據音樂特性進行角色扮演

教學資源 音樂（26 雪地遊戲律動、安德森的作品《被遺忘的夢》）、有關雪地的圖片、絲巾、鼓棒

活動步驟與內容

1 **歌唱引起動機**：唱一首有關雪地的歌，例如：

（師）啦 啦 啦 啦　啦 啦 啦，（幼）雪 花 雪 花　飄 下 來。

「你們有沒有看過雪？」

「很冷的時候要穿什麼鞋子？」（提供照片）

2 **A段——體驗雪地走路**：問幼兒在雪地走路的情形，並體驗雪地上走路重重的感覺。播放A段音樂。

3 **B段——體驗滑雪**：問幼兒在雪地可以玩什麼遊戲，並體驗滑雪的感覺。播放B段音樂。

要拉一個長長的拍子，肢體的伸展要夠，這對幼兒並不容易，需要多加練習才能夠跟音樂切合。也可以讓幼兒聽B段音樂，讓幼兒感覺這像是在雪地玩什麼遊戲。

4 **雪地遊戲律動A、B段**：聽看看音樂，什麼是走路的音樂？什麼是滑雪的音樂？

5 雪地遊戲音樂劇：動作進行如下。

樂段	前奏	A	B	A	B	A	尾奏
起點	0"	05"	25"	49"	1'09"	1'33	1'52"
建議動作	穿靴子	走路	滑雪	走路	滑雪	走路	脫靴子

前奏及尾奏	A	B

穿／脫靴子	走路	滑雪

可用絲巾綁住腳當靴子，拿竹竿或鼓棒當滑雪棒。

影2-5

6 安德森《被遺忘的夢》：聆聽音樂，想像各種劇情，並進行角色扮演。

前奏：睡覺

前奏：換外出服

A：踏在雪地上

A：丟雪球

B：滑雪

B：躺著做雪天使

16
節
日

| 尾奏：脱下裝備 | 尾奏：睡著了 |

● 步驟 2 到步驟 6 的構想參考 Briggs, R.（2000）的 *The Snowman*。

● 步驟 2 到步驟 6 可以獨立成一個教案，好好探討每個樂段。

影2-6

延伸活動 可以想看看還有什麼主題可以玩這首音樂。

主題	前奏	A	B	尾奏
動物	動物醒了	熊在走路	大鳥飛	動物睡著了
農夫	伸懶腰	辛勤工作（拿鋤頭）	累了躺著聽風聲看雲移動	睡著了

27
女巫之舞（古典樂）

曲：帕格尼尼

🎵 樂曲分析

曲式：ABA

A段：前面輕快的節奏＋後面三連音（轉圈圈感），設計兩

個對比的動作。

B段：連續四個三連音。

A' 段：最後一個長音後靜止。

難易度：易到中

風格：戲劇性

備註：此首歌曲曲式簡單，適合各種主題。

教保活動範例一　女巫之舞

適用年齡：2-6歲

學習指標	美 -1-2-2 探索生活環境中各種聲音，感受其中的差異
	美 2-2-3 以哼唱、打擊樂器或身體動作反應聽到的旋律或節奏
活動目標	1. 能覺察及分辨附點音符及三連音
	2. 能了解曲式並做相對應的律動
教學資源	音樂（27 女巫之舞古典樂）、樂器（棒棒糖鼓、沙鈴、鬆散素材）、彈性繩或氣球傘、布條

活動步驟與內容

1 **聲音覺察與律動**：教學者即興唱出斷奏，請幼兒在空中用食指點出斷奏來。轉換到圓滑（三連音），請幼兒自創一個手部動作（例如：畫圈圈）。

有時候教學者做聲音即興是重要的，如此比較能掌握幼兒的注意力，以及確保正確性，適時停止或澄清。

影1-1

2 **律動**：播放音樂，隨著音樂舞動，A段神氣的跳舞，B段原地轉圈圈。

影1-2

3 **演奏樂器**：幼兒分為兩組，一組為附點組，一組為三連音組。請幼兒探索，什麼樣的樂器適合哪一個樂段，例如：附點組為棒棒糖鼓；三連音組為沙鈴（轉圈圈）。

影1-3

4 **鬆散素材演奏**：探索還有什麼鬆散素材可以當成樂器來演奏這首樂曲。

5 **彈性繩或氣球傘體驗樂曲**：參考以下動作。

前奏	附點	三連音（一個）	連續四個三連音
往右傳	上下晃動	繞圈圈	往前傾／往後仰

影1-5

6 **布條之舞**：同步驟 5 的作法。

教保活動範例二　慶元宵

◢ 適用年齡：2-6歲

學習指標 ▌ 美 -1-2-2 探索生活環境中各種聲音，感受其中的差異

美 -2-2-3 以哼唱、打擊樂器或身體動作反應聽到的旋律或節奏

活動目標 ▌ 1. 能透過音畫理解音樂結構並描述樂曲的特色

2. 能了解曲式並做相對應的律動

3. 能運用樂器或鬆散素材伴奏樂曲

教學資源 ▌ 音樂（27 女巫之舞古典樂）、煙火棒、呼拉圈、自製燈籠、大

龍球、自製塑膠袋彩帶、 絲巾、小球、兩種打擊樂器或鬆散素

材樂器、音畫

● ● ● ● **活動步驟與內容** ● ● ● ●

1 **音畫與欣賞**：播放音樂，教學者指著音畫，請幼兒用手指在空中跟教
學者一起畫，並詢問這首樂曲有什麼特色。

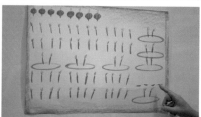

音畫設計與製作：王巧樂

影2-1

2 **律動**：設計元宵節的活動如下表。

	附點	三連音	教學資源
放煙火	到處放煙火	跳入呼拉圈轉圈圈	煙火棒、呼拉圈
提燈籠	到處提燈籠	原地轉圈圈	燈籠
搓湯圓	拍	第一次揉，連續四個變成湯圓	大龍球
傳湯圓	上下晃動絲巾	傳湯圓	絲巾、小球
彩帶	上下晃動彩帶	隨意舞動	塑膠袋彩帶

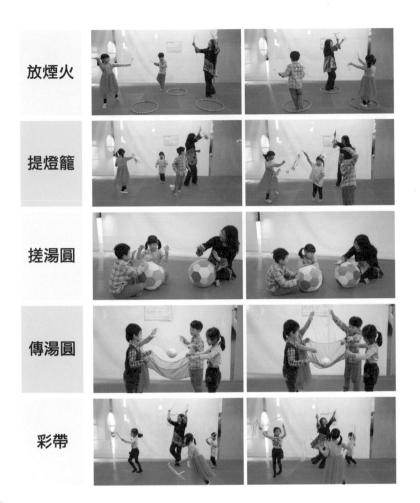

放煙火		
提燈籠		
搓湯圓		
傳湯圓		
彩帶		

影2-2

③ 樂器或鬆散素材演奏： 拿較喜氣的物品或鬆散素材來演奏，可分為兩組（敲打組、搖組）來進行。

影2-3

教保活動範例三　爸爸媽媽我愛您

適用年齡：2-6歲

學習指標	美-2-2-3 以哼唱、打擊樂器或身體動作反應聽到的旋律或節奏
	美-3-2-2 欣賞音樂創作，描述個人體驗到的特色
活動目標	1. 能了解曲式並做相對應的律動
	2. 能樂在表演並分享其感受
教學資源	音樂（27 女巫之舞古典樂）、一束花、娃娃若干、小球若干

●　●　● 活動步驟與內容 ●　●　●

1 **音畫與欣賞**：複習本單元活動範例二之音畫。

影3-1

2 **律動**：設計父親節或母親節的活動如下表。

	附點	三連音	教學資源
傳花朵	傳花	拿花在空中轉圈	花束
送花（接力）	一人拿花送給下一位	拿到花轉個圈	花束
拍拍小寶貝	拍娃娃	抱著娃娃轉圈	三個娃娃
按摩	用球輕拍身體	球在身體上轉圈	小球

傳花朵

送花（接力）

| 拍拍小寶貝 |  |  | |
| 按摩 |  |  | 影3-2 |

3 **分享**：分享用不同活動來感受母親節或父親節的感想。

教保活動範例四　歡樂聖誕節

■ **適用年齡：2-6歲**

學習指標 ┃ 美-1-2-2 探索生活環境中各種聲音，感受其中的差異

美-2-2-3 以哼唱、打擊樂器或身體動作反應聽到的旋律或節奏

活動目標 ┃ 1.能探索絲巾可以做出的各種雪花的律動

2.能了解曲式並做相對應的律動

3.能運用樂器或鬆散素材伴奏樂曲

教學資源 ┃ 音樂（27 女巫之舞古典樂）、絲巾、裝著球的伸縮衣、彩帶、裝飾人當聖誕樹、聖誕樹、裝飾品、具聖誕節特徵之自製樂器兩種

● ● ● **活動步驟與內容** ● ● ●

1 **雪花體驗**：每人拿一條絲巾當作雪花往上撒。問幼兒雪花飄下時掉在哪裡。

影4-1

2 **律動**：設計聖誕節的活動如下表。

	附點	三連音	教學資源
聖誕老公公送禮物	聖誕老公公揹著禮物，句末交給另外一個人	拿到的人扛起來繼續走	裝著球的伸縮衣
歡樂聖誕樹	聖誕老人站中間，大家拿彩帶繞聖誕樹跳舞	拿彩帶者蹲下，聖誕樹創意表演或原地繞圈	彩帶 人當聖誕樹
裝飾聖誕樹	每人拿一個能黏貼的聖誕節裝飾品，跟著音樂隨意舞動	把裝飾品貼在樹上	聖誕樹 裝飾品

聖誕老公公
送禮物

歡樂聖誕樹

裝飾聖誕樹

影4-2

3 **鬆散素材演奏**：可以自製具有聖誕節特徵的樂器來演奏，例如：用紙盒拍打 A 段；寶特瓶搖鈴演奏三連音。

影4-3

延伸活動　任何一個節日或主題，都可以嘗試運用這首歌曲，利用不同樂段特色做相對應的律動。

音樂學習區

MUSIC LEARNING CENTER

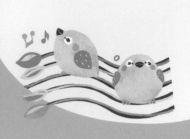

17 音樂學習區

主題	室內	室外	參考歌曲
森林	▨		第二部曲 04 啄木鳥之歌 第二部曲 10 林中杜鵑（古典樂）
大自然	▨	▨	第二部曲 13 愛跳舞的葉子精靈 第二部曲 18 彩色石頭真神氣 第二部曲 19 風兒跟我玩遊戲
交通工具		▨	第三部曲 01-11 有關交通工具 　　　　　　　之所有歌曲
溜滑梯		▨	第三部曲 12 溜滑梯
母親節	▨		第一部曲 18 毛毛蟲的信 第三部曲 18 我愛媽媽 第三部曲 27 女巫之舞（古典樂）

備註：音樂區中若有主題，可以找到相關的歌曲或音樂，幼兒可利用這些歌曲及音樂
延伸到各種美感領域活動。以上所列出的是本書影音教材版中的歌曲及古典
樂，教學者可視幼兒興趣及經驗加入其他歌曲及樂曲，活絡音樂區的活動。

音樂學習區範例一 森林（室內）

 環境規劃

原貌

布置完成

樂器及素材櫃

音樂區

偶戲區

操作區

律動、舞蹈、遊戲及扮演區

選擇這個角落的理由

1. 教室較小，整併美感領域成區中區的樣子，需要一個較為獨立的角落。

2. 這個角落距離其他安靜的學習區較遠，可避免吵雜因素。

3. 因為是森林主題，想要用布條營造出森林的感覺，有個轉角比較容易布置。

4. 這個區域可以有延伸的空間，讓幼兒進行音樂遊戲、律動及戲劇扮演。

環境設計及布置

構想：因為當時是秋天，用綠色及橘色布條來布置，營造秋天森林的感覺。區中區的設計，可以讓幼兒同時進行以聽覺藝術為主，整合美感領域的學習區。

左側擺放桌椅，可以提供視覺藝術創作、鬆散素材的排列及教具操作。

角落有一棵情境樹及鳥巢可以進行偶戲。旁邊有故事書可説音樂森林的故事。

樂器及素材櫃：第一層的左邊是林中杜鵑的教具；右邊是樂器，為避免吵雜聲，各種材質的樂器只要放一到二個就可以。最下方是視覺藝術用具，其他則是擺放各式鬆散素材。

櫃子上可以展示幼兒的作品。

各式分類好的鬆散素材。

蒐集自然素材。

可敲打的鬆散素材，每種音色避免過多引起吵雜聲。

音樂欣賞區及樂器演奏區：有舒服的小沙發、小音響及耳機，幼兒可以坐

在這裡舒服的聽音樂，也可以敲打樂器。旁有一個鐵琴跟木琴，只有 D 和 A 兩個琴鍵，鐵琴最主要為搭配林中杜鵑「布穀」的音樂聲，右邊木製音磚可以敲啄木鳥之歌或其他歌曲。D 跟 A 是最和諧的音，也適合幼兒的音域，可以在音樂區製造和諧。旁邊擺了許多的琴槌，最主要為提供幼兒探索音色，不同材質會敲出不同的音色。

這一棵大樹提供戲劇扮演偶台，右邊則提供遊戲及律動用的素材。這個偶台可以進行偶戲及 LED 投影的想像遊戲。小樹上面有年輪，年輪裡面包著各種材質的瓶蓋，可以讓幼兒進行音色探索。樹的右側看到的是 LED 投射版及手指 LED 燈。藍色架子上有許多各式布條、絲巾、彩帶及娃娃等，這些都可用來進行所有的想像遊戲及律動。

🎵 可以玩什麼？

探索與覺察	表現與創作	回應與賞析
肢體探索	樂器、律動及舞蹈表現	歌曲及樂曲賞析
聲音探索	音樂律動劇表現	透過鬆散素材玩賞析
音色探索與覺察	音樂元素的認識	回應別人表演及個人作品之感想
	節奏創作、頑固伴奏創作	
	音畫創作	
	音樂遊戲創作	

音樂區開放情形

靜靜欣賞音樂

專心敲打林中杜鵑的「布穀」

一起演奏林中杜鵑

合奏

探索手指LED燈可以怎麼表現樹葉跳舞的樣子

用手指LED燈玩葉子音樂律動

用手指LED燈演森林的音樂故事

學小鳥飛

自創音樂節奏遊戲

自創林中杜鵑的遊戲

自創林中杜鵑的遊戲

自創啄木鳥之歌節奏音高遊戲

角色扮演：裝扮成一棵樹

演出林中杜鵑（演出者與觀眾）

說啄木鳥的故事 （邊說邊唱）	視覺藝術：蓋出林中杜鵑

賞析：用珠子排出
林中杜鵑樂句

賞析：用鈕扣排出
林中杜鵑樂句

賞析：用自然素材排出
林中杜鵑樂句

鬆散素材排出森林情境

音樂賞析：排出音樂結構

教具操作林中杜鵑迷宮

唱有關小鳥的歌

拍攝地點：新竹縣私立小太陽幼兒園

備註：學習指標與引導重點請參考第四至六章及教保活動範例三部曲中的歌曲範例。

音樂學習區範例二 大自然（室內）

🎵 環境規劃

原貌

布置完成

音樂欣賞區

樂器區

鬆散素材操作區

律動、舞蹈、戲劇扮演區

🎵 選擇這個角落的理由

1. 音樂欣賞區靠牆，布置出舒適感，並且能跟窗外的視野做連結，增加幼兒音樂聆賞的美感經驗及滿足感。

2. 距離其他學習區較遠（尤其是語文區），避免干擾因素。

3. 跟鬆散素材及美勞區相鄰，可以有區中區的互相支援的概念。

4. 有一個延伸的空間，可以做律動及戲劇扮演。

環境設計及布置

構想：主要以線條與樹葉之垂簾及樹幹的裝飾為主。區中區的設計，可以讓幼兒進行以聽覺藝術為主的活動，同時也可以整合美感領域的學習區。

音樂欣賞區：舒服坐墊、耳機及 葉子垂簾營造大自然感。
USB 播放器。

- 樂器區：營造優美的樂器探索及演奏環境，讓幼兒自然優雅的敲打樂器。
- 樂器數量不要多，種類不要多，各種材質各一到二種，才會避免吵雜聲。

- 鬆散素材操作區：提供舒服的坐墊可以進行操作性音樂遊戲或鬆散素材鋪排音樂元素。
- 提供各式跟大自然相關的鬆散素材。
- 藍色架子上提供可以進行律動、音樂遊戲的鬆散素材，例如：絲巾、彩帶、布條等。
- 右邊的板子提供音樂的行進音圖像（上行、平行、下行音）。
- 幼兒可以用鐵琴敲出大自然的聲音，例如：落葉聲、雨滴聲。

可以玩什麼？

探索與覺察	表現與創作	回應與賞析
● 肢體探索 ● 聲音探索 ● 音色探索與覺察	● 樂器、律動及舞蹈表現 ● 音樂元素的認識 ● 音畫創作 ● 音樂遊戲創作 ● 手指 LED 燈律動表現及偶戲	● 歌曲及樂曲賞析 ● 透過鬆散素材玩賞 ● 回應別人表演及個人作品之感想

邊聽音樂邊用手指LED燈
表現音樂

進行手指LED燈探索及
手指LED燈偶戲

手指LED燈探索

手指LED燈音樂律動

音樂賞析：排出彩色石頭
真神氣的節奏

運用不同的鬆散素材
代表拍子

拍攝地點：桃園市楊光非營利幼兒園

音樂學習區範例三
大自然（室外）

 環境規劃

原貌

布置完成

 選擇這個角落的理由

1.在室外幼兒能盡情敲打，
避免干擾因素

2.室外有足夠的空間可以讓幼兒
盡情做肢體的延展

3.室外包含大自然的資源，幼兒可以就地
取材進行大自然探索及音樂想像遊戲

4.室外可以放鬆心情，
盡情享受慢活

環境設計及布置

構想：音樂區設置在橄欖樹下有豐富的大自然元素。

鬆散素材

素材架　　　樂器架

旋律樂器

提供各式的鬆散素材讓幼兒可以進行
聲音探索及演奏。

素材架：提供各式素材，以便幼兒進
行各種想像遊戲。

樂器架：樂器組或各種材質的小型打
擊樂器、鐵琴、幼兒蒐集的大地元
素、絲巾及布條，這些是室外音樂學
習區重要的素材。

🎵 可以玩什麼？

探索與覺察	表現與創作	回應與賞析
● 肢體探索 ● 聲音探索 ● 音色探索與覺察 ● 覺察大地聲音 ● 探索大地元素與音樂的關係	● 樂器、律動及舞蹈表現 ● 音樂元素的認識 ● 音樂創作 ● 音畫創作 ● 音樂遊戲創作	● 歌曲及樂曲賞析 ● 透過鬆散素材玩賞析 ● 回應別人表演及個人作品之感想

可以什麼事情也不做，也可以靜靜的聆聽大地的聲音，或輕輕唱歌。幼兒感覺在，美感就自然的產生

進行樂器探索與演奏

進行想像的扮演活動

鐵琴與律動的對話

聲音探索與覺察

改編歌詞及遊戲

可以排出音樂元素（強弱弱）

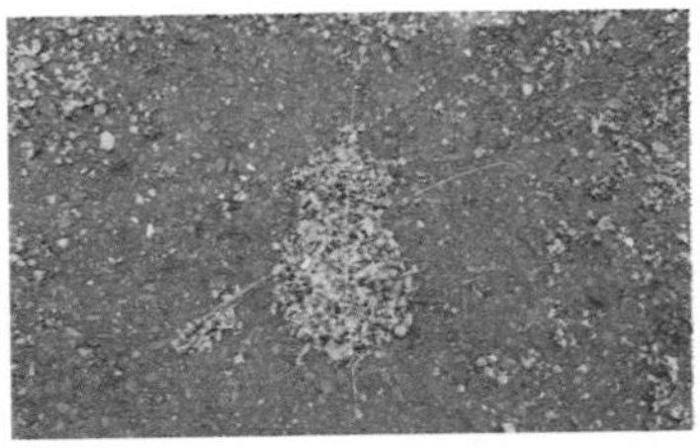

用大地鬆散素材排出各種樂器

做成樂器符號（大提琴）

拍攝地點：桃園市楊光非營利幼兒園

音樂學習區範例四
交通工具（室外）

 環境規劃

原貌

布置完成

操作區

音樂探索區

律動、遊戲、表演、角色扮演區

選擇這個角落的理由

1. 此音樂學習區教學目標以大肌肉的探索為主，讓幼兒體驗各種交通工具，因此
需要比較大的活動空間，所以選擇在室外進行，比較能滿足幼兒追逐的需求。

2. 能提供較多音色的鬆散素材，且在室外幼兒也能盡情探索敲打。

🎵 環境設計及布置

架子上擺著各式的樂器及律動用的素材。

提供幼兒進行鬆散素材鋪排或製作交通工具。

鬆散素材台提供各種音色的鬆散素材，以提供幼兒進行探索。

鬆散素材台背後具收納功能，可將幼兒做的交通工具作品（例如：飛機）一起收納。

🎵 可以玩什麼？

探索與覺察	表現與創作	回應與賞析
● 大肌肉活動探索 ● 聲音探索 ● 音色探索與覺察	● 樂器、律動及舞蹈表現 ● 音樂律動劇表現 ● 體驗音樂元素 ● 音畫創作 ● 音樂遊戲創作 ● 製作交通工具道具 ● 戲劇扮演	● 歌曲及樂曲賞析 ● 透過鬆散素材玩賞析 ● 回應別人表演及個人作品之感想

玩火車遊戲

體驗速度（快與慢）

火車遊戲（聽辣齒的速度）

討論如何做一台飛機

做好的飛機可以飛翔了

唱飛機的歌；咻，要飛到哪裡去？

聲音覺察：聽鐵琴的聲音，什麼時候遇到亂流

創作遊戲

一起用鬆散素材排出 Taxi Tango

音色探索：哪一個像叭叭叭

演奏Taxi Tango

樂器合奏

拍攝地點：新竹縣私立小太陽幼兒園

音樂學習區範例五
溜滑梯（室外）

環境規劃

原貌

布置完成

律動及表演區

樂器演奏區

音高科學實驗區

選擇這個角落的理由

1. 此音樂學習區教學目標為體驗音高，探索過程中難免會製造較多不和諧音，因此在室外可避免干擾因素。

2. 提供較多旋律樂器會造成較多的吵雜聲，因此室外空間有較多的包容性。

3. 進行音高科學實驗需要水，靠近水源較方便，也比較不會把教室弄濕。

4. 室外有較多的空間可以容納八個人進行音階遊戲。

🎵 環境設計及布置

提供旋律樂器（律音管及鐵琴）。

旋律樂器（鐘琴、胖鼠鐘）及溜滑梯兒歌教具。

調音高之器材。

🎵 可以玩什麼？

探索與覺察	表現與創作	回應與賞析
● 探索旋律樂器的打擊方式 ● 聲音探索 ● 音高探索與覺察	● 樂器演奏或合奏表現 ● 體驗音高 ● 即興創作 ● 教具操作	● 歌曲及樂曲賞析 ● 透過鬆散素材玩賞析 ● 回應別人表演及個人作品之感想

探索各種旋律樂器的音色

探索律音管的玩法

一起演奏律音管

探索如何敲出好聽的胖鼠鐘

手指跟手掌發出來的聲音
不一樣

鐘琴用按的跟甩的都有聲音

即興創作（合奏）

觀察：利用杯緣產生聲音

嘗試科學實驗：摩擦產生聲音

進行科學實驗：調音高

探索與演奏

教具操作

拍攝地點：桃園市楊光非營利幼兒園

音樂學習區範例六
母親節（室內）

 ## 環境規劃

原貌

布置完成

 ## 選擇這個角落的理由

1. 音樂欣賞區靠牆可以有坐墊和舒服的靠枕，並且能跟窗外的視野做結合，增加幼兒音樂聆賞的美感經驗及滿足感。

2. 距離其他學習區較遠（尤其是語文區），避免干擾因素。

3. 跟鬆散素材及美勞區相鄰，可以有區中區的互相支援概念。

4. 有一個延伸的空間，可以做律動及戲劇扮演。

♫ 環境設計及布置

音樂欣賞區：舒服的坐墊、耳機及音響。可邊聽音樂邊看窗外，放鬆心情。

樂器故事區：鬆散素材樂器、小的打擊樂器、有關母親節的圖畫書。

情境操作桌：幼兒可在這邊蓋印畫，蓋出音樂元素，也可以做花。

鬆散素材：提供排列音樂元素的機會。

白色架子旁有自製彩帶；藍色架子上有伸縮衣、絲巾及布條，供律動及遊戲之用。

可以玩什麼？

探索與覺察	表現與創作	回應與賞析
● 肢體探索 ● 聲音探索 ● 音色探索與覺察	● 樂器、律動及舞蹈表現 ● 音樂律動劇表現 ● 音樂元素的認識 ● 節奏創作、頑固伴奏創作 ● 音畫創作 ● 音樂遊戲創作 ● 音樂故事說演	● 歌曲及樂曲賞析 ● 透過鬆散素材玩賞析 ● 回應別人表演及個人作品之感想

樂器探索

樂器演奏

邊說故事邊唱歌

鬆散素材音色探索

用撿回來的鬆散素材
排出華爾滋強弱弱節奏

音樂賞析：排出我愛媽媽歌曲
情境並邊唱邊指著音畫

用印章蓋出強弱弱節奏

扮演毛毛蟲媽媽

自創遊戲

拍攝地點：桃園市楊光非營利幼兒園

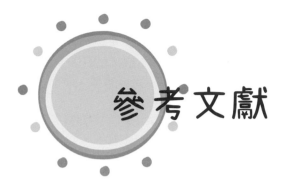

參考文獻

 中文部分

王昇美、陳淑芳（1999）。幼稚園教師對音樂教學的看法及實施現況調查。1999
　　行動研究國際學術研討會：海報論文集（頁 135-145）。國立臺東師範學院。

伍鴻沂（2001）。高屏地區幼稚園教師的音樂教學經驗與態度。**屏東師院學報，
　　14**，571-788。

吳天岳、徐向東（主編）（2011）。**托馬斯‧阿奎那讀本**（原作者：凱利‧克
　　拉克）。北京大學出版社。

吳幸如、蘇孟苹（2013）。**躍動音符創意小點子：自製樂器的製作與設計**。心理
　　出版社。

吳榮桂（2002）。**頭聲唱法解析**。樂韻出版社。

李玲玉（2007）。**嬰幼兒的音樂欣賞**。新學林出版股份有限公司。

李萍娜（2007）。幼兒在音樂區行為之探究。**藝術教育研究，14**，25-55。

李萍娜（2009）。教師介入幼兒自由音樂遊戲策略之行動研究。**藝術教育研究，
　　18**，33-68。

李萍娜、顏瑞儀（2008）。南部地區公立幼稚園音樂教學概況與影響音樂教學因
　　素之探討。**兒童與教育研究**，51-86。

幸曼玲、張衛族、曾慧蓮、周慧茹、林娟伶、鄭玉玲、……王珊斐（2018）。**幼
　　兒園教保活動課程大綱的實踐：以臺北市立南海實驗幼兒園方案教學為例**
　　（第二版）。心理出版社。

幸曼玲、楊金寶、丘嘉慧、柯華葳、蔡敏玲、金瑞芝、……林玫君（2017）。**新
　　課綱想說的事：幼兒園教保活動課程大綱的理念與發展**（第二版）。心理出
　　版社。

幸曼玲、簡淑真（2005）。**國民教育幼兒班課程綱要之能力指標專案研究**。教育
　　部委託專案。

林朱彥（2009）。幼兒聽覺與音樂能力發展知多少。**國教之友，60**（1），37-
　　44。

林朱彥、張美雲（2010）。**幼兒音樂與律動**。華都文化事業有限公司。

林朱彥、顏筱婷（2008）。幼稚園實施創造性音樂節奏遊戲教學需要性之探究。

奧福教育年刊，**9**，20。

林佩蓉（2021）。**幼兒園課程與教學品質評估表 2021 版**。教育部。

林玫君（2005）。**創造性戲劇理論與實務：教室中的行動研究**。心理出版社。

林玫君（2008）。**幼托整合後幼兒園教保活動綱要及能力指標：美感領域**。教育部。

林玫君（2017）。美感領域。載於幸曼玲等人，**新課綱想說的事：幼兒園教保活動課程大綱的理念與發展**（第二版）（頁 397-449）。心理出版社。

林玫君（2021）。**幼兒園美感教育**（第二版）。心理出版社。

林淑芳（2009）。遇見音樂：幼稚園兒童自發性音樂行為觀察。**育達人文社會學報，5**，27-42。

林福裕（1985）。**兒童發聲與合唱指導**。富華出版社。

施芸瑾（2017）。**幼兒園音樂區之環境規畫與音樂行為**（未出版之碩士論文）。國立臺南大學。

孫清吉（1994）。**自然的歌唱法**。全音出版社。

張渝役（1998）。**幼兒音樂教材教法**。五南圖書出版股份有限公司。

張翠娥（1998）。**幼兒教材教法**。心理出版社。

教育部（1987）。**幼稚園課程標準**。作者。

教育部（2017）。**幼兒園教保活動課程大綱**。作者。

許鈺佩（2003）。**視覺藝術作品輔助於國小音樂欣賞教學之研究**（未出版之碩士論文）。國立臺北師範學院。

郭美女（2000）。**聲音與音樂教育**。五南圖書出版股份有限公司。

郭蓉蓉（2007）。**幼兒在音樂區遊戲行為之探究：音樂器材與同儕互動**（未出版之碩士論文）。國立臺南大學。

陳伯璋、盧美貴（2009）。「慢」與「美」共舞的課程：幼兒園新課綱「美感」內涵領域探源。**兒童與教育研究，5**，1-22。

陳佩綾（2016）。**敘說幼兒園教師音樂教學之挑戰：以公立幸福幼兒園為例**（未出版之碩士論文）。國立臺中教育大學。

陳淑文（1992）。**以圖畫輔助音樂教學之研究：圖形在兒童早期音樂教育的功能**。樂韻出版社。

陳惠齡（2003）。**幼兒音樂律動教學**。龍騰文化公司。

陳龍安（2006）。**創造思考教學的理論與實際**（第六版）。心理出版社。

陳藝苑、伍鴻沂（2000）。高屏地區的幼稚園教師認同有效的音樂課程內容。載於**師範學院教育論文發表會論文集 3**（頁 1217-1242）。屏東師院範學校。

陳麗娟、廖美瑩、曾榮祥（2019）。「當藝術走向社區親子教育」服務學習方案之執行與成效評估。**人文社會科學研究：教育類，13**（4），1-26。

黃麗卿（2009）。**創意的音樂律動遊戲**（第二版）。心理出版社。

楊艾琳、林公欽、陳惠齡、劉英淑、林小玉（1998）。**藝術教育教師手冊：幼兒音樂篇**。國立臺灣藝術教育館。

廖美瑩（2006）。學音樂，孩子準備好了嗎？**學前教育**，**28**（12），22-27。

廖美瑩（2014）。幼兒園音樂專業教師與班級教師在音樂課中歌唱教學之分析。**明新學報**，**40**（2），259-278。

廖美瑩（2015）。**幼兒園實施新課綱美感領域之音樂媒介現況、問題及解決之道**。明新科技大學校內專題技術報告（MUST-104 幼保 -1）。明新科技大學。

廖美瑩（2017）。**幼兒園音樂區教學之協同教學研究**。科技部國內訪問學者技術報告。

廖美瑩（2020）。**幼兒園美感領域創新教材研發：尋找聲音之美**。科技部實務專題計畫成果報告書。

廖美瑩（2021）。**幼兒聽覺藝術教材教法：玩出關鍵素養**（影音版）。方涓科技有限公司。

廖美瑩（2022）。以歌曲為教學素材玩出幼兒的關鍵素養。**美育**，246，16-27。

廖美瑩、黃稚惠、陳欣宜、李碧玉（2018）。**幼兒園音樂學習區教學之協同行動研究：以你很快就會長高為例**。2018 IMPS 國際音樂教學研討會，國立臺中教育大學。

廖美瑩、蕭利倩（2020a）。**親子音樂律動變變變**（1）。音樂向上股份有限公司。

廖美瑩、蕭利倩（2020b）。**親子音樂律動變變變**（2）。音樂向上股份有限公司。

廖美瑩、戴美鎔（2012）。多元藝術應用於幼兒音樂聆賞之個案研究。**明新學報**，**38**（2），193-213。

廖美瑩、薛鈞毓、潘彥如、李佳穎、陳惠娟（2010）。以故事形式做為音樂欣賞教學之設計、執行與評估。**奧福音樂：基礎音樂教育研究**，**1**，53-68。

廖美瑩、魏麗卿（2012）。提升幼兒園音樂區實施效能之可行方案。**奧福音樂：基礎音樂教育研究**，**3**，52-69。

廖美瑩、魏麗卿（2013）。幼兒園音樂區之實施現況與困境。**明新學報**，**39**（2），259-278。

廖美瑩、魏麗卿、洪玉美、戴美鎔（2013）。幼兒園實施主題教學之歷程探討：音樂魔法師。**奧福音樂：基礎音樂教育研究**，**4**，54-77。

廖鳳瑞、張靜文（2019）。**幼兒園教保活動課程：幼兒學習評量手冊**。教育部國民及學前教育署。

劉秀枝（2003）。單元主題中幼兒音樂欣賞教學之研究。載於 2003 **幼保實務與理論之對話：幼兒藝術教育研討會論文集**（頁 79-102）。明新科技大學。

蔡清田（2011）。**素養：課程改革的 DNA**。高等教育出版社。

蔣勳（1997）。**島嶼獨白**。聯合文學出版社。

鄭方靖（1997）。**樂教新盼文集：分享樂教育的新觀念、新方法及好素材**。高雄復文圖書出版社。

鄭方靖（2002）。**本世紀四大音樂教育主流及其教學模式**。奧福教學出版社。

鄭博真、王惠姿、潘世尊、蔡瓊賢、鄭如雯、王麗惠（2015）。**幼兒園教材教法**。華騰文化股份有限公司。

謝鴻鳴（2006）。**達克羅士音樂節奏教學法**（修訂版）。鴻鳴達克羅士藝術。

簡楚瑛（2009）。**課程發展理論與實務**。心理出版社。

蘇珊（2017）。**音樂可以這樣玩**。信誼基金出版社。

Davies, M.（2009）。**幼兒動作與舞蹈教學**〔劉淑英譯〕。心理出版社。（原著出版年：2003）

Gordon, E. E.（2000）。**幼兒音樂學習原理**〔莊惠君譯〕。心理出版社。（原著出版年：1997）

Jacques-Dalcroz, E.（2009）。**節奏　音樂　教育**〔林良美譯〕。洋霖文化公司。（原著出版年：1921）

Lowry, B.（1976）。**視覺經驗**〔杜若洲譯〕。雄獅圖書股份有限公司。（原著出版年：1967）

英文部分

Andress, B. (1989). Music for every stage: How much? What kind? How soon? *Music Educators Journal, 76*(2), 22-27.

Andress, B. (1998). *Music for young children*. Harcourt Brace College Publishers.

Aronoff, F. W. (1979). *Music and young children*. Turning Wheel Press.

Bennett, N., Wood, L., & Rogers, S. (1997). *Teaching through play: Teachers' thinking and classroom practice*. Open University Press.

Blatnik, F. (1988). Study confirms teaching with videodisc beats textbook methods. *T.H.E. Journal, 16*, 58-60.

Boyd, K. S., Chalk, M. S., & Lawa, J. S. (2003). *Kids on the move: Creative movement for children of all ages*. Creative Publishing.

Bridges, D. (1994). *Music, young children and you*. Hale & Iremonger Pty Ltd.

Buckton, R. (1977). A comparison of the effects of vocal and instrumental instruction on the development of melodic and vocal abilities in young children. *Psychology of Music, 5*(1), 36-47.

Campbell, P. S., & Scott-Kassner, S. (2009). *Music in childhood: From preschool through the elementary grades*. Schirmer Books.

Carlton, E. B. (1995). Building the musical foundation: Music key experiences in active learning settings. *Early Childhood Connections: Journal of Music and Movement-Based Learning, 1*(4), 16-20.

Cave, C. (1998). Early language development: Music and movement make a difference. *Early Childhood Connections: Journal of Music and Movement-Based Learning, 4*(3), 24-29.

Chen-Hafteck, L. (1998). Pitch abilities in music and language of Cantonese-speaking children. *International Journal of Music Education, 31*, 14-24.

Choksy, L. (1999). *The Kodaly method I: Comprehensive music education*. Prentice-Hall.

Copland, A. (1939). *What to listen for to music*. McGraw Hill.

Crowther, I. (2003). *Creating effective learning environments*. Delmar Thomson Learning.

Curtis, D., & Carter, M. (2008). *Learning together with young children: A curriculum framework for reflective teachers*. Redleaf Press.

Daly, L., & Beloglovsky, M. (2014). *Loose parts: Inspiring play in young children*. Redleaf Press.

Daly, L., & Beloglovsky, M. (2016). *Loose parts 2: Inspiring play with infants and toddlers*. Redleaf Press.

Daly, L., & Beloglovsky, M. (2018). *Loose parts 3: Inspiring culturally sustainable environments*. Redleaf Press.

Daly, L., & Beloglovsky, M. (2019). *Loose parts 4: Inspiring 21st-century learning*. Redleaf Press.

Dillon, A. (2018). Finding innovation and imagination in a bag of loose parts. *Childhood Education, 94*(1), 62-65.

Flowers, P. J., & Dunne-Sousa, D. (1990). Pitch pattern accuracy, tonality, and vocal range in preschool children's singing. *Journal of Research in Music Education, 38*(2), 102-114.

Gharavi, G. J. (1993). Music skills for preschool teachers: Needs and solutions. *Arts Education Policy Review, 94*(3), 27-30.

Glover, J. (2000). *Children composing, 4-14*. Routledge.

Gordon, E. E. (1997). *A music learning theory for newborn and young children*. GIA Publications.

Greata, J. D. (1999). *Creating musically nurturing environments in infant and toddler childcare setting by providing training to caregivers*. Unpublished doctoral practicum report, Nova Southeastern University.

Greata, J. D. (2006). *An introduction to music in early childhood education*. Thomson Delmar Learning.

Greenberg, M. (1979). *Your children need music*. Prentice-Hall.

Gromko, J. E., & Russell, C. (2002). Relationships among young children's aural perception, listening condition, and accurate reading of graphic listening maps. *Journal of Research in Music Education, 50*(4), 333-342.

Hains, B. J. E., & Gerber, L. L. (2000). *Leading young children to music* (6th ed.). Prentice-Hall .

參
考
文
獻

Isbell, R. T. (2008). *The complete learning center book* (2nd ed.). Gryphon House Publishers.

Isbell, R. T., & Raines, S. C. (2003). *Creativity and the arts with young children.* Delmar Learning.

Jones, E., & Reynolds, G. (1992). *The play's the thing: Teacher's role in children's play.* Teachers College Press.

Juntunen, M. L. (2016). The Dalcroze approach: Experiencing and knowing music through the embodied exploration. In C. R. Abril & B. Gault (Eds.), *Approaches to teaching general music: Methods, issues, and viewpoints.* Oxford University Press.

Kelly, S. N. (1998). Preschool classroom teachers' perceptions of useful music skills and understanding. *Journal of Research in Music Education, 46*(3), 374-383.

Kenney, S. (1999). Music centers: Freedom to explore. *Music Educators Journal, 76*(2), 32-36.

Kenney, S. (2004). The importance of music centers in the early childhood class. *General Music Today, 18*, 28-36.

Kostelnik, J., Soderman, A. K., & Whiren, A. P. (2004). *Developmentally appropriate curriculum: Best practices in early childhood education* (3rd ed.) Pearson.

Langness, A. P. (1997). Helping children's voices develop in general music education. In L. Thurman & G. Welch (Eds.), *Body mind & voice: Foundations of voice education* (pp. 571-581). The Voice Care Network.

Liao, M. Y. (2002). *The effects of gesture and movement training on the intonation and tone quality of children's choral singing.* Unpublished Doctoral Dissertation, University of Sheffield.

Liao, M. Y. (2008). The effects of gesture use on young children's pitch accuracy for singing tonal patterns. *International Journal of Music Education, 26*(3), 197-211.

Liao, M. Y. (2017). *Live concert performances in preschool: Requirements of a successful concert for young children* [Paper presentation]. 19th International Conference on Music in Society, Vienna.

Liao, M. Y., & Campbell, P. S. (2014). An analysis of song-leading by kindergarten teachers in Taiwan and the USA. *Music Education Research, 16*(2), 144-161.

Liao, M. Y., & Campbell, P. S. (2016). Teaching children's songs: A Taiwan-United States comparison of approaches by kindergarten teachers. *Music Education Research, 18*(1), 20-38.

Liao, M. Y., & Davidson, J. (2007). The use of gesture techniques in children's singing. *International Journal of Music Education, 25*(1), 82-96.

Liao, M. Y., Wei, L. C., & Tseng, J. H. (2017). *A collaborative action research on the teaching of music learning center in Taiwan's preschool* [Paper presentation]. 19th International Conference on Music in Society, Vienna.

Lindeman, C. A., & Hackett, P. (2010). *The musical classroom* (8th ed.). Pearson.

Lyon, J. T. (1993). Teaching all students to sing on pitch. *Music Educators Journal, 80*(2), 20-22.

Madsen, C. K., Standly, J. M., & Cassidy, J. W. (1992). Assessment of effective by instrumental music student teachers and experts. *The Applications of Research in Music Education, 10*(2), 20-24.

Mary, M. (1990). *Creative activities for young children* (4th ed.). Delmar.

Mead, V. H. (1994). *Dalcroze eurhythmics in today's music classroom*. Schott.

Miller, R. (2000). *Training soprano voices*. Oxford University Press.

Moog, H. (1976). The development of musical experience in children of preschool age. *Psychology of Music, 4*(2), 38-45.

Moore, R. S. (1991). Comparison of children's and adults' vocal ranges and preferred tessituras in singing familiar songs. *Bulletin of the Council for Research in Music Education, 107*, 13-22.

Nicholson, S. (1971). How not to cheat children: The theory of loose parts. *Landscape Architecture, 62*, 30-34.

Oliva, P. F. (2005). *Developing the curriculum* (6th ed.). Allyn & Bacon.

Organization for Economic Co-operation and Development. [OECD] (2016). *Global competency for an inclusive world*. Author.

Peery, J. C., & Peery, I. W. (1985). Effects of exposure to classical music on the musical preference of preschool children. *Journal of Research of Music Education, 33*, 24-33.

Phillips, K. H. (1996). *Teaching kids to sing*. Schocken Books.

Pica, R. (2012). *Experiences in movement and music* (5th ed.). Wadsworth.

Reimer, B. (2003). *A philosophy of music education: Advancing the vision* (3rd ed.). Prentice-Hall.

Rogers , C., & Sawyers, J. (1988). *Play in the lives of children*. National Association for the Education of Young Children.

Rutkowski, J., & Chen-Hafteck, L. (2001). The singing voice within every child: A cross-cultural comparison of first graders' use of singing voice. *Early Childhood Connections: Journal of Music- and Movement-Based Learning, 7*(1), 37-42.

Rutkowski, J., & Runfola, M. (1997). *Tips: the child voice*. MENC.

參考文獻

Rutkowski, J., & Trollinger, V. L. (2005). Experiences: Singing. In J. W. Flohr, *The musical lives of young children*. Prentice-Hall.

Smithrim, K. M. (1997). Free musical play in early childhood. *Canadian Journal of Research in Music Education, 38*(4), 17-24.

Tan, S. L., & Kelly, M. E. (2004). Graphic representations of short musical compositions. *Psychology of Music, 32*(2), 191-212.

Teachout, D. J. (1997). Preservice and experienced teachers' opinions of skills and behaviors important to successful music teaching. *Journal of Research in Music Education, 45*(1), 41-50.

Temmerman, N. (1998). A survey of childhood music education programs in Australia. *Early Childhood Education Journal, 26*(1), 29-34.

Titze, I. (1992). Critical periods in vocal change: Early childhood. *The NATS Journal, 48*, 16-18.

Trollinger, V. L. (2003). Relationships between pitch-matching accuracy, speech fundamental frequency, speech range, age and gender in American English-speaking preschool children. *Journal of Research in Music Education, 51*, 78-94.

Trollinger, V. L. (2004). Preschool children's pitch-matching accuracy in relation to participation in Cantonese-immersion preschools. *Journal of Research in Music Education, 52*(3), 218-233.

Turner, M. E. (1999). Child-centered learning and music programs. *Music Educators Journal, 86*(1), 30-35.

Weikart, P. A. (1987). *Round the circle: Key experiences in movement for children*. High/Scope Press.

Welch, G. F. (1986). A developmental view of children's singing. *British Journal of Music Education, 3*(3), 295-303.

Wolf, J. (1992). Let's sing it again: Creating music with young children. *Young Children, 47*(2), 56-62.

照片提供

感謝以上照片提供者，全書其餘照片皆為作者所提供。

聽聽使用過影音教材的教保人員怎麼說？

這本書的教保活動範例篇乃由作者 107 年及 108 年科技部實務專題計畫所衍生，計畫中一共邀請十一位教保人員參與研究，他們經過一學期使用教保活動範例篇的教材後，感想如下：

這是一套豐富的教材，曲目及範例相當多，對於美感領域不熟悉的老師可以參考範例活動教學，累積不同形式的延伸活動，有助於之後自己在學校用合適的方式達到教學目標。此外，編曲也運用多元的樂器，不僅歌曲好聽，音色也很豐富。幼兒還可以聽音樂告訴我：這個是古箏的聲音。

南海實驗幼兒園
朱芳儀老師

因為我自己對音樂教學並不擅長，只會簡單的唱跳律動，所以原先要參與教材試用時覺得有些擔心。幸好教材裡都有教學示範影片供參考，所以對備課有很大的幫助。

永福非營利幼兒園
呂美瑩老師

歌曲非常多元，老師可選擇適合的主題或節慶進行教學，透過教材中提供的範例教學影片，讓第一次帶領的老師更有信心進行備課。相較於坊間的音樂教材，美瑩教授所編寫的音樂，幼兒更加喜愛，一首歌可經由老師不同的帶領方式，讓幼兒更覺好玩且多樣化。相信有這套教材，會讓老師們不再抗拒進行音樂美感教育，幼兒能從中更享受、喜愛音樂教學活動。

文昌國小附設幼兒園
陳圭薰老師

我喜歡音樂，也對音樂教學很有興趣。但沒有音樂專長的我，對音樂教學缺乏信心，總是擔心自己教學準備不夠或是方向不對。我發現美瑩教授所研發的教材曲目相當豐富，完全針對學齡前幼兒所設計，在備課時可參考教案及影片，減少備課時間。教學時也可使用音樂，可以輕鬆帶領音樂遊戲。我更期待陪著孩子一起探索音樂了！

南興國小附設幼兒園
陳欣宜老師

讓現場的老師們在進行聽覺藝術活動時有參考的方向，曲子也可依據孩子的表現或視課程內容彈性調整，真的很棒！尤其教材可以延伸到視覺藝術及戲劇扮演，並且提供鬆散素材的運用示範，打破了我對聽覺藝術活動設計的刻板印象。教案步驟清楚易懂，是相當好的參考教材。

小太陽幼兒園
徐曉倩老師

「老師，什麼時候還要玩上次那個遊戲？」
「老師，今天要聽什麼音樂？」
自從用了這套教材，教學現場多了好多孩子的笑聲呢！豐富多元的音樂及課程示範，讓老師有更具體的方向帶著孩子享受音樂之美！以前我會害怕帶領音樂相關課程，但現在，我跟孩子一起慢慢愛上音樂了！

南海實驗幼兒園
葉敬妤老師

 MEMO

國家圖書館出版品預行編目（CIP）資料

幼兒聽覺藝術教材教法：玩出關鍵素養／廖美瑩著.
-- 初版. -- 新北市：心理出版社股份有限公司,
2022. 05
面；　公分.--（幼兒教育系列；51223）
ISBN 978-986-0744-80-4（平裝）

1.CST: 音樂教學法　2.CST: 幼兒教育

523.23　　　　　　　　　　　111006104

幼兒教育系列 51223
幼兒聽覺藝術教材教法：玩出關鍵素養

作　　者：廖美瑩
總 編 輯：林敬堯
發 行 人：洪有義
出 版 者：心理出版社股份有限公司
地　　址：231026 新北市新店區光明街 288 號 7 樓
電　　話：(02) 29150566
傳　　真：(02) 29152928
郵撥帳號：19293172　心理出版社股份有限公司
網　　址：https://www.psy.com.tw
電子信箱：psychoco@ms15.hinet.net
美術設計：卓邵書彥
排 版 者：卓邵書彥、卓邵仲豪、簡于琪、辰皓國際出版製作有限公司
印 刷 者：辰皓國際出版製作有限公司
初版一刷：2022 年 5 月
I S B N：978-986-0744-80-4
定　　價：新台幣 1100 元